수능까지 이어지는 **독해의 기술**

독기

중학국어

비문학 독해

사회개념

집필

유현진(엠베스트 국어 강사)

나태영(국어전문필자)

배정희(국어전문필자)

이석호(이석호국어학원)

검토

조수진(옥정중)

최원미(명지중)

발행일	2024년 11월 11일
펴낸곳	메가스터디(주)
펴낸이	손은진
개발 책임	배경윤
개발	김인순, 서미리
디자인	(주)에딩크, 이정숙, 윤준호
마케팅	엄재욱, 김세정
제작	이성재, 장병미
주소	서울시 서초구 효령로 304(서초동) 국제전자센터 24층
대표전화	1661.5431(내용 문의 02-6984-6897 / 구입 문의 02-6984-6868,9)
홈페이지	http://www.megastudybooks.com
출판사 신고 번호	제 2015-000159호
출간제안/원고투고	메가스터디북스 홈페이지 <투고 문의>에 등록

메가스터디BOOKS

'메가스터디북스'는 메가스터디㈜의 교육, 학습 전문 출판 브랜드입니다.

초중고 참고서는 물론, 어린이/청소년 교양서, 성인 학습서까지 다양한 도서를 출간하고 있습니다.

· **제품명** 독기 중학국어 비문학독해 사회개념

· **제조자명** 메가스터디㈜ · **제조년월** 판권에 별도 표기 · **제조국명** 대한민국 · **사용연령** 11세 이상

· **주소 및 전화번호** 서울시 서초구 효령로 304(서초동) 국제전자센터 24층 / 1661-5431

개념 톡 생각 열기
개념 쏙 지문 독해
개념 콕 핵심 정리
개념 꽉 집중 암기
수능을 대비한 독해 연습과
중등 사회 교과 개념 학습을
한 번에!

국어
9:00~9:50
(50분간)
비문학 사회 지문 너무 어렵지 않았어?
그래? 난 괜찮았는데?

난 사회 지문이 어려워서 읽는 데 시간이 오래 걸렸어. 답도 틀렸고.
그거 사회 교과서에서 배운 내용이었잖아~. 난 이해하기 어렵지 않았어.

엥? 비문학 사회 지문을 이해하는 데 사회 교과서가 도움이 됐다고?
몰랐구나? 비문학 사회 지문에는 사회 교과서의 핵심 개념이 담겨 있어. 그래서 사회 교과 개념을 다룬 글을 읽으면서 배경지식을 쌓으면 지문을 독해하는 데 도움이 돼.
#인권 #인권보장 #근로자의 권리 #노동3권 #단결권 #단체교섭권 #단체행동권

와~ 그럼 사회 교과 개념을 학습하면 사회 지문 읽기가 수월해지겠네?
맞아. 그렇게 다양한 글을 읽다 보면 독해 실력도 오를 거야!
아하!!

고마워! 사회 교과 개념을 다룬 글을 읽으면서 독해력을 기르는 연습을 해 볼게.
YES
GOOD

왜 교과서로 독해를 공부해야 할까요?

"글을 읽었는데 무슨 내용인지 이해가 안 돼요."
"글을 읽고 이해하는 데 시간이 너무 오래 걸려요."

누구나 독해에 어려움을 겪습니다. 그렇다면 어떻게 해야 독해력을 높일 수 있을까요?

다양한 방법이 있지만, 그중 하나는 **지문을 이해하고 문제를 해결하는 데 필요한 올바른 배경지식을 습득**하는 것입니다. 왜냐하면 배경지식의 유무에 따라 글 읽기의 자신감, 난이도와 속도가 달라지기 때문입니다.
배경지식을 갖추고 있으면 글을 보다 쉽게 이해할 수 있고, 잘 모르는 내용이 제시되더라도 미루어 짐작하기가 가능해집니다.

그런데 이러한 배경지식을 쌓을 수 있는 가장 실용적인 도구가 무엇일까요?

바로 여러분이 학교에서 사용하는 교과서, 특히 사회와 과학 교과서입니다.
실제로 수능 국어의 출제 범위는 교과서이고, 수능에 출제되는 인문·사회, 과학·기술 지문의 제재들은 사회와 과학 교과서에 나오는 핵심 개념들과 직·간접적으로 연결되어 있습니다.
이렇게 **교과서의 주요 개념들을 학습하는 것은 가장 확실한 배경지식을 습득할 수 있는 방법이자,
독해를 잘할 수 있는 매우 실용적인 방법**입니다.

<독기 비문학 독해 – 사회개념>을 통해 무엇을 얻을 수 있나요?

〈독기 비문학 독해 – 사회개념〉은 어렵고 추상적인 사회 개념을 다양한 글에 녹여 보다 쉽고 자연스럽게 이해할 수 있도록 한 교재입니다.

사회 과목은 교과서에 들어 있는 개념들이 초등 고학년부터 수능까지 촘촘하게 연결되어 있습니다.
또 학년이 올라갈수록 그 수준이 점점 높아져 앞 단계의 내용을 잘 이해하지 못하면 다음 단계의 내용을 이해하기 어렵습니다.

<독기 비문학 독해 - 사회개념>을 풀면서 중학교 사회 교과서에 등장하는 사회 개념을 짧은 글과 재미있는 그림으로 쉽고 명쾌하게 정리할 수 있습니다.
교과 연계 독해를 통해 **사회 분야의 배경지식을 자연스럽게 쌓고 독해 능력을 효과적으로 키우기** 바랍니다.

수능을 대비한 **독해 연습**과 중등 사회 교과 **개념 학습**을 한 번에!

Step 1 교과 개념 톡 생각 열기

Step 2 교과 개념 쏙 지문 독해

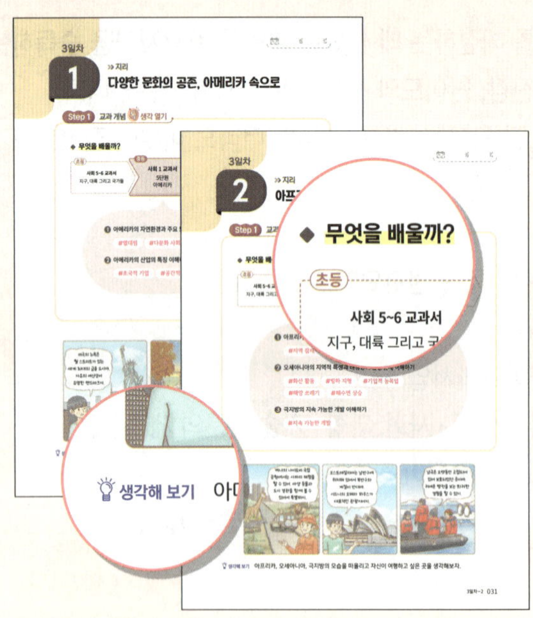

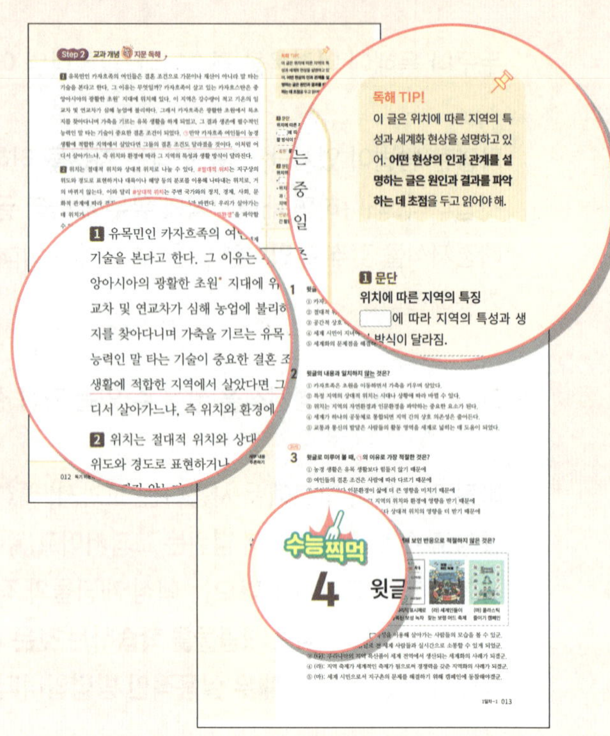

교과 개념과 관련된 배경지식 활성화하기

교과 개념이 수록된 지문을 독해하고 문제 풀기

◆ **무엇을 배울까?** 교육 과정을 반영한 교과 연계표를 제시하여 학교급에 따라 달라지는 교과 개념의 흐름을 확인할 수 있도록 하였고, 독해 목표를 제시하여 학습할 내용을 미리 파악할 수 있도록 하였습니다.

생각해 보기 교과 개념과 관련 있는 시각 자료를 제시하여 지문을 읽기 전에 배경지식을 떠올리고 학습할 내용에 대한 흥미와 호기심을 느낄 수 있도록 하였습니다.

교과 연계 지문 중학교 사회 교과서에서 다루어지는 교과 필수 개념과 관련된 내용을 독해 지문으로 재구성하였습니다.

독해 TIP! 지문을 읽기 전에 글의 구조와 내용 이해에 도움이 되는 독해의 기본 원리를 제시하였습니다.

문단별 중심 내용 정리 각 문단의 중심 내용을 정리하고 확인할 수 있는 빈칸 문제를 제시하였습니다.

수능찍먹 실제 수능과 유사한 수능형 문제를 출제하여 독해 실력을 완성하고 수능형 사고를 기를 수 있도록 하였습니다.

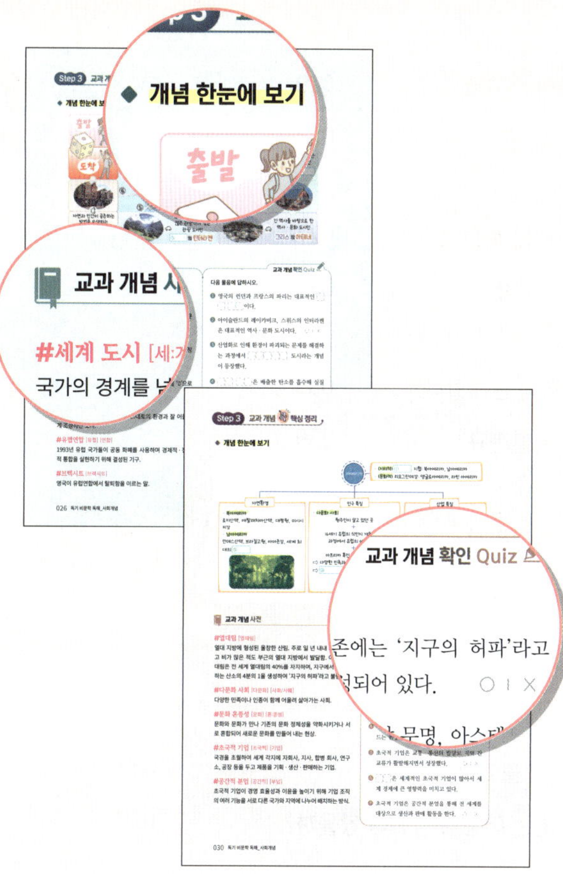

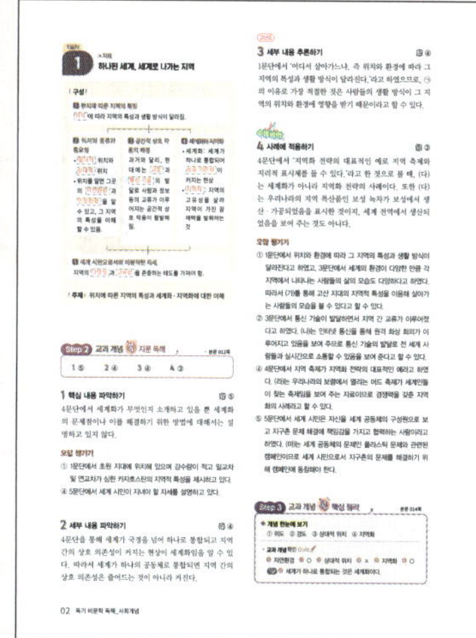

정답과 해설

지문 구조도로 지문 내용을 한눈에 살피고 정답과 해설 읽어 보기

지문 구조도 지문의 내용을 구조도로 보여 주어 지문의 구조와 내용을 명확하게 파악할 수 있도록 하였습니다.

정답과 해설 충실한 정답 해설과 오답 해설을 통해 혼자 공부하더라도 정답과 오답의 근거를 명확하게 이해할 수 있도록 하였습니다.

시각 자료로 배운 내용을 정리하고 사전과 퀴즈로 개념 다지기

◆ 개념 한눈에 보기 지문에 제시된 교과 개념을 그림과 표로 일목요연하게 제시하여 학습한 교과 개념을 보다 효과적으로 이해하고 잘 기억할 수 있도록 하였습니다.

📖 교과 개념 사전 교과 개념의 의미를 분명하게 파악할 수 있도록 용어의 뜻풀이를 수록하였습니다.

교과 개념 확인 Quiz ✏️ 지문에 제시된 교과 개념을 이해했는지, 학습한 내용을 확인할 수 있는 개념 확인 문제를 제시하였습니다.

➕ 부록

사회 개념 꽉 암기 노트 본문에서 학습한 사회 교과 필수 개념을 모두 모아 한 권으로 구성하여 사회 교과 개념을 손쉽게 찾아보며 효율적 반복 학습이 가능하도록 하였습니다.

이 책의 차례

1주

1일차 · 지리
1 하나된 세계, 세계로 나가는 지역 … 011
2 세계의 다양한 기후 … 015

2일차 · 지리
1 가장 역동적인 대륙, 아시아 속으로 … 019
2 세계인이 사랑하는 유럽 속으로 … 023

3일차 · 지리
1 다양한 문화의 공존, 아메리카 속으로 … 027
2 아프리카, 오세아니아와 극지방 … 031

4일차 · 일반사회
1 인간은 태어날 때부터 사회적 존재일까? … 035
2 다른 집단의 사람을 왜 미워할까요? … 039

5일차 · 일반사회
1 '동방예의지국'이란 말은 칭찬일까? … 043
2 K-대중문화가 세계를 매료시키다 … 047

2주

6일차 · 정치
1 정치는 왜 필요할까? … 053
2 민주주의는 어떻게 발전해 왔을까? … 057

7일차 · 정치
1 민주주의의 기본 이념 세 가지 … 061
2 투표로 말해요 … 065

8일차 · 정치
1 정치의 과정과 주체 … 069
2 우리 지역의 문제는 우리가 해결해요! … 073

9일차 · 법
1 우리를 지켜 주는 법 … 077
2 이런 법 저런 법 … 081

10일차 · 법
1 어떤 재판을 받아야 하나요? … 085
2 누구도 억울하지 않도록 … 089

3주

11일차 · 법
1 하늘이 내린 권리, 인권! ... 095
2 소중한 권리, 놓치지 않을 거예요! ... 099

12일차 · 법
1 국민의 일꾼, 대통령과 행정부 ... 103
2 국민의 대표, 국회 ... 107

13일차 · 법
1 국민의 판관, 사법부 ... 111
2 헌법의 수호자, 헌법 재판소 ... 115

14일차 · 경제
1 경제활동의 세 주체 ... 119
2 모든 걸 다 가질 순 없어! ... 123

15일차 · 경제
1 인생 경제, 계획이 필요해! ... 127
2 기업의 존재감 ... 131

4주

16일차 · 경제
1 우리가 몰랐던 시장의 다양한 얼굴 ... 137
2 보이지 않는 손의 정체는? ... 141

17일차 · 경제
1 나라 살림, 잘 되고 있나요? ... 145
2 지구촌 시장에서 사고팔기 ... 149

18일차 · 일반사회
1 사회 변동과 우리 생활의 변화 ... 153
2 우리 사회는 어떤 문제를 겪고 있을까요? ... 157

19일차 · 지리
1 우리가 살아가는 곳을 설명하는 다양한 방법 ... 161
2 사계절이 뚜렷한 우리나라의 금수강산 ... 165

20일차 · 지리
1 교통의 발달로 연결된 중부 지역 ... 169
2 한반도의 양극단, 남부 지역과 북부 지역 ... 173

사회 교육 과정 · 교과 연계 학습표

일차/영역	단원명	초등	중등 지금 여기!	고등
1일차 지리	하나된 세계, 세계로 나가는 지역	사회 5~6 세계의 자연환경	사회 1 세계화 시대, 지리의 힘	통합사회 2 세계화와 평화
	세계의 다양한 기후			세계시민과 지리 모자이크 세계, 세계의 다양한 자연환경과 문화
2일차 지리	가장 역동적인 대륙, 아시아 속으로	사회 5~6 지구, 대륙 그리고 국가들	사회 1 아시아	세계시민과 지리 네트워크 세계, 세계의 인구와 경제 공간
	세계인이 사랑하는 유럽 속으로		사회 1 유럽	세계시민과 지리 네트워크 세계, 세계의 인구와 경제 공간
3일차 지리	다양한 문화의 공존, 아메리카 속으로	사회 5~6 지구, 대륙 그리고 국가들	사회 1 아메리카	세계시민과 지리 네트워크 세계, 세계의 인구와 경제 공간
	아프리카, 오세아니아와 극지방		사회 1 아프리카 / 오세아니아와 극지방	세계시민과 지리 지속가능한 세계, 세계의 환경 문제와 평화
4일차 일반사회	인간은 태어날 때부터 사회적 존재일까?	사회 3-2 사회 변화와 다양한 문화	사회 1 인간과 사회생활	사회와 문화 사회 구조와 사회 변동
	다른 집단의 사람을 왜 미워할까요?			
5일차 일반사회	'동방예의지국'이란 말은 칭찬일까?	사회 3-2 사회 변화와 다양한 문화	사회 1 다양한 문화의 이해	통합사회 1 문화와 다양성
	K-대중문화가 세계를 매료시키다			사회와 문화 일상 문화와 문화 변동
6일차 정치	정치는 왜 필요할까?	사회 4-2 민주주의와 자치	사회 1 민주주의와 시민	정치 시민 생활과 정치
	민주주의는 어떻게 발전해 왔을까?		사회 1 정치과정과 시민 참여	
7일차 정치	민주주의의 기본 이념 세 가지	사회 4-2 민주주의와 자치	사회 1 민주주의와 시민	정치 시민 생활과 정치
	투표로 말해요	사회 5~6 민주주의와 시민 참여	사회 1 정치과정과 시민 참여	정치 정치과정과 참여
8일차 정치	정치의 과정과 주체	사회 4-2 민주주의와 자치	사회 1 정치과정과 시민 참여	정치 정치과정과 참여
	우리 지역의 문제는 우리가 해결해요!	사회 4-2 민주주의와 자치		정치 민주 국가의 정부 형태
9일차 법	우리를 지켜 주는 법	사회 5~6 법과 인권의 보장	사회 1 일상생활과 법	법과 사회 국가 생활과 법
	이런 법 저런 법			법과 사회 개인 생활과 법 국가 생활과 법
10일차 법	어떤 재판을 받아야 하나요?	사회 5~6 법과 인권의 보장	사회 1 일상생활과 법	법과 사회 개인 생활과 법 국가 생활과 법
	누구도 억울하지 않도록			

· 본 교재에서 배우는 중등 사회 필수 개념과 관련한 **사회 교육 과정의 흐름을 한눈에 확인할 수 있는 연계 학습표**입니다.

· 학생들은 현재 자신이 배우는 단원의 위치를 확인함으로써 이미 배운 내용을 복습하고 앞으로 배울 내용을 예상해 볼 수 있습니다.

일차/영역	단원명	초등	중등	고등
11일차 법	하늘이 내린 권리, 인권!	사회 5~6 법과 인권의 보장	사회 1 인권과 기본권	통합사회 2 인권보장과 헌법
	소중한 권리, 놓치지 않을 거예요!			
12일차 법	국민의 일꾼, 대통령과 행정부	사회 5~6 민주주의와 시민 참여	사회 2 헌법과 국가기관	정치 민주 국가의 정부 형태
	국민의 대표, 국회			
13일차 법	국민의 판관, 사법부	사회 5~6 민주주의와 시민 참여	사회 2 헌법과 국가기관	정치 민주 국가의 정부 형태
	헌법의 수호자, 헌법 재판소	사회 5~6 법과 인권의 보장		법과 사회 국가 생활과 법
14일차 경제	경제활동의 세 주체	사회 4-1 경제활동과 지역 간 교류	사회 2 경제생활과 선택	통합사회 2 시장경제와 지속가능발전
	모든 걸 다 가질 순 없어!			
15일차 경제	인생 경제, 계획이 필요해!	사회 5~6 시장경제와 국가 간 거래	사회 2 경제생활과 선택	통합사회 2 시장경제와 지속가능발전
	기업의 존재감			
16일차 경제	우리가 몰랐던 시장의 다양한 얼굴	사회 5~6 시장경제와 국가 간 거래	사회 2 시장과 가격	경제 미시 경제
	보이지 않는 손의 정체는?			
17일차 경제	나라 살림, 잘 되고 있나요?	사회 5~6 시장경제와 국가 간 거래	사회 2 우리나라 경제와 세계화	경제 거시 경제
	지구촌 시장에서 사고팔기			경제 국제 경제
18일차 일반사회	사회 변동과 우리 생활의 변화	사회 3-2 사회 변화와 다양한 문화	사회 2 사회 변동과 사회문제	사회와 문화 사회 구조와 사회 변동
	우리 사회는 어떤 문제를 겪고 있을까요?			
19일차 지리	우리가 살아가는 곳을 설명하는 다양한 방법	사회 4-1 지도로 만나는 우리 지역	사회 2 대한민국, 우리가 살아가는 곳	한국지리 탐구 공간정보와 지리 탐구
	사계절이 뚜렷한 우리나라의 금수강산	사회 5~6 우리나라 국토 여행 우리나라 지리 탐구	사회 2 우리나라의 자연환경과 인간 생활	
20일차 지리	교통의 발달로 연결된 중부 지역	사회 4-1 지도로 만나는 우리 지역	사회 2 중부 지역	통합사회 1 생활공간과 사회
	한반도의 양극단, 남부 지역과 북부 지역		사회 2 남부 지역, 북부 지역	

1일차

1

>> 지리
하나된 세계, 세계로 나가는 지역

Step 1 교과 개념 톡 생각 열기

◆ **무엇을 배울까?**

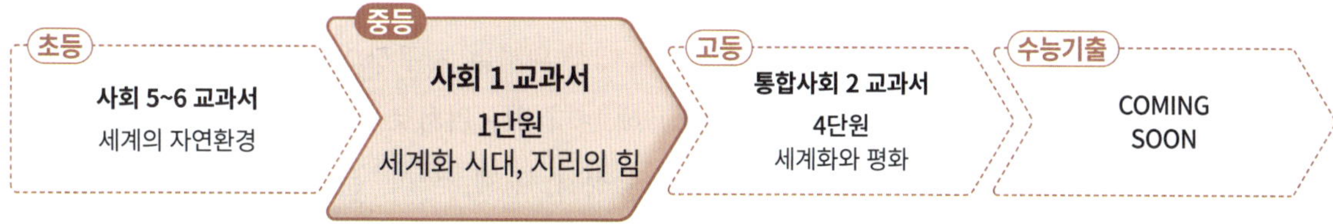

초등	중등	고등	수능기출
사회 5~6 교과서 세계의 자연환경	사회 1 교과서 1단원 세계화 시대, 지리의 힘	통합사회 2 교과서 4단원 세계화와 평화	COMING SOON

❶ 위치에 따른 세계 여러 지역의 특성 이해하기

#절대적 위치　　#상대적 위치　　#자연환경　　#인문환경

❷ 세계화와 지역화 이해하기

#세계화　　#지역화　　#세계 시민

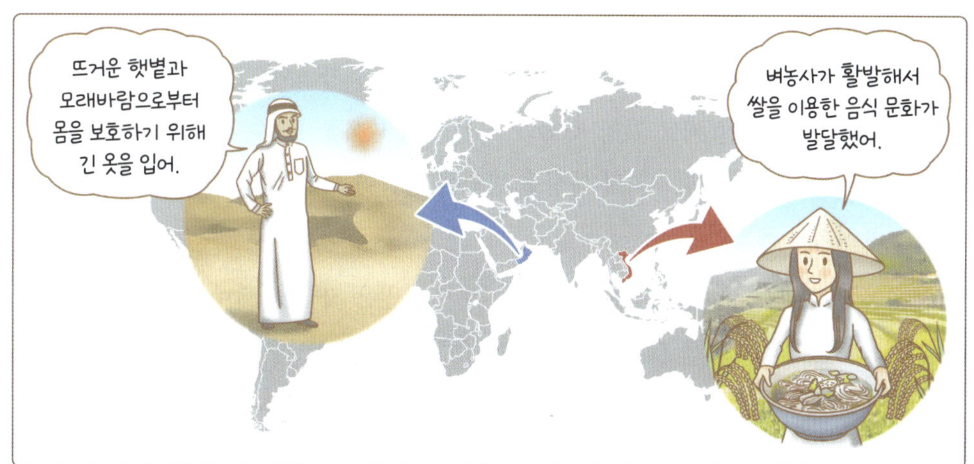

💡 **생각해 보기**　세계 각 지역의 자연환경과 인문환경이 다른 이유는 무엇일까?

1 유목민인 카자흐족의 여인들은 결혼 조건으로 가문이나 재산이 아니라 말 타는 기술을 본다고 한다. 그 이유는 무엇일까? 카자흐족이 살고 있는 카자흐스탄은 중앙아시아의 광활한 초원˙ 지대에 위치해 있다. 이 지역은 강수량이 적고 기온의 일교차 및 연교차가 심해 농업에 불리하다. 그래서 카자흐족은 광활한 초원에서 목초지를 찾아다니며 가축을 기르는 유목 생활을 하게 되었고, 그 결과 생존에 필수적인 능력인 말 타는 기술이 중요한 결혼 조건이 되었다. ㉠만약 카자흐족 여인들이 농경 생활에 적합한 지역에서 살았다면 그들의 결혼 조건도 달라졌을 것이다. 이처럼 어디서 살아가느냐, 즉 위치와 환경에 따라 그 지역의 특성과 생활 방식이 달라진다.

2 위치는 절대적 위치와 상대적 위치로 나눌 수 있다. **#절대적 위치**는 지구상의 위도와 경도로 표현하거나 대륙이나 해양 등의 분포를 이용해 나타내는 위치로, 거의 바뀌지 않는다. 이와 달리 **#상대적 위치**는 주변 국가와의 정치, 경제, 사회, 문화적 관계에 따라 결정되는 위치로, 시대나 상황에 따라 바뀐다. 우리가 살아가는 데 위치가 중요한 이유는 위치를 알면 그곳의 **#자연환경**과 **#인문환경**˙을 파악할 수 있고, 그 지역의 특성을 이해할 수 있기 때문이다.

3 세계 각 지역의 특성은 자연환경과 인문환경이 조화를 이루며 형성되며, 세계의 환경이 다양한 만큼 각 지역에서 나타나는 사람들의 삶의 모습도 다양하다. 그런데 과거에는 다른 지역으로 이동하거나 다른 지역의 사람들과 소통하는 것이 어려웠다. 그러나 새로운 교통수단이 등장하고 통신 기술이 발달하면서 현대 사회에서는 사람과 정보 등의 지역 간 교류가 이루어지는 공간적 상호 작용이 활발해졌다. 예를 들어 사람들은 이웃 나라를 여행할 수 있게 되었고, 얼굴을 보며 전 세계 사람들과 실시간으로 소통하는 일도 가능해졌다.

4 이처럼 세계가 국경을 넘어 하나로 통합되고 지역 간의 상호 의존성이 커지는 현상을 **#세계화**라고 한다. 한편, 세계화의 흐름 속에서 세계 각 지역은 자연환경 및 인문환경의 고유성을 살려 그들만의 전통이나 문화, 정체성˙ 등을 강화하고 지역이 가진 잠재력을 발휘하는 **#지역화**를 추진하여 세계적인 경쟁력을 갖추기도 한다. 이러한 지역화 전략의 대표적인 예로 지역 축제와 지리적 표시제를 들 수 있다. 이 중 지리적 표시제는 특정 지역의 지리적 특성을 반영한 상품이 그 지역에서 생산·가공되었음을 표시하는 제도이다.

5 오늘날에는 '세계 시민'이라는 말을 자주 듣게 된다. **#세계 시민**은 자신을 세계 공동체의 구성원으로 보고 지구촌 문제 해결에 책임감을 가지고 협력하는 사람을 가리킨다. 이제 우리의 일상이 세계와 긴밀하게˙ 연결되어 있으므로 세계 시민으로서 지역의 다양성을 인정하고 고유성을 존중하는 태도를 가져야 한다.

1 윗글에서 설명하고 있는 내용이 <u>아닌</u> 것은?

① 카자흐스탄의 지역적 특성

② 절대적 위치와 상대적 위치의 개념

③ 공간적 상호 작용의 구체적인 사례

④ 세계 시민이 지녀야 할 바람직한 자세

⑤ 세계화의 문제점을 해결하기 위한 방법

2 윗글의 내용과 일치하지 <u>않는</u> 것은?

① 카자흐족은 초원을 이동하면서 가축을 키우며 살았다.

② 특정 지역의 상대적 위치는 시대나 상황에 따라 바뀔 수 있다.

③ 위치는 지역의 자연환경과 인문환경을 파악하는 중요한 요소가 된다.

④ 세계가 하나의 공동체로 통합되면 지역 간의 상호 의존성은 줄어든다.

⑤ 교통과 통신의 발달은 사람들의 활동 영역을 세계로 넓히는 데 도움이 되었다.

3 윗글로 미루어 볼 때, ㉠의 이유로 가장 적절한 것은?

① 농경 생활은 유목 생활보다 힘들지 않기 때문에

② 여인들의 결혼 조건은 사람에 따라 다르기 때문에

③ 자연환경보다 인문환경이 삶에 더 큰 영향을 미치기 때문에

④ 사람들의 생활 방식은 그 지역의 위치와 환경에 영향을 받기 때문에

⑤ 지역의 특성은 절대적 위치보다 상대적 위치의 영향을 더 받기 때문에

4 윗글을 바탕으로 <보기>의 (가)~(마)에 대해 보인 반응으로 적절하지 <u>않은</u> 것은?

• 보기 •

| (가) 고산 지대의 계단식 논 | (나) 세계 포럼 원격 화상 회의 | (다) 지리적 표시제로 등록된 보성 녹차 | (라) 세계인들이 찾는 보령 머드 축제 | (마) 플라스틱 줄이기 캠페인 |

① (가): 고산 지대의 지역적 특성을 이용해 살아가는 사람들의 모습을 볼 수 있군.

② (나): 통신 기술의 발달로 전 세계 사람들과 실시간으로 소통할 수 있게 되었군.

③ (다): 우리나라의 지역 특산품이 세계 전역에서 생산되는 세계화의 사례가 되겠군.

④ (라): 지역 축제가 세계적인 축제가 됨으로써 경쟁력을 갖춘 지역화의 사례가 되겠군.

⑤ (마): 세계 시민으로서 지구촌의 문제를 해결하기 위해 캠페인에 동참해야겠군.

◆ 개념 한눈에 보기

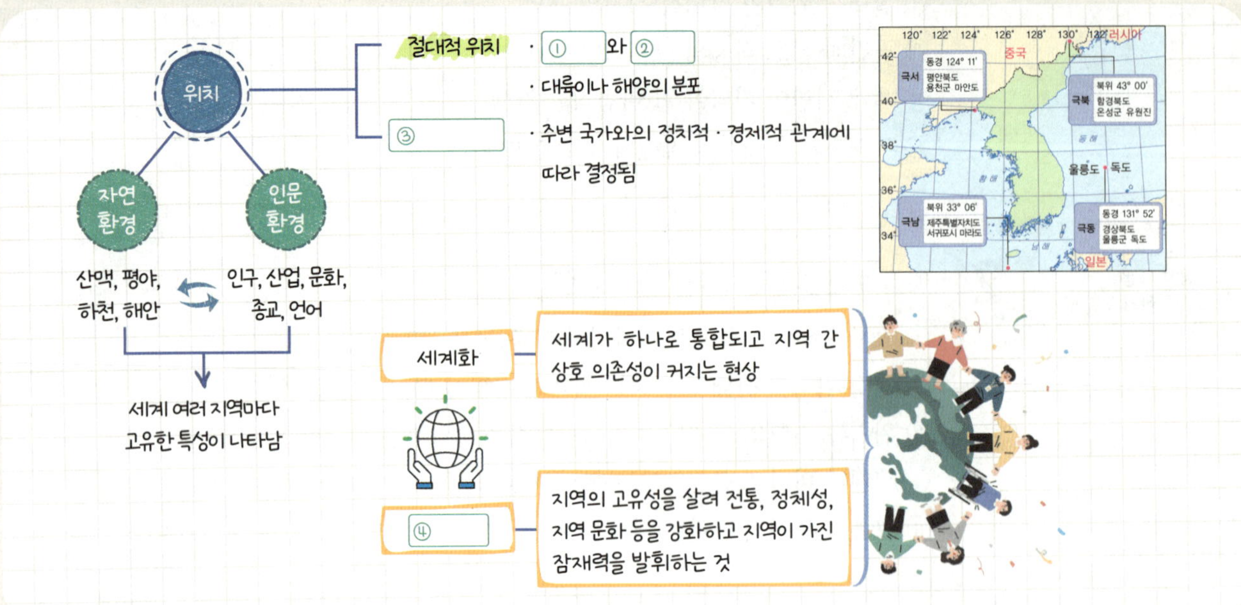

📕 교과 개념 사전

#절대적 위치 [절때적] [위치]
지구상의 위도와 경도로 표현하거나 대륙과 해양 등의 분포를 이용해 표시하는 위치로, 거의 바뀌지 않음.

#상대적 위치 [상대적] [위치]
주변 국가와의 정치적·경제적·사회적·문화적 관계에 따라 결정되는 위치로, 변경 가능함.

#자연환경 [자연환경]
인간 생활을 둘러싸고 있는 자연계의 모든 요소가 이루는 환경.

#인문환경 [인문환경]
산업, 종교, 언어 등 인간 활동의 결과로 만들어진 환경.

#세계화 [세:계화/세:게화]
정치, 경제 등 다양한 분야에서 세계가 하나의 공동체로 통합되어 가는 현상.

#지역화 [지여콰]
지역의 고유한 전통이나 특성을 살려 세계적 차원에서 독자적인 가치를 지니게 되는 현상.

#세계 시민 [세:계/세:게] [시민]
자신을 세계 공동체의 구성원으로 보고 지구촌 문제 해결에 책임감을 가지고 협력하는 사람.

교과 개념 확인 Quiz

다음 물음에 답하시오.

❶ 특정 지역의 위치를 알면 그곳의 □□□□□ 과 인문환경을 파악할 수 있다.

❷ 지구상의 위도와 경도로 표현하는 위치는 절대적 위치이다. ○ ｜ ✕

❸ □□□ □□는 주변 국가와의 다양한 관계에 따라 결정되는 위치로, 시대나 상황에 따라 변할 수 있다.

❹ 세계가 국경을 넘어 하나로 통합되고 지역 간의 상호 의존성이 커지는 것을 지역화라고 한다. ○ ｜ ✕

❺ □□□ 전략의 예로는 지역 축제, 지리적 표시제 등이 있다.

❻ 세계 시민으로서 지구촌 문제 해결에 책임감을 가지고 협력하는 태도가 필요하다. ○ ｜ ✕

2 ≫ 지리
세계의 다양한 기후

◆ **무엇을 배울까?**

초등	중등	고등	수능기출
사회 5~6 교과서 세계의 자연환경	사회 1 교과서 1단원 세계화 시대, 지리의 힘	세계시민과 지리 교과서 2단원 모자이크 세계, 세계의 다양한 자연환경과 문화	COMING SOON

❶ 기온과 강수량에 따른 세계의 여러 기후 지역 이해하기

#기후   #열대 기후   #건조 기후   #온대 기후

#냉대 기후   #한대 기후   #고산 기후

❷ 기후가 인간 거주에 미치는 영향 파악하기

적도 부근

중위도 부근

극지방 부근

💡 생각해 보기   중위도 지역 부근에서는 창밖으로 어떤 풍경이 펼쳐질까?

1 지구상에는 더운 곳이 있는가 하면 추운 곳도 있고, 비가 많이 오는 곳이 있는가 하면 적게 오는 곳도 있다. #기후란 한 지역에서 오랜 기간에 걸쳐 나타나는 기온, 강수*, 바람 등을 평균한 것으로, 식물의 성장과 분포*뿐만 아니라 인간 생활에도 많은 영향을 미친다. 세계의 기후는 기온과 강수량을 기준으로 몇 개 지역으로 구분할 수 있는데, 대체로 적도에서 극지방으로 가면서 열대, 건조, 온대, 냉대, 한대 기후 지역이 차례로 나타난다.

2 #열대 기후는 적도를 중심으로 남북 위도 20° 사이의 지역에 나타나며 1년 내내 기온이 높고 연중 강수량이 많으며, 가장 추운 달의 평균 기온이 18℃ 이상일 정도로 기온의 연교차가 작다. 특히 열대 우림 지역은 연중 강수량이 열대 기후 중 가장 많은 지역으로, 덥고 습한 기후 특성의 영향으로 크고 작은 나무와 풀 등이 빽빽하게 들어선 숲이 발달해 있다. 남·북위 20°~30° 일대에서 나타나는 #건조 기후는 연 강수량이 500mm 미만으로 강수량이 부족하여 나무가 자라기 어렵고 농업 활동을 하기에 불리하다. 또한 일사량*이 많고 습도가 낮아 낮에는 지표면이 빠르게 가열되지만, 밤이 되면 기온이 급격히 내려가 일교차*가 크다.

3 중위도 지방의 #온대 기후는 가장 추운 달의 월평균 기온이 −3℃~18℃인 온화한 기후로 사계절의 변화가 뚜렷하고 강수량도 적당하여 사람이 살기에 알맞은 곳이다. 계절별 강수량 분포와 기온에 따라 기온의 연교차가 작고 연중 강수량이 고른 서안 해양성 기후, 여름에는 고온 건조하지만 겨울에는 강수량이 많은 지중해성 기후, 여름은 고온 다습하고 겨울은 한랭 건조한 온대 계절풍 기후로 구분된다. 그리고 온대 기후 지역보다 위도가 높은 지역에는 겨울이 춥고 긴 #냉대 기후가 나타나는데, 이 지역은 가장 추운 달의 평균 기온이 −3℃ 미만이고, 가장 더운 달의 평균 기온이 10℃ 이상으로 기온의 연교차가 크며, 타이가라고 불리는 침엽수림이 분포한다. 극지방 부근에서 나타나는 #한대 기후는 기온이 몹시 낮아서 나무가 자라지 못하며, 여름에도 월평균 기온이 10℃ 이상 오르지 않는 기후로 짧은 여름 시기에 일부 지역에서 이끼나 풀이 자란다. 한편 #고산 기후는 해발 고도*가 높은 곳에서 나타나는 기후로, 적도 주변의 고산 기후 지역에서는 일 년 내내 온화한 날씨가 계속된다.

4 기후는 인간의 거주에 많은 영향을 미친다. 인간은 예로부터 농경과 목축* 등을 통해 식량을 안정적으로 생산할 수 있는 지역을 중심으로 모여 살았으며, 과학 기술이 발달한 오늘날에도 거주하기에 유리한 기후가 나타나는 지역에 많은 인구가 분포하고 있다. 온대 기후 지역과 냉대 기후 지역 남부에는 인간 활동에 유리한 기후가 나타난다. 이 지역은 상공업과 도시가 발달했을 뿐만 아니라 다양한 농업 활동이 이루어지고 있다. 반면 건조 기후 지역은 연 강수량이 부족하고, 한대 기후 지역은 너무 추워 농업 활동을 하기가 어려우므로 대체로 사람들이 적게 거주한다.

---

1 문단

☐☐의 개념
한 지역에서 오랜 기간에 걸쳐 나타나는 기온, 강수, 바람 등을 평균한 것

- **강수** 비·눈·우박 따위로 지상에 내린 물.
- **분포** 동식물의 지리적인 생육 범위.

2 문단
열대 기후와 건조 기후의 특징
- 열대 기후: ☐☐를 중심으로 남북 위도 20° 사이의 지역에 나타나는 기후로 1년 내내 기온이 높고 연중 강수량이 많음.
- ☐☐ 기후: 남·북위 20°~30° 일대에서 나타나는 기후로 연 강수량이 500mm 미만임.

- **일사량** 햇빛이 내리쬐는 양.
- **일교차** 기온·기압·습도 등이 하루 동안에 변화하는 차이.

3 문단
온대, 냉대, 한대, 고산 기후의 특징
- 온대 기후: 중위도 지방에 나타나는 기후로 온화하고 ☐☐의 변화가 뚜렷하며 강수량이 적당함.
- ☐☐ 기후: 온대 기후 지역보다 위도가 높은 지역에 나타나는 기후로 겨울이 춥고 길며 기온의 연교차가 큼.
- 한대 기후: ☐☐지방 부근에서 나타나는 기후로 기온이 몹시 낮아서 나무가 자라지 못함.
- ☐☐ 기후: 해발 고도가 높은 곳에서 나타나는 기후로 적도 주변 고산 기후 지역은 일 년 내내 온화함.

- **해발 고도** 평균 해수면을 기준으로 하여 잰 어떤 지점의 높이.

4 문단
기후 조건에 따른 인간의 거주
- 인간 거주에 유리한 기후 지역: ☐☐ 기후 지역과 냉대 기후 지역 남부
- 인간 거주에 불리한 기후 지역: 건조 기후 지역과 ☐☐ 기후 지역

- **목축** 소·말·양·돼지 따위의 가축을 많이 기르는 일.

1 **윗글에서 알 수 있는 사실이 <u>아닌</u> 것은?**

① 기후와 날씨의 차이점

② 기후를 구성하는 요소

③ 세계의 기후를 구분하는 기준

④ 인간의 거주에 불리한 기후 조건

⑤ 기후가 인간 생활에 미치는 영향

고난도

2 **윗글의 내용과 일치하지 <u>않는</u> 것은?**

① 열대 기후는 냉대 기후보다 기온의 연교차가 작다.

② 온대 기후는 한대 기후보다 농업 활동에 유리한 기후이다.

③ 고산 기후는 해발 고도가 높은 지역에서 나타나는 기후이다.

④ 지중해성 기후는 온대 계절풍 기후보다 사계절의 변화가 뚜렷하다.

⑤ 온대 계절풍 기후는 서안 해양성 기후보다 연중 강수량이 고르지 못하다.

수능찍먹

3 **<보기>의 (가)~(다)는 각각 다른 지역의 기후를 나타낸 그래프이다. 다음 중 적절하지 <u>않은</u> 것은?**

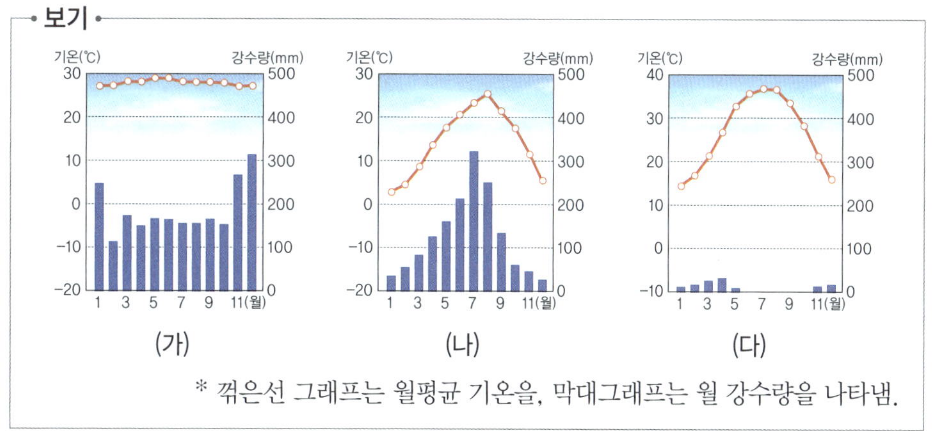

① (가)는 적도 부근에 있는 지역의 기후를 나타낸 것이군.

② (가)는 (다)에 비해 식물의 성장이 왕성한 지역의 기후를 나타낸 것이군.

③ (나)는 (다)에 비해 사람이 거주하기에 유리한 지역의 기후를 나타낸 것이군.

④ (다)는 낮과 밤의 일교차가 큰 지역의 기후를 나타낸 것이군.

⑤ (다)는 (나)보다 위도가 높은 지역의 기후를 나타낸 것이군.

◆ 개념 한눈에 보기

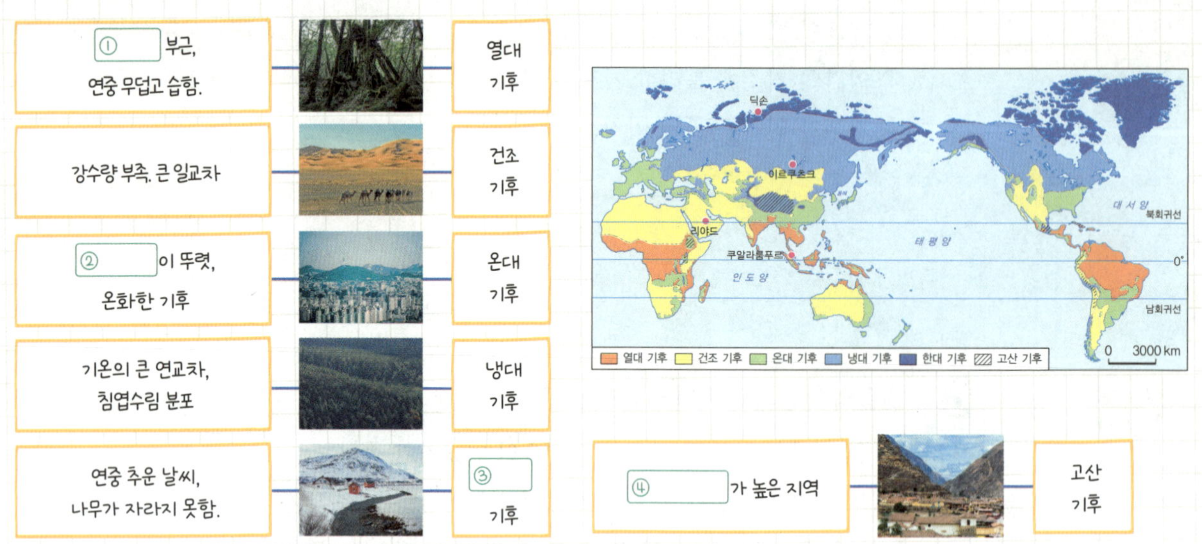

📖 교과 개념 사전

#기후 [기후]
한 지역에서 오랜 기간에 걸쳐 나타나는 기온, 강수량 등을 평균한 것.

#열대 기후 [열때] [기후]
적도를 중심으로 남북 위도 20° 사이의 지역에 나타나는 기후로 1년 내내 기온이 높고 강수량이 많음.

#건조 기후 [건조] [기후]
남·북위 20°~30° 일대에서 나타나는 기후로 연 강수량이 500mm 미만이고 일교차가 큼.

#온대 기후 [온대] [기후]
중위도 지방에 나타나는 기후로 온화하면서 사계절의 변화가 뚜렷하고 강수량이 적당함.

#냉대 기후 [냉대] [기후]
온대 기후 지역보다 위도가 높은 지역에 나타나는 기후로 겨울이 춥고 길며 기온의 연교차가 큼.

#한대 기후 [한대] [기후]
극지방 부근에서 나타나는 기후로 기온이 몹시 낮음.

#고산 기후 [고산] [기후]
해발 고도가 높은 지역에서 나타나는 기후로, 적도 주변의 고산 기후 지역은 일 년 내내 온화함.

교과 개념 확인 Quiz ✎

다음 물음에 답하시오.

❶ 한 지역에서 오랜 기간에 걸쳐 나타나는 기온, 강수량 등을 평균한 것을 ☐☐ 라고 한다.

❷ 열대 기후는 적도 부근의 지역에 나타나는 기후로 기온의 연교차가 크다.　○ ｜ ✕

❸ 건조 기후는 연 강수량이 500mm 미만으로 강수량이 적고 낮과 밤의 일교차가 크다.　○ ｜ ✕

❹ 온대 기후는 중위도 지방에 나타나는 기후로 사계절의 변화가 뚜렷하다.　○ ｜ ✕

❺ 냉대 기후는 온대 기후 지역보다 위도가 낮은 지역에 나타나는 기후로 기온의 연교차가 크다.　○ ｜ ✕

❻ 한대 기후는 위도가 가장 높은 지역에 나타나는 기후로 기온이 몹시 낮아서 나무가 자라지 못한다.　○ ｜ ✕

2일차

1

>> **지리**

가장 역동적인 대륙, 아시아 속으로

Step 1　교과 개념 톡 생각 열기

◆ **무엇을 배울까?**

초등	중등	고등	수능기출
사회 5~6 교과서 지구, 대륙 그리고 국가들	사회 1 교과서 2단원 아시아	세계시민과 지리 교과서 3단원 네트워크 세계, 세계의 인구와 경제 공간	COMING SOON

❶ 아시아의 주요 국가와 도시 및 산업의 특징 이해하기

　　#노동 집약적 산업　　　#첨단 기술

❷ 아시아의 종교와 인구의 특징 이해하기

　　#보편 종교　　　#민족 종교　　　#종교 갈등

　　#저출산　　　#고령화

💡 **생각해 보기**　아시아에서 여행하고 싶은 국가를 떠올리고 그 이유를 생각해 보자.

1 제2차 세계 대전 이후 우리나라와 필리핀, 베트남, 라오스, 인도, 스리랑카 등 많은 아시아 국가들이 여러 강대국의 식민 통치에서 해방되었다. 그 후 아시아의 국가들은 아시아의 우호* 증진과 평화를 위해 상호 협력하고 경쟁하면서 발전해 왔으며, 아시아는 이제 21세기에 가장 역동적*인 대륙으로 주목받고 있다.

2 유라시아* 대륙의 동쪽에 위치하는 아시아는 자연환경과 문화적 특성에 따라 동아시아, 동남아시아, 남부 아시아, 중앙아시아, 서남아시아로 구분한다. 동아시아에는 우리나라, 중국, 일본 등이, 동남아시아에는 베트남, 인도네시아, 타이 등이, 남부 아시아에는 인도, 방글라데시 등이 속한다. 중앙아시아에는 카자흐스탄, 우즈베키스탄 등이, 서남아시아에는 사우디아라비아, 이란, 카타르 등이 있다. 우리나라의 서울을 비롯하여 일본의 도쿄, 중국의 베이징, 인도네시아의 자카르타, 타이의 방콕, 인도의 뉴델리, 카타르의 도하 등은 아시아의 대표적인 도시로 세계의 정치·경제·문화에 주요한 영향을 끼치고 있다.

3 아시아는 세계에서 가장 큰 대륙으로 천연자원이 풍부하다. 이런 환경은 각국의 발전에 중요한 원동력이 되었다. 그 대표적인 예로 사우디아라비아는 석유와 천연가스 등을 수출하여 경제 발전을 이루었다. 중국과 베트남은 노동력이 풍부한 국가로 의류, 신발 등 #노동 집약적 산업인 제조업이 발달하였다. 우리나라와 일본은 반도체·정보 통신 기기 등 #첨단 기술 분야에서 핵심적인 역할을 하고 있으며, 영화·음악·게임 등 다양한 문화 콘텐츠로 세계 문화 산업에서도 주도적인 역할을 하고 있다.

4 아시아는 세계 여러 지역에 널리 퍼져 있는 #보편 종교인 크리스트교, 이슬람교, 불교와 특정한 민족에 전승된 #민족 종교인 인도와 네팔의 힌두교, 이스라엘의 유대교 등 다양한 종교의 발상지*이다. 크리스트교인들은 성당이나 교회에서, 이슬람교도들은 돔*과 첨탑이 있는 모스크에서, 불교 신자들은 불상과 탑이 있는 사원에서 종교 의식을 거행하고, 힌두교도는 생명의 근원이라 여기는 갠지스강에 몸을 담그고 기도를 한다. 이처럼 아시아에는 다양한 종교가 존재하기 때문에 #종교 갈등이 발생하기도 하지만, 평화롭게 공존할 수 있는 방안을 찾기 위해 노력하는 국가들도 있다.

5 2022년 기준 약 80억 명의 세계 인구 중, 약 47억 명의 인구가 아시아에 살고 있다. 이러한 아시아의 인구 구조는 국가별로 다르게 나타나고, 그에 따라 서로 다른 인구 문제가 발생했다. 합계 출산율*이 높은 파키스탄과 필리핀은 청장년층의 인구 비율이 높아 장차 아시아 경제 발전의 주축*이 될 가능성이 크지만 급격한 인구 증가로 인해 실업률이 높아지고, 빈곤 인구가 증가하는 문제점이 있다. 반면에 우리나라, 일본, 싱가포르 등 경제 발전 수준이 높은 아시아 국가에서는 #저출산으로 유소년층 비율은 줄고 노년층 인구 비율이 높아지는 #고령화 현상이 나타나 노동력 부족, 경제 성장률 둔화 등의 문제를 겪고 있다.

전개 방식
파악하기

1 **윗글의 내용 전개 방식으로 가장 적절한 것은?**

① 전문가의 말을 인용하여 아시아의 가치를 평가하고 있다.

② 산업 유형에 따른 국가 간의 경제 발전 정도를 대조하고 있다.

③ 구체적인 예를 들어 아시아 주요 국가의 산업을 소개하고 있다.

④ 인구와 주요 산업을 기준으로 아시아 지역을 구분하고 있다.

⑤ 통계 수치를 통해 아시아의 인구가 증가하고 있음을 제시하고 있다.

핵심 내용
파악하기

2 **윗글에서 확인할 수 있는 내용이 <u>아닌</u> 것은?**

① 중국의 산업 특징　　　　　② 아시아의 주요 도시

③ 아시아의 지리적 위치　　　④ 아시아 국가의 인구 문제

⑤ 종교 갈등의 사례

세부 내용
추론하기

고난도

3 **윗글을 통해 알 수 있는 내용으로 적절하지 <u>않은</u> 것은?**

① 아시아의 인구는 세계 인구의 절반 이상을 차지하고 있다.

② 아시아의 국가 중에는 강대국의 식민지였던 국가들이 있다.

③ 파키스탄의 인구 문제는 청장년층 인구 비율 증가로 해결할 수 있다.

④ 아시아에 존재하는 다양한 종교가 원인이 되어 갈등이 발생한다.

⑤ 종교가 전파된 범위에 따라 보편 종교와 민족 종교로 나눌 수 있다.

사례에
적용하기

4 **윗글을 읽고 다음 자료에 대해 보인 반응으로 적절하지 <u>않은</u> 것은?**

(가) 싱가포르	종교의 다양성을 보여 주는 국가이다. 불교, 힌두교, 이슬람교, 크리스트교 등 여러 종교의 기념일을 각각 법정 공휴일로 지정하고 있다.
(나) 말레이시아	다민족 국가로 인구의 60%를 차지하는 이슬람교를 국교로 지정하고 있지만, 헌법으로 소수 종교의 자유를 보장하고 매년 다양한 민족이 종교 축제에 참여하여 서로의 문화를 이해하기 위해 노력한다.
(다) 스리랑카	불교를 믿는 신할리즈족과 힌두교를 믿는 타밀족 간의 갈등에 의한 내전으로 약 10만 명 이상이 사망한 것으로 추정된다. 이들은 서로 갈등하면서 동시에 크리스트교에 대한 적대감을 가지고 있는데, 2019년 4월 부활절에 발생한 폭탄 테러로 200명 이상이 사망했다.

① (가)는 보편 종교와 민족 종교를 모두 인정하고 있군.

② (가)는 다양한 종교를 존중하기 위해 노력하는 국가이군.

③ (나)는 돔과 첨탑이 있는 모스크를 찾는 국민들이 많겠군.

④ (다)는 민족 종교와 보편 종교 간의 갈등으로 폭탄 테러까지 일어난 것이군.

⑤ (나)와 (다)는 각각 다양한 종교가 공존하거나 갈등하는 것을 보여 주는군.

◆ 개념 한눈에 보기

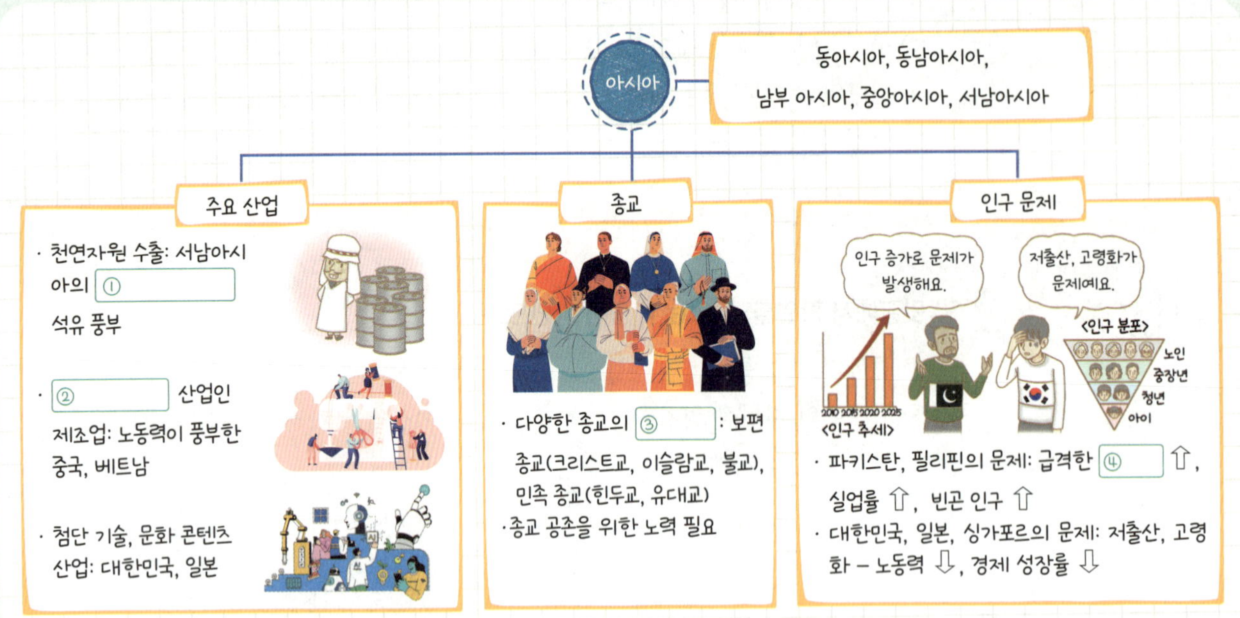

📖 교과 개념 사전

#노동 집약적 산업 [노동] [지뱍쩍] [사:넙]
생산 요소 가운데 다른 요소에 비하여 노동력이 많이 드는 산업. 경공업과 서비스 산업, 농림업 따위가 있음.

#첨단 기술 [첨단] [기술]
수준이 높고 선구적인 과학 기술.

#보편 종교 [보:편] [종교]
국경과 민족을 초월하여 세계 여러 지역에 널리 퍼져 있는 종교.

#민족 종교 [민족] [종교]
특정한 민족의 성립과 더불어 형성되고 전승되는 종교.

#종교 갈등 [종교] [갈뜽]
일반 개인이나 집단 사이에 종교적 이념이 달라 서로 적대시하거나 충돌하는 일. 또는 그런 상태.

#저출산 [저:출싼]
태어나는 아이의 수가 줄어듦. 또는 그런 상태. 일반적으로 출산율이 2.1명 미만인 경우를 가리킴.

#고령화 [고령화]
한 사회에서 65세 이상의 노인 인구 비율이 높은 상태로 나타나는 일.

교과 개념 확인 Quiz

다음 물음에 답하시오.

❶ 노동력이 풍부한 국가는 노동 집약적 산업인 제조업이 발달하였다.　　　　○ | ✕

❷ 우리나라와 일본은 반도체, 정보 통신 기기 등 □□ □□ 분야에서 핵심적인 역할을 한다.

❸ 크리스트교, 이슬람교, 불교는 아시아에서 생겨나 전 세계로 널리 퍼져 있는 □□ 종교이다.

❹ 민족 종교는 특정한 민족에 전승된 종교로 힌두교, 불교 등이 있다.　　　　○ | ✕

❺ 아시아에는 다양한 종교가 존재하기 때문에 □□ □□이 발생하기도 하지만, 평화롭게 공존하기 위해 노력하는 국가들도 있다.

❻ 우리나라, 일본, 싱가포르 등에서는 □□□ 현상으로 인구 증가율이 감소하고 있다.

❼ 일부 아시아에서는 노년층이 많아지는 고령화 현상으로 사회적 문제를 겪고 있다.　○ | ✕

2

≫지리

세계인이 사랑하는 유럽 속으로

Step 1 교과 개념 톡 생각 열기

◆ **무엇을 배울까?**

초등	중등	고등	수능기출
사회 5~6 교과서 지구, 대륙 그리고 국가들	사회 1 교과서 3단원 유럽	세계시민과 지리 교과서 3단원 네트워크 세계, 세계의 인구와 경제 공간	COMING SOON

❶ 유럽의 주요 국가와 도시의 특징 이해하기

#세계 도시 #역사·문화 도시 #지속가능한 도시 #탄소 중립

#친환경 도시

❷ 유럽의 통합과 관계 이해하기

#유럽연합 #브렉시트

💡 **생각해 보기** 유럽의 랜드마크를 떠올리고 자신이 여행하고 싶은 곳을 생각해 보자.

1 세계인이 가장 가 보고 싶은 도시 순위의 상위권에는 프랑스 파리, 이탈리아의 로마, 에스파냐의 바르셀로나와 마드리드, 영국의 런던, 네덜란드의 암스테르담, 독일의 베를린 등이 꾸준히 포함된다. 이들 도시는 공통적으로 유럽에 위치하고 있다.

2 유럽은 44개의 국가로 이루어져 있다. 서쪽으로는 대서양, 남쪽으로는 지중해, 북쪽으로는 북극해, 동쪽으로는 아시아와 접하고 있다. 유럽은 지리적 위치와 문화적 특성을 고려하여 서부 유럽, 북부 유럽, 남부 유럽, 동부 유럽으로 나뉜다. 서부 유럽에는 영국, 프랑스, 독일, 스위스, 네덜란드 등이, 북부 유럽에는 스웨덴, 핀란드, 노르웨이 등이, 남부 유럽에는 지중해 연안의 에스파냐, 포르투갈, 이탈리아, 그리스 등이, 동부 유럽에는 러시아, 우크라이나, 폴란드 등이 속한다.

3 유럽에는 다양한 유형의 도시가 존재한다. 세계적인 중심지 역할을 하는 **#세계 도시**에는 세계 경제의 중심지인 영국의 런던, 패션 · 음식 · 예술과 같은 세계 문화의 중심지인 프랑스의 파리가 있다. 긴 역사를 바탕으로 다양한 문화유산을 지닌 **#역사 · 문화 도시**에는 그리스의 아테네, 이탈리아의 로마와 피렌체가 대표적이다. 독특한 자연 경관으로 인기가 많은 관광 도시에는 아이슬란드의 레이캬비크, 스위스의 인터라켄 등이 유명하다. 자연과 인간이 공존하는 방법을 모색하는˚ 친환경적인 생태˚ 도시로는 독일의 프라이부르크와 네덜란드의 암스테르담을, 반도체 · 생명 공학 · 신소재 등의 산업이 발달한 첨단 도시로는 프랑스의 소피아 앙티폴리스, 스웨덴의 스톡홀름 등을 꼽을 수 있다.

4 유럽은 산업 혁명으로 경제 성장을 이루었지만 심각한 환경 문제에 부딪쳤다. 대기 오염 · 수질 오염뿐만 아니라 홍수와 폭염 등 이상 기후 현상이 나타난 것이다. 유럽은 ㉠**#지속가능한 도시**를 만들어서 이런 문제를 해결하고 사회 · 경제 · 문화 면에서 균형적인 발전을 지향하려는 노력을 하고 있다. 이를 위해 도시 재생 사업을 통해 낡은 시설을 재정비하고, 재생 에너지˚를 활용하며, 이산화 탄소 배출을 감소하기 위한 **#탄소 중립**을 실천해 기후 위기에 대응할 수 있는 ㉡**#친환경 도시**로 변화하고 있다.

5 세계인들에게 유럽은 연합 · 통합의 이미지를 떠올리게 한다. 그 이유는 유럽 국가들이 정치적 · 경제적 통합을 목적으로 출범한˚ ⓐ유럽연합(EU)의 영향이 크다. **#유럽연합**은 1993년 12개의 회원국으로 출범하여 2023년에는 27개 국가로 확장되었다. 대부분의 유럽연합 회원국들은 유로화를 단일 화폐로 사용하며, 관세˚를 없애 상품 · 자본 · 노동력 등의 국가 간 이동이 자유롭다. 또한 유럽연합의 시민들은 입국과 출국 절차 없이 자유롭게 국가 간을 이동할 수 있다. 그 결과 유럽연합은 유럽의 정치와 경제 발전을 촉진했지만, 동부 유럽과 서부 유럽의 경제적 격차, 남부 유럽의 재정 적자 확대 등의 문제가 발생하면서 그 결속력˚이 약화되었다. 그 예로 **#브렉시트**를 들 수 있는데, 이는 2020년 영국이 유럽연합에서 탈퇴한 것을 가리킨다. 브렉시트는 유럽 국가 간의 경제적, 사회적, 정치적 이익과 불만이 복합적으로 작용한 결과라고 할 수 있다.

1 문단
세계인들에게 사랑받는 유럽
세계인이 가 보고 싶은 도시의 상위권에 유럽의 도시들이 포함됨.

2 문단
지리적 위치와 문화적 특성에 따라 구분한 유럽
☐☐☐☐(영국, 프랑스, 독일 등), 북부 유럽(☐☐☐☐, 핀란드, 노르웨이 등), 남부 유럽(☐☐☐☐, 포르투갈, 이탈리아 등), 동부 유럽(☐☐☐, 우크라이나, 폴란드 등)

3 문단
유럽의 다양한 도시 유형
세계 도시(☐☐, 파리 등), 역사 · 문화 도시(☐☐☐, 로마와 피렌체 등), 관광 도시, 생태 도시, 첨단 도시

· **모색하다** 일이나 사건 따위를 해결할 수 있는 방법이나 실마리를 더듬어 찾다.
· **생태** 생물이 살아가는 모양이나 상태.

4 문단
지속가능한 ☐☐☐를 만들기 위한 유럽의 노력
도시 재생 사업 실시, 재생 에너지 활용, ☐☐☐☐ 실천

· **재생 에너지** 태양, 바람, 물 등을 이용해 고갈되지 않고 지속해 사용할 수 있는 에너지

5 문단
유럽의 통합과 분리의 움직임
정치적 · 경제적 통합을 목적으로 ☐☐☐☐ 결성 → 경제적 · 사회적 · 정치적 이익과 불만으로 인한 결속력 약화 → 영국의 탈퇴(=☐☐☐☐)

· **출범하다** 단체가 새로 조직되어 일을 시작하다.
· **관세** 수출 · 수입되거나 통과되는 화물에 대하여 부과되는 세금.
· **결속력** 한 덩어리가 되게 묶는 성질.

핵심 내용 파악하기

1 윗글에서 설명하고 있는 내용이 <u>아닌</u> 것은?

① 유럽의 지리적 위치　　　　　② 유럽의 다양한 도시 유형

③ 브렉시트 이후 유럽의 상황　　④ 친환경 도시를 만들기 위한 방법

⑤ 지속가능한 도시를 지향하게 된 배경

세부 내용 파악하기

2 윗글의 내용과 일치하는 것은?

① 서부 유럽 국가는 남부 유럽의 국가보다 생활 수준이 낮다.

② 파리와 런던은 세계 경제의 중심으로 평가받는 대표 도시이다.

③ 생태 도시는 뛰어난 자연 경관을 갖추고 있는 아름다운 도시이다.

④ 유럽은 산업 혁명으로 인한 환경 문제로 분열되는 상황에 이르렀다.

⑤ 유럽연합 회원국의 국민들은 이웃 나라에 자유롭게 출입할 수 있다.

세부 내용 추론하기

3 ㉠과 ㉡을 이해한 내용으로 가장 적절한 것은?

① ㉠은 ㉡보다 탄소 배출량이 적다.

② ㉡은 ㉠보다 재생 에너지를 많이 활용한다.

③ ㉠과 ㉡은 모두 산업화를 실현할 수 있는 방안이다.

④ ㉠과 ㉡은 모두 이상 기후 현상을 해결하고자 한다.

⑤ ㉠과 ㉡은 모두 자연 보호보다 자연 개발을 중시한다.

사례에 적용하기

4 윗글과 <보기>를 참고하여 ⓐ에 대해 보인 반응으로 적절하지 <u>않은</u> 것은?

> **• 보기 •**
>
> • 유럽연합 가입 시 법률 변경, 이주자 유입에 따른 문화적·경제적 갈등 등을 우려하는 주민도 많았다. 영국이 브렉시트를 결정한 것도 이민자 수의 증가, 유럽연합의 재정 악화로 영국의 과도한 예산 부담, 유럽 통합에 대한 부정적 시각 등 때문이다.
>
> • 브레그렛(Bregret)는 '브렉시트(Brexit)'와 '후회(regret)'를 합친 말로, 영국이 유럽연합에서 탈퇴한 것을 후회한다는 뜻이다. 영국은 유럽연합 탈퇴 후 유럽 국가 간의 자유로운 교류가 막히면서 노동력 부족, 물가 상승, 경기 침체 등을 겪고 있다.

① 브레그렛은 의도와 달리 또 다른 경제적 문제가 발생하여 생긴 말이겠군.

② 영국의 노동력 부족 문제는 자유롭게 국가 간에 이동할 수 없는 것과 관련되겠군.

③ 영국의 브렉시트는 유럽 내부의 경제적 격차나 남부 유럽의 재정 적자 확대와 관련이 있겠군.

④ 유럽연합의 결속력이 약화된 것은 이주자들의 이동에 따른 경기 침체와 노동력 부족 때문이겠군.

⑤ 유럽연합에 가입하지 않은 국가는 유럽연합에 가입하면 생길 수 있는 부정적 측면을 생각한 것이겠군.

◆ 개념 한눈에 보기

교과 개념 사전

#세계 도시 [세:계/세:게] [도시]
국가의 경계를 넘어 세계적인 중심지 역할을 하는 대도시.

#역사·문화 도시 [역싸] [문화] [도시]
유서 깊은 역사와 문화를 바탕으로 다양한 역사 유적이나 문화유산을 지닌 도시.

#지속가능한 도시 [지속] [가:능한] [도시]
환경, 경제, 사회가 조화를 이루며 기후 위기에 대응하여 장기적으로 지속 가능한 발전이 이루어질 수 있는 도시.

#탄소 중립 [탄:소] [중닙]
탄소를 배출하는 만큼 다시 흡수하여 실질 배출량을 '0'으로 만드는 일.

#친환경 도시 [친환경] [도시]
자연환경을 오염하지 않고 자연 그대로의 환경과 잘 어울리게 조성하는 도시.

#유럽연합 [유럽] [연합]
1993년 유럽 국가들이 공동 화폐를 사용하며 경제적·정치적 통합을 실현하기 위해 결성된 기구.

#브렉시트 [브렉시트]
영국이 유럽연합에서 탈퇴함을 이르는 말.

교과 개념 확인 Quiz

다음 물음에 답하시오.

❶ 영국의 런던과 프랑스의 파리는 대표적인 ☐☐☐☐이다.

❷ 아이슬란드의 레이캬비크, 스위스의 인터라켄은 대표적인 역사·문화 도시이다. ○ ┊ ✕

❸ 산업화로 인해 환경이 파괴되는 문제를 해결하는 과정에서 ☐☐☐☐☐☐ 도시라는 개념이 등장했다.

❹ ☐☐ ☐☐은 배출한 탄소를 흡수해 실질적인 탄소 배출량을 '0'으로 만드는 것이다.

❺ 유럽은 도시 재생 사업을 통해 기후 위기에 대응할 수 있는 지속 가능한 친환경 도시를 만들기 위해 노력한다. ○ ┊ ✕

❻ ☐☐☐☐은 1993년 12개의 회원국으로 출범하여 2023년에는 27개 국가로 확장되었다.

❼ 브렉시트는 영국이 유럽연합에서 탈퇴한 것을 후회한다는 의미이다. ○ ┊ ✕

3일차

1

>> 지리

다양한 문화의 공존, 아메리카 속으로

Step 1 교과 개념 톡 생각 열기

◆ **무엇을 배울까?**

초등	중등	고등	수능기출
사회 5~6 교과서 지구, 대륙 그리고 국가들	사회 1 교과서 5단원 아메리카	세계시민과 지리 교과서 3단원 네트워크 세계, 세계의 인구와 경제 공간	COMING SOON

❶ 아메리카의 자연환경과 주요 도시 및 인종의 특징 이해하기

#열대림   #다문화 사회   #문화 혼종성

❷ 아메리카의 산업의 특징 이해하기

#초국적 기업   #공간적 분업

💡 **생각해 보기**   아메리카에서 여행하고 싶은 국가를 떠올리고 그 이유를 생각해 보자.

1 콜럼버스가 신대륙을 발견한 이후 아메리카는 유럽인들의 탐험과 개척의 대상이 되었다. 그것은 아메리카 대륙이 지구에서 다양한 생태계를 가진 곳 중 하나로서 무한한 잠재력*을 지닌 땅이었기 때문이다.

2 세계 육지 면적의 30%를 차지하는 아메리카는 지리적으로 파나마 지협*을 경계로 북아메리카와 남아메리카로 구분하며, 문화적으로는 리오그란데강을 기준으로 ㉠앵글로아메리카와 ㉡라틴 아메리카로 구분한다. 지형을 보면, 북아메리카는 서쪽에 높고 가파른 로키산맥이, 동쪽에 오랜 침식으로 낮아진 애팔래치아산맥이 있고 중앙에는 대평원이 펼쳐져 있으며 미국 중부에는 미시시피강이 흐른다. 남아메리카는 서쪽에 안데스산맥이, 동쪽에 브라질고원이 있고 가운데로 아마존강이 흐르며 아마존 분지*를 중심으로 세계 최대의 #열대림이 분포하고 있다.

3 북아메리카에는 미국, 캐나다, 멕시코 등의, 남아메리카에는 브라질, 아르헨티나, 콜롬비아, 페루 등의 국가들이 있다. 아메리카에는 매력을 지닌 도시들이 많은데, 주요 도시로는 세계의 정치·경제·금융의 중심지인 미국의 뉴욕, 캐나다의 정치·경제·문화의 중심지인 토론토, 브라질에서 인구가 가장 많은 도시인 상파울루, 아르헨티나의 수도이자 큰 항구 도시인 부에노스아이레스 등이 있다. 또한 멕시코의 멕시코시티와 페루의 쿠스코처럼 고대 문명의 유산을 간직한 도시들도 있다.

4 아메리카는 다양한 민족과 인종이 어우러진 #다문화 사회이다. 앵글로아메리카에는 아메리카 원주민들이 살고 있었으나 16세기 영국인이 식민지를 개척하는 과정에서 유럽의 이민자들이 유입되었다*. 또한 아프리카 흑인들이 노예로 강제 이주되었고, 일자리를 찾아 히스패닉*과 아시아인들도 유입되었다. 라틴 아메리카는 마야, 아스테카, 잉카와 같은 고대 문명이 발달했으나 유럽인의 침입으로 대부분 파괴되었다. 16세기 말부터 에스파냐가 라틴 아메리카의 대부분 지역을 지배했고, 브라질은 포르투갈의 지배를 받았다. 이때 흑인 노예가 이주되면서 오늘날 라틴 아메리카는 원주민, 유럽계, 아프리카계, 혼혈인 등 다양한 민족과 인종이 공존하고 있다. 아메리카에서는 이들의 문화가 혼합되어 독특하게 발전했는데, 이처럼 서로 다른 문화가 혼합되어 새로운 문화를 만드는 현상을 #문화 혼종성이라고 한다.

5 아메리카에는 넓은 영토와 풍부한 자본, 우수한 기술력을 토대*로 성장한 세계적인 초국적 기업이 많다. #초국적 기업은 연구, 개발, 생산, 판매 등의 기능을 분리해 자회사, 지사, 연구소, 공장 등을 해외 여러 국가에 배치하는 #공간적 분업을 통해 전 세계를 대상으로 생산과 판매 활동을 하는 기업이다. 초국적 기업은 교통·통신의 발달로 지역 간 교류가 활발해지면서 성장했으며, 농업, 제조업, 금융업 등 다양한 분야로 진출하고 있다. 특히 미국에는 세계적인 초국적 기업이 많아 세계 경제에 중요한 영향을 미치고 있으며, 브라질, 멕시코에서도 초국적 기업이 성장하고 있다.

---

1 문단
탐험과 개척의 대상, 아메리카
무한한 잠재력을 지녀 ______들의 탐험과 개척의 대상이었음.

· **잠재력** 겉으로 드러나지 않고 속에 숨어 있는 힘.

2 문단
아메리카의 지역 구분과 지형
· ______을 경계로 북아메리카와 남아메리카로 구분함.
· 서쪽에는 높고 가파른 ______이, 동쪽에는 낮은 산맥이나 고원이 분포함.

· **지협** 두 개의 육지를 연결하는 좁고 잘록한 땅.
· **분지** 해발 고도가 더 높은 지형으로 둘러싸인 평지.

3 문단
아메리카의 주요 국가와 도시
· 주요 국가: ______, 캐나다, 멕시코, 브라질, 아르헨티나, 콜롬비아, 페루 등
· 주요 도시: 뉴욕, 토론토, 부에노스아이레스, 멕시코시티, 쿠스코 등

4 문단
아메리카의 인구와 문화의 특징
· 아메리카 원주민, 유럽계, 아프리카계 등 다양한 ______과 ______으로 구성됨.
· 서로 다른 문화가 혼합되어 새로운 문화를 만드는 ______이 나타남.

· **유입되다** 사람이 어떤 곳으로 모여들다.
· **히스패닉** 에스파냐어를 모국어로 쓰는 라틴 아메리카계의 미국 이주민.

5 문단
아메리카의 초국적 기업
아메리카에는 ______을 통해 전 세계를 대상으로 생산과 판매 활동을 하는 ______이 많음.

· **토대** 어떤 사물이나 사업의 밑바탕이 되는 기초와 밑천.

**핵심 내용
파악하기**

1 윗글에서 알 수 있는 내용이 <u>아닌</u> 것은?

① 아메리카의 지형적 특성과 기후
② 북아메리카의 주요 국가와 도시
③ 아메리카 초국적 기업의 진출 분야
④ 아메리카에 문화 혼종성이 나타나게 된 배경
⑤ 아메리카가 유럽인들에게 개척의 대상이 된 이유

**세부 내용
파악하기**

2 윗글의 내용과 일치하지 <u>않는</u> 것은?

① 초국적 기업은 세계 여러 지역으로 업무를 분담한다.
② 세계 최대의 열대림은 북아메리카에 분포하고 있다.
③ 미국의 뉴욕은 경제와 금융이 발달한 세계적인 도시이다.
④ 파나마 지협은 아메리카를 지리적으로 구분하는 기준이다.
⑤ 16세기 이후 아메리카에는 다양한 민족과 인종이 유입되었다.

**세부 내용
추론하기**

고난도

3 ㉠, ㉡에 대한 이해로 가장 적절한 것은?

① ㉠은 ㉡과 달리 다양한 인종이 어우러져 살았다.
② ㉡은 ㉠과 달리 흑인 노예가 강제로 이주해 왔다.
③ ㉠과 ㉡은 모두 다양한 문화가 혼합되어 발전하였다.
④ ㉠과 ㉡은 모두 오랜 기간 에스파냐의 지배를 받았다.
⑤ ㉠과 ㉡은 모두 유럽인에 의해 고대 문명이 훼손되었다.

**사례에
적용하기**

4 윗글을 바탕으로 <보기>를 이해한 내용으로 가장 적절한 것은?

> **• 보기 •**
>
> 　고객 상담을 주로 하는 콜센터는 전화와 온라인으로 업무를 하기 때문에 어느 곳에서든 운영할 수 있다. 그래서 미국 기업의 콜센터를 다른 국가에서 담당하는 경우가 많다. 동남아시아의 주요 국가인 필리핀은 미국의 초국적 기업이 선호하는 지역이다. 그 이유는 젊고 풍부한 노동력을 낮은 임금으로 이용할 수 있으며, 영어를 공용어로 사용하여 콜센터 업무에 유리하기 때문이다.

① 미국의 기업이 필리핀을 대상으로 판매 활동을 벌이고 있음을 보여 주는군.
② 미국의 기업이 다양한 분야에서 공간적 분업을 실시하고 있음을 보여 주는군.
③ 미국의 기업이 고객 상담 기능을 분리하여 필리핀에 배치하고 있음을 보여 주는군.
④ 미국의 기업이 임금 절감을 위해 생산 공장을 필리핀으로 이전하였음을 보여 주는군.
⑤ 미국의 기업이 판매 범위를 넓히기 위해 필리핀에 자회사를 두었음을 보여 주는군.

◆ 개념 한눈에 보기

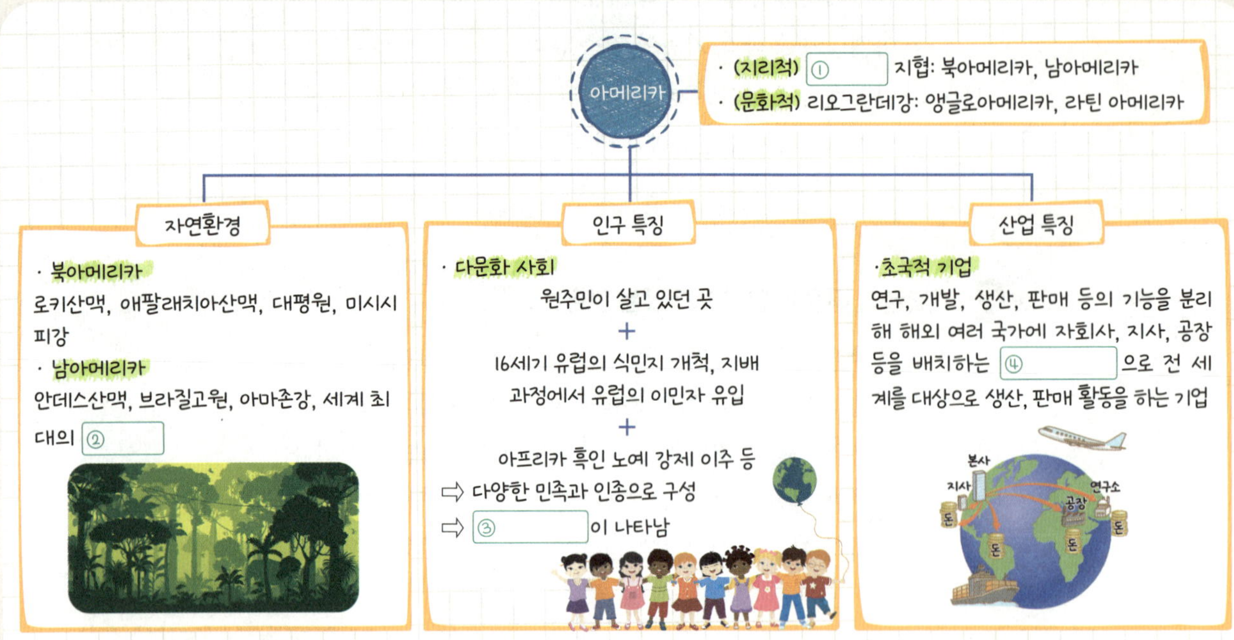

📖 교과 개념 사전

#열대림 [열때림]
열대 지방에 형성된 울창한 산림. 주로 일 년 내내 기온이 높고 비가 많은 적도 부근의 열대 지방에서 발달함. 아마존 열대림은 전 세계 열대림의 40%를 차지하며, 지구에서 필요로 하는 산소의 4분의 1을 생성하여 '지구의 허파'라고 불림.

#다문화 사회 [다문화] [사회/사훼]
다양한 민족이나 인종이 함께 어울려 살아가는 사회.

#문화 혼종성 [문화] [혼:종썽]
문화와 문화가 만나 기존의 문화 정체성을 약화시키거나 서로 혼합되어 새로운 문화를 만들어 내는 현상.

#초국적 기업 [초국쩍] [기업]
국경을 초월하여 세계 각지에 자회사, 지사, 합병 회사, 연구소, 공장 등을 두고 제품을 기획·생산·판매하는 기업.

#공간적 분업 [공간적] [부넙]
초국적 기업이 경영 효율성과 이윤을 높이기 위해 기업 조직의 여러 기능을 서로 다른 국가와 지역에 나누어 배치하는 방식.

✏️ 교과 개념 확인 Quiz

다음 물음에 답하시오.

❶ 남아메리카의 아마존에는 '지구의 허파'라고 불리는 숲이 넓게 형성되어 있다.　○ ｜ ✕

❷ 앵글로아메리카에서는 마야 문명, 아스테카 문명, 잉카 고대 문명이 발달했다.　○ ｜ ✕

❸ 아메리카는 다양한 민족과 인종이 어우러진 ＿＿＿＿＿＿이다.

❹ 서로 다른 문화가 혼합되어 새로운 문화를 만드는 현상을 ＿＿＿＿＿이라고 한다.

❺ 초국적 기업은 교통·통신의 발달로 지역 간 교류가 활발해지면서 성장했다.　○ ｜ ✕

❻ ＿＿은 세계적인 초국적 기업이 많아서 세계 경제에 큰 영향력을 미치고 있다.

❼ 초국적 기업은 공간적 분업을 통해 전 세계를 대상으로 생산과 판매 활동을 한다.　○ ｜ ✕

2 »지리

아프리카, 오세아니아와 극지방

Step 1 교과 개념 **톡** 생각 열기

◆ **무엇을 배울까?**

초등	중등	고등	수능기출
사회 5~6 교과서 지구, 대륙 그리고 국가들	사회 1 교과서 4, 6단원 아프리카, 오세아니아와 극지방	세계시민과 지리 교과서 4단원 지속가능한 세계, 세계의 환경 문제와 평화	COMING SOON

❶ 아프리카의 지역 잠재력과 지속 가능한 발전을 위한 노력 이해하기

#지역 잠재력

❷ 오세아니아의 지역적 특성과 태평양의 환경 문제 이해하기

#화산 활동   #빙하 지형   #기업적 농목업

#해양 쓰레기   #해수면 상승

❸ 극지방의 지속가능한 개발 이해하기

#지속가능한 개발

💡 **생각해 보기** 아프리카, 오세아니아, 극지방의 모습을 떠올리고 자신이 여행하고 싶은 곳을 생각해보자.

1 아프리카, 오세아니아, 극지방은 서로 다른 자연환경과 문화를 가졌으나 세 지역 모두 기후 변화에 직접적인 영향을 받고 있고, 독특한 생물 다양성을 지녔으며, 지속 가능한 발전을 위해 노력하고 있다는 등의 공통성을 지닌다.

2 아프리카는 서쪽으로 대서양, 동쪽으로 인도양과 홍해, 북쪽으로 지중해와 접해 있다. 세계에서 가장 큰 사막인 사하라 사막을 기준으로 북부 아프리카와 중·남부 아프리카로 구분한다. 북부 아프리카에는 이집트의 카이로, 모로코의 카사블랑카 등의 도시가 있고, 중·남부 아프리카에는 케냐의 나이로비, 남아프리카 공화국의 케이프타운, 나이지리아의 라고스 등의 도시가 있다. 아프리카의 문화는 여러 부족에 의해 다양하게 형성되었는데, 현대의 미술, 음악, 패션에 많은 영향을 주었다.

3 아프리카는 콩고강 유역의 분지, 사하라 사막 등 광활한 사막 지대, 동부와 남부의 고원 지대로 이루어져 있다. 적도를 중심으로 열대 기후, 건조 기후, 온대 기후 등이 비교적 대칭적으로 나타나는데, 최근 기후 변화로 인해 사막 지역이 점점 넓어지는 사막화 현상이 심각해지고 있다. 이처럼 아프리카는 인간이 살기에 불리한 자연환경인 데다 불안한 정치 상황으로 발전이 지연되었다*. 하지만 다른 대륙에 비해 경제 활동 인구 비율이 높고 땅이 넓은 데다가, 다양한 자원이 매장되어 있으며 급격한 산업화와 도시화로 빠르게 성장하고 있어 ㉠#지역 잠재력이 풍부하다. 아프리카의 국가들은 아프리카 연합을 설립해 지속 가능한 발전을 위해 노력하고 있다.

4 대륙의 대부분이 남반구에 있는 오세아니아는 오스트레일리아와 뉴질랜드를 비롯해 태평양의 섬나라들로 구성되어 있다. 태평양에 있는 섬들은 주로 #화산 활동으로 형성되거나 산호초*가 쌓여 만들어졌다. 뉴질랜드의 남섬에는 빙하의 침식 작용으로 형성된 U자곡 등의 #빙하 지형이 나타난다. 오스트레일리아에는 철광석, 석탄 등이 풍부하고, 기업의 자본과 기술 투자로 이루어지는 대규모의 #기업적 농목업이 발달했다. 오세아니아는 태평양에 위치하므로 태평양의 환경 문제에 영향을 받는다. 국제 사회는 태평양으로 흘러온 미세 플라스틱 등의 #해양 쓰레기와 지구 온난화로 인해 태평양의 저지대 섬과 해안이 침수되는 #해수면 상승 등 해양 생태계와 인간을 위협하는 환경 문제를 해결하기 위해 국제 협약을 체결하기도* 했다.

5 극지방은 북극과 남극을 중심으로 한 주변 지역으로, 빙하로 덮여 있어 인간이 살기 어렵지만 풍부한 자원과 다양한 해양 생물이 존재하고 지구의 기후 변화를 연구하는 데 중요한 곳이어서 세계의 주목을 받고 있다. 세계 각국은 남극 대륙과 북극해 주변에 과학 기지를 설치해 기후 변화, 극지 생물, 해양 생태계 등을 연구하고 있다. 이런 극지방 개발을 둘러싸고 다양한 논의가 이뤄지고 있다. 극지방 개발은 환경 파괴, 생태계 교란*, 국가 간 갈등 등의 문제를 일으킬 수 있다는 점을 고려하여 국제 사회는 극지방의 합리적*인 이용과 #지속가능한 개발을 위해 노력하고 있다.

---

1 문단
아프리카, 오세아니아, 극지방의 공통점
기후 변화의 영향, 생물 다양성, 지속 가능한 발전의 측면에서 공통점을 지님.

2 문단
아프리카의 지역적·문화적 특성
- ◻◻◻◻을 중심으로 북아프리카와 중·남부 아프리카로 구분함.
- ◻◻ 중심의 다양한 문화가 나타남.

3 문단
아프리카의 ◻◻◻◻과 지속 가능한 발전을 위한 노력
- 높은 비율의 경제 활동 인구와 다양한 자원, 급속한 성장력을 갖춤.
- ◻◻◻◻을 설립하여 지속 가능한 발전을 위해 노력함.

· 지연되다 무슨 일이 더디게 끌어져 시간이 늦추어지다.

4 문단
오세아니아의 지역적 특성과 태평양의 환경 오염 문제
- ◻◻◻◻◻◻, 뉴질랜드, ◻◻의 섬나라들로 구성됨.
- 태평양은 ◻◻◻◻◻으로 인한 해양 쓰레기와 지구 온난화로 인한 ◻◻◻◻ 위기에 처함.

· 산호초 산호충의 골격과 분비물인 탄산 칼슘이 퇴적되어 형성된 암초.
· 체결하다 계약이나 조약 따위를 공식적으로 맺다.

5 문단
극지방의 잠재력과 개발을 위한 노력
풍부한 ◻◻ 등으로 세계 각국의 주목을 받아 다양한 연구와 개발이 이루어지고 있음.

· 교란 마음이나 상황 따위를 뒤흔들어서 어지럽고 혼란하게 함.
· 합리적 이론이나 이치에 합당한 것.

핵심 내용 파악하기

1 윗글에서 답을 찾을 수 있는 질문으로 적절한 것은?

① 아프리카의 국가별 기후 유형에는 어떤 것이 있는가?

② 해수면의 상승으로 인한 피해에는 어떤 것이 있는가?

③ 아프리카에 매장된 자원의 종류에는 어떤 것이 있는가?

④ 남극 대륙에 과학 기지를 설립한 국가는 어느 나라인가?

⑤ 오스트레일리아에서 발달한 기업적 농목업의 사례에 무엇이 있는가?

세부 내용 파악하기

2 윗글의 내용과 일치하지 <u>않는</u> 것은?

① 오세아니아는 대개 지구의 남반구에 위치해 있다.

② 아프리카의 문화는 여러 부족에 의해 다양하게 형성되었다.

③ 태평양의 환경 문제는 인간뿐만 아니라 해양 생물을 위협하고 있다.

④ 아프리카 연합은 아프리카의 지속 가능한 발전을 위해 설립된 기구이다.

⑤ 세계 각국에서는 극지방을 사람이 살 수 있는 곳으로 만들기 위해 연구하고 있다.

세부 내용 추론하기

고난도

3 ㉠이 의미하는 내용으로 적절하지 <u>않은</u> 것은?

① 다양한 지하자원을 가지고 있다.

② 광활한 땅을 생활 터전으로 삼고 있다.

③ 경제 활동 인구 비율이 다른 대륙보다 높다.

④ 산업화와 도시화를 통해 빠르게 성장하고 있다.

⑤ 인간이 살기 어려운 사막 지역이 넓어지고 있다.

사례에 적용하기

4 윗글을 바탕으로 <보기>에 대해 보인 반응으로 적절하지 <u>않은</u> 것은?

> **보기**
>
> 오세아니아 대륙의 섬나라들이 다양한 환경 문제를 겪고 있다. 팔라우에는 수많은 산호초가 서식하였는데, 수온 상승으로 인해 산호가 죽어서 표현이 하얗게 일어나는 백화 현상이 심해지고 있다. 투발루는 대부분의 국토가 1m 미만인 섬나라인데, 기후 변화로 해수면이 상승함에 따라 국토가 물에 잠겨 사라질 위기를 겪고 있으며, 지하수에 염분이 스며들어 식수 부족과 염해를 겪고 있다. 한편 북태평양에는 '태평양 거대 쓰레기 지대'라 불리는 쓰레기 섬이 있는데, 대부분 미세 플라스틱이 모여 이루어진 이 섬은 해양 생물의 성장과 번식에 악영향을 미치고 있다.

① 오세아니아 대륙의 섬나라들은 태평양의 환경 문제에 영향을 받고 있군.

② 지구 온난화로 인한 수온의 상승이 팔라우의 해양 생태계를 파괴하고 있군.

③ 기후 변화에 따른 해수면 상승이 투발루 사람들의 삶의 터전을 위협하고 있군.

④ 태평양의 해양 쓰레기가 모여 만들어진 쓰레기 섬이 해양 생물을 위협하고 있군.

⑤ 국제 협약을 체결하여 태평양의 섬나라들이 겪는 피해를 금전적으로 보상해야겠군.

◆ 개념 한눈에 보기

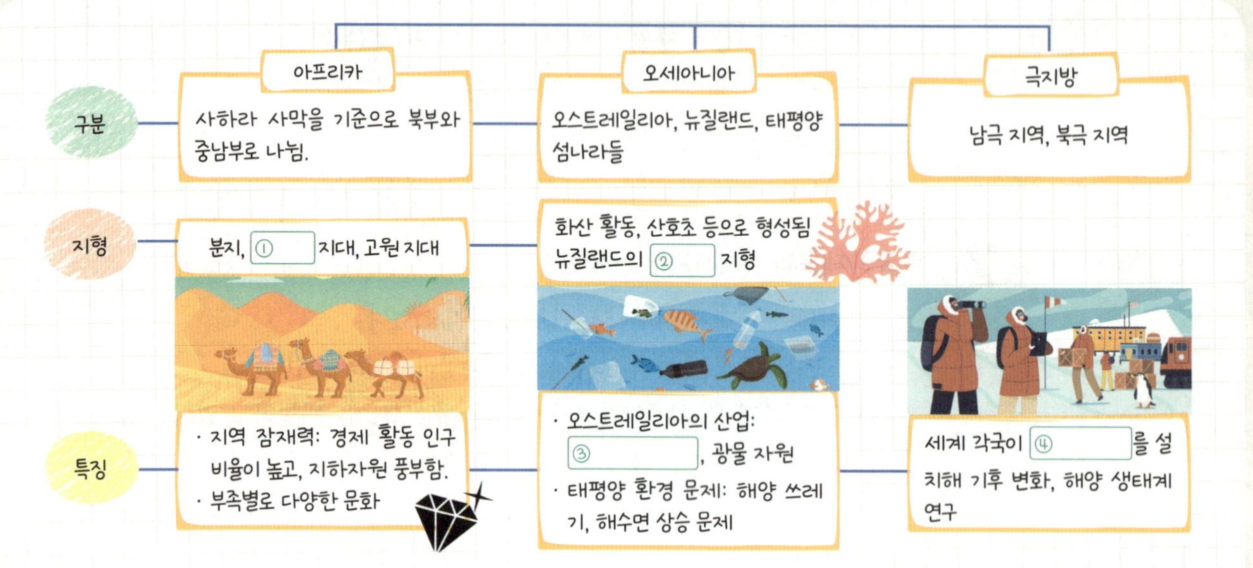

교과 개념 사전

#지역 잠재력 [지역] [잠재력]
어떤 지역이 현재 또는 미래에 발전할 수 있는 가능성.

#화산 활동 [화산] [활똥]
땅속 깊은 곳에 있는 마그마가 지표 또는 지표 가까이에서 일으키는 여러 가지 작용.

#빙하 지형 [빙하] [지형]
빙하의 침식 또는 퇴적 작용으로 이루어진 지형.

#기업적 농목업 [기업쩍] [농모겁]
곡물, 유제품, 육류 등을 세계 시장에 팔기 위한 농업이나 목축업이 기업의 대규모 자본과 기술 투자로 이루어지는 것.

#해양 쓰레기 [해:양] [쓰레기]
고의나 부주의로 해안에 방치되거나 바다로 유입되는 쓰레기.

#해수면 상승 [해:수면] [상:승]
지구 온난화로 빙하가 녹아 바닷물의 부피가 커져 해수면이 점차 상승하는 현상.

#지속가능한 개발 [지속] [가:능한] [개발]
미래 세대가 이용할 환경과 자연을 손상시키지 않고 현재 세대의 필요를 충족시키면서 자연을 개발해야 함을 말함. '지속가능한 발전'과 같은 의미로 쓰이기도 함.

교과 개념 확인 Quiz

다음 물음에 답하시오.

❶ 세계가 아프리카를 주목하는 이유는 아프리카가 ☐☐ ☐☐☐이 풍부하기 때문이다.

❷ 태평양에 위치한 많은 섬은 주로 화산 활동이나 산호초로 인해 만들어졌다.　　○ | X

❸ 뉴질랜드에서 확인할 수 있는 빙하 지형은 침식 작용에 의해 형성되었다.　　○ | X

❹ 오스트레일리아에는 대규모로 농업이나 목축업을 하는 ☐☐☐☐ ☐☐☐☐이 발달했다.

❺ 플라스틱이 바다로 흘러 들어가 ☐☐ ☐☐ ☐가 되어 해양 생물들이 위협받고 있다.

❻ 지구 온난화로 인한 ☐☐☐ ☐☐은 태평양의 저지대 섬과 해안의 침수를 초래한다.

❼ 극지방은 환경 파괴, 생태계 교란 등을 고려해 ☐☐☐☐☐한 개발을 위해 노력하고 있다.

4일차

1 ≫ 일반사회
인간은 태어날 때부터 사회적 존재일까?

Step 1　교과 개념 특 생각 열기

◆ **무엇을 배울까?**

초등	중등	고등	수능기출
사회 3-2 교과서 1단원 사회 변화와 다양한 문화	사회 1 교과서 7단원 인간과 사회생활	사회와 문화 교과서 2단원 사회 구조와 사회 변동	2004학년도 수능 [48-51] 반사회적 사회성

❶ 한 사회의 구성원이 되어 가는 사회화 과정에 대해 이해하기

　#사회화　　#재사회화　　#또래 집단　　#자아 정체성

❷ 사회나 집단에서 갖는 사회적 지위와 역할 갈등 이해하기

　#사회적 지위　　#역할　　#역할 갈등

늑대 무리와 함께 생활하던 소년이 사냥꾼들에 의해 발견되었습니다.

소년은 야생 그대로의 모습으로, 네 발로 기어 다녔고, 입으로 음식을 핥아 먹었으며, 울음소리만 낼 뿐 말을 하지 못했습니다.

사람들은 소년을 데려와 교육하였지만, 두 발로 겨우 걷게 된 소년은 옷을 입는 것조차 싫어했고, 몇몇 단어 이상의 언어를 사용하는 것도 힘들어했습니다.

💡 **생각해 보기**　늑대 소년이 사회 안에서 다른 사람들과 어울려 살아가는 데 어려움을 느낀 이유는 무엇일까?

1 요즘 교실에서는 교과서 대신 태블릿을 보며 수업을 듣는 학생들을 볼 수 있다. 또 학급의 전달 사항도 스마트폰을 통해 이루어지는 경우가 많다. 그런데 한 개인은 자신이 속한 사회의 언어, 행동 양식, 가치 등을 배우는 #사회화를 하게 되는데, 이제는 스마트 기기를 사용하는 것도 사회화의 한 과정이라 할 수 있다. 하지만 기성세대˚나 노년층은 스마트 기기 사용이 익숙하지 않아 소외를 겪기도 한다. 성인이 된 후 사회의 변화에 적응하기 위해 새로운 지식과 생활 양식 등을 습득하는 것을 #재사회화라고 하는데, 이처럼 스마트 기기에 대한 소외 계층의 재사회화가 시급하다.

2 이러한 상황은 또 다른 문제를 야기한다˚. 청소년기에는 가족보다는 비슷한 나이의 구성원이 주로 놀이를 중심으로 형성하는 #또래 집단에 주목하는데, 스마트 기기 사용의 차이로 세대 차이가 더욱 크게 벌어지면서 또래 집단과의 유대감˚이 더 강화되는 것이다. 그런데 청소년기에는 무엇보다 바람직한 #자아 정체성이 형성되어야 한다. 자아 정체성이란 다른 사람들과 구별되는 자신만의 고유성을 깨닫고 자신이 누구인지 이해하는 것으로, 이를 바르게 형성하기 위해서는 다양한 인간관계를 맺고 다양한 경험을 쌓으며 서로 다른 문화를 존중할 줄 알아야 한다. 따라서 성별, 연령층 등 다양한 사람들이 모여 사는 사회에서 또래 집단과의 관계만 중요하게 여기면 바람직한 자아 정체성을 형성하기가 어렵다.

3 인간은 하나의 집단에만 속해 있지 않다. 가정이나 학교, 직장 등 여러 집단에 속해 있다. 그런데 이러한 사회 집단들은 한 개인이 속한 사회나 집단 내에서 차지하는 위치인 #사회적 지위에 따라 어떤 #역할을 기대하게 된다. 역할은 지위에 대해 사회나 집단에서 요구되는 행동 양식으로, 어느 한 집단에서의 역할에만 충실하면 다른 집단에서 요구되는 역할을 제대로 수행할 수 없게 되어 좋지 않은 평가나 제재˚를 받을 수 있다. 만약 청소년들이 또래 집단의 역할에만 전념해 가정이나 학교 등의 다른 집단에서 요구하는 역할을 수행하지 않는다면 다른 집단과는 점차 멀어질 수밖에 없다.

4 여러 사회 집단이 요구하는 역할이 충돌하게 되면 #역할 갈등이 일어난다. 학업보다는 친구들과 하는 온라인 게임과 자전거 동호회에 충실한 학생이 있다고 하자. 그런데 게임과 자전거 동호회 활동이 겹치게 되면 어떤 역할을 먼저 해야 할지 갈등하게 된다. 결국 그 학생은 우선순위를 정해 먼저 할 것, 또는 하지 않을 것을 정해야 한다. 이렇게 자신이 좋아하는 집단 사이에서도 역할 갈등이 일어날 수 있다. 따라서 청소년기에는 좋아하는 특정 집단에만 충실하기보다는 다양한 집단과 상호 작용을 하며 여러 역할을 수행해야 한다. ㉠건강을 위해서 편식˚을 하지 않아야 하는 것처럼, 청소년기에도 사회적 역할의 편식을 지양해야˚ 건강한 사회인으로 성장하게 되는 것이다.

---

1 문단
사회생활의 필수 요소가 된 스마트 기기 사용
오늘날 하나의 〔　　〕 과정이 된 스마트 기기 사용

• 기성세대 현재 사회를 이끌어 가는 나이가 든 세대.

2 문단
〔　　　〕의 역할에만 충실한 청소년들의 모습 ①
〔　　　〕을 형성하는 데 중요한 시기이지만 또래 집단에만 집중하는 모습을 보임.

• 야기하다 일이나 사건 따위를 끌어 일으키다.
• 유대감 서로 밀접하게 연결되어 있는 공통된 느낌.

3 문단
또래 집단의 〔　　〕에만 충실하려는 청소년들의 모습 ②
또래 집단의 역할에만 충실할수록 〔　　〕과는 멀어지게 됨.

• 제재 일정한 규칙이나 관습의 위반에 대하여 제한하거나 금지함. 또는 그런 조치.

4 문단
바람직한 사회인으로 성장하기 위한 태도
집단 사이의 역할이 충돌하는 〔　　〕을 원활하게 조절하고, 다양한 집단과 상호 작용해야 함.

• 편식 어떤 특정한 음식만을 가려서 즐겨 먹음.
• 지양하다 더 높은 단계로 오르기 위하여 어떠한 것을 하지 아니하다.

세부 내용
파악하기

1 윗글의 내용과 일치하지 <u>않는</u> 것은?

① 요즘 학생들은 교과서 대신 태블릿으로 수업을 하기도 한다.

② 스마트 기기의 사용에 대한 재사회화가 요구되는 이들도 있다.

③ 우리가 속한 집단들은 우리들에게 어떤 역할을 기대하게 된다.

④ 자신이 좋아하는 또래 집단 사이에서도 역할 갈등이 발생할 수 있다.

⑤ 다른 집단보다 또래 집단에 대한 소속감이 높을수록 바람직한 정체성이 형성된다.

세부 내용
추론하기

고난도

2 ㉠에 담긴 의미를 추론한 것으로 가장 적절한 것은?

① 사회적으로 건강한 사람은 몸이 건강한 사람과 다른 태도를 보인다.

② 자신이 좋아하는 집단은 몸에 좋지 않은 음식과 같으므로 배제해야 한다.

③ 특정한 또래 집단에만 집중하지 말고 다양한 또래 집단과 관계를 맺어야 한다.

④ 어떤 집단에서의 역할에 대해서 우선순위를 두지 말고 주어진 대로 충실하면 된다.

⑤ 좋아하는 집단에만 충실하는 것이 아니라 다양한 집단의 역할을 균형 있게 수행하는 것이 중요하다.

사례에
적용하기

3 윗글을 바탕으로 <보기>를 이해할 때, 적절하지 <u>않은</u> 것은?

> ┌ • 보기 • ─────────────────
>
> 　지혜는 함께 사는 할아버지께서 컴퓨터를 사용해 보고 싶다는 말씀을 듣고 매주 토요일마다 할아버지께 컴퓨터를 가르쳐 드리기로 하였다. 차근히 알려 드리자 할아버지께서도 점차 컴퓨터에 익숙해지셨고, 하나하나 배우며 즐거워하시는 모습을 보자 지혜도 뿌듯함을 느꼈다. 하지만 문득 다음 주가 걱정이 되었다. 방송반 동아리 회장을 맡고 있던 지혜는 이제 축제 준비를 위해 토요일에도 학교에 나가야 하기 때문이다.

① 지혜는 또래 집단뿐만 아니라 그 외의 집단에도 충실하고자 하는구나.

② 지혜 할아버지께서 컴퓨터를 배우시는 모습은 재사회화의 모습이라 할 수 있어.

③ 지혜는 가족과 동아리라는 두 집단 사이의 역할 갈등에 빠져 있다고 할 수 있어.

④ 다음 주가 되면 지혜는 할아버지와 동아리 연습 중 우선순위를 정해야 하겠구나.

⑤ 지혜는 집과 달리 동아리에서 사회적 지위를 갖는 만큼 다음 주에는 동아리 연습에 나가는 게 적절해.

◆ 개념 한눈에 보기

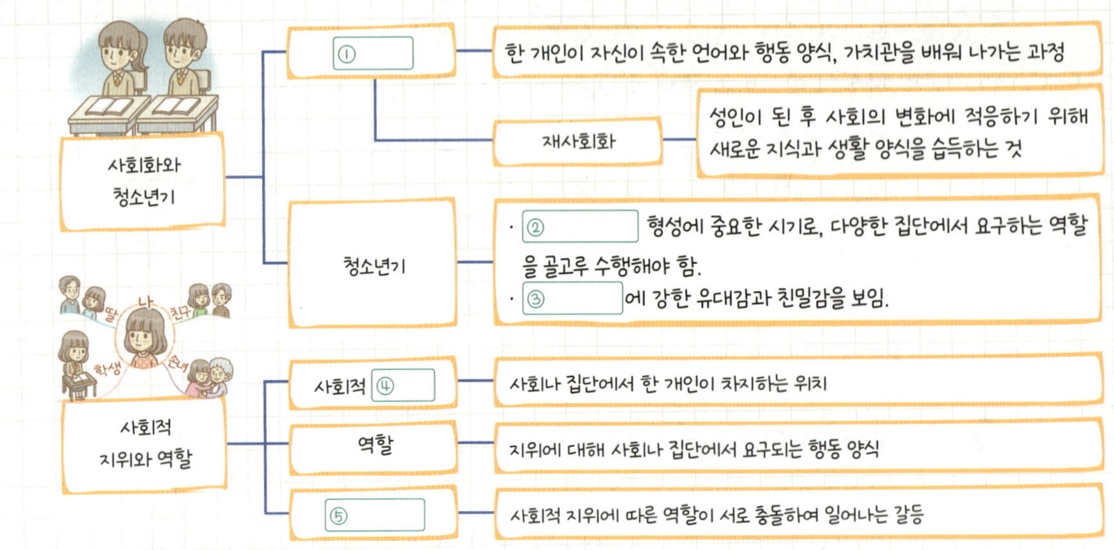

📕 교과 개념 사전

#사회화 [사회화/사훼화]
한 개인이 사회 구성원으로서 자신이 속한 사회의 행동 양식과 가치, 지식, 규범 등을 습득하는 과정.

#재사회화 [재사회화/재사훼화]
사회 변화에 적응하기 위해 새롭게 등장하는 지식과 생활 양식, 가치 등을 습득하는 과정.

#자아 정체성 [자아] [정체썽]
변하지 아니하는 존재의 본질을 깨닫는 성질. 또는 그 성질을 가진 독립적 존재.

#또래 집단 [또래] [집딴]
나이와 수준이 비슷한 사람들로 이루어진 집단.

#사회적 지위 [사회적/사훼적] [지위]
사회적 관계 속의 한 개인이 자신이 속한 집단이나 사회 내에서 차지하고 있는 위치.

#역할 [여칼]
사회적 지위에 따라 요구되는 행동 양식.

#역할 갈등 [여칼] [갈뜽]
두 가지 이상의 역할을 동시에 가지고 있는 상태에서 각각의 역할에 대한 기대가 충돌할 때 발생하는 갈등.

교과 개념 확인 Quiz ✏️

다음 물음에 답하시오.

❶ 사회화와 재사회화는 모두 현재 살아가는 사회에 적응하는 과정을 말한다.　　　　○ ㅣ ✕

❷ 청소년기에는 특히 ☐☐ ☐☐ 에 보다 큰 관심을 갖는다.

❸ 자신이 속한 집단에서 사회적 지위를 얻기란 쉽지 않다.　　　　○ ㅣ ✕

❹ 바람직한 자아 정체성을 형성하기 위해서는 오랫동안 한 집단에서만 다양한 경험을 쌓아야 한다.　　　　○ ㅣ ✕

❺ 자신이 속한 집단에서는 자신에게 어떤 ☐☐ 을 기대하게 된다는 것을 알아야 한다.

❻ 서로 다른 집단에서 요구하는 바에 따라 ☐☐ ☐☐ 이 일어나게 되면 우선순위를 정해 일을 해결해야 한다.

4일차

2 ≫ 일반사회
다른 집단의 사람을 왜 미워할까요?

Step 1 교과 개념 툭 생각 열기

◆ 무엇을 배울까?

초등	중등	고등	수능기출
3-2 사회 교과서 1단원 사회 변화와 다양한 문화	사회 1 교과서 7단원 인간과 사회생활	사회와 문화 교과서 2단원 사회 구조와 사회 변동	2010년 4월 고3 교육청 [44-47] 집단 극화

❶ 사회 집단의 의미와 종류 이해하기

#사회 집단   #내집단   #외집단

❷ 갈등과 차별의 의미와 개선 방안 파악하기

#갈등   #차이   #편견   #차별

💡 **생각해 보기** 사회에 나타나는 다양한 갈등에 대처하는 올바른 태도는 무엇일까?

1 기원전 1700년 고대 메소포테미아의 수메르인들이 남긴 점토판에 '요즘 젊은이들은 너무 버릇이 없다'라고 쓰여 있다고 한다. 그후 약 3700년이 지난 지금 우리 사회에서는 중장년 세대와 청년 세대의 가치관 차이가 다툼으로 이어지기도 한다. 이렇게 개인이나 집단이 서로의 가치관이나 생활 방식을 이해하지 못해 충돌하는 것을 갈등이라고 하는데, 갈등은 먼 옛날부터 지금까지 지속적으로 발생해 왔다.

2 흔히 인간을 사회적 동물이라고 한다. 왜냐하면 인간은 다양한 **#사회 집단**에 속해 많은 사람과 사회적 관계를 맺으며 살아가기 때문이다. 여기서 사회 집단이란 둘 이상의 사람이 모여 소속감과 공동체 의식을 가지고 지속적으로 상호 작용을 하는 집단을 말한다. 예를 들어 사람은 회사, 동호회 등의 사회 집단에 속할 수 있다. 그리고 사회 집단 가운데 자신이 속해 있으면서 소속감과 공동체 의식을 느끼는 집단을 **#내집단**이라 하고, 자신이 소속되어 있지 않은 집단으로 이질감이나 적대감을 느끼는 집단을 **#외집단**이라 한다. 일반적으로 사람들은 외집단보다 내집단에 대해 많이 알고 있고, 이들에게 긍정적인 감정을 느낀다.

3 **#갈등**은 내집단과 외집단 간에도 발생할 수 있고, 집단 내 구성원 간에도 발생할 수 있다. 우리 사회에는 성별, 지역, 계층 등의 특성에 따라 구분되는 다양한 집단이 있는데, 각 집단이 추구하는 가치나 의견이 다양해지면서 성별 갈등, 지역 갈등, 계층 갈등, 노사 갈등 등 다양한 갈등이 나타나고 있다. 그렇다면 이러한 갈등은 무엇 때문에 발생하는 것일까? 그 이유는 집단의 구성원이 자신이 추구하는 가치나 내집단의 이익을 우선적으로 생각하기 때문이다.

4 한편 사람들은 외집단이 갖는 고유한 가치나 삶의 모습을 **#차이**로 인식하지 않고, **#편견**을 가지고 부정적으로 바라보기도 한다. 특정 집단에 편견을 가지면, 해당 집단이나 그 집단의 구성원을 부당하게 대우하는 **#차별**이 발생할 수 있다. 대표적인 차별에는 성차별, 인종 차별, 장애인 차별, 외국인 차별, 외모나 연령에 따른 차별 등이 있으며, 너무 사소해서 차별로 잘 인식되지 않는 ㉠먼지 차별도 있다. 먼지 차별은 칭찬처럼 보이지만 그 안에 차별적 요소를 포함하고 있다.

5 갈등은 이익과 가치의 차이에 따라 발생할 수 있는 자연스러운 현상이지만, 이에 적절한 대응을 하지 않으면 사회의 안정과 발전을 저해하므로 대화와 토론을 통해 의견의 차이를 조정해야 한다. 반면에 차별은 인간의 존엄한 가치를 파괴하고, 차별받는 사람에게 고통을 주는 행위이므로 반드시 개선해야 할 문제이다. 차별을 개선하기 위해서는 서로의 차이를 인정하고 다양성을 존중해야 하며, 이와 더불어 차별적인 법과 제도를 정비해야 한다.

---

1 문단
갈등의 개념과 사례
개인이나 집단이 서로의 가치관이나 생활 방식을 이해하지 못해 충돌하는 것을 ☐☐이라 하며, 갈등은 먼 옛날부터 지금까지 지속적으로 발생해 옴.

· **충돌하다** 서로 맞부딪치거나 맞서다.

2 문단
사회 집단의 개념과 종류
둘 이상의 사람이 모여 소속감과 공동체 의식을 가지고 지속적으로 상호 작용하는 집단으로, 자신이 속해 있는 ☐☐과 자신이 소속되어 있지 않은 ☐☐으로 구분할 수 있음.

· **이질감** 성질이 서로 달라 낯설거나 잘 맞지 않는 느낌.
· **적대감** 적으로 여기는 감정.

3 문단
다양한 갈등과 갈등의 원인
· 각 집단의 ☐☐나 의견이 다양해지면서 다양한 갈등이 나타남.
· 갈등은 구성원이 자신이 추구하는 가치나 내집단의 ☐☐을 우선적으로 생각할 때 발생함.

· **추구하다** 목적을 이룰 때까지 뒤좇아 구하다.

4 문단
차별의 개념과 종류
특정 집단이나 그 집단의 구성원을 ☐☐ 대우하는 것으로, 성차별, 인종 차별, 장애인 차별, 외국인 차별, 외모나 연령에 따른 차별, ☐☐ 등이 있음.

· **부당하다** 이치에 맞지 않다.

5 문단
갈등과 차별의 개선 방안
· 갈등의 개선 방안: ☐☐, ☐☐을 통해 의견의 차이 조정
· 차별의 개선 방안: 서로의 ☐☐ 인정, ☐☐ 존중, 차별적인 법과 제도 정비

· **존엄하다** 인물이나 지위 따위가 감히 범할 수 없을 정도로 높고 엄숙하다.

전개 방식 파악하기

1 윗글의 내용 전개 방식으로 적절하지 <u>않은</u> 것은?

① 구체적인 사례를 들어 이해를 돕고 있다.
② 질문을 통해 독자의 관심을 유도하고 있다.
③ 생소한 개념의 의미를 분명히 밝히고 있다.
④ 여러 학자의 견해를 제시한 뒤 통합하고 있다.
⑤ 문제를 제기한 후 해결 방안을 제시하고 있다.

세부 내용 파악하기

2 윗글을 이해한 내용으로 가장 적절한 것은?

① 갈등은 집단 내 구성원 간에는 발생하지 않는다.
② 갈등은 법과 제도를 정비해야만 개선할 수 있다.
③ 차별은 집단 간의 이해관계가 부딪치며 충돌하는 현상이다.
④ 갈등은 내집단보다 외집단의 이익을 우선시할 때 발생한다.
⑤ 갈등은 가치의 차이에 따라 생길 수 있는 자연스러운 현상이다.

세부 내용 추론하기

고난도

3 ㉠의 구체적인 예로 적절하지 <u>않은</u> 것은?

① 여학생이 어쩜 그렇게 수학을 잘하니?
② 장애가 있으신데도 운전을 참 잘하시네요.
③ 이렇게 꼼꼼하고 섬세한 남자분은 처음이에요.
④ 시골에서 왔는데도 표준어를 능숙하게 쓰는구나.
⑤ 외국인과 같이 앉기 싫은데 좌석 좀 바꿔 주세요.

사례에 적용하기

4 윗글을 바탕으로 <보기>를 이해한 내용으로 적절하지 <u>않은</u> 것은?

· 보기 ·

　"나는 당신의 말에 **동의하지 않**지만, 당신이 **억압**받는다면 당신이 **말할 권리를 위해 싸**울 것이다." 프랑스의 철학자인 볼테르의 사상을 압축한 이 문장은 영국 작가 홀이 자신의 책에 남긴 표현이다. 이 말에 따르면 볼테르는 사회와 개인 사이에 존재하는 서로 다른 의견, 신념, 행동, 문화를 존중하고 받아들여야 한다고 이야기하며, 이것을 관용의 프랑스어인 '**톨레랑스**'라는 개념으로 설명했다. 결국 톨레랑스는 **모든 사람이 다름을 받아들이는 것**이며, 이것이야말로 차별이 없는 평화로운 사회를 만들기 위해 가장 필요한 덕목임을 강조했다.

① '동의하지 않'는다는 것은 편견을 가지고 상대를 바라본다는 의미이다.
② '억압'은 특정 집단의 구성원을 부당하게 대우하는 것과 뜻이 통한다.
③ '말할 권리를 위해 싸'우는 것은 차별을 개선하는 것과 뜻이 통한다.
④ '톨레랑스'는 인간의 존엄한 가치를 지키기 위해 요구되는 덕목이다.
⑤ '모든 사람이 다름을 받아들이는 것'은 다양성을 존중한다는 것이다.

◆ 개념 한눈에 보기

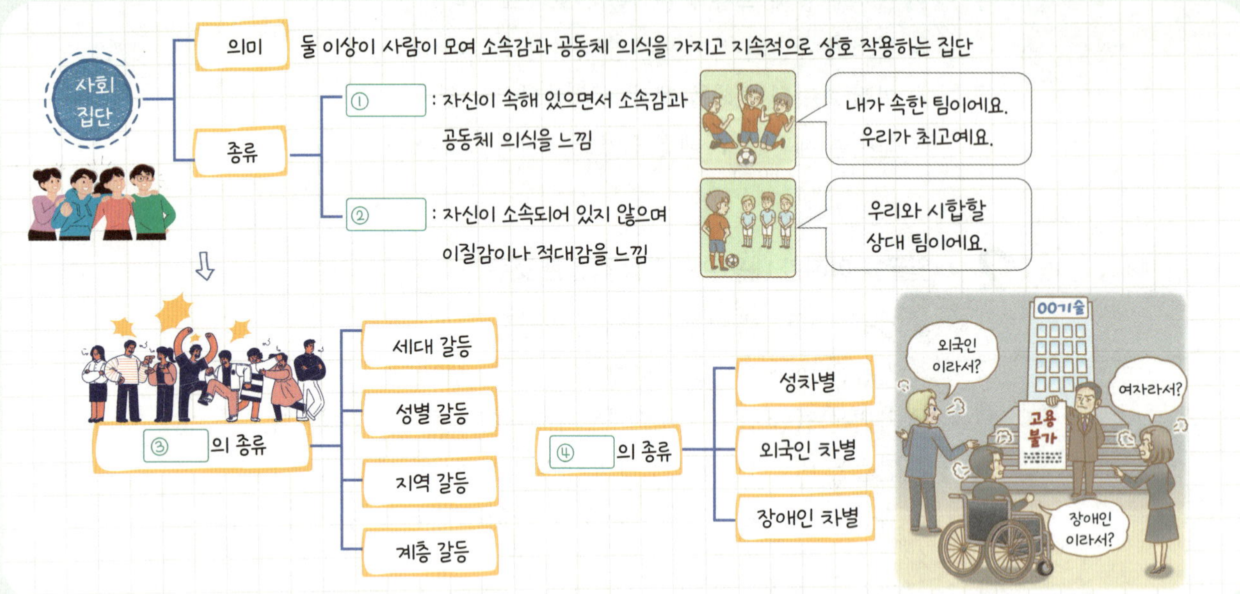

📖 교과 개념 사전

#사회 집단 [사회/사훼] [집딴]
둘 이상의 사람이 모여 소속감과 공동체 의식을 가지고 지속적으로 상호 작용하는 집단.

#내집단 [내:집딴]
자신이 속해 있으면서 소속감과 공동체 의식을 느끼는 집단.

#외집단 [외:집딴/웨:집딴]
자신이 소속되어 있지 않으면서 이질감이나 적대감을 느끼는 집단.

#갈등 [갈뜽]
개인이나 집단 사이에서 일어나는 다툼. 추구하는 가치나 신념, 이해관계의 차이로 인해 발생하며, 지역 갈등, 계층 갈등, 세대 갈등, 성별 갈등, 노사 갈등 등이 있음.

#차이 [차이]
서로 같지 아니하고 다름. 또는 그런 정도나 상태.

#편견 [편견]
공정하지 못하고 한쪽으로 치우친 생각.

#차별 [차별]
둘 이상의 대상을 각각 등급이나 수준 따위의 차이를 두어서 구별함. 특정인이나 특정 집단을 부당하게 대우하는 것을 말함.

교과 개념 확인 Quiz

다음 물음에 답하시오.

❶ 한강에 모여서 불꽃 축제를 보는 사람들은 사회 집단이다.　　　　　　　　○ ┊ ✕

❷ 우리 반과 옆 반이 축구 시합을 한다면 우리 반은 내집단이 된다.　　　　　　○ ┊ ✕

❸ 임금 인상을 둘러싸고 갈등이 일어나는 것은 세대 간의 갈등이다.　　　　　○ ┊ ✕

❹ 갈등에 적절하게 대응하지 않으면 사회의 안정과 발전을 해칠 수 있다.　　　○ ┊ ✕

❺ 차별을 개선하기 위해서는 서로의 ☐☐를 인정하는 태도가 필요하다.

❻ 편견을 지니고 어떤 사람이나 집단을 부당하게 대우하는 것은 ☐☐이다.

>> 일반사회

1 '동방예의지국'이란 말은 칭찬일까?

Step 1 교과 개념 톡 생각 열기

◆ **무엇을 배울까?**

초등	중등	고등	수능기출
사회 3-2 교과서 1단원 사회 변화와 다양한 문화	사회 1 교과서 8단원 다양한 문화의 이해	통합 사회 1 교과서 4단원 문화와 다양성	2000학년도 수능 [45-49] 물질적 풍요와 문화

❶ 한 사회의 구성원들이 만들어 내는 문화의 의미 이해하기

#문화

❷ 문화를 바라보는 태도를 비교하고 바람직한 문화 이해의 태도 살피기

#자문화 중심주의   #문화 사대주의   #문화 상대주의

💡 **생각해 보기**　위의 두 경우에서 각각 어떤 사회의 문화를 우월하다고 보았는지 생각해 보자.

1 중국인들은 예로부터 우리나라를 가리켜 '동방예의지국'이라 하였다. 해가 뜨는 동쪽에 있는 우리나라의 사람들이 어질고 예의를 잘 지켰기에 이를 칭찬하며 일컫는 말이었다. 하지만 동방예의지국이라는 말은 사실은 자랑 삼아 할 말이 아니다. 자신을 세상의 중심이라 여기는 중국의 입장에서 주변 민족이 자신들에 대한 예를 차릴 줄 안다는 평가에 불과하기 때문이다.

2 #문화란 의식주를 비롯하여 법, 제도, 관습, 종교, 예술 등과 같이 한 사회의 구성원들이 만들어 낸 공통의 생활 양식을 말한다. 중국은 나라 이름에서부터 스스로 세계를 중심이라고 할 정도로 자신들의 문화가 다른 나라의 문화보다 우월하다고 생각하였다. 이런 중국을 가장 괴롭힌 외적은 북방의 흉노였다. 그런데 동방에 있는 우리는 어땠는가? 중국의 문화와 예법 등을 누구보다도 잘 따르며 순종하였다. 그래서 중국에서 우리를 동방예의지국이라고 칭한 것이다. 이렇게 자신이 속한 사회의 문화를 우수하다고 보고 다른 사회의 문화를 열등하다고 보는 #자문화 중심주의에 빠지게 되면 구성원들의 결속은 단단해지지만, 자칫하면 자신들의 문화를 다른 나라에도 강요하는 문화 제국주의로 흐를 수도 있다. 히틀러가 게르만 민족의 우월성을 외치며 유대인을 탄압한 사건과 같은 일이 벌어지기도 하는 것이다.

3 이런 태도와 반대되는 경우도 있다. 조선 시대, 우리는 중국의 성리학을 정착시키기 위해 중국을 황제의 나라로 섬기고 이에 따른 예의와 법도에 충실했다. 이는 자신들의 문화보다 다른 사회의 문화를 더 우월한 것으로 여겨 추종하는 #문화 사대주의에 해당한다. 또한 당시 성리학자들은 한자의 우수성을 강조하며 한글을 만드는 것에 반대하고, 한글을 '언문'이라 칭하여 천한 글자로 여겼는데, 이도 문화 사대주의라고 할 수 있다. 그런데 안타까운 것은 이런 모습이 오늘날에도 존재한다는 것이다. 한글보다 영어로 된 수많은 간판과 이름들, 우리 것보다는 미국과 유럽의 것들이 더 좋은 것이라 여기는 태도는 여전히 사대주의적 관점이 남아 있음을 보여 준다.

4 이런 자문화 중심주의와 문화 사대주의에는 공통점이 하나 있다. 바로 문화 사이에 우열이 존재한다고 생각하는 것이다. 즉 뛰어난 문화가 있으니 그것을 따라야 한다는 것이다. 그게 우리 것이라면 자문화 중심주의가 되는 것이고, 다른 나라 것이면 문화 사대주의가 될 뿐이다. 일제 강점기를 왜곡하는 사람들이 미개한 조선을 일본이 개화시켜 주었다고 말하는 것도 이러한 관점에 따른 것이다. 그런데 ㉠과연 문화에 우열이 존재하는 것일까? 모든 문화는 각기 그 나름의 이유와 가치를 가지고 있으므로, 열린 마음으로 문화를 그 사회의 입장에서 바라보고 이해해야 한다. 이런 태도를 #문화 상대주의라고 한다. 우리가 은연중에 문화의 우열을 나누고 있는 것은 아닌지 다시 한번 돌아볼 필요가 있다.

---

1 문단
'동방예의지국'에 담긴 의미
우리나라를 가리킨 '동방예의지국'이란 말에 담긴 ☐☐의 우월감

2 문단
자문화 중심주의와 문화 제국주의
자국 문화가 다른 문화보다 우월하다는 ☐☐☐☐☐가 지나치면 문화 제국주의가 되기도 함.

• **순종하다** 순순히 따르다.
• **결속** 뜻이 같은 사람끼리 서로 단결함.

3 문단
☐☐☐☐☐적인 우리의 모습
조선 시대 중국을 섬기고, 오늘날에는 미국, 유럽을 추종함.

• **추종하다** 권력이나 권세를 가진 사람이나 자신이 동의하는 학설 따위를 별 판단 없이 믿고 따르다.
• **언문** '한글'을 속되게 이르는 말.

4 문단
☐☐☐☐☐적 태도의 필요성
모든 문화는 나름의 가치가 있음을 인정해야 함.

• **왜곡하다** 사실과 다르게 해석하거나 그릇되게 하다.
• **미개하다** 사회가 발전되지 않고 문화 수준이 낮은 상태이다.

전개 방식
파악하기

1 윗글에 대한 설명으로 가장 적절한 것은?

① 비유적 표현을 활용하여 대상에 대한 인상을 나타내고 있다.

② 현실에 있을 법한 가상의 이야기를 통해 교훈을 전달하고 있다.

③ 두 대상의 장점과 단점을 비교한 뒤 새로운 대상을 제시하고 있다.

④ 대상이 시간이 지남에 따라 변화한 모습을 순서대로 보여 주고 있다.

⑤ 구체적인 예를 들어 두 대상을 설명한 뒤, 그 공통점을 분석하고 있다.

세부 내용
파악하기

2 윗글을 통해 알 수 있는 내용으로 적절하지 <u>않은</u> 것은?

① '동방예의지국'이라는 말에는 중국의 우월감이 담겨 있다.

② 히틀러는 유대인에 비해 자신의 민족이 뛰어나다고 생각했다.

③ 문화 사대주의가 지나치면 문화 제국주의가 나타날 수도 있다.

④ 우리말보다 영어를 잘해야 한다는 것도 사대주의적인 생각이다.

⑤ 일제 강점기를 왜곡하는 사람들은 문화 상대주의적 관점을 지녀야 한다.

세부 내용
추론하기

고난도

3 ㉠과 같은 질문을 한 이유로 가장 적절한 것은?

① 문화에 우열이 존재하는지 확신이 서지 않기 때문이다.

② 문화에는 우열이 존재하지 않음을 강조하기 위해서이다.

③ 어떤 문화가 우월한지를 독자들이 판단해 보게 하기 위해서이다.

④ 우리의 문화가 우월해지기 위한 노력이 필요함을 강조하기 위해서이다.

⑤ 지금 우리의 문화가 여전히 다른 문화에 비해 열등한 상태에 처해 있기 때문이다.

사례에
적용하기

4 윗글을 바탕으로 <보기>의 ⓐ와 ⓑ를 이해한 내용으로 적절하지 <u>않은</u> 것은?

┌─ **보기** ─

ⓐ 일본에는 프랑스를 다른 나라보다 낭만적인 곳이라 여겨 좋아하는 이들이 많다.

ⓑ 서구 유럽은 아메리카 대륙 등을 탐험할 때 발견한 나라들을 문명인인 자신들과 달리 지상 낙원 같은 곳, 사회 조직이나 체계가 발달하지 못한 채 태초의 자연 속에서 원시적이고 순수한 삶이 유지되는 곳으로 묘사하는 경우가 많았다.

① ⓐ와 ⓑ에는 모두 서구의 문화가 더 발달하고 우월한 것이란 생각이 담겨 있군.

② ⓐ에서는 프랑스를 막연하게 동경하는 문화 사대주의의 태도를 확인할 수 있군.

③ ⓐ는 우리나라에서 아파트의 이름을 외국어를 활용해 짓는 것과 유사한 경우이군.

④ ⓑ의 서구 유럽은 자신들 이외의 다른 나라는 문명이 발달하지 않았다고 보았군.

⑤ ⓑ의 서구 유럽은 순수한 삶이 유지되는 나라에 대한 문화 사대주의적인 모습을 보이고 있군.

◆ 개념 한눈에 보기

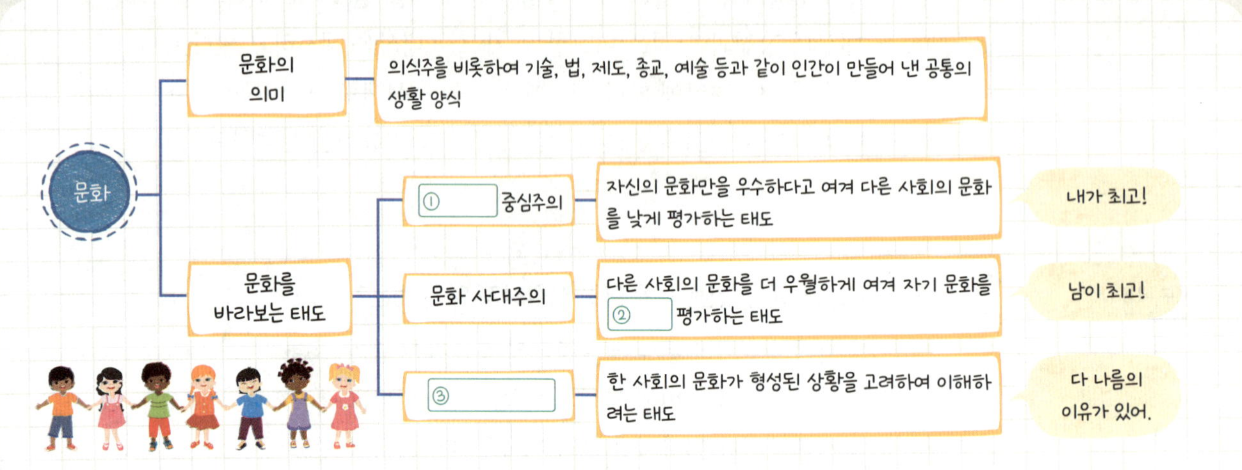

📖 교과 개념 사전

#문화 [문화]

의식주를 비롯하여 법, 제도, 관습, 종교, 예술 등과 같이 한 사회의 구성원들이 만들어 낸 공통의 생활 양식.

#자문화 중심주의 [자문화] [중심주의/중심주이]

자기가 속한 사회의 문화만 우월하고 다른 사회의 문화는 열등하다고 보는 태도나 관점. 이러한 태도가 지나칠 경우 문화 제국주의가 나타날 수 있음.

#문화 사대주의 [문화] [사대주의/사대주이]

다른 사회의 문화를 우월하다고 여겨 동경하거나 추종하면서 자신의 문화를 열등하다고 여기는 태도나 관점.

#문화 상대주의 [문화] [상대주의/상대주이]

어떤 사회의 자연환경, 역사적 배경, 사회적 맥락 등을 고려하여 그 사회의 문화를 이해하려는 태도. 모든 문화는 각기 그 나름의 이유와 가치를 가지고 있으므로, 문화의 우열을 가릴 수 없다고 보는 관점.

교과 개념 확인 Quiz

다음 물음에 답하시오.

❶ 한 사회의 구성원이 만들어 낸 공통의 생활 양식을 □□라고 한다.

❷ 자신의 나라와 문화를 다른 나라의 것보다 우월하다 생각하는 입장은 □□□ □□□ □라 할 수 있다.

❸ 국산 차보다 외제 차가 좋다는 인식은 문화 사대주의의 한 예이다. ○ ｜ ×

❹ 자문화 중심주의에는 문화에 □□이 있다는 생각이 담겨 있다.

❺ 문화 사대주의는 다른 문화에 대해 자문화 중심주의와 같은 태도를 지닌다. ○ ｜ ×

❻ 문화 상대주의는 기준이 되는 문화의 모습이 있다고 생각한다. ○ ｜ ×

❼ 인간의 존엄성과 같은 보편적인 가치를 무시하는 문화까지 문화 상대주의를 적용하는 것은 바람직하지 않다. ○ ｜ ×

5일차

2 »일반사회
K-대중문화가 세계를 매료시키다

Step 1 교과 개념 **톡** 생각 열기

◆ **무엇을 배울까?**

초등	중등	고등	수능기출
사회 3-2 교과서 1단원 사회 변화와 다양한 문화	사회 1 교과서 8단원 다양한 문화의 이해	사회와 문화 교과서 3단원 일상 문화와 문화 변동	2007학년도 수능 [20-23] 제3자 효과(대중 매체)

❶ 우리가 즐기는 대중문화와 대중 매체 이해하기

\#미디어   \#뉴 미디어

❷ 대중문화의 문제점과 대중문화에 대한 비판적 태도의 필요성 이해하기

\#상업성   \#획일화

💡 **생각해 보기**   자신의 취미와 관련한 정보를 어떻게 찾아 활용하는지 떠올려 보자.

1 요즘 우리나라 영화와 드라마가 국제적인 상을 받는 등 전 세계적으로 인기를 끌고 있다. 10년 전만 해도 한국의 대중문화가 이렇게 전 세계의 관심을 받게 될 줄 몰랐지만, 지금은 문화 전 분야에 걸쳐 선풍적*인 인기를 얻고 있다. 대중문화란 다수의 사람들이 쉽게 누리고 즐기는 문화로, 요즘은 인터넷 동영상을 통해 우리나라 가수가 부른 노래를 세계의 수억 명 이상의 사람들이 듣고 우리 드라마와 영화도 세계의 수많은 사람들이 함께 보며 우리의 대중문화를 공유한다. 이른바 K-대중문화가 이제 세계 대중문화의 대세가 되었다고 해도 과언이 아니다.

2 이렇게 우리나라의 대중문화가 전 세계적인 인기를 끌 수 있었던 것은 무엇 때문일까? 무엇보다도 ㉠미디어의 발달을 들 수 있다. 정보, 지식, 생각 등을 알리기 위해 사용하는 매개물*을 #미디어라고 한다. 이제까지 미디어는 신문, 라디오, TV 등에 지나지 않았다. 하지만 인터넷과 스마트폰과 같은 새로운 대중 매체인 #뉴 미디어가 등장하고 발달함에 따라 우리의 문화가 세계 곳곳에 보다 쉽게 알려질 수 있게 되었다. 뉴 미디어를 통해 우리의 대중문화가 세계에서 실시간으로 공유되고, 쌍방향*으로 서로 소통하면서 급속도로 퍼져 나가 큰 인기를 얻게 된 것이다. 물론 우리만의 독특한 정서를 세계인의 보편적 정서에 맞게 대중화*한 것도 인기의 요인 중 하나라 할 수 있다.

3 하지만 이러한 매체의 발달이 모든 면에서 좋은 것은 아니다. 몇몇 드라마나 영화 속에는 특정 상품을 노출하는 피피엘(PPL)이 과도하게 활용되어 내용 전개와 상관없는 제품들이 광고로 나오기도 하고, 선정적*이고 폭력적인 내용을 통해 이목*을 끌려고 하는 등 이윤을 추구하는 #상업성에만 주목하는 경우가 있기 때문이다. 또한 유명 연예인들의 패션이나 모습을 무분별하게 따라 하기도 하고, 인기를 끄는 소재나 장르를 계속해서 활용하거나 제작하는 등 모두 한결같이 되는 #획일화된 모습을 보이기도 한다. 이러한 획일화는 사람들의 개성을 상실하게 하거나, 문화적 다양성을 저하시키는* 등의 문제로 이어질 수 있다.

4 우리는 일상적으로 수많은 대중문화를 접하며 살고 있기 때문에 이를 객관적으로 바라보기가 어려운 것이 사실이다. 또한 뉴 미디어 시대를 맞아 이제 누구나 블로그나 유시시(UCC) 같이 새로운 대중문화를 생산하고 선보일 수 있는 시대가 되었다. 그러나 앞서 살펴본 대로 대중문화에는 부정적인 측면이 분명히 존재한다. 이에 우리는 대중문화를 보다 비판적인 태도로 바라보는 것이 필요하다. 그리고 올바른 정보를 전달할 수 있는 주체적*인 문화 생산자로서의 태도를 지니기 위해서도 비판적인 시각과 자세가 필수적이다. 우리가 이렇게 바른 태도로 대중문화를 바라볼 때, 우리의 K-대중문화 역시 보다 단단하게 성장할 수 있다.

1 윗글에서 설명하고 있는 내용이 <u>아닌</u> 것은?

① K-대중문화의 인기 요인
② 대중문화가 지닌 부정적 속성
③ 뉴 미디어 이전 미디어의 특징
④ 대중문화를 바라보는 바람직한 자세
⑤ 오늘날 세계에서 K-대중문화가 차지하는 위치

2 윗글의 내용과 일치하지 <u>않는</u> 것은?

① 드라마에 나오는 피피엘(PPL)에는 상업적인 의도가 담겨 있다.
② 10년 전에는 우리 대중문화가 세계적으로 인기를 끈 것은 아니다.
③ 매체가 발달함에 따라 우리 문화가 세계적으로 널리 퍼질 수 있었다.
④ 대중문화에 너무 익숙해져 있어 이를 객관적으로 보는 것이 쉽지 않다.
⑤ 인기 있는 장르를 계속 만들어서 대중문화를 이끌어 가는 것이 중요하다.

고난도

3 윗글을 읽고 떠올린 생각으로 가장 적절한 것은?

① 뉴 미디어를 활용한다면 어떤 것이든 세계적으로 인기를 끌 수 있겠어.
② 새로운 미디어가 등장했지만 문화를 직접 생산하지 못하는 것은 아쉽군.
③ 우리 전통 이야기를 있는 그대로 전한다면 세계적으로 더 큰 인기를 얻겠군.
④ 대중문화를 무턱대고 응원만 하기보다는 잘못된 부분을 살펴보아야 하겠군.
⑤ 대중가요가 아닌 클래식과 같은 문화가 더욱 뛰어난 문화라는 것을 알려야겠어.

4 윗글과 <보기>를 참고할 때, ㉠에 대한 이해로 적절하지 <u>않은</u> 것은?

> **• 보기 •**
>
> 미디어는 불특정 다수에게 정보나 지식, 생각 등을 전달하는 수단이다. 전통적인 미디어로 인쇄 미디어, 음성 미디어, 영상 미디어 등을 들 수 있는데, 이들은 모두 일방향성을 띤다. 즉, 정보를 생산하는 사람과 소비하는 사람이 따로 있는 것이다. 또한 미디어는 정보를 전달하거나 획득하는 것이 동시에 이뤄지는가에 따라 나뉠 수도 있다. 즉, 정보를 동시에 전달할 수 있는가, 사람들이 정보를 얻는 시간이 모두 같은가가 미디어에 따라 다른 것이다.

① 신문과 라디오, TV 등은 모두 정보가 일방향적으로 전달되는 미디어이다.
② 신문은 인쇄 미디어, 라디오는 음성 미디어, TV는 영상 미디어라 할 수 있다.
③ TV는 정보를 전달할 때와 사람들이 정보를 획득할 때 모두 동시성이 나타난다.
④ 뉴 미디어는 신문과 달리 사람들이 정보를 얻는 시간이 모두 같지 않고 다르다.
⑤ 뉴 미디어 매체는 정보의 생산과 소비가 따로 구별되지 않는 특성을 지니고 있다.

◆ **개념 한눈에 보기**

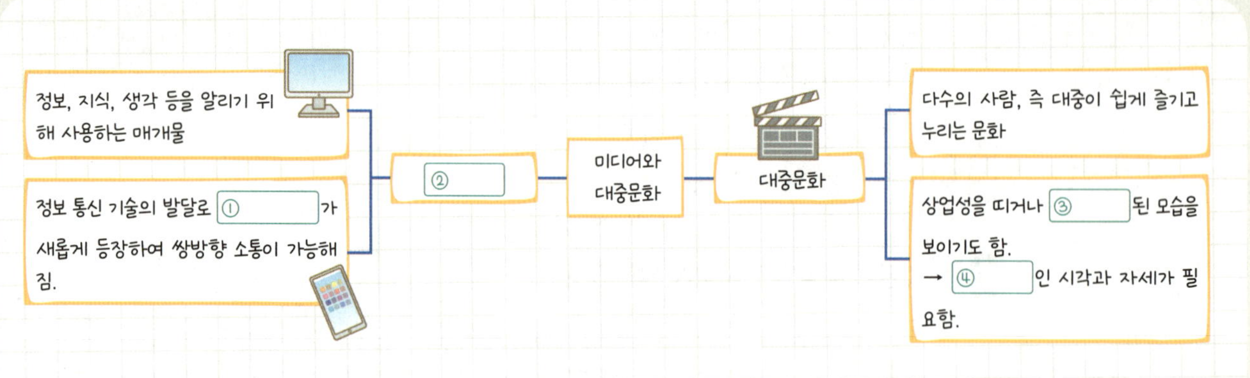

📖 교과 개념 사전

#미디어 [미디어]
신문, 라디오, 텔레비전 등과 같이 정보, 지식, 생각 등을 알리기 위해 사용하는 매개물. 직접 만나지 않아도 여러 사람에게 한꺼번에 많은 정보를 전달할 수 있음.

#뉴 미디어 [뉴미디어]
전자 통신 기술이 발달함에 따라 등장한 새로운 대중 매체로, 인터넷, 스마트폰 등이 있음. 뉴 미디어로 인해 시간과 공간의 제약을 받지 않고 정보가 대량으로 전달될 수 있으며, 쌍방향 소통이 가능해져 대중이 문화의 소비자에 머물지 않고 문화 생산에도 참여할 수 있게 됨.

#상업성 [상업썽]
상품을 사고파는 행위를 통해 이윤을 얻는 것을 중요하게 여기는 특성.

#획일화 [회길화/훼길화]
모두가 개성이 없이 한결같아서 다름이 없게 되는 것.

✏️ 교과 개념 확인 Quiz

다음 물음에 답하시오.

❶ 정보, 지식, 생각 등을 한쪽에서 다른 쪽으로 전달하기 위해 사용하는 매개물을 □□□ 라고 한다.

❷ 뉴 미디어는 전자 통신 기술이 발달함에 따라 나타난 매체이다.　　○ ｜ ✕

❸ 작품의 내용과는 별개로 관객을 많이 불러들여 수익을 높게 올린 작품은 □□□이 뛰어난 작품이라 할 수 있다.

❹ 다른 사람들과 다른 뚜렷한 개성을 추구할수록 획일성이 높아진다고 할 수 있다.　　○ ｜ ✕

❺ 우리의 문화는 뉴 미디어로 인해 전 세계적으로 인기를 얻고 있다.　　○ ｜ ✕

❻ 우리는 다양한 대중문화를 무엇보다 수용적인 태도로 받아들이는 자세를 지녀야 한다.

　　○ ｜ ✕

이번 주에 배운 **핵심 교과 개념**을 확인해 볼까요?

본문에 수록된 교과 개념에 대한 자세한 풀이를

일차별로 묶어 부록에 담았어요.

부록 페이지를 찾아가서 이번 주에 배운 핵심 교과 개념을

다시 한번 복습해 보세요!

일차		# 핵심 교과 개념	부록
1일차	1	절대적 위치 | 상대적 위치 | 자연환경 | 인문환경 | 세계화 | 지역화 | 세계 시민	01p
	2	기후 | 열대 기후 | 건조 기후 | 온대 기후 | 냉대 기후 | 한대 기후 | 고산 기후	02p
2일차	1	노동 집약적 산업 | 첨단 기술 | 보편 종교 | 민족 종교 | 종교 갈등 | 저출산 | 고령화	03p
	2	세계 도시 | 역사·문화 도시 | 지속가능한 도시 | 탄소 중립 | 친환경 도시 | 유럽연합 | 브렉시트	04p
3일차	1	열대림 | 다문화 사회 | 문화 혼종성 | 초국적 기업 | 공간적 분업	05p
	2	지역 잠재력 | 화산 활동 | 빙하 지형 | 기업적 농목업 | 해양 쓰레기 | 해수면 상승 | 지속가능한 개발	06p
4일차	1	사회화 | 재사회화 | 또래 집단 | 자아 정체성 | 사회적 지위 | 역할 | 역할 갈등	11p
	2	사회 집단 | 내집단 | 외집단 | 갈등 | 차이 | 편견 | 차별	12p
5일차	1	문화 | 자문화 중심주의 | 문화 사대주의 | 문화 상대주의	13p
	2	미디어 | 뉴 미디어 | 상업성 | 획일화	14p

시작~!

1

>> 정치

정치는 왜 필요할까?

Step 1   교과 개념 톡 생각 열기

◆ **무엇을 배울까?**

초등	중등	고등	수능기출
사회 4-2 교과서 1단원 민주주의와 자치	사회 1 교과서 9단원 민주주의와 시민	정치 교과서 1단원 시민 생활과 정치	2020년 9월 고1 교육청 [37-41] 정치의 본질과 근대 사회 문제

❶ 좁은 의미와 넓은 의미로 사용되는 정치의 의미 이해하기

#공동체   #정치   #정치권력

❷ 정치의 기능과 정치에서 국가와 시민의 역할 이해하기

#정책   #이해관계   #시민

국회 본회의

주민 회의

학급 회의

💡 생각해 보기   자신이 생각하는 정치의 모습을 떠올려 보자.

1 아리스토텔레스는 인간이 **#공동체**를 떠나서 홀로 살아갈 수 없는 특성을 가리켜서 "인간은 정치적 동물"이라고 말하였다. 이 말은 인간이 공동체를 이루고 살아가며, 그 속에서 생기는 갈등과 분쟁을 해결하며 함께 살아가는 존재라는 의미이다. 그러나 사회에는 사람들이 가지고 싶어 하는 가치들이 제한되어 있고, 서로 중요시하는 가치도 달라서 갈등이나 분쟁이 발생하는데, 이러한 갈등을 조정하지 못하면 사회는 혼란에 빠지게 된다. 그렇다면 현대 민주주의 사회에서 정치는 어떤 의미로 사용되는 것일까?

2 일반적으로 **#정치**는 정치적 기능을 수행하기 위한 힘인 **#정치권력**을 획득하고 유지, 행사하는˙ 활동으로, 국회에서 법률을 만들거나 고치는 활동, 정부가 **#정책**을 수립하고 집행하는 활동 등을 의미한다. 그런데 정치라는 말은 이렇게 좁은 의미로만 사용되는 것이 아니라, 개인이나 집단 사이에 발생하는 **#이해관계**를 둘러싼 대립과 갈등을 조정하고 해결해 나가는 모든 활동이라는 넓은 의미로도 사용된다. 즉 넓은 의미에서 정치는 정부나 국회에서뿐만 아니라 우리 일상생활에서 흔히 나타나는 보편적인 현상이다. 그래서 정치인이나 정당의 활동뿐만 아니라 체험 학습 장소를 정하는 학급 회의나, 재활용 쓰레기 배출 방법을 결정하기 위한 주민 회의, 노사 간 갈등을 해결하기 위한 협상 등도 모두 정치라고 할 수 있는 것이다.

3 그렇다면 ㉠정치는 어떤 기능을 할까? 본질적으로 정치는 공동체의 문제를 해결하거나 공동체가 지향하는 목표를 이루기 위해서 필요하다. 따라서 정치는 개인이나 집단 간에 발생하는 대립과 갈등을 조정하여 사회를 통합하고, 사회 질서를 유지하는 기능을 한다. 이 과정에서 여러 사회 문제들에 대한 해결 방안을 마련하기도 하고, 문제 해결을 위한 토론과 토의를 거치면서 사회적 합의를 이끌어 내기도 하며, 사회가 나아가야 할 방향을 제시하기도 한다.

4 한편, 정치 생활에 있어서 국가의 역할과 **#시민**의 역할은 모두 중요하다. 국가는 다양한 갈등을 조정하는 중재자˙의 역할을 할 뿐만 아니라, 정책을 결정하고 실행하는 주체이다. 그래서 국가는 정책을 만들거나, 정책의 방향 및 내용을 수정하는 데 있어서 시민의 요구를 실질적으로 반영할 수 있는 제도적 장치를 마련해야 한다. 한편 민주 정치를 실현하기 위해서는 시민의 적극적인 참여가 필수적이다. 시민은 국가의 구성원으로서 그 나라의 헌법에 따른 모든 권리와 의무를 가지는 자유민이다. 따라서 시민은 국가의 정치 활동을 감시하고 비판하며 문제 해결을 적극적으로 요구할 필요가 있다. 이때 시민은 자신의 이익만을 추구하기보다는 공동체의 이익과 조화를 이루고자 하는 태도와, 민주적인 절차에 따라 정당하게 행사되는 국가 정책에 협력하는 자세를 지녀야 한다.

독해 TIP!

이 글에서는 묻고 답하는 방식으로 정치의 의미와 기능을 설명하고 있어. **이렇게 문답의 형식으로 설명한 글은, 질문에 대한 대답을 스스로 찾아 정리**하면서 읽어야 해.

1 문단
정치의 의미 ①
"인간은 ☐☐☐ 동물"의 의미:
인간은 ☐☐☐ 속에서 갈등을 해결하며 사는 존재

2 문단
정치의 의미 ②
좁은 의미와 넓은 의미로서의 정치:
☐☐☐☐을 획득하고 유지, 행사하는 활동이라는 좁은 의미와 개인이나 집단 사이의 ☐☐☐을 조정하고 해결해 나가는 모든 활동이라는 넓은 의미

˙ **행사하다** 부려서 쓰다. 권리의 내용을 실현하다.

3 문단
정치의 기능
• 공동체의 문제를 해결하거나 공동체가 지향하는 ☐☐를 이루는 데 필요함.
• 사회를 통합하고 사회 질서를 유지함.

4 문단
정치의 주체
정치에서 국가와 ☐☐의 역할:
국가는 시민의 요구를 반영하는 제도를 마련하고 시민은 정치 활동에 적극적으로 ☐☐해야 함.

˙ **중재자** 분쟁에 끼어들어 이편과 저편 쌍방을 화해시키는 사람.

1 다음 중 윗글에서 언급하지 <u>않은</u> 것은?

① 사회 안에서 갈등이 발생하는 이유
② 넓은 의미로 사용된 정치 개념의 사례
③ "인간은 정치적 동물"이라는 말의 의미
④ 정치에서 국가와 시민의 바람직한 역할
⑤ 정치 발전 과정에 따른 정치 기능의 확대

고난도

2 ㉠에 대한 답으로 보기 <u>어려운</u> 것은?

① 국가가 직면한 문제를 해결한다.
② 다른 나라를 지배할 힘을 가지게 된다.
③ 사회가 나아가야 할 방향을 제시한다.
④ 사회를 통합하고 사회 질서를 유지한다.
⑤ 개인 및 집단 간의 갈등과 대립을 조정한다.

3 윗글을 읽은 학생이 <보기>의 (가), (나)를 읽고 보인 반응으로 가장 적절한 것은?

> • 보기 •
>
> (가) 시민 정책 공모제란 정부가 시행하기를 바라는 정책에 대한 아이디어를 시민이
> 내고, 정부에서는 그 아이디어 중 필요하다고 판단되는 것을 선별하여 정책으로
> 시행하는 제도이다.
> (나) 민원 모니터제란 정부 기관에서 선발한 모니터 요원들이, 정책에 대한 시민들의
> 불편·불만 사항이나, 개선 요구 등을 파악하여 이를 정부에 보고함으로써 정책
> 을 개선하는 제도이다.

① (가)는 국가가 갈등을 조정하는 중재자로서의 역할을 강화하기 위해 마련한 제도
이군.
② (나)는 공동체의 이익을 위해 시민 자신의 이익을 희생하는 태도를 지니도록 마련
한 제도이군.
③ (가)는 (나)와 달리 시민이 국가의 정치 활동을 감시하고 비판할 수 있도록 마련한
제도이군.
④ (가)와 (나)는 모두 국가가 시민의 요구를 정책에 실질적으로 반영하기 위해 마련
한 제도이군.
⑤ (가)와 (나)는 모두 정당하게 행사되고 있는 기존의 국가 정책에 시민이 더욱 협력
하도록 마련한 제도이군.

◆ 개념 한눈에 보기

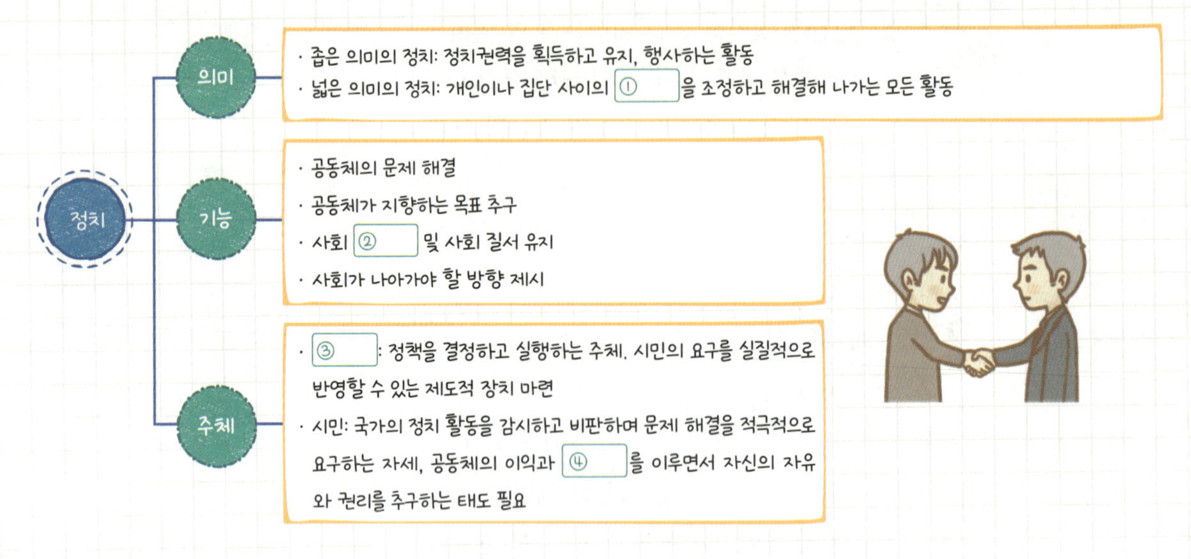

📖 교과 개념 사전

#공동체 [공:동체]
생활이나 행동 또는 목적 등을 같이하는 집단으로 가족, 사회, 국가 등의 차원이 있다.

#정치 [정치]
정치권력을 획득하고 유지, 행사하는 활동. 또는 개인이나 집단 사이에 발생하는 이해관계를 둘러싼 대립과 갈등을 조정하고 해결해 나가는 과정.

#정치권력 [정치꿘력]
정치적 기능을 수행하기 위해 행사하는 힘.

#정책 [정책]
정치적 목적을 실현하기 위한 방책.

#이해관계 [이:해관게/이:해관계]
서로의 이익이나 손해에 영향을 미치는 관계.

#시민 [시:민]
국가의 구성원으로서 그 나라의 헌법에 따른 모든 권리와 의무를 가지는 자유민.

✏️ 교과 개념 확인 Quiz

다음 물음에 답하시오.

❶ 사람들은 생활이나 행동 또는 목적 등을 같이하는 집단인 ☐☐☐를 이루고 살아간다.

❷ 정치의 좁은 의미는 정치권력을 획득하고 행사하는 활동이다.　　　　　○ ｜ X

❸ 정치는 사람들의 이해관계를 둘러싼 대립과 ☐☐을 조정하고 해결하는 과정을 뜻하기도 한다.

❹ 국가는 다양한 갈등을 조정하는 중재자인 동시에 정치적 목적을 실현하기 위한 방책인 ☐☐을 결정하고 실행하는 주체이다.

❺ 개인이나 사회 집단 간에 갈등이 발생하는 것은 이해관계가 다르기 때문이다.　　　○ ｜ X

❻ 정치에서 시민의 개념은 도시에 사는 사람들을 의미한다.　　　　　　　　○ ｜ X

2 ≫ 정치

민주주의는 어떻게 발전해 왔을까?

Step 1 교과 개념  생각 열기

◆ **무엇을 배울까?**

초등	중등	고등	수능기출
사회 4-2 교과서 1단원 민주주의와 자치	사회 1 교과서 10단원 정치 과정과 시민 참여	정치 교과서 1단원 시민 생활과 정치	2003년 3월 고3 교육청 [13-17] 대의제 민주주의

❶ 민주주의의 발전 과정 이해하기

#직접 민주주의   #대의 민주주의

❷ 시민 혁명으로 인한 변화와 참정권의 확대 과정 이해하기

#시민 혁명   #참정권   #보통 선거 제도

고대 아테네 시민들의 민회

프랑스 혁명의 발단이 된
파리 시민들의 바스티유 감옥 습격(1789)

💡 **생각해 보기**   역사적으로 민주주의가 어떻게 발전해 왔는지 떠올려 보자.

1 민주주의(democracy)라는 용어는 그리스어 '데모스(demos, 민중)'와 '크라토스(kratos, 지배)'를 합친 것으로 '민중에 의한 지배'를 의미한다. 민주주의는 고대 그리스의 도시 국가인 아테네에서 시작되었다. 당시 아테네의 시민들은 누구나 국가의 중요한 일을 결정하는 최고 의결 기관인 민회*에 참여할 수 있었고, 공직을 맡을 수도 있었다. 이렇게 ㉠아테네 시민들은 민회에서 토의 및 토론을 하고 투표에 참여함으로써 국가의 중요 사안을 결정하였다. 이 때문에 시민이 국가의 중요한 의사 결정에 직접 참여하는 #직접 민주주의가 발전할 수 있었지만, 자유민인 성인 남성만이 참정권을 가지고 있었다.

2 민주주의는 고대 그리스의 멸망 이후 역사에서 사라졌다가 근대에 들어 #시민혁명이 일어나면서 다시 등장하였다. 민주주의가 부활하는 데에는 ㉡시민 계급의 역할이 컸다. 르네상스와 종교 개혁이 일어나고, 상업이 발달하면서 개인의 자유와 평등, 그리고 인간의 존엄성을 핵심으로 하는 계몽주의* 사상이 등장하였고, 비록 귀족 신분은 아니지만 상업을 통해 부를 축적한 자본가와 합리적이고 이성적인 지식인들이 계몽주의 사상을 갖춘 시민 계급을 형성하였다. 이들은 왕과 귀족에 의한 봉건적 지배에서 벗어나고자 하였고, 근대 시민 혁명의 주체가 되었다.

3 시민 혁명은 왕이나 귀족이 다스리던 절대 군주제를 무너뜨리고 시민이 지배하는 사회를 만들게 된 정치상의 큰 변혁이었다. 근대 시민 혁명인 영국의 명예혁명*(1688), 미국의 독립 혁명(1776년), 프랑스 혁명(1789) 이후 인간의 존엄성이 중시되고 자유와 평등의 이념이 널리 퍼지게 되었다. 그런데 직접 민주주의를 시행한 고대 그리스와는 달리, 근대에는 선거를 통해 선출된 시민의 대표들로 구성된 의회를 중심으로 하는 #대의 민주주의가 이루어졌다. 고대 그리스의 시민 개념이 여성, 외국인, 노예를 제외한 성인 남성만을 의미했다면, 시민 혁명 직후의 시민 개념은 성인 남성 중에서도, 일정 규모 이상의 토지 소유자나 세금을 많이 내는 사람만을 대상으로 하였다. 그리고 시민들만이 공직에 선출될 수 있었다.

4 시민 혁명 이후에는 국민이 정치에 참여할 수 있는 권리인 #참정권을 확대하고자 하는 운동들이 일어났다. 먼저 1838년 영국에서는 노동자들을 중심으로 한 차티스트 운동*이 일어나 재산에 상관없이 성인 남성 모두에게 투표권을 줄 것을 요구했고, 19세기 후반 영국 정부가 이를 받아들여 성인 남성은 모두 참정권을 가지게 되었다. 또한 여성의 참정권 운동도 지속적으로 일어나 20세기 초반 [A] 미국과 유럽 각국에서 여성 역시 선거권을 가지게 되었다. 한편, 20세기 중반 미국에서는 흑인 민권 운동의 결과 1965년 인종에 차별을 두지 않고 참정권이 보장되었다. 이러한 과정을 통해 20세기 중반 이후로는 대부분의 국가에서 일정 나이 이상의 모든 국민에게 참정권을 부여하는 #보통 선거 제도가 확립되었다.

1 문단
고대 그리스의 민주주의
☐☐ 민주주의: ☐☐들이 직접 국가의 중요 사안을 결정함.

· 민회 고대 그리스·로마의 도시 국가에 있었던 정기적인 시민 총회로, 직접 민주제의 한 형태임.

2 문단
☐☐의 민주주의
계몽주의 사상을 갖춘 시민 계급이 주체가 된 ☐☐☐으로 민주주의가 다시 등장함.

· 계몽주의 16~18세기에 유럽 전역에 일어난 혁신적 사상으로 인간적, 합리적 사유를 중시함.

3 문단
근대 시민 혁명의 결과
시민 혁명으로 ☐☐(간접) 민주주의가 등장함.

· 명예혁명 1688년에 영국에서 피를 흘리지 않고 평화롭게 전제 왕정을 입헌 군주제로 바꾸는 데 성공한 혁명. 1689년에 권리 장전을 제정하고 의회 주권에 기초를 둔 입헌 왕정을 수립하였음.

4 문단
현대 민주주의의 확립
☐☐☐ 확대의 과정: ☐☐☐ 운동, 여성 참정권 운동, 흑인 민권 운동의 결과 ☐☐☐☐가 확립됨.

· 차티스트 운동 1830년대~40년대에 걸쳐 일어난 영국 노동자의 참정권 확대 운동. 투표권을 유산 계급에게만 부여하는 데 불만을 품고, 보통 선거권을 요구하였음.

1 윗글에 대한 설명으로 적절하지 <u>않은</u> 것은?

① 어원을 밝히며 대상의 개념을 제시한다.

② 특정 사건이 일어나게 된 시대적 배경을 밝힌다.

③ 시간의 흐름에 따라 대상의 발전 과정을 서술한다.

④ 추상적인 용어를 알기 쉬운 대상에 빗대어 설명한다.

⑤ 대상 간의 차이점을 대조하여 대상의 특성을 강조한다.

2 <보기>는 윗글에 언급된 역사적 사건들이다. 민주주의의 발전 과정에 따라 ㄱ~ㅁ을 순서대로 나열한 것으로 가장 적절한 것은?

> • 보기 •
> ㄱ. 미국의 흑인 민권 운동　　　　　ㄴ. 영국의 차티스트 운동
> ㄷ. 유럽의 여성 참정권 인정　　　　ㄹ. 계몽주의 사상의 등장
> ㅁ. 프랑스 혁명

① ㄹ － ㅁ － ㄷ － ㄱ － ㄴ　　　　② ㄹ － ㅁ － ㄴ － ㄱ － ㄷ

③ ㄹ － ㅁ － ㄴ － ㄷ － ㄱ　　　　④ ㅁ － ㄹ － ㄷ － ㄴ － ㄱ

⑤ ㅁ － ㄹ － ㄴ － ㄷ － ㄱ

고난도

3 ㉠과 ㉡에 대한 설명으로 적절하지 <u>않은</u> 것은?

① ㉠과 ㉡은 모두 공직에 나설 수 있는 신분이었다.

② ㉠과 ㉡은 모두 왕에 의한 지배가 아니라 '민중에 의한 지배'를 추구했다.

③ ㉠과 달리, ㉡은 일정 수준 이상의 경제력을 갖춘 성인 남성만을 의미했다.

④ ㉠과 달리, ㉡은 누구나 의회에 참여하여 국가의 일을 직접 결정할 수 있었다.

⑤ ㉠은 특정한 도시 국가에 국한되었지만, ㉡은 특정 도시에만 국한되지 않는다.

수능찍먹

4 [A]의 내용을 <보기>와 같이 평가할 때, 괄호 안에 들어갈 내용으로 가장 적절한 것은?

> • 보기 •
> 　근대 시민 혁명 이후에 벌어진 여러 운동들은 시민의 개념이 확대되면서, 모든 사람들이 정치적 선택을 할 수 있는 (　　　　)를 인정받게 되는 역사적 과정이었다.

① 평등한 권리　　　　　　　　　② 희귀한 권리

③ 제한된 권리　　　　　　　　　④ 도덕적 권리

⑤ 특별한 권리

◆ 개념 한눈에 보기

①□의 개념	자유민인 성인 남성	일정 규모 이상의 토지를 소유하거나 세금을 많이 내는 성인 남성	일정 나이 이상의 모든 국민
특징	직접 민주주의	②□ 민주주의	대의 민주주의 – 참정권 확대, ③□ 제도

📗 교과 개념 사전

#직접 민주주의 [직쩝] [민주] [주의/주이]
시민이 국가의 중요한 의사 결정에 직접 참여하는 정치 방식.

#시민 혁명 [시·민] [형명]
왕이나 귀족이 다스리던 절대 군주제를 무너뜨리고 시민이 지배하는 사회를 만들게 된 정치상의 큰 변혁.

#대의 민주주의 [대의] [민주] [주의/주이]
시민이 선출한 대표자를 통하여 간접적으로 주권을 행사하는 정치 방식으로, 간접 민주주의라고도 함.

#참정권 [참정꿘]
국민이 정치에 직접 또는 간접으로 참여하는 권리.

#보통 선거 제도 [보·통] [선거] [제도]
일정 나이 이상의 모든 국민에게 투표할 수 있는 권리가 주어지는 선거 제도.

교과 개념 확인 Quiz

다음 물음에 답하시오.

❶ 직접 민주주의는 □□이 국가의 중요한 의사 결정에 직접 참여하는 방식을 말한다.

❷ □□ 민주주의는 시민이 선출한 대표자를 통해 주권을 행사하기 때문에 간접 민주주의라고도 한다.

❸ □□ □□은 왕이나 귀족이 다스리던 체제를 무너뜨리고 시민이 지배하는 사회를 만들게 된 정치상의 큰 변혁이었다.

❹ 국민이 정치에 직접 또는 간접으로 참여하는 권리를 □□□이라고 한다.

❺ 보통 선거 제도는 나이에 상관없이 모든 국민이 투표하는 제도이다.　　　○ ｜ ×

1 »정치
민주주의의 기본 이념 세 가지

Step 1 교과 개념 톡 생각 열기

◆ **무엇을 배울까?**

초등	중등	고등	수능기출
사회 4-2 교과서 1단원 민주주의와 자치	사회 1 교과서 9단원 민주주의와 시민	정치 교과서 1단원 시민 생활과 정치	2014년 9월 고1 교육청 [19-21] 정치학 총론

❶ 인간의 존엄성, 자유, 평등의 개념과 관계 이해하기

#자유　　#평등　　#인간의 존엄성

❷ 민주주의의 기본 원리 이해하기

#국민 주권　　#국민 자치　　#입헌주의　　#권력 분립

💡 **생각해 보기** 우리나라에서 '누진세 제도'와 '장애인 의무 고용 제도'를 실시하고 있는 이유를 생각해 보자.

1 프랑스 국기는 파란색, 흰색, 붉은색으로 3등분 되어 있는데, 각각의 색은 자유, 평등, 박애를 상징한다. 프랑스 국기는 1789년 프랑스 혁명 직후 제정된 것으로, 특히 자유와 평등은 민주주의의 기본 이념에 해당한다. 민주주의의 기본 이념에는 #자유와 #평등 외에도 #인간의 존엄성도 있다. ㉠인간의 존엄성이란 모든 인간은 인간이라는 이유 하나만으로도 존중받을 자격이 있으며, 그 자체만으로도 존엄한 존재라는 의미이다. 즉, 모든 인간은 어떠한 경우에라도 어떤 목적을 이루기 위한 수단이 되어서는 안 된다는 것이다. 이러한 인간의 존엄성이 실현되기 위해서는 모든 개인이 자유롭고 평등해야 한다.

2 ㉡자유는 인간이 국가나 다른 사람의 간섭이나 구속˚ 없이 스스로 판단하여 행동할 수 있는 것을 의미한다. 이러한 자유는 기존 사회가 지닌 억압에서 벗어나고자 하는 의식이 반영된 것이다. 오늘날 현대 사회에서는 국가의 부당한 간섭을 받지 않을 소극적 자유뿐만 아니라, 국가의 정책 결정 과정에 참여할 수 있는 자유와 국가에 개인의 인간다운 삶을 요구할 수 있는 자유인 적극적 자유가 강조되고 있다.

3 ㉢평등은 모든 사람이 성별, 종교, 연령, 인종, 신분, 재산 등에 의해 차별받지 않고 동등하게 대우받는 것을 의미한다. 평등은 기회의 평등이라고도 하는 형식적 평등과 결과의 평등이라고도 하는 실질적 평등으로 구분된다. 현대 민주주의 국가에서는 평등을 보장하기 위해 기회의 균등을 강조하면서도, 선천적·후천적 차이로 나타나는 불평등 현상을 해소하기 위해 장애인 의무 고용 제도, 국민 기초 생활 보장 제도 등과 같은 실질적 평등을 보장하기 위한 다양한 제도를 마련하고 있다.

4 이러한 민주주의의 기본 이념을 실현하기 위해서 민주주의 국가에서는 다음과 같은 기본 원리를 채택하고 있다. 첫째, #국민 주권의 원리로, 이는 국가의 의사를 결정하는 최고 권력인 주권이 국민에게 있다는 것이다. 둘째, #국민 자치의 원리로, 이는 주권을 가진 국민이 스스로 국가를 다스린다는 것이다. 셋째, #입헌주의의 원리로, 이는 헌법에 따라 국가 기관을 구성하여 정치권력을 행사한다는 것이다. 여기서 헌법은 국가의 최고 상위법˚으로 국가 기관의 조직과 기능 및 국민의 기본권˚을 보장하는 내용을 담고 있는 법이다. 넷째, #권력 분립의 원리로, 이는 국가 권력을 입법권, 행정권, 사법권으로 분리하는 것으로, 국가 기관 간의 상호 견제와 균형을 통해 국민의 자유와 권리를 보장하는 것을 목적으로 한다.

1 문단
민주주의의 이념 ①
인간의 ____ : 인간은 인간이라는 이유 하나만으로 ____받을 자격이 있으며, 그 자체만으로도 존엄함.

2 문단
민주주의의 이념 ②
____의 개념과 유형: 외부의 간섭이나 구속 없이 스스로 판단하여 행동할 수 있는 것을 의미하며, 소극적 자유와 적극적 자유가 있음.

· **구속** 행동이나 의사의 자유를 제한하거나 속박함.

3 문단
민주주의의 이념 ③
____의 개념과 유형: 모든 사람이 차별받지 않고 동등하게 대우받는 것을 의미하며, 기회의 평등이라고도 하는 ____ 평등과 결과의 평등이라고도 하는 ____ 평등이 있음.

4 문단
민주주의의 기본 ____
____의 원리, 국민 자치의 원리, 입헌주의의 원리, ____의 원리

· **상위법** 다른 법과의 관계에서 우선하여 효력을 나타내는 법.
· **기본권** 인간이 태어날 때부터 가지고 있는 기본적인 권리.

**세부 내용
파악하기**

1 윗글의 내용과 일치하지 <u>않는</u> 것은?

① 프랑스 국기의 세 가지 색깔은 모두 민주주의 기본 이념을 상징한다.

② 민주주의 국가에서는 사람을 어떤 목적을 이루기 위한 수단으로 여기지 않는다.

③ 시민들이 국가의 정책 결정 과정에 참여하는 것은 적극적 자유를 실현하는 것이다.

④ 민주주의 국가에서는 연령이나 종교가 다르다고 해도 동등하게 대우받을 수 있다.

⑤ 장애인 의무 고용 제도는 개인의 선천적·후천적 차이를 고려한 실질적 평등을 보장하기 위한 제도이다.

**정보 간의
관계 파악**

`고난도`

2 ㉠~㉢의 관계를 이해한 것으로 가장 적절한 것은?

① ㉡과 ㉢ 중 하나만 실현되어도 ㉠은 실현된다.

② ㉡과 ㉢은 모두 ㉠이 실현되기 위해 필요한 조건이다.

③ ㉠과 ㉢은 대립적 관계이지만 ㉡과는 아무런 관련이 없다.

④ ㉠은 ㉡과 대립적 관계이지만 ㉢과는 대립적 관계가 아니다.

⑤ ㉠이 실현되면 ㉡이 실현되고, ㉡이 실현되면 ㉢도 실현된다.

**사례에
적용하기**

`수능찍먹`

3 <보기>는 우리나라 헌법 중 일부이다. 윗글을 바탕으로, <보기>의 ㉮~㉰를 민주주의의 기본 원리에 연결한 것으로 가장 적절한 것은?

> **보기**
>
> 제1조 ② 대한민국의 주권은 국민에게 있고, 모든 권력은 국민으로부터 나온다. ······ ㉮
>
> 제74조 ① 대통령은 헌법과 법률이 정하는 바에 의하여 국군을 통수한다. ·········· ㉯
>
> 제40조 입법권은 국회에 속한다. ······· ㉰
>
> 제130조 ② 헌법 개정안은 국회가 의결한 후 30일 이내에 국민 투표에 붙여 국회 의원 선거권자 과반수의 투표와 투표자 과반수의 찬성을 얻어야 한다. ········ ㉱

	국민 주권의 원리	국민 자치의 원리	입헌주의의 원리	권력 분립의 원리
①	㉮	㉱	㉰	㉯
②	㉮	㉱	㉯	㉰
③	㉮	㉯	㉱	㉰
④	㉯	㉮	㉰	㉱
⑤	㉯	㉮	㉱	㉰

◆ 개념 한눈에 보기

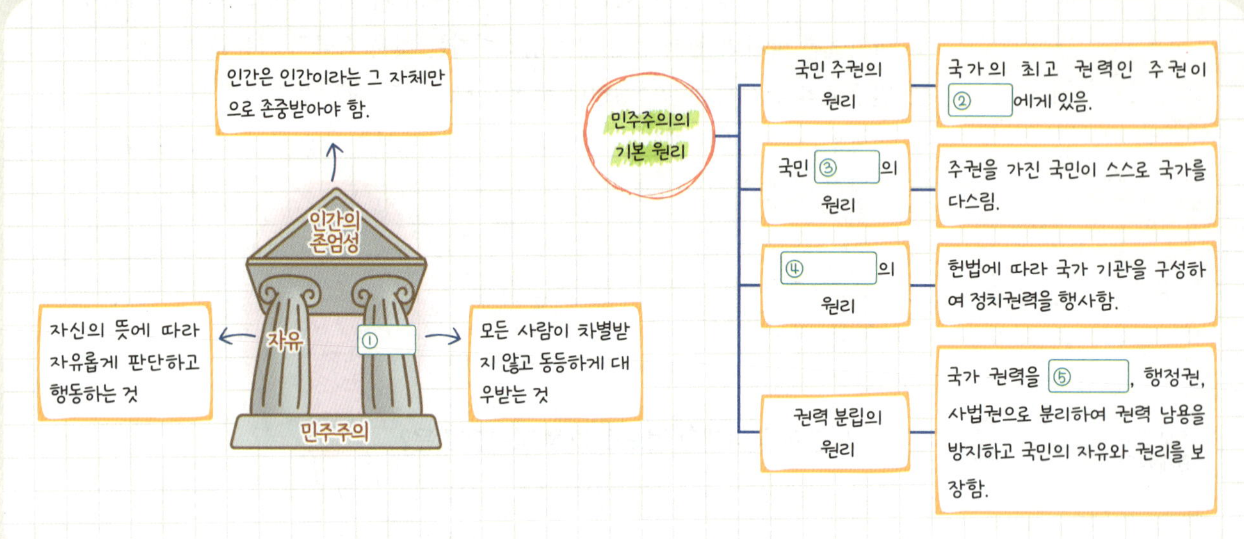

📕 교과 개념 사전

#자유 [자유]
국가나 다른 사람의 간섭이나 구속 없이 스스로 판단하여 행동할 수 있는 것.

#평등 [평등]
모든 사람이 차별받지 않고 동등하게 대우받는 것.

#인간의 존엄성 [조넘썽]
인간은 인간이라는 이유만으로 존중받을 자격이 있으며, 그 자체만으로도 존엄한 존재임.

#국민 주권 [궁민] [주꿘]
국가의 의사를 결정하는 최고 권력인 주권이 국민에게 있음.

#국민 자치 [궁민] [자치]
주권을 가진 국민이 스스로 국가를 다스림.

#입헌주의 [이펀주의/이펀주이]
헌법에 따라 국가 기관을 구성하여 정치권력을 행사함. 헌법은 국가의 최고 상위법임.

#권력 분립 [궐력] [불립]
국가 기관 간의 상호 견제와 균형을 위해 국가 권력을 입법권, 행정권, 사법권으로 분리하여 행사하는 것.

교과 개념 확인 Quiz

다음 물음에 답하시오.

❶ 외부의 간섭이나 구속 없이 스스로 판단하여 행동할 수 있는 것을 □□라고 한다.

❷ 모든 사람이 차별받지 않고 동등하게 대우받는 것을 평등이라고 한다.　　○ ｜ ✕

❸ 인간은 인간이라는 이유만으로 □□받을 자격을 지닌다.

❹ 국민 주권은 국가의 의사를 결정하는 최고의 권력이 국가에 있다는 뜻이다.　　○ ｜ ✕

❺ 입헌주의란 □□에 따라 국가 기관을 구성하여 정치권력을 행사하는 것을 말한다.

❻ 권력 분립의 원리에 따르면, 국가 권력은 한 기관으로 집중되는 것이 좋다.　　○ ｜ ✕

2 >> 정치
투표로 말해요

Step 1 교과 개념 톡 생각 열기

◆ **무엇을 배울까?**

초등	중등	고등	수능기출
사회 5~6교과서 민주주의와 시민 참여	사회 1 교과서 10단원 정치과정과 시민 참여	정치 교과서 2단원 정치과정과 참여	2022년 7월 고3 교육청 [14~17] 중위 투표자, 합리적 무지

❶ 선거의 의미와 기능 이해하기

#선거 #유권자 #정당성

❷ 선거의 네 가지 기본 원칙 이해하기

#보통 선거 #평등 선거 #직접 선거 #비밀 선거

💡 **생각해 보기** '투표로 말하세요'라는 말의 의미가 무엇일지 생각해 보자.

1 우리는 몇 년에 한 번씩 뉴스에서 '대선(大選)', '총선(總選)'이라는 말을 보게 된다. 이 말들은 모두 #선거의 종류를 의미하는데, '대선'은 '대통령 선거'의 준말로, 대통령 임기가 5년 단임제인 우리나라에서는 5년에 한 번씩 대선을 치른다. '총선'은 국회 의원을 뽑는 선거로, 4년마다 전국 각 지역의 대표인 지역구 의원을 뽑고 각 정당별 득표율에 비례하여 비례 대표 의원˙이 선출된다. 대선과 총선은 모두 대의 민주주의˙를 시행하고 있는 우리나라에서 국민의 대표를 뽑는 절차이다.

2 이처럼 선거는 국민을 대신해 특정한 임무나 직책을 수행할 대표를 정해진 규칙에 따라 선출하는 과정을 의미한다. 이 과정에서 #유권자가 자신이 지지하는 후보 또는 정당에게 표를 던지는 행위를 투표˙라고 한다. 그래서 '㉮ 선거를 한다'라고도 하지만 '㉯ 투표를 한다'라고 하기도 한다. 하지만 누군가를 뽑는 것이 아니라 헌법의 개정˙과 같은 국가의 중대한 일에 대해서 국민 전체의 뜻을 직접 물어서 결정하는 경우에는 '국민 선거'라고 하지 않고 '국민 투표'라고 한다.

3 선거는 대의 민주주의를 유지하고 발전시키는 데 있어서 중요한 역할을 하므로 '민주주의의 꽃'이라고 불린다. 선거는 대의 민주주의 국가에서 국민이 주권을 행사하는˙ 가장 중요한 수단이며, 민주 정치의 성공과 실패를 결정하는 가장 핵심적인 요인이 된다. 선거를 통해 누가 대표로 선출되느냐에 따라 정책이나 사회 방향이 달라지기 때문이다. 그런데 선거를 실시한다고 해서 민주 정치가 자동적으로 이루어지는 것은 아니다. 선거가 어떻게 시행되고 있는지, 민주적 요건들을 잘 갖추고 있는지, 얼마나 많은 국민들이 선거에 참여하는지 등의 요건도 중요하다.

4 선거는 국민의 뜻에 따라 정치를 담당할 대표자를 선출하는 기능, 선출된 대표자의 권위를 인정하여 #정당성을 부여하는 기능, 선거 과정에서 드러나는 여론을 정치 과정에 반영하는 기회를 제공하는 기능을 한다. 또한, 현재 대표자와 정치권력이 국정˙ 운영을 잘못한다는 여론이 클 경우에는 다음 선거에서 그 책임을 물어 정치권력을 교체함으로써 정치권력을 통제하는 기능도 한다.

5 선거의 기본 원칙으로는 #보통 선거, #평등 선거, #직접 선거, #비밀 선거의 원칙이 있다. ㉠보통 선거의 원칙은 일정한 나이에 이른 국민들은 모두 선거권을 가진다는 원칙으로, 우리나라에서는 만 18세 이상이면 누구나 투표할 수 있다. ㉡평등 선거의 원칙은 모든 유권자가 동등한 가치의 투표권을 행사한다는 원칙이다. 그리고 ㉢직접 선거의 원칙은 선거권˙을 가진 사람이 직접 투표소에 가서 투표를 해야 한다는 원칙으로, 다른 누군가가 대신 투표할 수 없다는 원칙이다. ㉣비밀 선거의 원칙은 유권자가 누구에게 투표했는지 다른 사람들이 알지 못하도록 해야 한다는 원칙으로, 유권자의 자유로운 선택을 보호하기 위한 원칙이다. 이와 같은 선거의 기본 원칙들은 공정한 선거를 위해 반드시 지켜져야 한다.

---

1 문단
선거의 사례
선거의 대표적 사례로 [ ]과 [ ]이 있음.

- **비례 대표 의원** 정당의 득표수에 따라 선출되는 국회 의원.
- **대의 민주주의** 선거를 통하여 선출된 대표자가 국민을 대신하여 국가를 운영해 나가는 제도.

2 문단
선거의 의미
선거와 [ ]는 비슷한 의미로 사용되지만 차이가 있음.

- **투표** 대표를 뽑거나 가부를 결정할 때 투표용지에 의사를 표시하여 일정한 곳에 내는 일.
- **개정** 이미 정하였던 것을 고쳐 다시 정함.

3 문단
선거의 중요성
선거의 중요성과 선거가 갖추어야 할 [ ]

- **행사하다** 부려서 쓰다. 또는 권리의 내용을 실현하다.

4 문단
선거의 기능
대표자 선출, [ ] 부여, [ ] 반영, 정치권력 [ ] 기능

- **국정** 나라의 정치.

5 문단
선거의 기본 원칙
[ ] 선거, [ ] 선거, [ ] 선거, [ ] 선거의 원칙

- **선거권** 선거에 참가하여 투표할 수 있는 권리.

세부 내용 추론하기

1 🎀와 🎁에 대한 설명으로 가장 적절한 것은?

① 우리나라에서는 ㉮, ㉯와 같은 표현을 사용하지 않는다.
② 대의 민주주의에서는 ㉮, ㉯와 같은 표현을 사용하지 않는다.
③ 대통령을 뽑을 때에는 ㉯가 ㉮의 일부 과정을 의미하기도 한다.
④ 헌법을 개정할지 말지 그 찬반을 물을 때에는 ㉮로만 표현한다.
⑤ 국회 의원을 뽑을 때에는 ㉮처럼은 표현하지만 ㉯처럼 표현하지는 않는다.

세부 내용 파악하기

[고난도]

2 대의 민주주의에서 실시되는 선거에 대한 학생들의 이해로 적절하지 <u>않은</u> 것은?

① 지후: 국민들은 투표를 하면서 자신이 주권을 행사하고 있다고 느끼게 되겠군.
② 민서: 어떤 정당에 대한 긍정적인 여론이 높으면 다음 총선에서 그 정당의 의석수가 늘어나겠군.
③ 수빈: 민주적 요건을 갖춘 선거를 통해 선출된 정치권력은 대표자로서의 정당성을 가지게 되겠군.
④ 민준: 국민들이 대표자를 직접 선출하면 그 사회의 민주 정치가 자동적으로 이루어진다고 볼 수 있겠군.
⑤ 서연: 현재 대통령의 국정 운영 지지도가 낮을 경우 5년의 임기 후에 정치권력이 교체될 가능성이 크겠군.

사례에 적용하기

3 <보기>의 ⓐ~ⓓ에 해당하는 원칙을 ㉠~㉣과 연결한 것으로 가장 적절한 것은?

> **보기**
>
> ⓐ 일정 연령 이상의 국민들은 성별, 종교, 직업에 관계없이 모두 투표할 수 있다.
> ⓑ 사회적 지위가 높다거나 돈이 많다고 해서 남들보다 더 많은 표를 행사할 수 있는 것이 아니다.
> ⓒ 투표소에서 투표를 할 때 유권자가 누구에게 투표를 했는지 보이지 않도록 가림막이 설치되어 있다.
> ⓓ 선거 당일에 아무리 급한 일이 있더라도 다른 사람에게 자신의 투표를 대신 해 달라고 부탁할 수 없다.

	㉠	㉡	㉢	㉣
①	ⓐ	ⓑ	ⓒ	ⓓ
②	ⓐ	ⓑ	ⓓ	ⓒ
③	ⓐ	ⓒ	ⓓ	ⓑ
④	ⓒ	ⓐ	ⓑ	ⓓ
⑤	ⓒ	ⓐ	ⓓ	ⓑ

◆ 개념 한눈에 보기

📖 교과 개념 사전

#선거 [선:거]
국민을 대신해 특정한 임무나 직책을 수행할 대표를 정해진 규칙에 따라 선출하는 과정.

#유권자 [유:꿘자]
선거할 권리를 가진 사람.

#정당성 [정·당썽]
정치권력에 대해 옳고 정당하다고 느끼는 관념으로, 공정한 선거의 결과로 획득됨.

#보통 선거 [보통] [선거]
일정한 나이에 이른 모든 국민에게 선거권을 부여하는 선거 원칙.

#평등 선거 [평등] [선거]
모든 유권자가 동등한 가치의 투표권을 행사해야 한다는 선거 원칙.

#직접 선거 [직쩝] [선거]
선거권을 가진 사람이 직접 투표해야 한다는 선거 원칙.

#비밀 선거 [비밀] [선거]
유권자가 누구에게 투표했는지 다른 사람들이 알지 못하도록 해야 한다는 선거 원칙.

교과 개념 확인 Quiz

다음 물음에 답하시오.

❶ 선거는 국민을 대신해 특정한 임무나 직책을 수행할 대표를 정해진 규칙에 따라 선출하는 과정이다. ○ ｜ ✕

❷ 유권자는 선거에 나가 선택을 받고자 하는 사람이다. ○ ｜ ✕

❸ 정당성은 □□□□에 대해 옳고 정당하다고 느끼는 관념이다.

❹ 보통 선거는 일정한 나이 이상의 모든 국민이 투표할 수 있는 선거 원칙이다. ○ ｜ ✕

❺ 평등 선거는 사람에 따라 투표권을 다르게 부여할 수도 있다는 선거 원칙이다. ○ ｜ ✕

❻ □□ 선거는 유권자가 대리인을 거치지 않고 직접 투표해야 한다는 선거 원칙이다.

❼ □□ 선거는 유권자가 어느 후보에게 투표했는지 아무도 모르게 해야 한다는 선거 원칙이다.

1 ≫정치
정치의 과정과 주체

Step 1 교과 개념 톡 생각 열기

◆ **무엇을 배울까?**

초등	중등	고등	수능기출
사회 4-2 교과서 1단원 민주주의와 자치	사회 1 교과서 10단원 정치과정과 시민 참여	정치 교과서 2단원 정치과정과 참여	2009학년도 9월 평가원 [44-46] 선거 기간 여론 조사 결과 공표 찬반

❶ 정치 과정의 의미와 정치 과정의 단계 이해하기

#정치 과정

❷ 정치 과정에 참여하는 다양한 정치 주체들의 역할 이해하기

#정치 주체   #이익 집단   #시민 단체

#언론   #정당

💡 생각해 보기   사람들 간에 의견이 달라서 발생한 갈등을 어떻게 해결할 수 있을지 생각해 보자.

1 현대 사회는 다원화* 사회라고 말한다. 사람들이 사는 모습이나 가치관이 비슷했던 과거와 달리, 현대 사회를 살아가는 사람들은 서로 다른 삶을 살아가며 가치관도 서로 다르다. 그래서 현대 사회에서는 개인이나 집단 간의 이해관계 및 가치관의 차이로 인한 갈등이 더욱 증가하게 되었다. 현대 민주주의 사회에서는 이러한 갈등을 #정치 과정을 통해 조정한다. 그렇다면 정치가 이루어지는 과정은 어떠할까?

2 정치 과정은 다양하게 표출되는 이해관계를 모아서 정책을 결정하고 집행하는 과정을 말한다. 그래서 정치 과정은 '다양한 이익이 표출되는 단계', '이해관계를 모으는 단계', '정책을 결정하는 단계', '정책을 집행하고 평가하는 단계'로 이루어진다. 먼저 특정 개인이나 특정한 이익 집단 및 시민 단체가 자신들의 이익을 표출하게 되면, 정당이나 언론을 통해 이익이 집약된다*. 이렇게 집약된 의견을 국회나 정부에서 수용하여 정책으로 결정하는데, 이 과정에서는 이미 집약된 의견에 더해서 다른 관점의 의견을 좀 더 모아 종합적으로 검토한 다음, 가장 바람직하다고 여겨지는 정책으로 결정한다. 정책이 결정되면 정부에서 그 정책을 집행하게 되고, 국민들은 그 정책을 평가한다. 또한 평가 결과 문제점이 발견되거나 새로운 요구들이 있으면, 다시 피드백*되어 정치 과정을 거치게 되고, 정책이 수정된다.

3 이처럼 정치 과정에서는 다양한 #정치 주체들이 관여한다. 시민은 개인적으로 정치 과정에 참여하기도 하지만 집단을 결성해 정치 과정에 참여하기도 한다. #이익 집단은 노동조합이나 의사 협회와 같이 자신들의 특수한 이익을 실현하고자 만든 집단이고, #시민 단체는 환경 운동 연합이나 소비자 단체와 같이 시민들이 공익 실현을 위해 자발적*으로 모인 집단이다. 이들은 시민과 마찬가지로 정책을 결정하고 집행하는 과정을 제외한 모든 과정에 참여하여 영향력을 발휘한다.

4 또한 신문사, 방송사 등의 #언론은 정치 과정에서 일어나는 정보를 시민들에게 제공하고 여론을 형성함으로써 정치 과정에 참여한다. #정당은 정권 획득을 목적으로 정치적 견해가 같은 사람들이 모인 집단이다. 정당은 국회에서 법을 제정할 때나, 정부가 정책을 마련할 때 시민들의 요구를 반영하도록 한다.

5 한편, 정치 과정에 관여하는 정치 주체에는 국가 기관도 포함된다. 국회는 여론을 바탕으로 정책을 시행할 수 있는 법을 제정한다*. 정부는 국회에서 제정된 법에 따라 정책을 집행하거나, 스스로 정책을 마련하여 시행한다. ㉠법원은 간접적으로 정치 과정에 참여하는 주체이다. 법원은 정책을 만들거나 집행하는 데 직접적으로 관여하지는 않지만, 정책과 관련한 분쟁이 발생했을 때 판결을 통해 분쟁을 해결하여 정책을 결정하거나 수정하는 데 영향을 준다. 이와 같이 정치 과정에서는 다양한 주체들이 관여하게 되는데, 정치 과정을 거치면서 사회적인 문제점들이 드러나기도 하고, 다양한 이익 간의 갈등이 조정되면서 사회가 통합되고 안정되기도 한다.

---

1 문단
정치 과정의 필요성
☐된 현대 사회에서의 갈등은 정치 과정을 통해 조정됨.

· **다원화** 사물을 형성하는 근원이 많아짐.

2 문단
정치 과정의 의미와 단계
정치 과정은 이해관계를 모아 정책을 ☐·☐·☐하는 과정을 거침.

· **집약되다** 한데 모아져서 요약되다.
· **피드백** 어떤 결과를 앞 단계에 되돌려 보내어 적절한 상태가 되도록 수정을 가하는 일. 환류라고도 함.

3 문단
다양한 정치 주체 ①
시민, ☐, ☐의 의미와 역할

· **자발적** 남이 시키거나 요청하지 아니하여도 자기 스스로 나아가 행하는 것.

4 문단
다양한 정치 주체 ②
☐, ☐의 의미와 역할

5 문단
다양한 정치 주체 ③
국회, ☐, ☐의 역할과 정치 과정의 의의

· **제정하다** 제도나 법률 따위를 만들어서 정하다.

세부 내용
파악하기

1 윗글의 내용과 일치하지 <u>않는</u> 것은?

① 과거 사회는 현대 사회보다 다원화되지 못했다.

② 정치 과정은 현대 사회의 갈등을 증가시키는 주요 원인이다.

③ 이익 집단과 시민 단체는 각각 추구하는 이익이 서로 다르다.

④ 정부는 정책을 집행하기도 하지만 정책을 직접 마련하기도 한다.

⑤ 정치 과정을 통해 다양한 이익 간의 갈등이 조정됨으로써 사회의 통합과 안정을 이룰 수 있다.

핵심 내용
파악하기

고난도

2 정치 과정의 단계를 다음과 같이 구분하였을 때, 각 단계에 대해 이해한 내용으로 적절하지 <u>않은</u> 것은?

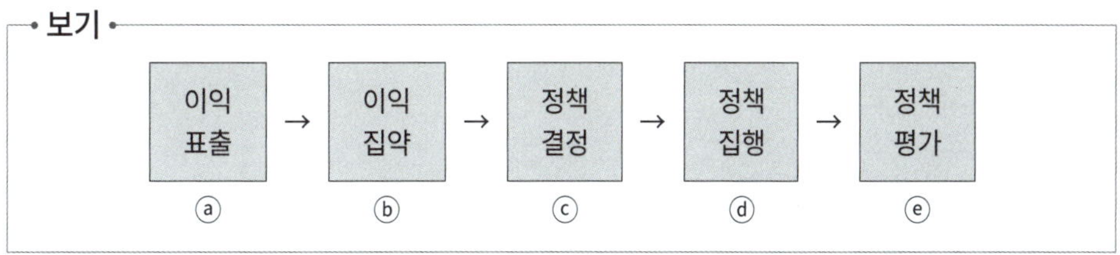

① ⓐ 단계에서는 개인이나 집단이 다양한 이익을 표출한다.

② ⓑ 단계는 '이해관계를 모으는 단계'에 해당한다.

③ ⓒ 단계에서는 ⓑ 단계에서 집약된 의견을 그대로 수용한다.

④ ⓓ 단계를 실행하는 주체와 ⓔ 단계를 실행하는 주체는 다르다.

⑤ ⓔ 단계에서 문제를 발견하면 피드백 과정을 거쳐 정책이 수정된다.

세부 내용
추론하기

3 ㉠과 같이 평가한 이유를 추론한 것으로 가장 적절한 것은?

① 정책을 세우는 기준을 직접 제시하여 정책을 마련하는 데 영향을 주므로

② 언론의 보도를 반영한 판결을 내려서 새로운 정책을 만드는 데 영향을 주므로

③ 판결을 통해 정책과 관련된 문제를 해결하여 정책의 결정 및 수정에 영향을 주므로

④ 정부가 정책을 집행하는 과정을 감시하여 정책이 공정하게 집행되도록 영향을 주므로

⑤ 국회에서 정책과 관련된 법을 만드는 데 관여하여 정책 결정에 직접적인 영향을 주므로

◆ 개념 한눈에 보기

📗 교과 개념 사전

#정치 과정 [정치] [과:정]
다양하게 표출되는 이해관계를 모아서 정책으로 만들고 집행하는 과정.

#정치 주체 [정치] [주체]
정치 과정에서 영향력을 행사하는 국가 기관이나 개인 및 집단을 의미함.

#이익 집단 [이익] [집딴]
이해관계를 같이하는 사람들이 자기 집단의 특수한 이익을 실현하기 위해 모여 만든 단체.

#시민 단체 [시민] [단체]
공익을 실현하기 위해 시민들이 자발적으로 모여 만든 단체.

#언론 [얼론]
신문, TV, 인터넷 등의 미디어를 통해 정보를 전달함으로써 국민의 여론을 형성하는 단체로 신문사, 방송사 등이 있음.

#정당 [정당]
정치적 견해를 같이하는 사람들이 정권을 획득하기 위해 모여 만든 단체.

교과 개념 확인 Quiz

다음 물음에 답하시오.

❶ 정치 주체는 정치 과정에서 영향력을 행사하는 국가 기관만 의미한다.　　　　○ ｜ ✕

❷ 이익 집단은 자기 집단의 이익을 추구하기 위해 만든 단체이다.　　　　○ ｜ ✕

❸ 공공의 이익을 실현하기 위해 시민들이 자발적으로 만든 단체를 □□ □□라고 한다.

❹ 언론은 신문, TV, 인터넷 등의 미디어를 통해 정보를 전달하여 □□을 형성한다.

❺ 여론이란 사회 전반의 문제에 대해 다수의 시민들이 가진 공통된 의견을 의미한다.　　　　○ ｜ ✕

❻ 정당은 서로 다른 정치적 견해를 가진 사람들이 정권을 얻기 위해 모인 단체이다.　　　　○ ｜ ✕

2 〉〉 정치

우리 지역의 문제는 우리가 해결해요!

Step 1 교과 개념  생각 열기

◆ 무엇을 배울까?

초등	중등	고등	수능기출
사회 4-2 교과서 1단원 민주주의와 자치	사회 1 교과서 10단원 정치 과정과 시민 참여	정치 교과서 3단원 민주 국가의 정부 형태	2015학년도 9월 평가원 B형 [26-28] 지방 자치 단체의 정책 결정

❶ 지방 자치의 개념과 지방 자치 단체의 구성 이해하기

#지방 자치   #의결 기관   #집행 기관

❷ 지역 사회 문제 해결을 위한 주민 참여 활동 이해하기

#주민 조례 발안 제도   #주민 투표제   #주민 소환제

#주민 참여 예산제

자전거 전용 도로가 깨져 있고
가로등이 나가 있어서 위험해요.

시골이라 버스가 잘 다니지 않아서
멀리 있는 학교까지 가기 힘들어요.

주차 공간이 많이 부족해서 불편해요.

💡 **생각해 보기**　내가 사는 지역의 문제를 떠올려 보고, 어떻게 해결할 수 있을지 생각해 보자.

독해 TIP!
대상의 구성 요소나 하위 개념들을 구분하여 설명하는 글을 읽을 때에는, **각 구성 요소의 의미를 하나씩 이해한 다음, 전체를 종합하여 이해해야 해.**

1 #지방 자치는 '민주주의의 학교'라고 하기도 하고, '풀뿌리 민주주의'라고도 한다. 지역의 주민들이 자신들의 삶에서 겪는 문제들을 스스로 해결하는 과정에서 민주주의를 배우고 실천할 수 있기 때문이다. 지역에 있는 공원이나 체육 시설을 이용할 때 불편한 점을 개선하거나, 마을버스 노선을 신설하거나 변경하도록 요청하는 것 등 지역 공동체 차원의 일들은 지방 자치를 통해 해결할 수 있다. 이렇게 지방 자치는 지역 주민이나 주민들의 대표로 구성된 기관이 그 지역의 사무를 자율적으로 처리하는 제도를 의미한다.

1 문단
지방 자치의 개념과 성격
지역 주민이나 주민들의 대표로 구성된 기관이 그 지역의 사무를 □□□으로 처리하는 제도

2 지방 자치는 민주주의 정신을 높이고, 효율적이고 다양한 행정을 할 수 있으며, 지역의 경제 발전을 꾀할 수 있는 효과가 있다. 지방 자치는 각 지역의 행정과 입법 사무를 국가의 간섭을 받지 않고 스스로 구성한 지방 자치 단체를 통해 결정하고 처리한다. 하지만 지방 자치도 국가가 부여하는 권한의 범위 내에서 운영되어야 하므로 국가의 일정한 감독을 받게 된다.

2 문단
지방 자치의 효과와 특징
각 지역의 행정과 입법 사무를 스스로 구성한 □□□□□를 통해 결정하고 처리함.

3 우리나라의 지방 자치 단체는 행정 구역상 특별시·광역시·도·특별자치시·특별자치도는 광역 자치 단체로, 시·군·구는 기초 자치 단체로 구분한다. 각 지방 자치 단체는 #의결 기관과 #집행 기관으로 구성된다. 의결 기관은 지방 의회를 의미하는데, 지방 의회는 광역 의회와 기초 의회로 구분되며, 지역의 정책을 결정하고, 지방 사무에 관한 법인 조례를 만든다. 특히 조례는 국회에서 정한 법률이나 중앙 정부의 명령*과 충돌하지 않도록, 법률과 중앙 정부의 명령 범위 안에서 만들어진다.

3 문단
지방 자치 단체의 구성
지방 자치 단체는 의결 기관과 □□□□□으로 구성되고, 의결 기관은 □□를 만듦.
• **명령** 국회의 의결을 거치지 않고 행정부가 만드는 국가의 법령.

4 집행 기관은 특별(광역)시장·도지사 등 각 지방 자치 단체장을 의미한다. 이때 지방 자치 단체장은 한 사람의 개인이라고 보는 것이 아니라, 공적인 업무를 수행하는 권한과 책임을 가진 존재라고 본다. 그래서 집행 기관이라고 부르는 것이다. 집행 기관은 지역의 대표자로, 광역 단체장과 기초 단체장으로 구분되는데, 지역의 정책을 집행하고, 지역의 각종 행정 사무를 처리한다.

4 문단
집행 기관의 의미와 담당 업무
집행 기관은 각 □□□□□으로, 지역의 정책을 □□하고 각종 행정 사무를 처리함.

5 지역 주민들은 4년마다 한 번씩 실시되는 지방 선거에 참여하여 각 지방 의회의 의원과 지방 자치 단체장을 선출한다. 그리고 주민이 직접 조례의 제정·개정·폐지를 지방 의회에 청구하는 #주민 조례 발안 제도, 지역 사회의 문제를 투표로 결정하는 #주민 투표제, 선거로 선출된 공직자를 소환하여 주민 투표로 해임을 결정하는 #주민 소환제, 지방 자치 단체의 예산 편성* 과정에 직접 참여하는 #주민 참여 예산제 등을 통해 지방 자치에 직접 참여하기도 한다. 또한 공청회*에 참석하거나, 행정 기관에 민원*을 제기할 수도 있다. 한편 지역 주민들은 이와 같은 ㉠제도적인 참여뿐만 아니라, 서명 운동이나 인터넷, 언론을 통해 여론을 형성함으로써 지방 자치에 참여하기도 한다. 따라서 지방 자치에 참여하는 주민들은 지역에 대한 주인 의식과 공동체 의식을 바탕으로 한 적극적이고 성숙한 자세를 갖추어야 한다.

5 문단
지역 주민들의 지방 자치 참여
주민들은 4년마다 □□□□를 통해 대표를 선출하고, □□□□ 참여뿐만 아니라 다양한 방식으로 지방 자치에 참여함.
• **예산 편성** 필요한 비용을 미리 헤아려 예산을 작성하는 일.
• **공청회** 국가나 지방 자치 단체의 기관이 이해 당사자와 관련 전문가 등의 의견을 듣기 위해 개최하는 공개회의.
• **민원** 주민이 행정 기관에 대하여 원하는 바를 요구하는 일.

1 **1**~**5**의 중심 내용으로 적절하지 <u>않은</u> 것은?

① **1**: 지방 자치의 개념과 성격
② **2**: 지방 자치의 역사와 한계
③ **3**: 지방 자치 단체의 구성과 의결 기관
④ **4**: 집행 기관의 의미와 담당 업무
⑤ **5**: 지역 주민들의 지방 자치 참여

고난도

2 윗글을 바탕으로 <보기>의 ⓐ~ⓕ를 이해한 내용으로 적절하지 <u>않은</u> 것은?

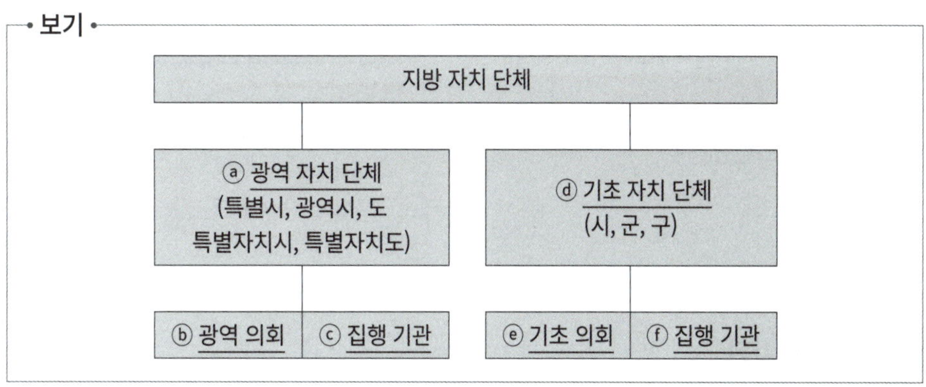

① ⓐ와 ⓓ는 행정 구역상의 범위에 따라 구분된다.
② ⓑ와 ⓔ의 구성원들은 4년에 한 번씩 선출된다.
③ ⓑ와 ⓔ에서 의결하는 조례는 법률의 범위 안에 있다.
④ ⓒ와 ⓕ는 지방 선거로 선출되는 주민들의 대표이다.
⑤ ⓒ와 ⓕ는 지역의 정책을 결정하는 기능을 한다.

3 ㉠의 사례에 해당하지 <u>않는</u> 것은?

① A 지역 주민들은 부족한 생활 체육 시설을 더 지어 달라는 청원을 하기 위해 서명 운동을 적극적으로 벌였다.
② B 지역 주민들은 마을 버스가 다니지 않아 불편을 겪게 되자, 구청에 직접 찾아가 교통 불편 민원을 접수하였다.
③ C 지역 주민들은 횡령 혐의를 받는 ○○시의 시장이 업무에 복귀하자 강하게 반발하며 주민 소환 투표로 해임을 결정하였다.
④ D 지역 주민들은 초등학교 통학로에서의 어린이 보행 안전을 확보하기 위해 조례 개정안을 마련하여 시 의회에 제출하였다.
⑤ E 지역 주민들은 면사무소의 이전을 두고 주민 간에 갈등이 빚어지자 이를 해결하기 위해 주민 투표를 시행하기로 결정하였다.

◆ 개념 한눈에 보기

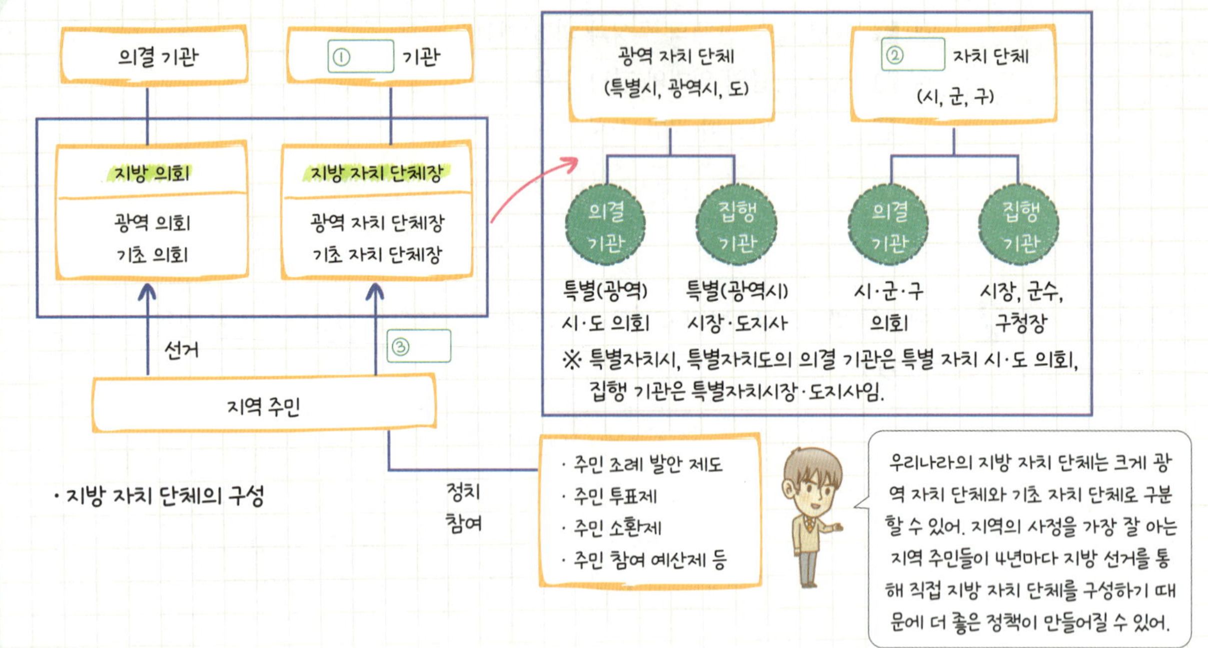

📗 교과 개념 사전

#지방 자치 [지방] [자치]
일정한 지역에 살고 있는 주민들이 지방 자치 단체를 구성하여 그 지역의 사무를 자율적으로 처리하는 제도.

#의결 기관 [의결] [기관]
지방 의회로, 광역 의회와 기초 의회로 구분됨. 지역의 정책을 결정하고 조례를 제정, 개정 및 폐지함.

#집행 기관 [지팽] [기관]
각 지방 자치 단체장으로, 지역의 정책을 집행하고 지역의 각종 행정 사무를 처리함.

#주민 조례 발안 제도 [주민] [조례] [바란] [제:도]
주민이 조례의 제정·개정·폐지를 지방 의회에 청구하는 제도.

#주민 투표제 [주민] [투표제]
지역 사회의 문제를 주민이 직접 투표로 결정하는 제도.

#주민 소환제 [주민] [소환제]
선거로 선출된 지역 공직자가 직무를 잘 수행하지 못했을 때 소환하여 주민 투표로 해임을 결정하는 제도.

#주민 참여 예산제 [주민] [차며] [예:산제]
지방 자치 단체 예산 편성 과정에 주민이 직접 참여하는 제도.

교과 개념 확인 Quiz ✏️

다음 물음에 답하시오.

❶ ☐☐ ☐☐는 일정한 지역에 살고 있는 주민들이 지방 자치 단체를 구성하여 그 지역의 일을 스스로 결정하고 처리하도록 하는 제도이다.

❷ 집행 기관은 지역의 정책을 집행하는 각 지방 자치 단체장이다.　　　　○ | ×

❸ 주민 조례 발안 제도는 주민이 직접 조례의 제정·개정·폐지를 지방 의회에 청구하는 제도이다.　　　　○ | ×

❹ 주민 소환제는 선거로 선출된 지역 공직자가 직무를 잘 수행하지 못했을 때 소환하여 ☐☐ ☐☐로 해임을 결정하는 제도이다.

❺ 주민 참여 예산제는 중앙 정부의 예산 편성 과정에 주민이 직접 참여하는 제도이다.　　　　○ | ×

9일차

1 ≫법
우리를 지켜 주는 법

◆ **무엇을 배울까?**

초등	중등	고등	수능기출
사회 5-6 교과서 법과 인권의 보장	사회 1 교과서 11단원 일상생활과 법	법과 사회 교과서 2단원 국가 생활과 법	COMING SOON

❶ 사회 규범인 법과 관습, 도덕의 차이점 이해하기

#법   #사회 규범   #관습   #도덕

❷ 다른 사회 규범과 구별되는 법의 특성 이해하기

#강제성

💡 **생각해 보기** 위의 두 상황에서 남자의 행동은 각각 어떤 결과로 이어질까?

1 '로마에 가면 로마의 **#법**을 따르라.', '악법도 법이다.', '사회가 있는 곳에 법이 있다.'와 같은 격언은 법의 의미와 중요성을 잘 보여 준다. 특히 '사회가 있는 곳에 법이 있다.'라는 말에서 알 수 있듯이 법은 사회적 존재인 인간의 삶과 뗄 수 없는 관계에 있다. 왜냐하면 인간은 태어나면서부터 죽을 때까지 법의 보호와 제재를 받으며 살아가기 때문이다. 예를 들어 아기가 태어나면 정해진 기간 내에 출생 신고를 해야 하고, 부모님이 돌아가시면 정해진 기간 내에 사망 신고를 해야 한다. 만약 그러지 않으면 과태료를 내야 한다. 이처럼 모든 인간은 자신이 속한 사회에서 정한 법의 테두리 안에서 살아간다.

2 사회 속에서 다른 사람과 관계를 맺으며 살아가는 인간은 **#사회 규범**을 배우고 실천해야 한다. '사회 규범'은 사회 질서 유지와 조화로운 사회생활을 위해 지켜야 할 행동의 기준을 가리키는데, **#관습** · **#도덕** · 법 등이 여기에 해당한다. 관습은 한 사회에서 오랫동안 지켜 왔기 때문에 사회 구성원들이 널리 인정하는 풍습˚이지만 반드시 지켜야 하는 것은 아니다. 도덕은 인간이 마땅히 지켜야 할 도리˚이지만 개인의 양심에 따라 자율적으로 지키는 사회 규범이다. 하지만 법은 사회 질서를 유지하기 위해 국가가 만든 사회 규범이기 때문에 모든 사회 구성원이 반드시 지켜야 한다. 그리고 법은 행위의 동기˚를 중시하는˚ ㉠도덕과 달리 행위의 결과를 중시한다. 따라서 법에 어긋나는 행위를 하면 처벌을 받게 된다. 이것을 법이 지닌 **#강제성**이라고 한다. ㉡법이 강제성을 지니는 이유는 사회 질서를 유지하기 위해 법을 어긴 사람을 처벌할 수 있도록 사회적 약속으로 정했기 때문이다.

3 옛날에는 억울한 일을 당하면 개인이나 가족, 부족이 스스로 억울함을 해결하기도 했다. 이러한 경우를 '자력˚ 구제'라고 하는데, 현대에는 자력 구제를 금지하고 있다. 자신의 이익이나 권리를 지키기 위해서라도 정당한 절차를 거치지 않고 개인적인 힘으로 분쟁을 해결하는 것은 오히려 사회를 혼란하게 만들 수 있기 때문이다. 예를 들어 어떤 사람이 나를 폭행했어도 법에 따라 해결하지 않고 내가 그 사람을 폭행해서는 안 된다.

4 하지만 ㉢자신이나 타인의 생명과 안전을 지키기 위해 어쩔 수 없이 한 행동은 법에서도 정당하다고 인정하고 있다. 이를 '정당방위'라고 하는데, 갑자기 강도가 나타나 생명을 위협하는 상황에서 자신의 안전을 지키기 위해 싸우다가 강도에게 상처를 입혔다면 폭행죄가 성립되지 않는다. 그러나 자신을 방어하기 위한 행동으로 보기에 지나치다고 판단될 경우에는 법에 의해 처벌을 받을 수 있다. 예를 들어 자신을 위협하던 강도가 달아났는데도 끝까지 쫓아가서 심하게 때린 경우에는 정당방위가 성립되지 않을 수도 있다. 이처럼 사회에서 인간의 행위는 그 결과에 따라 법의 보호나 제재를 받는다.

1 문단
법과 사회
인간은 자신이 속한 사회의 ☐을 지키며 살아야 함.

2 문단
법과 관습, 도덕의 차이
관습과 도덕은 ☐으로 지키지만 법은 반드시 지켜야 함. → 법을 지키지 않으면 처벌을 받음. → 법의 ☐

· 풍습 풍속과 습관을 아울러 이르는 말.
· 도리 사람이 어떤 입장에서 마땅히 행하여야 할 바른길.
· 동기 어떤 일이나 행동을 일으키게 하는 계기.
· 중시하다 가볍게 여길 수 없을 만큼 매우 크고 중요하게 여기다.

3 문단
법의 원칙 ①
☐ 금지: 자기의 이익이나 권리를 지키기 위해 개인적으로 힘을 써서 해결하는 것을 금지함.

· 자력 자기 혼자의 힘.

4 문단
법의 원칙 ②
☐의 인정: 자신이나 타인의 생명과 안전을 지키기 위해 어쩔 수 없이 한 행동은 법에서도 정당하다고 인정함. → 행동이 지나치다고 판단될 경우 ☐에 의해 처벌받을 수 있음.

1 윗글의 내용과 일치하지 <u>않는</u> 것은?

① 법은 사회적 약속이다.

② 법은 다른 사회 규범과 달리 강제성을 지닌다.

③ 법은 사회 질서를 유지하기 위한 사회 규범이다.

④ 인간의 비도덕적 행위는 반드시 법적 처벌을 받는다.

⑤ 억울한 일을 당한 경우에 법에 의해 보호받을 수 있다.

2 ㉠, ㉡에 대한 설명으로 가장 적절한 것은?

① ㉠은 모든 사람이 지키도록 국가가 정한 사회 규범이다.

② ㉠은 과거로부터 사회 구성원들에게 전해져 온 풍습이다.

③ ㉡은 개인의 양심에 따라 자율적으로 지키는 사회 규범이다.

④ ㉡은 사회 구성원을 보호하거나 제재하는 사회 규범이다.

⑤ ㉠과 ㉡은 모두 행위의 결과보다 동기를 중시하는 사회 규범이다.

고난도

3 ㉢을 통해 알 수 있는 내용으로 가장 적절한 것은?

① 생명과 안전보다 법을 지키는 일이 중요하다.

② 불법적 침해에 대한 자기방어를 법으로 정하여 보호한다.

③ 정당방위는 사회적 존재인 인간의 삶에서 필수적인 행동이다.

④ 긴급한 상황에서는 법에 의한 해결보다 자력 구제가 우선된다.

⑤ 생명과 안전을 지키기 위한 행위의 결과는 처벌의 대상이 될 수 없다.

4 윗글을 바탕으로 <보기>의 사례에 반응한 내용으로 적절하지 <u>않은</u> 것은?

> ·보기·
>
> (가) △△ 은행에 칼을 든 강도가 침입하자 청원 경찰 A 씨는 고객들의 안전을 지키기 위해 강도를 전기총으로 기절시켰다.
>
> (나) 주차할 곳을 찾지 못한 B 씨는 곤란해하다가 장애인 주차 구역에 주차하였는데, 이후 10만 원의 과태료를 물게 되었다. 블랙박스를 통해 C 씨가 신고한 사실을 알게 된 B 씨는 C 씨의 차량에 C 씨를 위협하는 글을 남겼다.

① (가): 고객들의 안전을 지키기 위한 A 씨의 행위는 정당방위라고 할 수 있겠군.

② (가): A 씨의 공격을 받은 강도는 은행에 침입하였으므로 법에 따라 처벌받겠군.

③ (나): 곤란한 상황이었어도 B 씨는 장애인 주차 구역에 주차하면 안 되었겠군.

④ (나): C 씨에 대한 B 씨의 행위는 억울함을 풀기 위한 자력 구제이므로 허용되겠군.

⑤ (나): C 씨를 위협한 B 씨의 행위는 법에 따라 처벌받을 수 있겠군.

◆ 개념 한눈에 보기

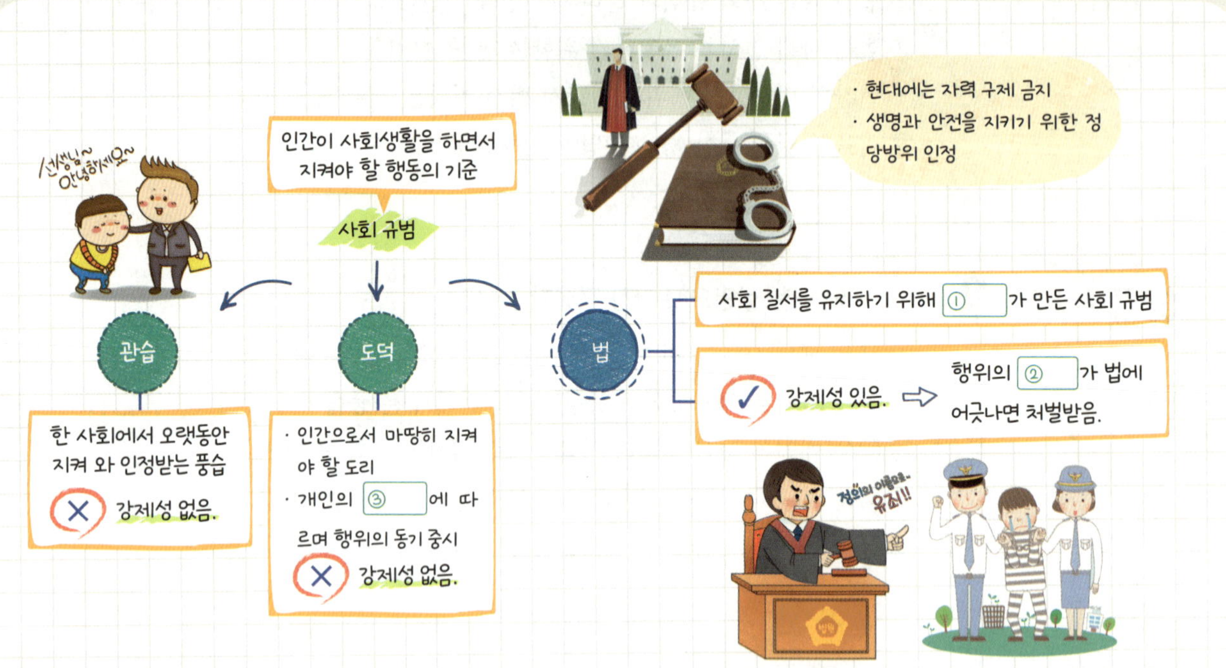

교과 개념 사전

법 [법]
국가의 강제력을 수반하는 사회 규범. 국가 및 공공 기관이 제정한 법률, 명령, 규칙, 조례 따위이다.

#사회 규범 [사회] [규범]
사회 질서 유지와 조화로운 사회생활을 위해 지켜야 할 행동의 기준.

#관습 [관습]
어떤 사회에서 오랫동안 지켜 내려와 그 사회 구성원들이 널리 인정하는 질서나 풍습.

#도덕 [도:덕]
사회의 구성원들이 인간으로서 양심에 따라 스스로 마땅히 지켜야 할 규범.

#강제성 [강:제썽]
권력이나 강력한 힘으로 남의 자유의사를 억눌러 원하지 않는 일을 억지로 시키는 성질.

교과 개념 확인 Quiz

다음 물음에 답하시오.

❶ 사회 속에서 모든 인간은 법의 보호와 제재를 받으며 살아간다.　　　○ⅠⅩ

❷ 관습, 도덕, 법 등 인간이 사회생활에서 지켜야 하는 행동의 기준을 □□ □□이라고 한다.

❸ □□은 개인의 양심에 따라 자율적으로 지키는 사회 규범이다.

❹ 법은 행위의 결과가 아닌 동기에 따라 처벌을 한다.　　　○ⅠⅩ

❺ 법은 사회 질서를 유지하기 위해 □□□을 지닌다.

❻ 현대 사회에서 억울한 일을 당하면 관습에 따라 개인적으로 힘을 써서 직접 보복해도 된다.

　　　○ⅠⅩ

9일차

2 »법
이런 법 저런 법

◆ **무엇을 배울까?**

초등	중등	고등	수능기출
사회 5~6 교과서 법과 인권의 보장	사회 1 교과서 11단원 일상생활과 법	법과 사회 교과서 1단원 개인 생활과 법 2단원 국가 생활과 법	2021년 10월 고3 교육청 [16-21] (가) 법 규칙, 법 원리 / (나) 조선 형법

❶ 법의 목적과 기능 이해하기

❷ 생활 영역에 따른 법의 종류 알기

　#사법　　#공법　　#사회법　　#민법　　#상법

　#헌법　　#형법

정의의 여신 이야기

　그리스 신화에 등장하는 '디케(Dike)'는 제우스와 율법의 여신 테미스 사이에서 태어난 딸로, 법과 정의의 여신으로 숭배되었으며 '아스트라이아(Astraea)'라는 이름으로 불리기도 하였다. 로마 신화에서는 '유스티티아(Justitia)'로 대체되었는데, 여기에서 정의를 뜻하는 말인 '저스티스(justice)'가 유래했다고 전해진다.

　여신은 눈을 가린 채 한 손에는 칼, 다른 한 손엔 저울을 들고 있는 모습으로 그려진다. 이 저울은 한쪽에는 무게를 달 물건을, 다른 한쪽에는 추를 놓아서 평평하게 함으로써 물건의 무게를 측정한다.

💡 **생각해 보기**　정의의 여신의 모습에서 '가린 눈, 저울, 칼'의 상징적 의미는 무엇일까?

1 우리나라 최초의 법은 무엇일까? 바로 고조선 때 만들어진 '8조법'이다. 현재는 '사람을 죽인 자는 사형에 처한다.', '남을 다치게 한 자는 곡식으로 갚아야 한다.', '도둑질한 자는 노비로 삼으며, 용서를 받으려면 많은 돈을 내야 한다.'라는 3개 조항만 전해지는데, 이를 통해 살인, 상해*, 절도에 대한 당시의 처벌 규정을 알 수 있다. 만약 이와 같은 법이 없는 사회에서 살아간다면 힘이 세거나 권력이 강한 자의 위협과 횡포로 인해 억울한 일을 당할 수 있다. 이처럼 사회에서 발생할 수 있는 분쟁을 예방하고, 분쟁이 발생하면 공정하게 해결하는 것이 법의 기능이다.

2 나라마다 법이 존재하는 방식이나 구체적인 법 조항은 다를 수 있다. 하지만 대부분의 법은 궁극적*으로 정의를 실현하는 것을 목적으로 한다고 할 수 있다. 즉 개인의 권리를 보호하고 타인에게 피해를 준 사람을 처벌하여, 공평하고 정당한 대가가 치러지는 사회를 이루고자 하는 것이 법의 목적이다. 또한 법은 특정한 개인이나 집단의 이익이 아니라 사회 구성원 모두를 이롭게 하고자 한다. 따라서 사회 구성원이라면 정의를 실현하고 공공복리*를 증진하기* 위해 마땅히 법을 지켜야 하고, 법을 어기면 그에 따른 처벌을 받게 된다.

3 한편 사회가 복잡해짐에 따라 다양한 법이 만들어지고 있는데 법은 규율하는* 생활 영역에 따라 #사법, #공법, #사회법으로 나눌 수 있다. ㉠사법은 개인 간의 사적인 관계를 다루는 법으로 #민법과 #상법이 있다. 민법은 개인 간의 재산 관계나 가족 관계를 다루고, 상법은 기업과 관련된 사항, 상거래 활동 등을 규율한다. 원칙적으로 개인 간의 분쟁은 개인의 의사에 따라 해결하는 것이 우선이지만, 합의가 이루어지지 않을 때에는 사법으로 해결할 수 있다.

4 ㉡공법은 개인과 국가 간의 관계나 국가 기관 간의 관계와 같이 공적*인 생활 영역을 다루며, 국가나 공공 기관이 국민에게 강제할 수 있는 공권력의 행사와 관련한 내용을 규정한다. 공법에는 #헌법, #형법, 행정법, 소송법 등이 있다. 헌법은 국민의 기본 권리와 의무, 국가 조직에 관한 내용 등 국가와 국민에게 중요한 내용을 정하고 있기 때문에 모든 법의 기준이 되는 최고법으로 불린다. 형법은 사회 질서를 위협하는 범죄 행위와 그에 따른 형벌을 정하고 있다.

5 ㉢사회법은 사법과 공법의 중간적인 성격을 띠는 법으로, 모든 국민이 인간으로서 최소한의 안정된 생활을 할 수 있도록 개인 간의 관계에 국가가 개입하여 사회적 약자의 권리를 보호하는 법이다. 예를 들어 생활이 어려운 사람에게 정부는 생활비를 보조해야 하는데, 이와 같이 국가가 직접 나서서 국민의 인간다운 생활을 보장하는 사회 보장법은 대표적인 사회법이다. 우리나라 헌법은 사회 보장과 사회 복지의 증진을 위하여 국가가 노력해야 할 의무를 규정하고 있다. 이 외에 노동법, 경제법도 사회법에 속한다.

1 문단
법의 기능: 분쟁의 □과 □

· **상해** 남의 몸에 상처를 내어 해를 끼침.

2 문단
법의 목적: □의 실현과 공공 복리의 증진

· **궁극적** 더할 나위 없는 지경에 도달하는 것.
· **공공복리** 사회 구성원 전체에 두루 관계되는 복지.
· **증진하다** 기운이나 세력 따위가 점점 더 늘어 가고 나아가다.

3 문단
법의 종류와 특성 ①
사법: 개인 간의 사적인 관계를 다룸. 개인 간의 재산 관계나 가족 관계를 다루는 □과 □을 대상으로 하는 상법이 있음.

· **규율하다** 질서나 제도를 좇아 다스리다.

4 문단
법의 종류와 특성 ②
공법: 공적인 생활 영역을 대상으로 함. 최고법인 □, 사회 질서를 위협하는 범죄 행위와 형벌을 정하는 □ 등이 있음.

· **공적** 어떤 국가나 사회에 관계되는 것.

5 문단
법의 종류와 특성 ③
사회법: □가 개입하여 사회적 약자의 권리를 보호하는 법. 사회 보장법, 노동법, 경제법 등이 있음.

1 윗글에서 알 수 있는 내용이 <u>아닌</u> 것은?

① 사회법의 의미 ② 법의 사회적 기능

③ 법의 궁극적인 목적 ④ 공법에서 정한 형벌의 유형

⑤ 생활 영역에 따른 법의 종류

2 윗글의 내용과 일치하지 <u>않는</u> 것은?

① 고조선 시대에는 살인죄를 처벌하는 법이 있었다.

② 법은 분쟁이 발생하면 공정하게 해결하는 역할을 한다.

③ 법은 정의의 실현과 사회 구성원 전체의 복리를 추구한다.

④ 법을 어기면 누구나 예외 없이 법에 따라 처벌을 받아야 한다.

⑤ 법은 사회에서 일어날 수 있는 분쟁을 미리 방지하지는 못한다.

3 ㉠~㉢에 대한 설명으로 적절한 것은?

① ㉠은 국민의 기본 권리와 의무, 국가 조직에 관한 내용을 다룬다.

② ㉠은 개인 간의 합의가 이루어지지 않을 때에는 형법으로 처리하도록 한다.

③ ㉡은 헌법, 형법, 행정법, 사회 보장법 등을 포함하고 있다.

④ ㉡은 국가와 국민에게 중요한 내용을 정하고 있는 최고법을 가리킨다.

⑤ ㉢은 국민의 인간다운 생활을 위해 국가가 개입하도록 정하고 있다.

4 윗글을 바탕으로 <보기>를 이해한 내용으로 적절하지 <u>않은</u> 것은?

> **• 보기 •**
>
> 　어떤 사람이 죽고 난 후 그 재산을 물려받는 것을 '상속'이라고 한다. 상속은 사망한 사람이 미리 재산 분배에 대해 의사를 표시한 유언에 따르며, 유언이 없을 경우 법에서 정한 비율대로 재산을 분배하게 된다. 이때 유언이 법적인 효력을 가지려면 법에서 정한 일정한 형식을 갖추어야 한다. 왜냐하면 유언을 한 사람이 죽고 난 후 다른 사람이 거짓으로 유언장을 마음대로 만들거나 원래의 내용을 고치지 못하도록 하기 위해서이다.

① 상속에 관한 법은 재산을 많이 물려받는 일부 사람들에게만 적용되겠군.

② 상속에 관한 법은 개인 간의 재산 관계를 다루고 있으므로 민법에 해당하겠군.

③ 유언이 없어도 상속자 간에 합의가 이루어졌다면 법적 분쟁이 발생하지 않겠군.

④ 유언장을 마음대로 고치는 것은 사회 질서를 위협하는 범죄 행위에 해당하겠군.

⑤ 상속에 관한 법은 상속과 관련한 분쟁을 예방하고 해결하기 위한 목적으로 만들어졌겠군.

◆ 개념 한눈에 보기

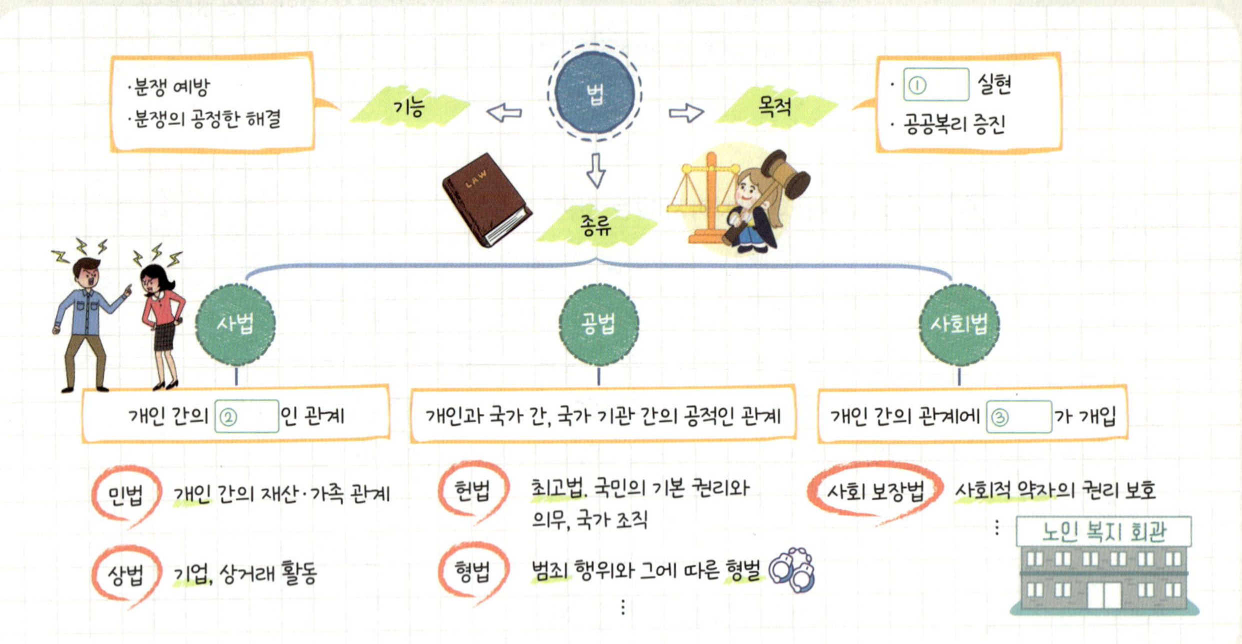

📕 교과 개념 사전

#사법 [사뻡]
개인 사이의 재산, 신분 따위에 관한 법률관계를 규정한 법.
민법, 상법 따위가 있다.

#공법 [공뻡]
국가나 공공 단체 상호 간의 관계나 이들과 개인의 관계를 규
정하는 법률.

#사회법 [사회뻡]
인간으로서 최소한의 안정된 생활을 보장하기 위해 개인 간
의 관계에 국가가 개입하는 법.

#민법 [민뻡]
개인 간의 재산 관계, 가족 관계 등을 다루는 법.

#상법 [상뻡]
기업, 상거래 활동과 관련된 사항을 다루는 법.

#헌법 [헌·뻡]
국가 통치 체제의 기초에 관한 각종 근본 법규의 총체.

#형법 [형뻡]
범죄와 형벌에 관한 법률 체계. 어떤 행위가 처벌되고 그 처
벌은 어느 정도이며 어떤 종류의 것인가를 규정한다.

교과 개념 확인 Quiz ✏️

다음 물음에 답하시오.

❶ 강력 범죄를 처벌하기 위한 규정은 사회법에서
　 다룬다.　　　　　　　　　○ ┆ ✕

❷ 친척 간의 금전적인 갈등에 관한 분쟁은 민법
　 으로 해결할 수 있다.　　　○ ┆ ✕

❸ 개인과 개인 사이의 사적인 생활 영역을 규율
　 하는 법은 ☐☐ 이다.

❹ ☐☐ 은 국가 공동체와 관련 있는 공적인 생
　 활 영역을 규율한다.

❺ 사회적 약자를 보호하기 위해 사적 생활 영역
　 에 국가가 개입하는 법은 ☐☐☐ 이다.

❻ ☐☐ 은 모든 법의 기준이 되는 최고법이다.

❼ 기업 간 거래에서 일어나는 분쟁은 ☐☐ 의
　 영역에 해당한다.

10일차

1 　»법
어떤 재판을 받아야 하나요?

Step 1 교과 개념 특 생각 열기

◆ **무엇을 배울까?**

초등	중등	고등	수능기출
사회 5~6 교과서 법과 인권의 보장	**사회 1 교과서** **11단원** 일상생활과 법	**법과 사회 교과서** 1단원 개인 생활과 법 2단원 국가 생활과 법	**2016학년도 6월** **평가원 A/B형** [27-30] 징벌적 손해 배상 제도

❶ 재판의 의미와 기능 이해하기

　　#재판

❷ 재판의 종류와 절차, 참여자 알기

　　#민사 재판　　#형사 재판　　#원고　　#피고

　　#피의자　　#기소

💡 **생각해 보기**　　〈미녀와 야수〉의 위 상황에서 미녀의 아버지와 야수가 재판을 받는다면 어떻게 될까?

1 우리는 살아가면서 다양한 갈등 상황을 경험하게 된다. 여름휴가를 갔다 온 사이 집에 도둑이 들기도 하고, 위층에서 일으키는 소음 때문에 불편을 겪기도 하고, 친구가 빌려 간 돈을 제때 갚지 않아 고민을 하기도 한다. 이런 문제가 발생했을 때, 대화와 타협으로 원만하게 문제를 해결할 수 있으면 좋겠지만 그렇게 되지 않는 경우도 있다. 심지어 어떤 경우에는 **#재판**을 해야 할 수도 있다. 재판은 구체적인 분쟁에 관하여 법원이 일정한 절차를 거쳐 판결을 내리는 공적인 판단이다. 재판의 종류 중 대표적인 것으로 **#민사 재판**과 **#형사 재판**을 들 수 있다.

2 ㉠민사 재판은 개인 간의 관계에서 발생한 갈등을 해결하기 위한 재판이다. 누군가로부터 손해를 입은 사람이 법원에 소송을 제기하는 소장을 제출하면 재판이 시작된다. 민사 재판에서는 재판을 청구한 사람을 **#원고**, 원고의 주장에 의해 재판을 받아야 하는 사람을 **#피고**라 한다. 소송을 제기당한 피고는 답변서를 제출하고, 법정에서 원고와 피고는 각자의 주장을 펼친다. 그리고 판사는 양측에서 제출한 증거와 양측의 변론°을 바탕으로 판결을 내린다.

3 대개 민사 재판 과정에서 변호사가 반드시 필요하다고 생각하지만 꼭 그런 것은 아니다. 민사 재판에서 변호사는 원고나 피고의 편에 서서 법률적인 도움을 주는 소송 대리인이지만 변호사 없이 당사자가 직접 억울함을 주장하고 증거를 모아 제출할 수도 있다. 또한 민사 재판에서는 당사자들이 원만하게 다툼을 해결하는 것을 중시하기 때문에 재판이 진행되는 동안 어느 단계에서든 화해 권고° 결정이나 조정 제도를 활용하여 분쟁을 해결할 수 있다.

4 ㉡형사 재판은 다른 사람의 생명이나 재산에 피해를 주는 일을 저질러 사회 질서를 어지럽힌 사람들을 처벌하기 위한 재판이다. 예를 들어 A의 집에서 도난 사건이 발생한 경우, 우선 수사 기관이 범죄 혐의가 있는 **#피의자**를 찾아낸다. 그리고 검사가 법원에 재판을 요구하게 되는데, 이를 **#기소** 또는 '공소° 제기'라고 한다. 이렇게 검사가 국가 기관을 대표하여 피의자를 대상으로 공소를 제기하면 형사 재판이 시작된다.

5 형사 재판이 열리면 피의자는 피고인이라 불린다. 검사는 범죄 사실을 밝혀 피고인의 처벌을 요구하고, 피고인은 자신의 입장을 변론한다. 이때 피고인은 변호인의 도움을 받을 수 있지만, 변호인 없이도 재판을 받을 수 있다. 그런데 피고인의 나이가 아주 많거나 어린 경우, 의사소통에 장애가 있어 피고인이 자신의 의사를 정확히 표현할 수 없는 경우, 형량°이 높은 죄로 기소된 경우 피고인은 반드시 변호인을 두어야 한다. 만약 돈이 없어서 변호인에게 도움을 요청할 수 없는 경우에는 나라에서 뽑은 국선 변호인에게 무료로 변론을 받을 수 있다.

1 문단
'재판'의 개념: 법원이 일정한 절차를 거쳐 분쟁에 대해 판결을 내리는 ☐☐인 판단

2 문단
민사 재판 ①
민사 재판의 과정: ☐☐의 소장 제출과 ☐☐의 답변서 제출 → 양측의 증거 제출과 변론 → 판결을 내림.

• **변론** 소송 당사자나 변호인이 법정에서 주장하거나 진술함.

3 문단
민사 재판 ②
민사 재판의 원칙: ☐☐☐ 없이 재판할 수 있으며, 당사자들이 원만하게 다툼을 해결하는 것을 중시함.

• **권고** 어떤 일을 하도록 권함.

4 문단
형사 재판 ①
형사 재판의 성립 요건: 검사가 국가 기관을 대표하여 사회 질서를 어지럽힌 피의자를 대상으로 ☐☐를 하면 재판이 시작됨.

• **공소** 검사가 법원에 특정 형사 사건의 재판을 청구하는 일.

5 문단
형사 재판 ②
형사 재판의 참여자: 기소된 피의자는 ☐☐☐이 됨. 피고인은 변호인 없이 재판을 받을 수도 있고 ☐☐☐☐☐에게 무료 변론을 받을 수도 있음.

• **형량** 죄인에게 내리는 형벌의 정도.

1 윗글을 통해 알 수 있는 내용이 <u>아닌</u> 것은?

① 법원의 역할

② 재판의 의미

③ 민사 재판의 과정

④ 국선 변호인의 역할

⑤ 형사 재판의 형량 기준

2 윗글의 내용과 일치하지 <u>않는</u> 것은?

① 민사 재판은 개인 간의 관계에서 발생한 분쟁을 해결한다.

② 편의점에서 물건을 훔친 경우에는 형사 재판을 받게 된다.

③ 범죄를 저지른 것으로 의심되는 사람을 '피의자'라고 부른다.

④ 형량이 높은 죄로 기소된 피고인은 반드시 변호인을 두어야 한다.

⑤ 범죄 사건의 피해자가 법원에 재판을 요구하는 것을 '공소 제기'라 한다.

3 ㉠, ㉡에 대한 설명으로 가장 적절한 것은?

① ㉠은 당사자가 직접 증거를 모아 제출할 수 없다.

② ㉡은 범인을 잡는 동시에 재판을 시작할 수 있다.

③ ㉠과 ㉡은 모두 원고와 피고인 간에 재판이 이루어진다.

④ ㉠과 달리 ㉡은 변호사 없이도 재판을 받을 수 있다.

⑤ ㉡과 달리 ㉠은 재판 도중 화해 권고 결정 제도를 통해 분쟁이 해결될 수 있다.

4 윗글을 참고할 때, <보기>에 대한 반응으로 적절하지 <u>않은</u> 것은?

> **• 보기 •**
>
> 막노동자인 갑은 작년 겨울에 △△동의 의류 공장 사장인 을에게 연탄을 배달하고 연탄값 80만 원을 받지 못했다. 갑은 평소에는 가족들의 생계를 위해 막일을 하느라 연탄값을 받으러 갈 시간을 내지 못하고, 비가 와서 일이 없는 날에는 을에게 연탄값을 받으러 다녔다. 그러나 을은 자신의 공장 운영이 어렵다는 핑계로 갑에게 돈을 주지 않았다. 결국 갑은 을에게 연탄값을 받기 위해 법원에 소장을 제출하였다.

① 법원에 소장을 제출한 갑이 원고, 갑에 의해 재판을 받게 된 을이 피고이겠군.

② 갑은 형편이 어려우므로 나라에서 뽑은 국선 변호인의 도움을 받을 수 있겠군.

③ 갑이 을에게 연탄을 배달했다는 증거가 없다면 갑에게 불리할 수 있겠군.

④ 을은 변호사의 도움 없이 직접 변론을 하고 증거를 제출할 수도 있겠군.

⑤ 재판 도중 을이 갑에게 연탄값을 갚기로 조정이 이루어지면 분쟁이 해결되겠군.

◆ 개념 한눈에 보기

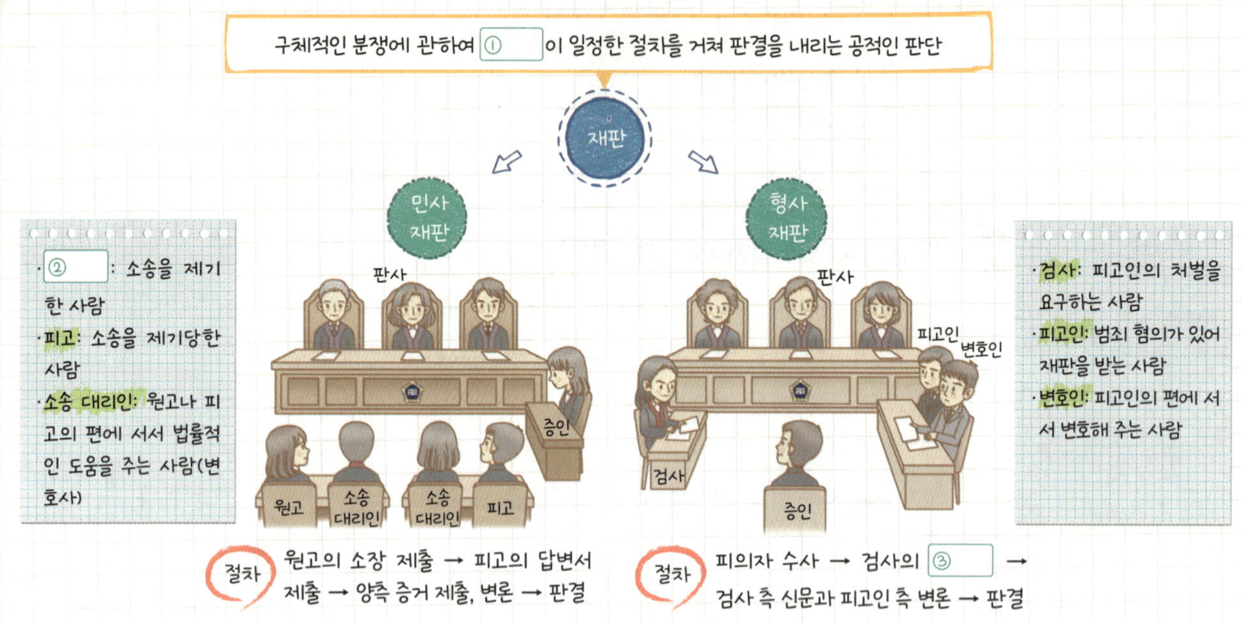

📕 교과 개념 사전

#재판 [재판]
구체적인 소송 사건을 해결하기 위하여 법원이 공권적 판단을 내리는 일.

#민사 재판 [민사] [재판]
민사 사건에 대하여 민사 소송법에 근거하여 법원에서 행하는 재판.

#형사 재판 [형사] [재판]
형사 사건에 관한 재판. 범죄자에게 형벌을 내리기 위하여 형사 소송법의 절차에 따라 행함.

#원고 [원고]
법원에 민사 소송을 제기한 사람.

#피고 [피고]
민사 소송에서, 소송을 당한 측의 당사자.

#피의자 [피:의자/피:이자]
범죄의 혐의가 있어서 정식으로 입건되었으나, 아직 공소 제기가 되지 아니한 사람.

#기소 [기소]
검사가 특정한 형사 사건에 대하여 법원에 심판을 요구하는 일.

교과 개념 확인 Quiz 🖊

다음 물음에 답하시오.

❶ 재판은 법원에서 일정한 절차를 거쳐 판결을 내리는 것이다.　　　　○ ㅣ ✕

❷ 민사 재판에서 소송을 제기한 사람을 피고라 한다.　　　　○ ㅣ ✕

❸ 검사가 법원에 재판을 요구하는 것을 기소라 한다.　　　　○ ㅣ ✕

❹ ⃞⃞ 재판은 개인 간의 관계에서 발생한 갈등을 해결하기 위한 재판이다.

❺ ⃞⃞ 재판은 사회 질서를 어지럽힌 사람들을 처벌하기 위한 재판이다.

❻ 형사 재판에서 ⃞⃞⃞는 '피고인'이라고 불린다.

❼ 형사 재판은 당사자 간의 화해와 합의를 가장 중시한다.　　　　○ ㅣ ✕

2 »법
누구도 억울하지 않도록

Step 1 교과 개념  생각 열기

◆ 무엇을 배울까?

초등	중등	고등	수능기출
사회 5~6 교과서 법과 인권의 보장	사회 1 교과서 11단원 일상생활과 법	법과 사회 교과서 1단원 개인 생활과 법 2단원 국가 생활과 법	2021년 4월 고3 교육청 [5-10] 형사 소송법과 증거

❶ 공정한 재판의 중요성과 원칙 이해하기

#사법권의 독립   #공개 재판주의   #증거 재판주의

❷ 공정한 재판을 위한 제도 이해하기

#심급 제도   #항소   #상고

잔 다르크 재판

　잔 다르크는 프랑스와 잉글랜드의 백 년 전쟁 후기에 신의 계시를 받고 프랑스를 위기에서 구한 영웅적인 소녀이다. 그러나 아군의 배신으로 잔 다르크는 잉글랜드에 넘겨졌고, 잉글랜드는 이단 혐의를 씌워 잔 다르크를 재판에 넘겼다. 잔 다르크는 누구의 도움도 없이 스스로를 변호해야 했지만 잉글랜드는 무려 70여 명의 법률 자문관을 동원했고, 많은 방청객 앞에서 재판이 시작되었다. 하지만 교육을 전혀 받지 못했음에도 잔 다르크의 변론에 심판관들의 말문이 수차례 막히자, 재판은 곧 비공개로 전환되었다. 그리고 기소된 죄목들에 대한 명확한 증거도 없이 결국 잔 다르크는 마녀라는 누명을 쓰고 화형을 당하고 말았다.

💡 **생각해 보기**　잔 다르크 재판은 어떠한 점에서 문제가 있었을까?

1 15세기 네덜란드 출신의 화가 다비트는 브뤼헤 시 청사의 의원 집무실에 걸어 놓을 그림으로 ㉠〈캄비세스 왕의 재판〉을 그렸다. 이 그림은 고대 페르시아의 왕인 캄비세스가 뇌물을 받은 재판관 시삼네스의 살가죽을 벗긴 후 그 살가죽 위에 시삼네스의 아들이 앉아 재판을 하도록 했다는 일화를 그린 것이다. 시삼네스가 이처럼 끔찍한 형벌을 받은 것은 그가 공정한 재판을 해야 할 의무를 지닌 재판관이었기 때문이다.

2 재판이 공정성을 잃으면 억울한 피해자가 생길 수 있고, 그로 인해 사람들이 재판을 신뢰하지 않게 되어 사회 질서가 혼란해질 수 있다. 그렇기 때문에 캄비세스 왕은 공정성을 잃은 재판관을 가혹하게 처벌하여 재판의 공정성이 얼마나 중요한지를 일깨우려 한 것이다. 오늘날에도 불공정한 재판이 일어날 가능성을 완전히 배제할˚ 수는 없지만, 우리나라에서는 다음과 같은 ㉡여러 가지 원칙과 제도를 마련하여 공정한 재판이 이루어지도록 노력하고 있다.

3 첫째, #사법권의 독립을 보장하고 있다. 공정한 재판을 위해서는 재판이 각종 압력 단체˚나 이해관계 등의 외부 요인에 의해 흔들리지 않아야 한다. 이를 위해 헌법에서는 법원을 다른 국가 기관에서 독립시켜 두고 있다. 또한 법관이 오직 헌법과 법률에 의하여 그 양심에 따라 독립적으로 심판할 수 있도록 법관의 신분을 보장하고 있다.

4 둘째, #공개 재판주의와 #증거 재판주의를 채택하고 있다. 공개 재판주의는 재판의 심리˚와 판결을 소송 당사자뿐 아니라 일반인에게도 공개한다는 원칙이다. 예외적으로 법원의 결정에 따라 심리를 공개하지 않는 경우도 있지만 재판의 결과는 반드시 공개해야 한다. 증거 재판주의는 법원은 반드시 증거 능력이 있는 증거에 의해 사실을 인정하고 그에 따라 판결을 내려야 한다는 원칙이다. 형사 재판에서는 일정한 절차에 따라 증거를 조사하고 증거 능력이 있는 증거에 따라 사실을 인정하도록 정하고 있다. 또한 증거가 없고 피고인의 자백만 있다면 그 자백만으로 판결할 수는 없다.

5 셋째, 소송 당사자가 재판 결과에 승복하지˚ 않을 때 상급 법원에서 다시 재판을 받을 수 있도록 #심급 제도를 두고 있다. 우리나라에서는 일반적으로 하나의 사건에 세 번까지 재판을 받을 수 있는 삼심 제도를 채택하고 있다. 소송 당사자가 하급 법원의 재판 결과에 불만을 가지고 상급 법원에 다시 재판을 요청하는 것을 '상소'라고 하는데, 1심 법원의 판결에 불복하여 2심 법원에 재판을 요청하는 것을 #항소, 2심 법원의 판결도 받아들일 수 없어 대법원에 다시 재판을 요청하는 것을 #상고라고 한다.

독해 TIP!
이 글은 **공정한 재판을 위한 원칙과 제도의 개념을 설명**하고 있어. 그러니 각각의 개념을 명확히 이해하는 데 초점을 두고 읽어야 해.

1 문단
〈캄비세스 왕의 재판〉의 교훈
□□□한 재판을 해야 하는 재판관

2 문단
공정한 재판의 중요성
재판이 공정하지 않으면 억울한 □□□□□가 발생함. → 재판의 신뢰성 훼손 → 사회 질서 혼란

• **배제하다** 받아들이지 아니하고 물리쳐 제외하다.

3 문단
공정한 재판을 위한 원칙과 제도 ①
□□□□의 독립

• **압력 단체** 특정한 이익이나 주장을 위하여 의회나 행정 기관 따위에 압력을 가하는 단체나 조직.

4 문단
공정한 재판을 위한 원칙과 제도 ②
• □□□□□□□: 재판의 심리와 판결을 일반인에게 공개함.
• □□□□□□□: 증거 능력이 있는 증거에 의해 사실을 인정함.

• **심리** 재판의 기초가 되는 사실 관계 및 법률관계를 명확히 하기 위하여 법원이 증거나 방법 따위를 심사하는 행위.

5 문단
공정한 재판을 위한 원칙과 제도 ③
□□□□: 재판 결과에 불만이 있을 때 상급 법원에서 다시 재판을 받을 수 있음. → 세 번까지 재판을 받을 수 있는 □□□□

• **승복하다** 납득하여 따르다.

핵심 내용
파악하기

1 윗글에서 알 수 있는 내용이 <u>아닌</u> 것은?

① 사법권 독립의 필요성 　　② 증거 재판주의의 개념
③ 심급 제도를 두는 이유 　　④ 공정하지 못한 재판의 문제점
⑤ 삼심 제도가 적용되지 않는 경우

세부 내용
추론하기

2 ㉠을 통해 말하고자 하는 내용으로 가장 적절한 것은?

① 법관은 왕의 권위를 존중해야 한다.
② 법관의 신분은 법으로 보장해야 한다.
③ 법관은 법보다 양심에 따라 판결을 해야 한다.
④ 뇌물을 받은 법관은 마땅히 사형에 처해야 한다.
⑤ 법관은 어떠한 경우에도 공정한 재판을 해야 한다.

세부 내용
파악하기

3 ㉡에 대해 이해한 내용으로 적절하지 <u>않은</u> 것은?

① 재판의 결과는 반드시 공개해야 한다.
② 재판은 어떤 외부의 압력도 받지 않아야 한다.
③ 형사 재판에서는 피고인의 자백이 반드시 있어야 한다.
④ 범죄 사실의 인정은 명확한 증거에 의해 이루어져야 한다.
⑤ 재판 결과에 불만이 있다면 다시 재판을 받을 수 있어야 한다.

사례에
적용하기

4 윗글을 바탕으로 <보기>의 재판을 평가한 내용으로 적절하지 <u>않은</u> 것은?

┌─ 보기 ─

　1894년 프랑스의 장교 드레퓌스는 군사 기밀을 유출한 혐의로 군사 재판을 받았다. 당시 드레퓌스에 대한 재판은 비공개로 진행되었고, 드레퓌스의 글씨체와 유출된 기밀문서의 글씨체가 비슷하다는 것 외에는 증거가 없었지만 드레퓌스는 종신형을 선고받았다. 그 후 진범이 밝혀졌지만 실수를 인정하고 싶지 않았던 재판부는 끝까지 입장을 바꾸지 않았다. 그러자 소설가 에밀 졸라는 〈나는 고발한다〉라는 글을 신문에 써서 재판의 부당함을 지적하였고, 국민들도 이 사건에 큰 관심을 갖게 되었다. 결국 1906년 최고 재판소에서 드레퓌스의 무죄가 확정되었다.

① 재판이 비공개로 진행된 것은 공개 재판주의 원칙에 어긋나는군.
② 글씨체가 비슷하다는 것이 드레퓌스의 유죄를 입증할 증거가 될 수는 없겠군.
③ 에밀 졸라나 당시 프랑스 국민들은 재판에 부정적 영향을 미친 압력 단체였군.
④ 최고 재판소에서 드레퓌스의 무죄가 확정된 것으로 보아 심급 제도가 있었겠군.
⑤ 진범이 밝혀졌어도 재판부가 입장을 바꾸지 않은 것은 법관의 양심에 어긋나는군.

◆ 개념 한눈에 보기

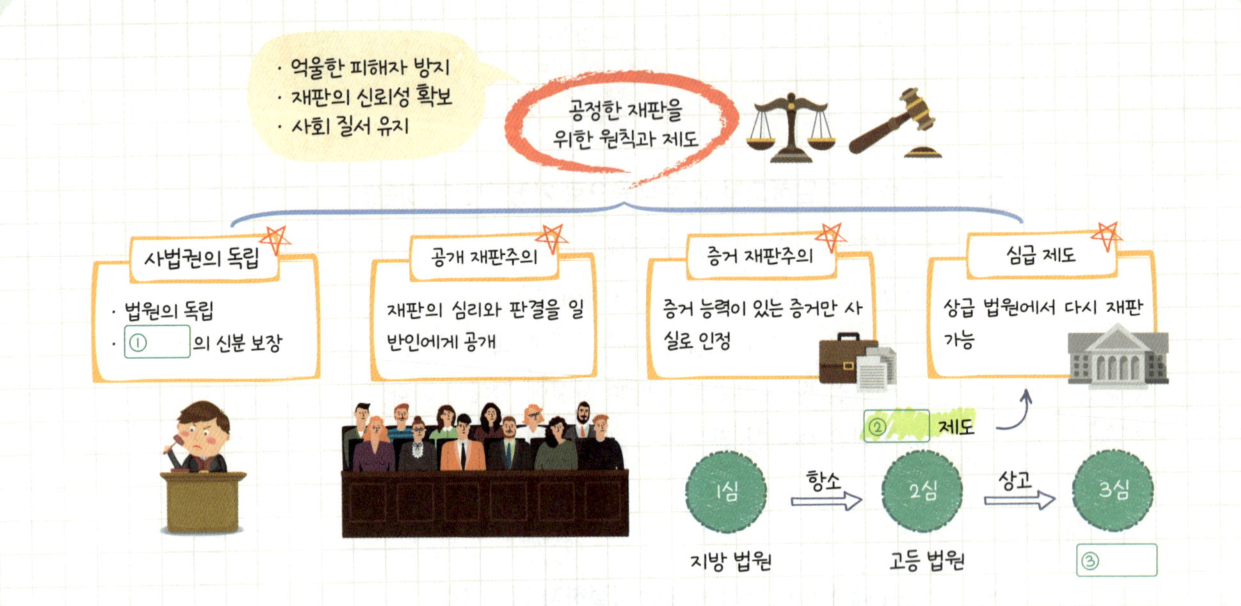

📖 교과 개념 사전

#사법권의 독립 [사법꿘] [동닙]
법관이 재판을 하는 것에 대하여 어느 누구에게도 간섭을 받지 아니하는 일.

#공개 재판주의 [공개] [재판주의]
재판의 공정성을 확보하기 위하여 소송의 심리 과정과 판결을 일반인들에게 공개하여야 한다는 원칙.

#증거 재판주의 [증거] [재판주의]
증거에 따라 사실의 인정을 행하여야 한다는 원칙. 형사 소송에서는 증거 조사의 절차를 거친, 증거 능력이 있는 증거만을 사실의 인정에 이용하여야 한다.

#심급 제도 [심급] [제도]
하나의 소송 사건에 대하여 서로 다른 계급의 법원에서 재판을 받을 수 있는 제도.

#항소 [항ː소]
소송에서 1심 판결에 불복하여 2심 법원에 상소함.

#상고 [상ː고]
항소심의 판결, 즉 2심 판결에 대한 상소. 2심의 판결에 불복하여 대법원에 다시 재판을 요청함.

교과 개념 확인 Quiz ✎

다음 물음에 답하시오.

❶ 법원을 다른 국가 기관으로부터 독립시켜 두는 것은 사법권의 독립을 위해서이다.   ○ | ×

❷ 공개 재판주의에 따라 재판의 ☐☐는 반드시 공개해야 한다.

❸ 증거 재판주의는 증거 능력이 있는 ☐☐에 의해 판결을 내려야 한다는 원칙이다.

❹ 재판 결과에 이의가 있을 때 상급 법원에서 다시 재판을 받을 수 있도록 하는 제도를 ☐☐ ☐☐라고 한다.

❺ 우리나라에서는 하나의 사건에 네 번까지 재판을 받을 수 있는 심급 제도를 채택하고 있다.   ○ | ×

❻ 우리나라에서는 2심 법원의 판결에 불만이 있으면 대법원에 항소할 수 있다.   ○ | ×

이번 주에 배운 **핵심 교과 개념**을 확인해 볼까요?

본문에 수록된 교과 개념에 대한 자세한 풀이를

일차별로 묶어 부록에 담았어요.

부록 페이지를 찾아가서 이번 주에 배운 핵심 교과 개념을

다시 한번 복습해 보세요!

일차		# 핵심 교과 개념	부록
6일차	1	공동체 ｜ 정치 ｜ 정치권력 ｜ 정책 ｜ 이해관계 ｜ 시민	17p
	2	직접 민주주의 ｜ 대의 민주주의 ｜ 시민 혁명 ｜ 참정권 ｜ 보통 선거 제도	18p
7일차	1	자유 ｜ 평등 ｜ 인간의 존엄성 ｜ 국민 주권 ｜ 국민 자치 ｜ 입헌주의 ｜ 권력 분립	19p
	2	선거 ｜ 유권자 ｜ 정당성 ｜ 보통 선거 ｜ 평등 선거 ｜ 직접 선거 ｜ 비밀 선거	20p
8일차	1	정치 과정 ｜ 정치 주체 ｜ 이익 집단 ｜ 시민 단체 ｜ 언론 ｜ 정당	21p
	2	지방 자치 ｜ 의결 기관 ｜ 집행 기관 ｜ 주민 조례 발안 제도 ｜ 주민 투표제 ｜ 주민 소환제 ｜ 주민 참여 예산제	22p
9일차	1	법 ｜ 사회 규범 ｜ 관습 ｜ 도덕 ｜ 강제성	23p
	2	사법 ｜ 공법 ｜ 사회법 ｜ 민법 ｜ 상법 ｜ 헌법 ｜ 형법	24p
10일차	1	재판 ｜ 민사 재판 ｜ 형사 재판 ｜ 원고 ｜ 피고 ｜ 피의자 ｜ 기소	25p
	2	사법권의 독립 ｜ 공개 재판주의 ｜ 증거 재판주의 ｜ 심급 제도 ｜ 항소 ｜ 상고	26p

시작~!

11일차

1 »법
하늘이 내린 권리, 인권!

Step 1 교과 개념 톡 생각 열기

◆ **무엇을 배울까?**

초등	중등	고등	수능기출
사회 5~6 교과서 법과 인권의 보장	사회 1 교과서 12단원 인권과 기본권	통합사회 2 교과서 1단원 인권보장과 헌법	1995학년도 수능 [44~49] 여성 평등권

❶ 인권의 개념과 그 형성 과정 이해하기

#인권

❷ 헌법에서 보장하는 기본권의 종류와 개념 이해하기

#기본권   #평등권   #자유권   #참정권

#청구권   #사회권

💡 **생각해 보기** 로자 파크스가 침해당한 권리는 무엇일까?

1 고대 로마 제국의 검투사들은 칼과 창을 들고 서로 싸워야 하는 노예들이었다. 이긴 자는 살아남지만 그렇지 못하면 그 자리에서 죽어야 했던 검투사들의 목숨이 달린 시합이 귀족들에게는 오락일 뿐이었다. 이에 맞서 노예 검투사였던 스파르타쿠스는 다른 검투사들과 함께 반란을 일으켰지만 결국 로마군에 잡혀 죽임을 당했다. 스파르타쿠스의 반란은 한낱 놀이 도구에 불과했던 자신의 존엄성과 자유를 되찾기 위한 저항이었을 것이다. 세계의 역사를 살펴보면 이처럼 신분에 따라 사람을 차별하는 신분 제도가 대부분의 국가에 존재했었다.

2 절대 군주제에 맞서 시민의 자유와 권리를 쟁취하고자* 했던 역사적 사건인 시민 혁명은 17세기부터 유럽과 신대륙에서 일어났다. 영국의 식민지였던 미국은 독립 전쟁에서 승리한 뒤 '독립 선언문'을 통해 모든 인간은 평등하며, 생명과 자유와 행복을 추구할 권리를 지닌다고 선포하였다*. 또 프랑스에서는 시민과 농민들이 굶주리는 백성의 고통을 외면하고 세금을 걷어 사치를 즐기던 왕과 귀족들을 처형하였고, 자유와 평등 사상이 담긴 '인간과 시민의 권리 선언'이 선포되었다. 이렇게 각국에서 일어난 시민 혁명의 결과, #인권의 개념이 형성되고 인정되기 시작했다. 하지만 시민 혁명 이후에도 오랫동안 여성에게는 투표권이 주어지지 않았고, 미국에서는 독립 선언문이 선포된 이후에도 흑인에 대한 차별이 지속되었다. 20세기에 들어 두 차례의 세계 대전으로 많은 사람이 비참하게 희생되자 인권을 보호해야 한다는 생각이 세계적으로 확산되었다. 제2차 세계 대전이 끝난 후, 국제 연합(UN)은 '세계 인권 선언'을 선포하여 인류가 보편적*으로 누려야 할 인권의 기준을 제시하였다.

3 인권은 인간의 존엄성을 유지하기 위해 누구나 보장받아야 할 권리이다. 흔히 인권을 '천부 인권'이라 부르는데, 이것은 태어날 때부터 하늘에서 내려 준 권리라는 뜻이다. 우리 헌법에서는 인간의 존엄과 가치 및 행복 추구권, 개인이 가지는 기본적 인권을 보장해야 한다고 밝히고 있다. 우리 헌법에서 보장하는 #기본권에는 #평등권, #자유권, #참정권, #청구권, #사회권이 있다.

4 평등권은 모든 국민이 생활의 모든 영역에서 부당한* 차별을 받지 않고 동등하게 대우받을 권리로, 다른 ㉠기본권을 실현하기 위해 바탕이 되는 권리이다. 자유권은 부당하게 국가 권력의 간섭을 받지 않고 자유롭게 삶을 영위할* 수 있는 권리로, 신체의 자유, 종교의 자유 등이 여기에 속한다. 참정권은 국가 기관의 구성과 운영에 참여할 수 있는 권리로, 선거에 참여해서 투표를 할 수 있는 선거권이 여기에 속한다. 청구권은 권리를 침해당했을 때 이에 대한 구제를 국가에 청구할 수 있는 권리로, 재판 청구권, 국가 배상* 청구권 등이 여기에 속한다. 사회권은 인간다운 생활을 유지하기 위해 국가의 적극적인 행위를 요구할 수 있는 권리로, 교육을 받을 권리, 근로의 권리 등이 여기에 속한다.

---

1 윗글을 통해 알 수 있는 내용이 <u>아닌</u> 것은?

① 인권의 개념　　　　　　　② 기본권의 종류
③ 시민 혁명의 결과　　　　　④ 여성 투표권이 주어진 나라
⑤ '세계 인권 선언'을 선포한 시기

2 윗글의 내용과 일치하지 <u>않는</u> 것은?

① 시민 혁명은 인권의 개념이 형성되는 역사적 계기가 되었다.
② 시민 혁명 이후에도 여성은 오랫동안 투표권을 갖지 못하였다.
③ 두 차례의 세계 대전은 인권 보호 인식이 확산되는 계기가 되었다.
④ 미국은 '독립 선언문'을 발표한 후 모든 사람의 인권을 보장하였다.
⑤ 인권은 하늘로부터 부여받은 권리라는 의미에서 '천부 인권'으로도 불린다.

3 ㉠에 대한 설명으로 적절하지 <u>않은</u> 것은?

① 우리 헌법에서 보장하고 있는 권리이다.
② 평등권의 보장은 다른 기본권 실현의 바탕이 된다.
③ 국민은 선거를 통해 국가 운영에 참여할 수 있는 권리를 가진다.
④ 모든 국민은 국가의 간섭을 받지 않고 종교를 선택할 자유가 있다.
⑤ 국가 배상 청구권은 인간다운 생활의 유지를 위한 권리인 사회권에 속한다.

4 윗글과 <보기>를 바탕으로 할 때, ㉮에 대한 반응으로 가장 적절한 것은?

> • **보기** •
>
> 　우리나라 헌법은 국가 안전 보장, 질서 유지 또는 공공복리를 위해 필요한 때에 한하여 기본권을 제한할 수 있도록 하고 있다. 하지만 국가가 함부로 기본권을 제한하면 국민의 권리가 침해될 수 있으므로, 국회에서 제정한 법률로써 기본권을 제한할 수 있도록 한계를 두고 있다. 한 예로 ㉮ 국회 의원 선거에 출마한 사람이 개인이나 단체에 기부하는 행위는 공직 선거법에서 엄격하게 제한하고 있다. 이는 국회 의원 선거 출마자에 대해 기부의 권리를 제한하는 것이라 할 수 있지만, 헌법 재판소는 공정한 선거를 위해 기부에 대한 기본권을 제한하는 것이 정당하다는 판결을 내렸다.

① 기본권은 평등권을 바탕으로 하니까 ㉮는 법에 어긋나지 않겠군.
② ㉮가 선한 의도에서 이루어진 것이라면 기본권으로서 보장받아야 하겠군.
③ ㉮가 선거 출마 이전부터 지속된 것이라면 기본권으로서 보장받아야 하겠군.
④ 헌법 재판소는 ㉮가 기본권에 해당하지 않으며 선거의 공정성을 침해한다고 판단했겠군.
⑤ 헌법 재판소는 ㉮가 선거에 영향을 미쳐 공공복리를 해친다고 판단하여 기본권 제한의 정당성을 인정했겠군.

◆ 개념 한눈에 보기

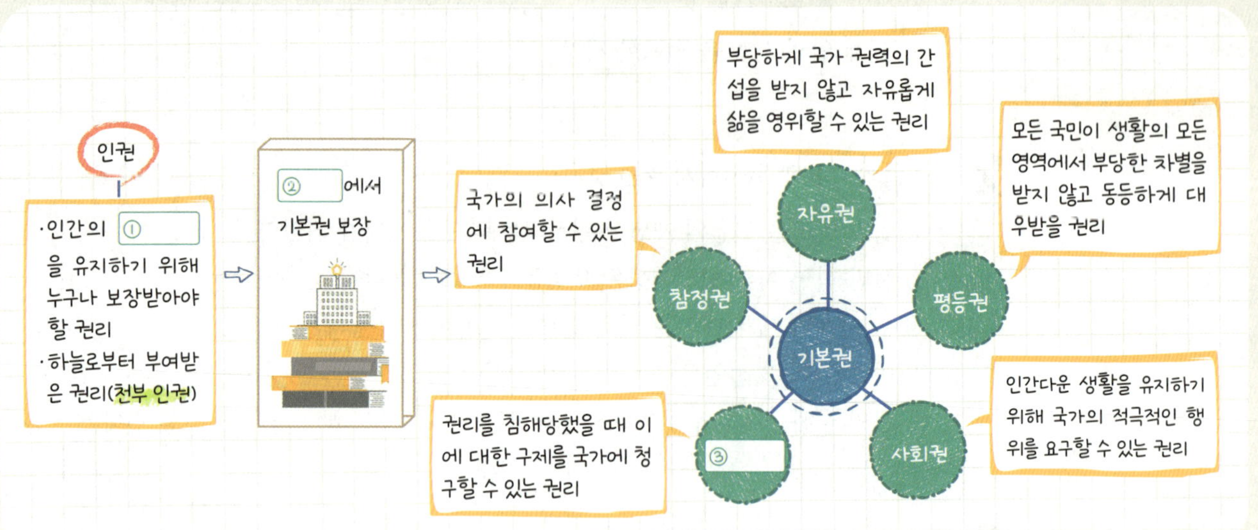

📖 교과 개념 사전

#인권 [인꿘]
인간으로서 마땅히 누려야 할 기본적인 권리.

#기본권 [기본꿘]
헌법에서 보장하는 기본적인 인권.

#평등권 [평등꿘]
각 국민이 법 앞에 평등하여 정치적·경제적·사회적 생활의 모든 면에서 차별을 받지 않는 기본권.

#자유권 [자유꿘]
국가 권력에 의하여 자유를 제한받지 아니하는 권리. 신앙·학문·언론·집회·결사·직업 선택·주거 이전의 자유 등.

#참정권 [참정꿘]
국가의 의사 결정에 참여할 수 있는 권리. 선거권, 공무 담임권, 국민 투표권 등.

#청구권 [청구꿘]
국민의 권리가 침해당하였을 때 국가에 구제를 요구할 수 있는 권리. 재판 청구권, 국가 배상 청구권 등.

#사회권 [사회꿘/사훼꿘]
국민이 인간다운 생활을 위하여 필요한 사회적 보장책을 국가에 요구할 수 있는 권리. 교육을 받을 권리, 근로의 권리 등.

교과 개념 확인 Quiz

다음 물음에 답하시오.

❶ 인간이라면 누구나 보장받아야 할 권리를 □□이라고 한다.

❷ 우리나라 헌법에서는 인간의 존엄과 가치 및 행복 추구권, 개인의 □□□을 보장해야 한다고 밝히고 있다.

❸ 기본권을 실현하는 데 바탕이 되는 권리는 참정권이다.　　　　　○ | X

❹ 모든 생활 영역에서 차별 대우를 받지 않을 권리는 □□□이다.

❺ 근로의 권리는 기본권 중 사회권에 속하는 권리이다.　　　　　○ | X

❻ 선거에 참여해서 투표를 할 수 있는 권리는 청구권에 속한다.　　　　　○ | X

❼ 우리 헌법에서 보장하는 기본권에는 평등권, 자유권, 참정권, 청구권, 사회권 등이 있다.
　　　　　○ | X

1일차 -1

지리 01 하나된 세계, 세계로 나가는 지역

절대적 위치

絶 끊을 절 對 대답할 대 的 과녁 적
位 자리 위 置 둘 치

지구상의 위도와 경도로 표현하거나 대륙과 해양 등의 분포를 이용해 표시하는 위치로, 거의 바뀌지 않음.

상대적 위치

相 서로 상 對 대답할 대 的 과녁 적
位 자리 위 置 둘 치

주변 국가와의 정치적·경제적·사회적·문화적 관계에 따라 결정되는 위치로, 변경 가능함.

자연환경

自 스스로 자 然 그럴 연
環 고리 환 境 지경 경

인간 생활을 둘러싸고 있는 자연계의 모든 요소가 이루는 환경.

인문환경

人 사람 인 文 글월 문
環 고리 환 境 지경 경

산업, 종교, 언어 등 인간 활동의 결과로 만들어진 환경.

세계화

世 세대 세 界 경계 계
化 될 화

정치, 경제 등 다양한 분야에서 세계가 하나의 공동체로 통합되어 가는 현상.

지역화

地 땅 지 域 지경 역 化 될 화

지역의 고유한 전통이나 특성을 살려 세계적 차원에서 독자적인 가치를 지니게 되는 현상.

세계시민

世 세대 세 界 경계 계 市 시장 시 民 백성 민

자신을 세계 공동체의 구성원으로 보고 지구촌 문제 해결에 책임감을 가지고 협력하는 사람.

세계의 다양한 기후

기후

氣 기운 기 候 기후 후

한 지역에서 오랜 기간에 걸쳐 나타나는 기온, 강수량 등을 평균한 것.

열대 기후

熱 더울 열 帶 띠 대

적도를 중심으로 남북 위도 20° 사이의 지역에 나타나는 기후로 1년 내내 기온이 높고 강수량이 많음.

건조 기후

乾 마를 건 燥 마를 조

남·북위 20°~30° 일대에서 나타나는 기후로 연 강수량이 500mm 미만이고 일교차가 큼.

온대 기후

溫 따뜻할 온 帶 띠 대

중위도 지방에 나타나는 기후로 온화하면서 사계절의 변화가 뚜렷하고 강수량이 적당함.

냉대 기후

冷 찰 냉 帶 띠 대

온대 기후 지역보다 위도가 높은 지역에 나타나는 기후로 겨울이 춥고 길며 기온의 연교차가 큼.

한대 기후

寒 찰 한 帶 띠 대

극지방 부근에서 나타나는 기후로 기온이 몹시 낮음.

고산 기후

高 높을 고 山 뫼 산

해발 고도가 높은 지역에서 나타나는 기후로, 적도 주변의 고산 기후 지역은 일 년 내내 온화함.

지리 03 2일차-1 가장 역동적인 대륙, 아시아 속으로

노동 집약적 산업

勞 수고로울 로   動 움직일 동   集 모을 집
約 맺을 약   的 과녁 적   産 낳을 산   業 업 업

생산 요소 가운데 다른 요소에 비하여 노동력이 많이 드는 산업. 경공업과 서비스 산업, 농림업 따위가 있음.

첨단 기술

尖 뾰족할 첨   端 바를 단   技 재주 기   術 꾀 술

수준이 높고 선구적인 과학 기술.

보편 종교

普 널리 보   遍 두루 편
宗 마루 종   敎 가르칠 교

국경과 민족을 초월하여 세계 여러 지역에 널리 퍼져 있는 종교.

민족 종교

民 백성 민   族 겨레 족
宗 마루 종   敎 가르칠 교

특정한 민족의 성립과 더불어 형성되고 전승되는 종교.

종교 갈등

宗 마루 종   敎 가르칠 교
葛 칡 갈   藤 등나무 등

일반 개인이나 집단 사이에 종교적 이념이 달라 서로 적대시하거나 충돌하는 일. 또는 그런 상태.

저출산

低 낮을 저   出 날 출   産 낳을 산

태어나는 아이의 수가 줄어듦. 또는 그런 상태. 일반적으로 출산율이 2.1명 미만인 경우를 가리킴.

고령화

高 높을 고   齡 나이 령   化 될 화

한 사회에서 65세 이상의 노인 인구 비율이 높은 상태로 나타나는 일.

지리 04 · 2일차-2 세계인이 사랑하는 유럽 속으로

세계 도시

世 세대 세 **界** 경계 계 **都** 도읍 도 **市** 시장 시

국가의 경계를 넘어 세계적인 중심지 역할을 하는 대도시.

역사·문화 도시

歷 지낼 역 **史** 역사 사 **文** 글월 문 **化** 될 화

유서 깊은 역사와 문화를 바탕으로 다양한 역사 유적이나 문화유산을 지닌 도시.

지속가능한 도시

持 가질 지 **續** 이을 속
可 옳을 가 **能** 능할 능

환경, 경제, 사회가 조화를 이루며 기후 위기에 대응하여 장기적으로 지속 가능한 발전이 이루어질 수 있는 도시.

탄소 중립

炭 숯 탄 **素** 흴 소
中 가운데 중 **立** 설 립

탄소를 배출하는 만큼 다시 흡수하여 실질 배출량을 '0'으로 만드는 일.

친환경 도시

親 친할 친 **環** 고리 환
境 지경 경

자연환경을 오염하지 않고 자연 그대로의 환경과 잘 어울리게 조성하는 도시.

유럽연합

Europe **聯** 잇닿을 연 **合** 합할 합

1993년 유럽 국가들이 공동 화폐를 사용하며 경제적·정치적 통합을 실현하기 위해 결성된 기구.

브렉시트

Brexit

영국이 유럽연합에서 탈퇴함을 이르는 말.

지리 05 | 3일차 -1 | 다양한 문화의 공존, 아메리카 속으로

열대림

熱 더울 열　帶 띠 대　林 수풀 림

열대 지방에 형성된 울창한 산림. 주로 일 년 내내 기온이 높고 비가 많은 적도 부근의 열대 지방에서 발달함. 아마존 열대림은 전 세계 열대림의 40%를 차지하며, 지구에서 필요로 하는 산소의 4분의 1을 생성하여 '지구의 허파'라고 불림.

다문화 사회

多 많을 다　文 글월 문　化 될 화
社 모일 사　會 모일 회

다양한 민족이나 인종이 함께 어울려 살아가는 사회.

문화 혼종성

文 글월 문　化 될 화　混 섞을 혼　種 씨 종　性 성품 성

문화와 문화가 만나 기존의 문화 정체성을 약화시키거나 서로 혼합되어 새로운 문화를 만들어 내는 현상.

초국적 기업

超 넘을 초　國 나라 국　籍 서적 적
企 꾀할 기　業 업 업

국경을 초월하여 세계 각지에 자회사, 지사, 합병 회사, 연구소, 공장 등을 두고 제품을 기획·생산·판매하는 기업.

공간적 분업

空 빌 공　間 사이 간　的 과녁 적
分 나눌 분　業 업 업

초국적 기업이 경영 효율성과 이윤을 높이기 위해 기업 조직의 여러 기능을 서로 다른 국가와 지역에 나누어 배치하는 방식.

지리 06 아프리카, 오세아니아와 극지방

지역 잠재력

地 땅 지   域 지경 역
潛 자맥질할 잠   在 있을 재   力 힘 력

어떤 지역이 현재 또는 미래에 발전할 수 있는 가능성.

화산 활동

火 불 화   山 뫼 산   活 살 활   動 움직일 동

땅속 깊은 곳에 있는 마그마가 지표 또는 지표 가까이에서 일으키는 여러 가지 작용.

빙하 지형

氷 얼음 빙   河 강물 하
地 땅 지   形 형상 형

빙하의 침식 또는 퇴적 작용으로 이루어진 지형.

기업적 농목업

企 꾀할 기   業 업 업
的 과녁 적   農 농사 농
牧 칠 목   業 업 업

곡물, 유제품, 육류 등을 세계 시장에 팔기 위한 농업이나 목축업이 기업의 대규모 자본과 기술 투자로 이루어지는 것.

해양 쓰레기

海 바다 해   洋 큰 바다 양

고의나 부주의로 해안에 방치되거나 바다로 유입되는 쓰레기.

해수면 상승

海 바다 해   水 물 수   面 낯 면   上 위 상
昇 오를 승

지구 온난화로 빙하가 녹아 바닷물의 부피가 커져 해수면이 점차 상승하는 현상.

지속가능한 개발

持 가질 지   續 이을 속   可 옳을 가   能 능할 능
開 열 개   發 필 발

미래 세대가 이용할 환경과 자연을 손상시키지 않고 현재 세대의 필요를 충족시키면서 자연을 개발해야 함을 말함. '지속가능한 발전'과 같은 의미로 쓰이기도 함.

우리가 살아가는 곳을 설명하는 다양한 방법

지정학적 위치

地 땅 지　政 정사 정　學 배울 학　的 과녁 적
位 자리 위　置 둘 치

주변 국가와의 정치적 이해관계에 따라 결정되는 위치. 정치·외교·안보적 측면에서 한 국가의 지리적 특성을 파악함.

지경학적 위치

地 땅 지　經 경서 경　學 배울 학　的 과녁 적
位 자리 위　置 둘 치

주변 국가와의 경제적 이해관계에 따라 결정되는 위치.

광역 행정구역

廣 넓을 광　域 지경 역　行 다닐 행　政 정사 정　區 구역 구　域 지경 역

국가를 효율적으로 관리하기 위해 넓은 범위로 구분한 행정구역. 특별시, 광역시, 도, 특별자치도, 특별자치시가 있음.

개념 플러스＋ 우리나라의 행정구역 체계 예시

특별시	광역시	특별자치시	도	특별자치도
서울	부산, 인천, 대구, 대전, 광주, 울산	세종	경기, 충북, 충남, 전남, 경북, 경남,	제주, 강원, 전북

장소감

場 마당 장　所 바 소　感 느낄 감

사람들이 어떤 공간에 특별한 감정과 가치를 부여하는 것. 장소에 대한 주관적인 감정, 인식, 태도이므로 같은 장소라도 경험, 나이, 성별, 직업, 종교 등에 따라 개인마다 다를 수 있음.

장소애

場 마당 장　所 바 소　愛 사랑 애

사람들이 자신에게 특별한 장소감을 준 공간에 대해 애정, 소속감을 느끼는 것.

사계절이 뚜렷한 우리나라의 금수강산

동고서저

東 동녘 동　高 높을 고　西 서녘 서　低 낮을 저

지형이나 기압 따위가 동쪽 지역은 높고 서쪽 지역은 낮은 상태.

계절풍

季 계절 계　節 마디 절　風 바람 풍

계절에 따라 주기적으로 일정한 방향으로 부는 바람. 우리나라의 경우 여름에는 남서·남동 계절풍이, 겨울에는 북서 계절풍이 붊.

연교차

年 해 연　較 견줄 교　差 다를 차

일 년 중 가장 추운 달의 평균 기온과 가장 더운 달의 평균 기온 차이.

벼농사

農 농사 농　事 일 사

벼를 심어 가꾸고 거두는 일. 벼농사는 풍부한 강수량과 일조량이 있어야 유리함.

기후변화

氣 기운 기　候 기후 후　變 변할 변　化 될 화

여러 가지 요인의 영향으로 기후의 평균 상태가 점차 변화하는 현상. 과거와 달리 최근에는 화석 연료의 사용량 증가, 무분별한 삼림 개발 등의 인위적 요인으로 발생함.

지리 09 — 20일차-1 | 교통의 발달로 연결된 중부 지역

카르스트 지형

Karst　地 땅 지　形 형상 형

땅속의 석회암이 빗물이나 지하수에 녹아 만들어지는 지형.

대도시권

大 큰 대　都 도읍 도　市 시장 시　圈 우리 권

대도시와 그 인접 지역을 포함하는 지역. 대도시를 중심으로 출퇴근, 통학, 산업 등 다양한 활동이 이루어지는 범위임.

과밀화

過 지날 과　密 빽빽할 밀　化 될 화

인구와 건물, 산업 따위가 한곳에 지나치게 집중하게 됨.

신도시

新 새로울 신　都 도읍 도　市 시장 시

대도시의 근교에 계획적으로 개발한 새 주택지.

지식 기반 산업

知 알 지　識 알 식　基 터 기　盤 소반 반　産 낳을 산　業 업 업

지식을 이용해 상품과 서비스의 부가 가치를 크게 향상시키거나 고부가 가치의 지식 서비스를 제공하는 산업.

관광 산업

觀 볼 관　光 빛 광　産 낳을 산　業 업 업

관광객에게 교통, 숙박, 오락 따위를 제공하는 산업.

지역 불균형

地 땅 지　域 지경 역　不 아닐 불　均 고를 균　衡 저울대 형

지역 간 경제, 사회, 생활, 교육 등 여러 조건에 관한 격차.

지리 ⑩ 한반도의 양극단, 남부 지역과 북부 지역

중화학 공업

重 무거울 중　化 될 화　學 배울 학　工 장인 공
業 업 업

중공업과 화학 공업을 아울러 이르는 말. 철강, 조선, 기계, 석유, 화학 제품 등을 생산하는 공업을 말함.

산업 구조 변화

産 낳을 산　業 업 업　構 얽을 구　造 지을 조
變 변할 변　化 될 화

한 나라의 전체 산업에서 각 산업이 차지하는 비중과 각 산업의 상호 관계의 변화.

화산 지형

火 불 화　山 뫼 산　地 땅 지　形 형상 형

오름, 용암 동굴, 주상 절리 등 화산 활동에 의해 형성된 지형.

국제 자유 도시

國 나라 국　際 사이 제　自 스스로 자
由 말미암을 유　都 도읍 도　市 저자 시

사람이나 상품, 자본이 자유롭게 드나들 수 있고, 기업이 활동하는 데 최대한 편의를 보장하도록 규제를 완화한 도시.

대륙성 기후

大 큰 대　陸 뭍 륙　性 성품 성　氣 기운 기
候 기후 후

대륙의 영향을 강하게 받는 기후로, 기온의 연교차가 심함.

경제특구

經 경서 경　濟 건널 제　特 특별할 특
區 구역 구

국가의 경제 성장을 위해 지정한 특별 지역. 일반 지역과는 달리 경제 면에서 특별 우대 정책이 적용됨.

일반사회 01 · 인간은 태어날 때부터 사회적 존재일까?

4일차 -1

사회화

社 모일 사   會 모일 회   化 될 화

한 개인이 사회 구성원으로서 자신이 속한 사회의 행동 양식과 가치, 지식, 규범 등을 습득하는 과정.

재사회화

再 다시 재   社 모일 사   會 모일 회   化 될 화

사회 변화에 적응하기 위해 새롭게 등장하는 지식과 생활 양식, 가치 등을 습득하는 과정.

또래 집단

集 모을 집   團 둥글 단

나이와 수준이 비슷한 사람들로 이루어진 집단.

자아 정체성

自 스스로 자   我 나 아
正 바를 정   體 몸 체
性 성품 성

변하지 아니하는 존재의 본질을 깨닫는 성질. 또는 그 성질을 가진 독립적 존재.

사회적 지위

社 모일 사   會 모일 회
的 과녁 적   地 땅 지
位 자리 위

사회적 관계 속의 한 개인이 자신이 속한 집단이나 사회 내에서 차지하고 있는 위치.

역할

役 부릴 역   割 나눌 할

사회적 지위에 따라 요구되는 행동 양식.

역할 갈등

役 부릴 역   割 나눌 할   葛 칡 갈   藤 등나무 등

두 가지 이상의 역할을 동시에 가지고 있는 상태에서 각각의 역할에 대한 기대가 충돌할 때 발생하는 갈등.

일반사회 02 **4일차-2**
다른 집단의 사람을 왜 미워할까요?

사회 집단

社 모일 사   會 모일 회   集 모을 집   團 둥글 단

둘 이상의 사람이 모여 소속감과 공동체 의식을 가지고 지속적으로 상호 작용하는 집단.

내집단

內 안 내   集 모을 집   團 둥글 단

자신이 속해 있으면서 소속감과 공동체 의식을 느끼는 집단.

외집단

外 바깥 외   集 모을 집
團 둥글 단

자신이 소속되어 있지 않으면서 이질감이나 적대감을 느끼는 집단.

갈등

葛 칡 갈   藤 등나무 등

개인이나 집단 사이에서 일어나는 다툼. 추구하는 가치나 신념, 이해관계의 차이로 인해 발생하며, 지역 갈등, 계층 갈등, 세대 갈등, 성별 갈등, 노사 갈등 등이 있음.

차이

差 다를 차   異 다를 이

서로 같지 아니하고 다름. 또는 그런 정도나 상태.

편견

偏 치우칠 편   見 볼 견

공정하지 못하고 한쪽으로 치우친 생각.

차별

差 다를 차   別 다를 별

둘 이상의 대상을 각각 등급이나 수준 따위의 차이를 두어서 구별함. 특정인이나 특정 집단을 부당하게 대우하는 것을 말함.

일반사회 03 · '동방예의지국'이란 말은 칭찬일까?

5일차 -1

문화

文 글월 문　化 될 화

의식주를 비롯하여 법, 제도, 관습, 종교, 예술 등과 같이 한 사회의 구성원들이 만들어 낸 공통의 생활 양식.

자문화 중심주의

自 스스로 자　文 글월 문　化 될 화
中 가운데 중　心 마음 심　主 주인 주　義 뜻 의

자기가 속한 사회의 문화만 우월하고 다른 사회의 문화는 열등하다고 보는 태도나 관점. 이러한 태도가 지나칠 경우 문화 제국주의가 나타날 수 있음.

개념 플러스⁺　제국주의

우월한 군사력과 경제력으로 다른 나라나 민족을 정벌하여 대국가를 건설하려는 침략주의적 경향.

문화 사대주의

文 글월 문　化 될 화　事 일 사　大 큰 대
主 주인 주　義 뜻 의

다른 사회의 문화를 우월하다고 여겨 동경하거나 추종하면서 자신의 문화를 열등하다고 여기는 태도나 관점.

문화 상대주의

文 글월 문　化 될 화　相 서로 상　對 대답할 대
主 주인 주　義 뜻 의

어떤 사회의 자연환경, 역사적 배경, 사회적 맥락 등을 고려하여 그 사회의 문화를 이해하려는 태도. 모든 문화는 각기 그 나름의 이유와 가치를 가지고 있으므로, 문화의 우열을 가릴 수 없다고 보는 관점.

K-대중문화가 세계를 매료시키다

미디어

media

신문, 라디오, 텔레비전 등과 같이 정보, 지식, 생각 등을 알리기 위해 사용하는 매개물. 직접 만나지 않아도 여러 사람에게 한꺼번에 많은 정보를 전달할 수 있음.

뉴 미디어

new media

전자 통신 기술이 발달함에 따라 등장한 새로운 대중 매체로, 인터넷, 스마트폰 등이 있음. 뉴 미디어로 인해 시간과 공간의 제약을 받지 않고 정보가 대량으로 전달될 수 있으며, 쌍방향 소통이 가능해져 대중이 문화의 소비자에 머물지 않고 문화 생산에도 참여할 수 있게 됨.

상업성

商 장사 상 業 일 업 性 성품 성

상품을 사고파는 경제 활동을 통해 이윤을 얻는 것을 중요하게 여기는 특성.

획일화

劃 새길 획 一 하나 일 化 될 화

모두가 개성이 없이 한결같아서 다름이 없게 되는 것.

일반사회 05 **18일차-1**
사회 변동과 우리 생활의 변화

사회 변동

社 모일 사 會 모일 회
變 변할 변 動 움직일 동

사회의 생활 양식, 제도, 구조, 가치관 등이 일정 규모 이상으로 변화하는 현상.

세계화

世 세대 세 界 경계 계 化 될 화

전 세계가 하나의 공동체로 긴밀하게 연결되는 현상.

획일화

劃 새길 획 一 하나 일 化 될 화

전 세계 사람들이 동일한 문화와 생활 방식을 따라 모두가 한결같아서 다름이 없게 됨.

지식정보·서비스 사회

知 알 지 識 알 식 情 뜻 정 報 갚을 보
service 社 모일 사 會 모일 회

지식과 정보가 생활의 중심이 된 사회.

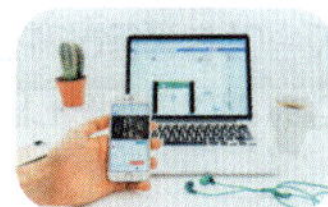

사이버 범죄

cyber 犯 범할 범
罪 허물 죄

사이버 공간을 이용한 불법 행위나 사이버 공간에서 획득한 정보의 이용 과정에서 발생하는 각종 범죄. 개인 정보 유출, 해킹, 인신공격, 악성 프로그램의 유포 등이 있음.

다문화적 변화

多 많을 다 文 글월 문
化 될 화 的 과녁 적
變 변할 변 化 될 화

한 사회 안에 다양한 인종, 민족, 종교, 문화가 공존하게 된 현상.

생산 가능 인구

生 날 생 産 낳을 산
可 옳을 가 能 능할 능
人 사람 인 口 입 구

15세 이상부터 64세 이하인 인구 또는 그 수.

일반사회 06 | 18일차-2 | 우리 사회는 어떤 문제를 겪고 있을까요?

사회 문제

社 모일 사 會 모일 회 問 물을 문 題 제목 제

발생 원인이 사회에 있고, 사회 구성원이 바람직하지 않다고 여겨 개선해야 한다고 생각하는 문제.

인구 문제

人 사람 인 口 입 구 問 물을 문 題 제목 제

인구의 증감, 인구 구성의 불균형 등에 의해 발생하는 사회 문제.

사회 불평등 문제

社 모일 사 會 모일 회
不 아닐 불 平 평평할 평 等 같을 등

자원이 불평등하게 분배되어 사회 구성원 사이에 차이가 나타나는 문제.

노동 문제

勞 수고로울 노 動 움직일 동

노동자의 권익이나 노동 환경과 관련된 문제.

기후 위기 문제

氣 기운 기 候 기후 후
危 위태할 위 機 틀 기

온실가스 배출로 인한 지구 온난화와 그로 인한 기후 변화 및 그 영향에서 발생한 문제.

팬데믹 문제

pandemic

전염병이 전 세계적으로 유행함으로써 발생하는 문제.

사회 참여

社 모일 사 會 모일 회
參 참여할 참 與 더불 여

사회 문제에 관심을 가지고 그 일에 의견을 내거나 그와 관련된 행위를 하는 것.

정치 01 · 6일차 -1

정치는 왜 필요할까?

공동체

共 함께 공　**同** 같을 동　**體** 몸 체

생활이나 행동 또는 목적 등을 같이하는 집단으로 가족, 사회, 국가 등의 차원이 있다.

정치

政 정사 정　**治** 다스릴 치

정치권력을 획득하고 유지, 행사하는 활동. 또는 개인이나 집단 사이에 발생하는 이해관계를 둘러싼 대립과 갈등을 조정하고 해결해 나가는 과정.

정치권력

政 정사 정　**治** 다스릴 치　**權** 권세 권　**力** 힘 력

정치적 기능을 수행하기 위해 행사하는 힘.

정책

政 정사 정　**策** 꾀 책

정치적 목적을 실현하기 위한 방책.

이해관계

利 이로울 이　**害** 해로울 해　**關** 빗장 관
係 걸릴 계

서로의 이익이나 손해에 영향을 미치는 관계.

시민

市 시장 시　**民** 백성 민

국가의 구성원으로서 그 나라의 헌법에 따른 모든 권리와 의무를 가지는 자유민.

정치 02 민주주의는 어떻게 발전해 왔을까?

6일차 - 2

직접 민주주의

直 곧을 직　接 접할 접　民 백성 민
主 주인 주　主 주인 주　義 옳을 의

시민이 국가의 중요한 의사 결정에 직접 참여하는 정치 방식.

대의 민주주의

直 곧을 직　接 접할 접　民 백성 민
主 주인 주　主 주인 주　義 옳을 의

시민이 선출한 대표자를 통하여 간접적으로 주권을 행사하는 정치 방식으로, 간접 민주주의라고도 함.

시민 혁명

市 시장 시　民 백성 민　革 가죽 혁　命 목숨 명

왕이나 귀족이 다스리던 절대 군주제를 무너뜨리고 시민이 지배하는 사회를 만들게 된 정치상의 큰 변혁.

개념 플러스⁺ 절대 군주제

군주가 어떠한 법률이나 기관에도 구속받지 않는 절대적 권한을 가지는 정치 체제.

참정권

參 참여할 참　政 정사 정　權 권세 권

국민이 정치에 직접 또는 간접으로 참여하는 권리.

보통 선거 제도

普 널리 보　通 통할 통　選 가릴 선　擧 들 거
制 억제할 제　度 법도 도

일정 나이 이상의 모든 국민에게 투표할 수 있는 권리가 주어지는 선거 제도.

정치 03 7일차-1 민주주의의 기본 이념 세 가지

자유

自 스스로 자　由 말미암을 유

국가나 다른 사람의 간섭이나 구속 없이 스스로 판단하여 행동할 수 있는 것.

평등

平 평평할 평　等 같을 등

모든 사람이 차별받지 않고 동등하게 대우받는 것.

인간의 존엄성

尊 높을 존　嚴 엄할 엄
性 성품 성

인간은 인간이라는 이유만으로 존중받을 자격이 있으며, 그 자체만으로도 존엄한 존재임.

국민 주권

國 나라 국　民 백성 민
主 주인 주　權 권세 권

국가의 의사를 결정하는 최고 권력인 주권이 국민에게 있음.

국민 자치

國 나라 국　民 백성 민
自 스스로 자　治 다스릴 치

주권을 가진 국민이 스스로 국가를 다스림.

입헌주의

立 설 입　憲 법 헌　主 주인 주　義 뜻 의

헌법에 따라 국가 기관을 구성하여 정치권력을 행사함. 헌법은 국가의 최고 상위법임.

권력 분립

權 권세 권　力 힘 력　分 나눌 분　立 설 립

국가 기관 간의 상호 견제와 균형을 위해 국가 권력을 입법권, 행정권, 사법권으로 분리하여 행사하는 것.

개념 플러스⁺ 입법권, 행정권, 사법권

- 입법권: 국회의 법률 제정권과 같이, 국민들이 뽑은 의회에서 법을 제정할 수 있는 권리.
- 행정권: 국가의 행정을 맡아 수행하는 권한.
- 사법권: 법에 근거하여 사건을 재판하고 법적 조치를 취할 수 있는 국가의 권한.

정치 04 · 7일차-2 · 투표로 말해요

선거

選 가릴 선　擧 들 거

국민을 대신해 특정한 임무나 직책을 수행할 대표를 정해진 규칙에 따라 선출하는 과정.

유권자

有 있을 유　權 권세 권　者 놈 자

선거할 권리를 가진 사람.

이익 집단

正 바를 정　當 마땅할 당
性 성품 성

정치권력에 대해 옳고 정당하다고 느끼는 관념으로, 공정한 선거의 결과로 획득됨.

보통 선거

普 널리 보　通 통할 통
選 가릴 선　擧 들 거

일정한 나이에 이른 모든 국민에게 선거권을 부여하는 선거 원칙.

평등 선거

平 평평할 평　等 같을 등
選 가릴 선　擧 들 거

모든 유권자가 동등한 가치의 투표권을 행사해야 한다는 선거 원칙.

직접 선거

直 곧을 직　接 접할 접　選 가릴 선　擧 들 거

선거권을 가진 사람이 직접 투표해야 한다는 선거 원칙.

비밀 선거

祕 숨길 비　密 빽빽할 밀　選 가릴 선　擧 들 거

유권자가 누구에게 투표했는지 다른 사람들이 알지 못하도록 해야 한다는 선거 원칙.

정치 05 정치의 과정과 주체

정치 과정

政 정사 정   治 다스릴 치   過 지날 과   程 단위 정

다양하게 표출되는 이해관계를 모아서 정책으로 만들고 집행하는 과정.

개념 플러스⁺ 정책

정치적인 목적을 이루기 위한 방법.

정치 주체

政 정사 정   治 다스릴 치   主 주인 주   體 몸 체

정치 과정에서 영향력을 행사하는 국가 기관이나 개인 및 집단을 의미함.

이익 집단

利 이로울 이   益 더할 익   集 모을 집   團 둥글 단

이해관계를 같이하는 사람들이 자기 집단의 특수한 이익을 실현하기 위해 모여 만든 단체.

시민 단체

市 시장 시   民 백성 민   團 둥글 단   體 몸 체

공익을 실현하기 위해 시민들이 자발적으로 모여 만든 단체.

언론

言 말씀 언   論 논의할 론

신문, TV, 인터넷 등의 미디어를 통해 정보를 전달함으로써 국민의 여론을 형성하는 단체로 신문사, 방송사 등이 있음.

정당

政 정사 정   黨 무리 당

정치적 견해를 같이하는 사람들이 정권을 획득하기 위해 모여 만든 단체.

8일차-2

정치 06 우리 지역의 문제는 우리가 해결해요!

지방 자치

地 땅 지   方 모 방
自 스스로 자   治 다스릴 치

일정한 지역에 살고 있는 주민들이 지방 자치 단체를 구성하여 그 지역의 사무를 자율적으로 처리하는 제도.

의결 기관

議 의논할 의   決 결정할 결
機 틀 기   關 빗장 관

지방 의회로, 광역 의회와 기초 의회로 구분됨. 지역의 정책을 결정하고 조례를 제정, 개정 및 폐지함.

집행 기관

執 잡을 집   行 다닐 행
機 틀 기   關 빗장 관

각 지방 자치 단체장으로, 지역의 정책을 집행하고 지역의 각종 행정 사무를 처리함.

주민 조례 발안 제도

住 살 주   民 백성 민   條 가지 조   例 법식 례
發 필 발   案 책상 안   制 억제할 제   度 법도 도

주민이 조례의 제정·개정·폐지를 지방 의회에 청구하는 제도.

개념 플러스⁺ 조례

지방 자치 단체가 그 지방의 사무와 관련하여 지방 의회의 회의를 거쳐 정한 법.

주민 투표제

住 살 주   民 백성 민   投 던질 투   票 표 표
制 억제할 제

지역 사회의 문제를 주민이 직접 투표로 결정하는 제도.

주민 소환제

住 살 주   民 백성 민   召 부를 소   還 돌아올 환
制 억제할 제

선거로 선출된 지역 공직자가 직무를 잘 수행하지 못했을 때 소환하여 주민 투표로 해임을 결정하는 제도.

주민 참여 예산제

住 살 주   民 백성 민   參 참여할 참   與 더불 여
豫 미리 예   算 계산 산   制 억제할 제

지방 자치 단체 예산 편성 과정에 주민이 직접 참여하는 제도.

법 01

9일차 -1
우리를 지켜 주는 법

법

法 법도 법

국가의 강제력을 수반하는 사회 규범. 국가 및 공공 기관이 제정한 법률, 명령, 규칙, 조례 따위이다.

개념 플러스⁺ 조례

지방 자치 단체가 법령의 범위 안에서 지방 의회의 의결을 거쳐 그 지방의 사무에 관하여 제정하는 법.

사회 규범

社 모일 사　**會** 모일 회　**規** 법 규　**範** 법 범

사회 질서 유지와 조화로운 사회생활을 위해 지켜야 할 행동의 기준.

관습

慣 버릇 관　**習** 익힐 습

어떤 사회에서 오랫동안 지켜 내려와 그 사회 구성원들이 널리 인정하는 질서나 풍습.

도덕

道 길 도　**德** 덕 덕

사회의 구성원들이 인간으로서 양심에 따라 스스로 마땅히 지켜야 할 규범.

강제성

強 강할 강　**制** 억제할 제　**性** 성품 성

권력이나 강력한 힘으로 남의 자유의사를 억눌러 원하지 않는 일을 억지로 시키는 성질.

이런 법 저런 법

사법

私 사사로울 사　法 법 법

개인 사이의 재산, 신분 따위에 관한 법률관계를 규정한 법. 민법, 상법 따위가 있다.

공법

公 공변될 공　法 법 법

국가나 공공 단체 상호 간의 관계나 이들과 개인의 관계를 규정하는 법률.

사회법

社 모일 사　會 모일 회
法 법 법

인간으로서 최소한의 안정된 생활을 보장하기 위해 개인 간의 관계에 국가가 개입하는 법.

민법

民 백성 민　法 법 법

개인 간의 재산 관계, 가족 관계 등을 다루는 법.

상법

商 장사 상　法 법 법

기업, 상거래 활동과 관련된 사항을 다루는 법.

헌법

憲 법 헌　法 법 법

국가 통치 체제의 기초에 관한 각종 근본 법규의 총체.

형법

刑 형벌 형　法 법 법

범죄와 형벌에 관한 법률 체계. 어떤 행위가 처벌되고 그 처벌은 어느 정도이며 어떤 종류의 것인가를 규정한다.

법 | 03 | 10일차-1 | 어떤 재판을 받아야 하나요?

재판

裁 마를 재 判 판가름할 판

구체적인 소송 사건을 해결하기 위하여 법원이 공권적 판단을 내리는 일.

개념 플러스⁺ 소송

사람들 사이에 일어난 다툼을 법률에 따라 판결해 달라고 법원에 요구함.

민사 재판

民 백성 민 事 일 사 裁 마를 재 判 판가름할 판

민사 사건에 대하여 민사 소송법에 근거하여 법원에서 행하는 재판.

형사 재판

刑 형벌 형 事 일 사
裁 마를 재 判 판가름할 판

형사 사건에 관한 재판. 범죄자에게 형벌을 내리기 위하여 형사 소송법의 절차에 따라 행함.

원고

原 근원 원 告 아뢸 고

법원에 민사 소송을 제기한 사람.

피고

被 입을 피 告 아뢸 고

민사 소송에서, 소송을 당한 측의 당사자.

피의자

被 입을 피 疑 의심할 의 者 놈 자

범죄의 혐의가 있어서 정식으로 입건되었으나, 아직 공소 제기가 되지 아니한 사람.

개념 플러스⁺ 공소 제기

검사가 법원에 특정 형사 사건의 재판을 청구하여 소송을 일으킴. 또는 그런 일.

기소

起 일어날 기 訴 하소연할 소

검사가 특정한 형사 사건에 대하여 법원에 심판을 요구하는 일.

법 04 누구도 억울하지 않도록

사법권의 독립

司 맡을 사 **法** 법 법 **權** 권세 권 **獨** 홀로 독
立 설 립

법관이 재판을 하는 것에 대하여 어느 누구에게도 간섭을 받지 아니하는 일.

공개 재판주의

公 공변될 공 **開** 열 개 **裁** 마를 재
判 판가름할 판 **主** 주인 주 **義** 옳을 의

재판의 공정성을 확보하기 위하여 소송의 심리 과정과 판결을 일반인들에게 공개하여야 한다는 원칙.

> **개념 플러스⁺ 심리**
> 재판의 기초가 되는 사실 관계 및 법률관계를 명확히 하기 위하여 법원이 증거나 방법 따위를 심사하는 행위.

증거 재판주의

證 증거 증 **據** 의거할 거 **裁** 마를 재
判 판가름할 판 **主** 주인 주 **義** 옳을 의

증거에 따라 사실의 인정을 행하여야 한다는 원칙. 형사 소송에서는 증거 조사의 절차를 거친, 증거 능력이 있는 증거만을 사실의 인정에 이용하여야 한다.

심급 제도

審 살필 심 **級** 등급 급 **制** 억제할 제 **度** 법도 도

하나의 소송 사건에 대하여 서로 다른 계급의 법원에서 재판을 받을 수 있는 제도.

항소

抗 막을 항 **訴** 하소연할 소

소송에서 1심 판결에 불복하여 2심 법원에 상소함.

> **개념 플러스⁺ 상소**
> 재판 결과에 따르지 않고 상급 법원에 다시 재판을 요구함.

상고

上 위 상 **告** 알릴 고

항소심의 판결, 즉 2심 판결에 대한 상소. 2심의 판결에 불복하여 대법원에 다시 재판을 요청함.

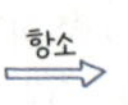

법 05 11일차-1 하늘이 내린 권리, 인권!

인권

人 사람 인   權 권세 권

인간으로서 마땅히 누려야 할 기본적인 권리.

기본권

基 터 기   本 근본 본   權 권세 권

헌법에서 보장하는 기본적인 인권.

평등권

平 평평할 평   等 같을 등
權 권세 권

각 국민이 법 앞에 평등하여 정치적·경제적·사회적 생활의 모든 면에서 차별을 받지 않는 기본권.

자유권

自 스스로 자
由 말미암을 유
權 권세 권

국가 권력에 의하여 자유를 제한받지 아니하는 권리. 신앙·학문·언론·집회·결사·직업 선택·주거 이전의 자유 등.

참정권

參 참여할 참   政 정사 정
權 권세 권

국가의 의사 결정에 참여할 수 있는 권리. 선거권, 공무 담임권, 국민 투표권 등.

청구권

請 청할 청   求 구할 구   權 권세 권

국민의 권리가 침해당하였을 때 국가에 구제를 요구할 수 있는 권리. 재판 청구권, 국가 배상 청구권 등.

사회권

社 모일 사   會 모일 회   權 권세 권

국민이 인간다운 생활을 위하여 필요한 사회적 보장책을 국가에 요구할 수 있는 권리. 교육을 받을 권리, 근로의 권리 등.

소중한 권리, 놓치지 않을 거예요!

인권 감수성

人 사람 인　權 권세 권　減 덜 감
數 셀 수　性 성품 성

다른 사람이 가지는 권리의 소중함을 인식하고 인권 침해에 민감하게 반응하는 태도.

개념 플러스⁺　인권 침해

인권을 침해하는 일. 특히 공권력이나 권력을 가진 사람이 인간의 기본적 인권을 침해하는 일을 이른다.

노동 삼권

勞 수고로울 노　動 움직일 동　三 석 삼
權 권세 권

근로 조건 향상과 근로자의 인간다운 생활을 위해 헌법에 규정된 근로자의 권리. 단결권, 단체 교섭권, 단체 행동권을 이른다.

단결권

團 둥글 단　結 맺을 결　權 권세 권

노동자가 노동 조건을 유지, 개선하기 위하여 단체를 결성하고 이에 가입할 수 있는 권리.

단체 교섭권

團 둥글 단　體 몸 체　交 사귈 교　涉 건널 섭
權 권세 권

노동조합 대표자가 노동 조건의 유지, 개선 또는 노동 협약의 체결에 관하여 직접 교섭할 수 있는 권리.

단체 행동권

團 둥글 단　體 몸 체　行 다닐 행　動 움직일 동
權 권세 권

단체 교섭권을 통한 협의가 이루어지지 않을 경우, 노동자가 노동 조건의 유지, 개선을 위하여 사용자에 대항하여 법률이 정한 바에 따라 단체적인 행동을 할 수 있는 권리.

법 07 · 12일차 -1 · 국민의 일꾼, 대통령과 행정부

대통령제

大 큰 대　**統** 거느릴 통　**領** 거느릴 령
制 억제할 제

국민이 대통령을 선출하고, 대통령이 행정부를 구성함으로써 입법부와 행정부가 엄격히 구분되는 정부 형태.

의원 내각제

議 의논할 의　**院** 집 원　**內** 안 내　**閣** 문설주 각
制 억제할 제

의회 의원 선거 결과 다수당의 대표가 내각의 수반인 총리가 되어 행정부인 내각을 구성하는 형태.

행정부

行 다닐 행　**政** 정사 정　**府** 마을 부

공익을 실현하기 위해 의회에서 제정한 법률을 집행하고 각종 정책을 수립하여 실행하는 기관.

국무총리

國 나라 국　**務** 힘쓸 무　**總** 거느릴 총
理 다스릴 리

행정 각부를 총괄하며, 국회의 동의를 얻어 대통령이 임명함.

국무 회의

國 나라 국　**務** 힘쓸 무　**會** 모일 회
議 의논할 의

정부의 주요 정책을 논의하는 행정부의 최고 심의 기관. 대통령, 국무총리, 국무 위원으로 구성됨.

감사원

監 볼 감　**查** 사실할 사　**院** 집 원

대통령 직속의 행정부 최고 감사 기관. 행정 기관과 공무원이 직무를 제대로 처리하는지 감독하여 살핌.

국민의 대표, 국회

대의 민주제

代 대신할 대   議 의논할 의   民 백성 민
主 주인 주   制 억제할 제

유권자가 선출한 대표자를 통하여 국민이 간접적으로 정치에 참여하는 민주 정치 제도.

국회

國 나라 국   會 모일 회

국민의 대표로 구성한 입법 기관.

입법

立 설립   法 법 법

법률을 제정함.

재정

財 재물 재   政 정사 정

국가 또는 지방 자치 단체가 행정 활동이나 공공 정책을 시행하기 위하여 자금을 만들어 관리하고 이용하는 경제 활동.

국정 견제

國 나라 국   政 정치 정
牽 끌 견   制 억제할 제

행정부 등 다른 국가 기관의 활동을 감시하고 잘못을 바로잡는 국회의 기능.

본회의

本 근본 본   會 모일 회   議 의논할 의

국회에서 최종 결정이 이루어지는 곳. 전원이 참석하는 정식 회의.

상임 위원회

常 항상 상   任 맡길 임   委 맡길 위   員 관원 원
會 모일 회

국회에서, 각 전문 분야로 나누어 조직한 상설 위원회.

법 09 · 13일차-1 · 국민의 판관, 사법부

사법권

司 맡을 사　法 법 법　權 권세 권

민사, 형사, 행정에 관한 재판권으로서 법원에 속해 있다.

지방 법원

地 땅 지　方 모 방　法 법 법　院 집 원

민사 및 형사 소송을 처리하는 1심 법원.

고등 법원

高 높을 고　等 같을 등
法 법 법　院 집 원

항소 사건을 판결하는 2심 법원.

대법원

大 큰 대　法 법 법　院 집 원

우리나라 사법부의 최고 법원.

특허 법원

特 특별할 특　許 허락할 허
法 법 법　院 집 원

지식 재산권과 관련한 분쟁을 해결하고자 설립한 고등 법원급의 전문 법원.

개념 플러스⁺ 지식 재산권

지적 활동으로 인하여 발생하는 모든 재산권. 산업 발전을 목적으로 하는 공업 소유권과 문화 창달을 목적으로 하는 저작권으로 크게 나뉜다.

행정 법원

行 다닐 행　政 정사 정　法 법 법　院 집 원

국가나 행정 기관에 의해 권리나 이익을 침해당한 국민이 이에 대한 소송을 제기함으로써 이루어지는 행정 재판을 담당하는 법원.

가정 법원

家 집 가　庭 뜰 정　法 법 법　院 집 원

이혼, 상속 따위의 가정에 관한 사건과 소년에 관한 사건을 처리할 목적으로 설치된 법원.

법 10 헌법의 수호자, 헌법 재판소

헌법 재판소

憲 법 헌   法 법 법   裁 마를 재   判 판가름할 판
所 바 소

법령의 위헌 여부를 일정한 소송 절차에 따라 심판하기 위하여 설치한 특별 재판소.

위헌 법률 심판

違 어길 위   憲 법 헌   法 법 법   律 법률
審 살필 심   判 판가름할 판

국회에서 제정한 법률이 헌법에 위반되는지 여부를 헌법 재판소가 심사하는 일.

헌법 소원 심판

憲 법 헌   法 법 법   訴 하소연할 소   願 바랄 원
審 살필 심   判 판가름할 판

국가의 공권력에 의하여 기본권이 침해된 국민이 그것의 구제를 청구하였을 때 헌법 재판소에서 공권적 판단을 내리는 일.

탄핵 심판

彈 탄알 탄   劾 캐물을 핵   審 살필 심
判 판가름할 판

헌법 재판소가 국회의 탄핵 결의를 받아 심판하는 일.

개념 플러스⁺ 탄핵

대통령, 국무 위원, 법관 등을 국회에서 소추하여 해임하거나 처벌하는 일.

정당 해산 심판

政 정사 정   黨 무리 당   解 풀 해   散 흩을 산
審 살필 심   判 판가름할 판

정당의 목적·조직·활동이 민주적 기본 질서에 위배될 때 헌법 재판소에서 정당의 해산 여부를 심판하는 일.

권한 쟁의 심판

權 권세 권   限 한계 한   爭 다툴 쟁
議 의논할 의   審 살필 심   判 판가름할 판

헌법 재판소에서 국가 기관 간, 국가 기관과 지방 자치 단체 간, 지방 자치 단체 간의 권한의 범위나 유무에 관한 다툼을 심판하는 일.

경제 01 **14일차-1**
경제활동의 세 주체

경제활동

經 경서 경　濟 건널 제　活 살 활　動 움직일 동

재화나 서비스를 생산, 분배, 소비하는 모든 활동.

재화

財 재물 재　貨 재화 화

옷, 음식, 주택 등과 같이 사람의 필요와 욕구를 충족해 주는 구체적인 형태가 있는 물건.

서비스

service

버스 기사의 운전, 의사의 진료 등과 같이 사람의 필요와 욕구를 충족해 주는 가치 있는 행위.

기업

企 꾀할 기　業 업 업

경제활동의 주체로서 재화나 서비스를 생산하고 공급하며 이윤을 추구함.

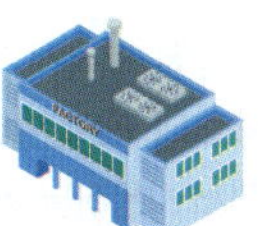

가계

家 집 가　計 꾀할 계

재화와 서비스를 소비하는 경제활동의 주체. 필요한 소득을 얻기 위해 기업에 노동, 토지, 자본 등의 생산 요소를 제공하고 임금, 지대, 이자 등의 대가를 받음.

정부

政 정사 정　府 마을 부

개인이나 기업이 낸 세금을 바탕으로 사회에 필요한 재화나 서비스를 제공하는 경제활동의 주체.

모든 걸 다 가질 순 없어!

생산

生 날 생　産 낳을 산

재화나 서비스를 만들어 내거나 가치를 높이는 것.

분배

分 나눌 분　配 짝 배

생산 활동에 참여한 대가를 받는 것.

소비

消 꺼질 소　費 쏠 비

욕망을 충족하기 위해 재화나 서비스를 구매해서 사용하는 것.

희소성

稀 드물 희　合 적을 소　成 성품 성

인간의 무한한 욕구에 비해서 그 욕구를 충족해 주는 자원이 부족한 상태.

기회비용

機 틀 기　會 모일 회　費 쏠 비　用 쓸 용

하나를 선택함으로써 포기해야만 하는 여러 대안이 갖는 가치 중 가장 큰 것.

합리적 선택

合 맞을 합　理 통할 리　的 과녁 적
選 가릴 선　擇 가릴 택

기회비용보다 편익이 더 큰 것을 선택하는 것.

개념 플러스⁺ 편익

지불한 비용으로 얻게 되는 주관적 만족감을 객관화한 개념.

경제 03 · 15일차-1
인생 경제, 계획이 필요해!

자산

物 재물 자 **産** 낳을 산

개인이 소유하고 있는 것 중에서 경제적 가치를 지닌 것으로 현금화할 수 있는 것.

자산 관리

物 재물 자 **産** 낳을 산 **管** 피리 관 **理** 다스릴 리

자신이 벌어들인 소득으로 언제, 얼마만큼 소비할지, 어떻게 자산을 불릴지 미리 계획을 세우고, 이를 실천하는 것.

안전성

安 편안할 안 **全** 온전할 전 **性** 성품 성

투자한 원금이 손실 없이 보장되는 정도.

개념 플러스⁺ 투자

이익을 얻기 위하여 주식이나 채권 등을 구입하는 데 자금을 돌리는 것.

수익성

收 거둘 수 **益** 더할 익 **性** 성품 성

투자를 통해 이익을 얻을 수 있는 정도.

유동성

流 흐를 유 **動** 움직일 동 **性** 성품 성

필요할 때 바로 현금화할 수 있는 정도.

신용

信 믿을 신 **用** 쓸 용

미래의 어느 시점에 갚을 것을 약속하고 상품이나 돈을 얻을 수 있는 능력.

기업의 존재감

#기업

企 꾀할 기 業 업 업

생산 활동을 담당하는 경제 주체로서 생산물을 시장에 공급함. 또한 생산 요소의 수요자로서 기능함.

#고용

雇 품팔 고 用 쓸 용

보수를 주고 사람을 부림.

#가계 소득

家 집 가 計 셀 계 所 바 소 得 얻을 득

근로 소득, 사업 소득, 집세나 이자 등 재산 소득 등을 모두 합한 가족의 총소득. '가계'란 소비의 주체로 '가정'을 가리킴.

#세금

稅 세금 세 金 쇠 금

정부가 국민들의 생활에 필요한 재화나 서비스를 공급하기 위해 강제로 거두어들이는 돈.

#기업의 사회적 책임

企 꾀할 기 業 업 업 社 단체 사 會 모일 회
的 과녁 적 責 요구할 책 任 맡길 임

기업이 소비자와 노동자, 지역 사회 등이 요구하는 사회적 의무를 충족하는 방향으로 활동해야 한다는 윤리적 책임 의식.

경제 05 · 16일차-1

우리가 몰랐던 시장의 다양한 얼굴

시장

市 시장 시 場 마당 장

상품(재화나 서비스)을 사고자 하는 사람과 팔고자 하는 사람 사이에 거래가 이루어지는 곳.

보이는 시장

판매자와 구매자가 한곳에 직접 모여 거래하는 시장.

보이지 않는 시장

거래되는 대상이나 장소가 구체적으로 보이지 않는 시장.

생산물 시장

生 날 생 産 낳을 산 物 만물 물
市 시장 시 場 마당 장

재화나 서비스가 거래되는 시장.

생산 요소 시장

生 날 생 産 낳을 산
要 중요할 요 素 흴 소
市 시장 시 場 마당 장

상품 생산에 필요한 노동, 자본, 토지 등의 생산 요소가 거래되는 시장.

사회적 분업

分 나눌 분 業 업 업

하나의 생산 부문을 특정 개인이나 집단이 전문적으로 담당하는 것.

거래 비용

去 갈 거 來 올 래 費 쓸 비
用 쓸 용

거래에 드는 시간과 비용.

경제 06 | 16일차-2 | 보이지 않는 손의 정체는?

수요량

需 구할 수　要 구할 요　量 헤아릴 량

수요자가 일정한 가격에 사려고 하는 상품의 양.

수요 법칙

需 구할 수　要 구할 요　法 법 법　則 법칙 칙

상품의 가격이 상승하면 수요량이 감소하고, 가격이 하락하면 수요량이 증가하는 현상.

공급량

供 이바지할 공　給 더할 급　量 헤아릴 량

공급자가 일정한 가격에 팔고자 하는 상품의 양.

공급 법칙

供 이바지할 공　給 더할 급　法 법 법　則 법칙 칙

상품의 가격이 상승하면 공급량이 증가하고, 가격이 하락하면 공급량이 감소하는 현상.

균형 가격

均 고를 균　衡 저울대 형　價 값 가
格 격식 격

시장에서 수요량과 공급량이 일치하여 상품의 가격이 더는 변하지 않는 균형 상태에 도달하게 될 때의 가격. 시장 가격.

균형 거래량

均 고를 균　衡 저울대 형　去 갈 거　來 올 래
量 헤아릴 량

시장 가격에서 거래되는 양.

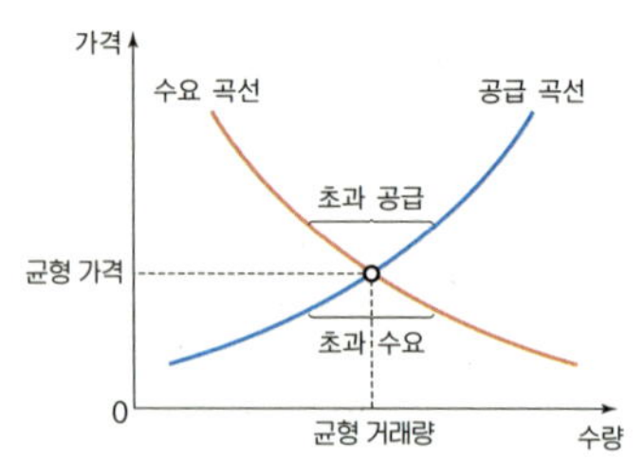

경제 07 | 17일차 -1

나라 살림, 잘 되고 있나요?

국내 총생산

國 나라 국　**內** 안 내　**總** 거느릴 총　**生** 날 생
産 낳을 산

한 나라의 영역 내에서 가계, 기업, 정부 등 모든 경제 주체가 일정 기간 동안 새로 생산한 최종 생산물을 시장 가격으로 평가하여 합산한 것.

경제 성장

經 경서 경　**濟** 건널 제　**成** 이룰 성　**長** 길 장

나라의 경제 규모가 지속적으로 커지고 생산 능력이 향상되는 것.

실업

失 잃을 실　**業** 업 업

일할 의사와 능력이 있는 사람이 일자리를 잃거나 일할 기회를 얻지 못하는 상태.

물가

物 만물 물　**價** 값 가

시장에서 거래되는 여러 가지 상품이나 서비스의 가치를 종합적이고 평균적으로 본 개념.

인플레이션

inflation

물가가 전반적, 지속적으로 올라 화폐 가치가 떨어지는 현상.

개념 플러스⁺　디플레이션과 스테그플레이션

- 디플레이션(deflation): 돈의 양이 축소하여 물가가 하락하고 경제 활동이 침체되는 현상.
- 스테그플레이션(stagflation): 경제 활동이 침체되고 있음에도 불구하고 지속적으로 물가가 상승되는 상태가 유지되는 저성장·고물가 상태.

지구촌 시장에서 사고팔기

국제 거래

國 나라 국   際 사이 제   去 갈 거   來 올 래

경제적 이득을 위해 국가 간에 상품이나 생산 요소 등을 거래하는 것.

수출

輸 나를 수   出 날 출

국내의 상품이나 기술을 외국으로 팔아 내보내는 것.

수입

輸 나를 수   入 들 입

다른 나라로부터 상품이나 기술을 국내로 사들이는 것.

환율

換 바꿀 환   率 비율 율

자기 나라 돈과 다른 나라 돈의 교환 비율. '1,000원/달러'와 같이 외국 화폐 1단위에 대한 우리나라 화폐의 가격으로 표시함. 외환 시장에서 외화 수요가 증가하면 환율이 상승하고 외화 공급이 증가하면 환율이 하락함.

개념 플러스⁺   외환

다른 나라와 거래를 할 때 쓰는, 발행지와 지급지가 다른 어음.

외화

外 밖 외   貨 재화 화

외국의 돈. 외국의 통화로 표시된 수표나 유가 증권 따위도 포함함.

개념 플러스⁺   유가 증권

어음, 수표, 채권, 상품권 등 법적으로 재산권을 표시한 증권.

1 윗글의 제목으로 가장 적절한 것은?

① 인권 침해의 다양한 사례
② 국가 인권 위원회의 역할과 한계
③ 인권 감수성을 지녀야 하는 이유
④ 법률이 정한 근로자 파업의 절차
⑤ 인권 침해 구제 방법과 근로자의 권리

2 윗글의 내용과 일치하지 <u>않는</u> 것은?

① 자신의 권리와 타인의 인권 침해 문제에 관심을 가져야 한다.
② 국가 인권 위원회는 인권 침해 행위를 조사하고 구제하는 기구이다.
③ 우리나라 헌법은 근로 조건의 기준을 법률로 정하도록 규정하고 있다.
④ 국가 인권 위원회에 헌법 소원을 제기해 인권 침해 구제를 요청할 수 있다.
⑤ 개인의 인권이 침해당했을 때 법원에 소송을 제기하여 구제를 받을 수 있다.

3 ㉠의 이유로 가장 적절한 것은?

① 불리한 조건이지만 받아들일 수밖에 없기 때문에
② 국가 인권 위원회에서 차별 행위로 인정하였기 때문에
③ 근로자와 사용자가 근로 조건을 합의하지 않았기 때문에
④ 노동자의 능력에 따라서만 임금을 차별할 수 있기 때문에
⑤ 출신 국가, 나이 등의 이유로 차별하는 것은 평등권 침해 행위이기 때문에

4 윗글을 바탕으로 할 때, <보기>에 대한 반응으로 적절하지 <u>않은</u> 것은?

> **보기**
>
> (가) 〈청소년 알바 10계명〉에는 '임금, 근로 시간, 휴일, 업무 내용 등이 포함된 근로 계약서를 반드시 작성해야 한다.'라는 내용이 있다.
>
> (나) ○○ 성형외과 원장은 환자의 동의 없이 수술 전후를 비교한 환자의 사진을 병원 홍보에 이용하였다.
>
> (다) □□ 공단은 국가 기술 자격시험 응시자들이 시험 시간 중 화장실을 출입할 경우 시험장에 다시 들어올 수 없도록 하였다.
>
> (라) △△ 중공업의 직원들은 최근 노동조합을 결성하였다. 갑은 노동조합에 가입하여 임금 인상을 요구하는 데 앞장섰다는 이유로 회사에서 퇴직을 권고받았다.

① (가)에서 근로 계약서를 작성하라는 것은 청소년의 인권을 보호하기 위해서겠군.
② (나)의 환자는 인권 침해를 구제하기 위해 법원에 재판을 청구할 수 있겠군.
③ (다)의 응시자는 인권 침해를 구제하기 위해 국가 인권 위원회에 진정을 낼 수 있겠군.
④ (라)에서 직원들의 노동조합 결성은 노동 삼권 중에서 단결권을 행사한 것이군.
⑤ (라)에서 △△ 중공업은 갑의 단체 행동권을 인정하지 않는 부당한 대우를 하였군.

◆ 개념 한눈에 보기

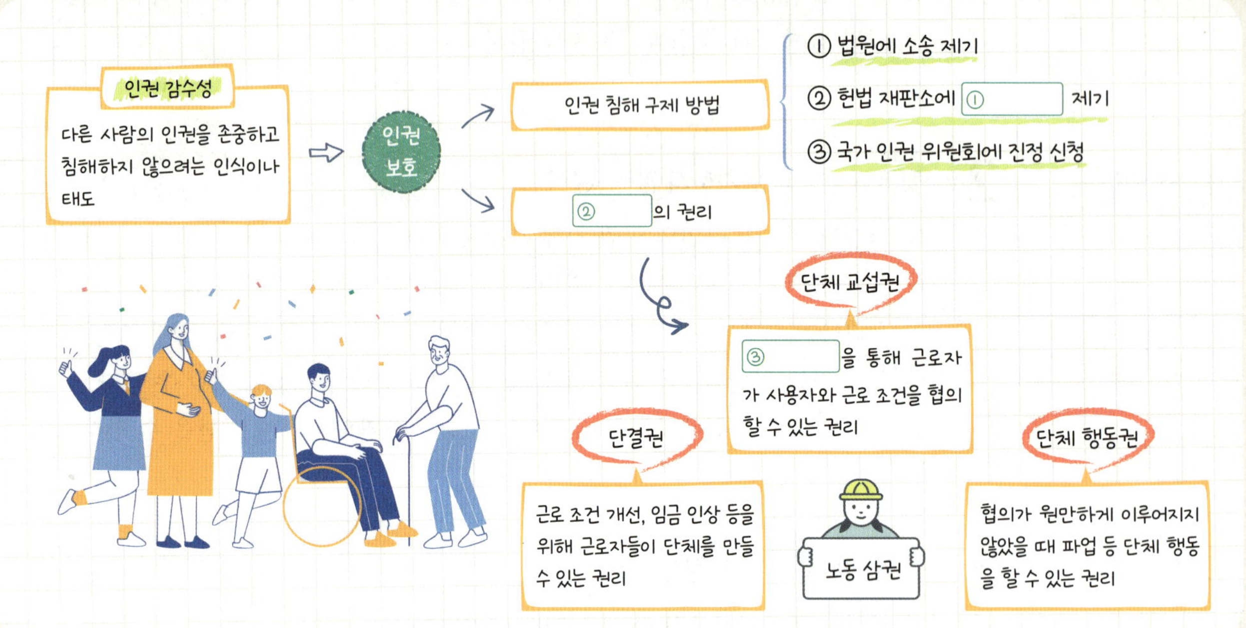

📕 교과 개념 사전

#인권 감수성 [인꿘] [감:수썽]
다른 사람이 가지는 권리의 소중함을 인식하고 인권 침해에 민감하게 반응하는 태도.

#노동 삼권 [노동] [삼꿘]
근로 조건 향상과 근로자의 인간다운 생활을 위해 헌법에 규정된 근로자의 권리. 단결권, 단체 교섭권, 단체 행동권을 이른다.

#단결권 [단결꿘]
노동자가 노동 조건을 유지, 개선하기 위하여 단체를 결성하고 이에 가입할 수 있는 권리.

#단체 교섭권 [단체] [교섭꿘]
노동조합 대표자가 노동 조건의 유지, 개선 또는 노동 협약의 체결에 관하여 직접 교섭할 수 있는 권리.

#단체 행동권 [단체] [행동꿘]
단체 교섭권을 통한 협의가 이루어지지 않을 경우, 노동자가 노동 조건의 유지, 개선을 위하여 사용자에 대항하여 법률이 정한 바에 따라 단체적인 행동을 할 수 있는 권리.

교과 개념 확인 Quiz ✎

다음 물음에 답하시오.

❶ 다른 사람의 인권의 소중함을 인식하고 인권 침해에 민감하게 반응하는 태도를 '인권 감수성'이라 한다.　　　○ | ×

❷ 우리 헌법에서는 '단결권', '단체 교섭권', '단체 행동권'의 □□ □□을 보장하고 있다.

❸ 근로자가 노동조합을 결성하고 가입할 수 있는 권리는 □□□에 해당한다.

❹ 근로자들은 법률이 정하는 바에 따라 파업을 행사할 수 있는 단체 교섭권을 보장받는다.　　　○ | ×

❺ 노동조합은 회사 측과 노동 조건에 대해 직접 협의할 수 없다.　　　○ | ×

12일차

1 ≫법
국민의 일꾼, 대통령과 행정부

 교과 개념 톡 생각 열기

◆ 무엇을 배울까?

초등	중등	고등	수능기출
사회 5~6 교과서 민주주의와 시민 참여	사회 2 교과서 1단원 헌법과 국가 기관	정치 교과서 3단원 민주 국가의 정부 형태	COMING SOON

❶ 우리나라의 정부 형태 이해하기

　#대통령제　　#의원 내각제

❷ 우리나라 행정부와 대통령의 역할 이해하기

　#행정부　　#국무총리　　#국무 회의　　#감사원

💡 생각해 보기　국가 정상 회의에 참석한 각국의 대표를 부르는 호칭이 각기 다른 이유를 생각해 보자.

1 행정부의 수반˙인 대통령을 국민이 선거를 통해 선출하고, 대통령이 행정부를 구성하는 정부 형태를 **#대통령제**라고 한다. 대통령제는 입법부에 의해 행정부가 구성되는 **#의원 내각제**와 달리 입법부와 행정부가 엄격하게 분리된 정부 형태이다. 보통 대통령제에서는 대통령의 임기˙를 보장함으로써, 국가의 운영이 안정적으로 이루어지도록 하는 경우가 많다. 우리나라는 대통령제를 기본 정부 형태로 채택하고 있으며, 대통령 임기는 5년 단임제로 중임할 수 없다.

2 그렇다면 우리나라의 행정부는 어떻게 구성되어 있을까? 의회가 만든 법률을 구체화하여 집행하는 국가 기관의 활동을 행정이라고 한다. 행정을 담당하는 **#행정부**는 법률을 집행하고 각종 정책˙을 실행하는 기관으로서 우리나라의 행정부는 대통령을 수반으로 하여 **#국무총리**, **#국무 회의**, 행정 각부, 감사원 등으로 구성된다. 국무총리는 국회의 동의를 얻어 대통령이 임명하며, 대통령을 도와 행정 각부를 총괄한다. 국무 회의는 대통령, 국무총리, 국무 위원으로 구성되며, 정부의 주요 정책을 심의하는˙ 행정부 최고 심의 기관이다. 행정 각부는 실제 행정 업무를 처리하며, 행정 각부의 장인 장관은 자신이 맡은 부서의 업무를 지휘한다. 장관은 대통령이 임명하며, 국무 위원으로 국무 회의에 참석하여 국정에 관한 의견을 제시한다.

3 또한 우리나라 행정부의 특징으로 **#감사원**이라는 대통령 직속 기관을 두고 있다는 것을 들 수 있다. 감사원은 국민이 낸 세금이 제대로 쓰이는지, 여러 행정 기관과 공무원이 직무를 제대로 수행하는지 감찰하는˙ 행정 기관으로, 업무상 독립된 지위를 갖는다. 한편, 우리나라 행정부는 대통령 아래 정부를 이끄는 국무총리가 있고, 행정부가 법률안을 제출할 수도 있으며, 국회의원이 행정 각부의 장관을 겸직할˙ 수 있다는 점에서 의원 내각제의 요소도 일부 가지고 있다.

4 대통령은 행정부의 최고 책임자로 행정부를 지휘하고 감독한다. 행정부에 속한 공무원을 임명하거나 해임할 수 있으며, 국무 회의의 의장으로서 행정부의 주요 업무를 심의한다. 또한 법률안 거부권을 행사하여 국회를 견제하거나 필요한 경우 법률 집행에 필요한 행정 명령인 대통령령을 만들어 집행할 수 있다. 대통령의 이러한 역할들을 ㉠행정부 수반으로서의 역할이라고 한다.

5 또한 대통령은 ㉡국가 원수로의 역할을 수행한다. 대통령은 우리나라를 대표하여 다른 나라와 조약을 맺는 등 외교 활동을 하기도 하고, 국가가 전쟁이나 재난 등 위기 상황에 처했을 때 긴급 명령을 내리거나 계엄˙을 선포할 수 있다. 그리고 국회의 동의를 얻어 감사원장이나 대법원장, 헌법재판소장 등을 임명할 수 있으며, 국가의 중요 정책이나 헌법 개정과 같은 사안을 국민 투표에 부쳐 국민의 의견을 직접 물을 수도 있다. 이처럼 대통령은 큰 권한을 가지고 있지만, 헌법에 따라 자신에게 부여된 의무를 다해야 하며, 헌법을 수호해야 하는 막중한 책임을 지고 있다.

---

1 문단
우리나라의 정부 형태인 [　　　]
국민이 선출한 대통령이 행정부를 구성하는 정부 형태. 5년 단임제

· **수반** 행정부의 가장 높은 자리에 있는 사람.
· **임기** 임무를 맡아보는 일정한 기간.

2 문단
우리나라 행정부의 구성
· 행정의 개념: [　　　]가 만든 법률을 구체화하여 집행하는 국가 기관의 활동
· 행정부의 구성: [　　　]을 수반으로 국무총리, 국무 회의, 행정 각부, 감사원 등으로 구성

· **심의하다** 심사하고 토의하다.

3 문단
우리나라 행정부의 특징
· 대통령 직속 기관으로서의 감사원
· 의원 내각제 요소 일부 채택
  - [　　　]가 있음.
  - 행정부의 [　　　] 제출권
  - 국회의원이 장관 겸직 가능

· **감찰하다** 단체의 규율과 구성원의 행동을 감독하여 살피다.
· **겸직하다** 자기의 본디 직무 외에 다른 직무를 겸하다.

4 문단
행정부 수반으로서 대통령의 역할
행정부의 지휘와 감독, [　　　] 임명과 해임, 국무 회의의 의장, 법률안 거부권 행사, 대통령령 집행

5 문단
국가 원수로서 대통령의 역할
외교 활동, 위기 상황의 긴급 명령과 [　　　] 선포, 감사원장·대법원장·헌법재판소장 임명, [　　　] 부의권

· **계엄** 군사적 필요나 사회의 안녕과 질서 유지를 위하여 일정한 지역의 행정권과 사법권의 전부 또는 일부를 군이 담당하는 일.

핵심 내용 파악하기

1 윗글의 내용과 일치하는 것은?

① 우리나라는 의원 내각제를 기본 정부 형태로 채택하고 있다.
② 행정 각부에서는 정책을 실행할 때 법률에 따르지 않아도 된다.
③ 국무총리는 대통령과 독립적으로 행정 각부의 실제 업무를 총괄한다.
④ 우리나라의 장관 중에는 장관인 동시에 국회의원인 사람이 있을 수 있다.
⑤ 감찰 기능을 담당하는 감사원을 행정부에 둔 것은 의원 내각제의 요소이다.

세부 내용 파악하기

2 ㉠과 ㉡에 대한 설명으로 적절하지 <u>않은</u> 것은?

① 대통령이 국회에 법률안 거부권을 행사하는 것은 ㉠에 해당한다.
② 대통령이 국무 회의를 통해 국가 정책을 결정하는 것은 ㉠에 해당한다.
③ 대통령이 행정 각부의 장관과 대법원장을 임명하는 것은 ㉠에 해당한다.
④ 대통령이 중요 정책 결정을 국민 투표에 부치는 것은 ㉡에 해당한다.
⑤ 대통령이 국가 위기 상황에서 긴급 명령을 내리는 것은 ㉡에 해당한다.

세부 내용 추론하기

3 윗글을 읽고 추가 질문을 할 때, 가장 적절한 것은?

① 행정부는 어떻게 구성될까?
② 감사원장은 누가 임명할까?
③ 국무 회의의 의장은 누구일까?
④ 대통령의 임기는 얼마 동안일까?
⑤ 대통령이 헌법을 위반하면 어떻게 될까?

사례에 적용하기

4 윗글을 바탕으로 할 때, <보기>에 대한 반응으로 가장 적절한 것은?

> **보기**
>
> '철도 보호 지구'는 철도 시설물 보호 및 열차 안전 운행 확보를 위한 철도 경계선으로부터 30m 이내의 지역을 말한다. 국가철도공단은 국토교통부 관할 아래 있는 공공 기관으로, 철도 보호 지구 내에 건물을 증축하는 경우 시공 업체나 지방 자치 단체로부터 사전에 신고를 받고 안전 감독을 해야 할 의무가 있다. 하지만 최근 국가철도공단이 감독 의무를 소홀히 하고 있다는 비판을 받고 있다.
>
> ─△△일보

① 철도 보호 지구가 있는 지방 자치 단체의 장이 국무 회의에 참석해야겠군.
② 감사원에서 국가철도공단이 감독 의무를 제대로 하고 있는지 감찰해야겠군.
③ 사법부에서 법률을 제정하여 국가철도공단의 감독 의무를 더 강화해야겠군.
④ 국가철도공단을 관리하는 행정부에서 철로 파손을 수리하도록 조치해야겠군.
⑤ 국가 안전에 위협을 초래하는 위기 상황이므로 대통령이 긴급 명령을 내려야겠군.

◆ 개념 한눈에 보기

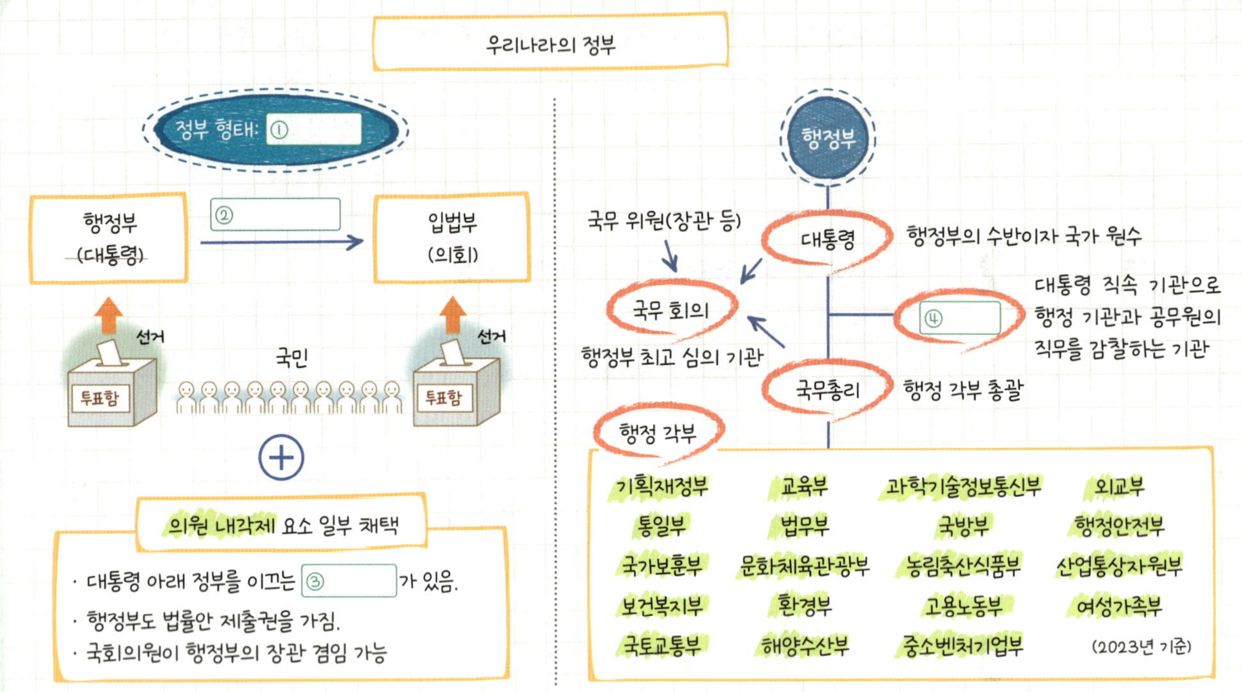

📖 교과 개념 사전

#대통령제[대:통녕제]
국민이 대통령을 선출하고, 대통령이 행정부를 구성함으로써 입법부와 행정부가 엄격히 구분되는 정부 형태.

#의원 내각제 [의원] [내:각쩨]
의회 의원 선거 결과 다수당의 대표가 내각의 수반인 총리가 되어 행정부인 내각을 구성하는 형태.

#행정부[행정부]
공익을 실현하기 위해 의회에서 제정한 법률을 집행하고 각종 정책을 수립하여 실행하는 기관.

#국무총리[궁무총니]
행정 각부를 총괄하며, 국회의 동의를 얻어 대통령이 임명함.

#국무 회의[궁무] [회:의/훼:이]
정부의 주요 정책을 논의하는 행정부의 최고 심의 기관. 대통령, 국무총리, 국무 위원으로 구성됨.

#감사원[감사원]
대통령 직속의 행정부 최고 감사 기관. 행정 기관과 공무원이 직무를 제대로 처리하는지 감독하여 살핌.

교과 개념 확인 Quiz ✎

다음 물음에 답하시오.

❶ 대통령제는 □□□와 □□□가 엄격하게 구분되는 정부 형태이다.

❷ 의원 내각제에서는 다수당의 대표가 내각의 수반인 □□가 된다.

❸ □□□는 대통령, 국무총리, 국무 회의, 행정 각부, 감사원 등으로 구성된다.

❹ 국무총리는 행정부의 최고 책임자로서 행정부를 지휘 · 감독할 수 있는 권한을 가진다.
　　　　　　　　　　　　　○ ｜ ✕

❺ 국무 회의는 정부의 주요 정책을 논의하는 행정부의 최고 심의 기관이다.　　○ ｜ ✕

❻ □□□은 대통령 직속의 행정부 최고 감사 기관으로, 행정 기관과 공무원이 직무를 제대로 처리하는지 감독한다.

12일차

2 »법
국민의 대표, 국회

Step 1 교과 개념 톡 생각 열기

◆ **무엇을 배울까?**

[초등]
사회 5~6 교과서
민주주의와 시민 참여

[중등]
사회 2 교과서
1단원
헌법과 국가 기관

[고등]
정치 교과서
3단원
민주 국가의 정부 형태

[수능기출]
COMING SOON

❶ 대의 민주제의 개념을 바탕으로 국회의 위상 이해하기

#대의 민주제　　#국회　　#입법　　#재정　　#국정 견제

❷ 국회의 조직과 기능 이해하기

#본회의　　#상임 위원회

우리나라의 국회 의원 선거

출마 자격
법으로 금하고 있는 사람을 제외한
만 25세 이상 누구나

임기
4년. 단 투표에서 당선된다면 횟수
에 제한 없이 계속 일할 수 있음.

최초의 선거
1948년 5월 10일 총선. 198명
선출로 초대 국회 구성

의석 수
지역구 253석, 비례 대표 47석
(2022년 기준)

💡 **생각해 보기**　국회 의원 선거가 중요한 이유는 무엇일까?

1 고대 아테네에서 시민들은 광장에 모여 전쟁을 할 것인지 말 것인지, 세금을 올릴 것인지 말 것인지 등을 직접 토의하여 결정하였다. 이러한 정치 형태는 공동체의 모든 구성원이 한곳에 모여 주요 정책을 결정하는 직접 민주제라 할 수 있다. 한편 오늘날에는 국가의 규모가 비대해짐에˚ 따라 모든

▲ 고대 아테네의 광장인 아고라 유적지

국민이 한 공간에 모여 토의하고 결정하는 것이 거의 불가능하다. 따라서 국민이 선거를 통해 대표를 선출하면˚ 그 대표들이 모여 의사 결정을 하는 **#대의 민주제**를 채택하고˚ 있는 나라가 많다.

2 국민을 대표하는 사람들로 이루어진 국가 기관이 바로 **#국회**이다. 우리나라의 ㉠국회를 구성하는 국회 의원은 국민이 직접 선출하는 지역 대표와 각 정당의 득표율에 비례하여 선출되는 비례 대표로 구성된다. 지역 대표와 비례 대표로 구성된 국회에서는 법률을 제정하거나 개정하는 **#입법** 활동을 한다. 민주 국가에서는 국가의 모든 통치 작용이 법에 따라 이루어지기 때문에 입법 기능은 국회의 가장 대표적인 기능이라고 할 수 있다. 또한 국회는 조세 종목과 세율을 정하거나 국가 예산을 심의하는˚ 등 **#재정**에 관한 기능을 수행한다. 그리고 행정부와 국가 기관들을 감시하고 비판하는 **#국정 견제** 기능을 통해 국가 운영에 잘못된 점이 있으면 바로잡는 역할을 한다. 더불어 국무총리, 감사원장, 대법원장, 헌법 재판소장 등의 임명에 대한 동의권을 행사하고, 대통령을 비롯한 고위 공무원이 헌법이나 법률을 위반하면 탄핵 소추˚를 의결할 수 있다.

3 이와 같은 국회의 여러 기능을 수행하기 위한 모든 결정은 최종적으로 **#본회의**에서 이루어진다. 그런데 본회의에서 모든 안건을 처리하기 힘들기 때문에 효율적인 국회 운영을 위해 각 분야의 전문성을 갖춘 국회 의원들로 구성된 위원회를 두고 있다. 본회의에 앞서 관련 법률안과 예산안 등을 심사하는 위원회는 **#상임 위원회**와 특별 위원회로 구성된다. 상임 위원회가 각 분야를 담당하기 위해 항상 활동하는 것과 달리 특별 위원회는 특별한 안건이 생겼을 때만 활동한다.

4 ㉡대의 민주제에서는 무엇보다 국민을 대표하는 국회 의원을 선출하는 일이 가장 중요하다. 대표를 잘못 선출하면 대표에 의해 정책이 자의적˚으로 결정되어 공동체 전체에 악영향을 미칠 수 있기 때문이다. 따라서 국민들은 정치에 관심을 가지고 참여하는 자세를 갖추어야 하며 수준 높은 정치의식을 바탕으로 유능한 국회 의원을 선출해야 한다.

---

1 문단
직접 민주제와 대의 민주제
- ▢▢▢▢▢: 사회 구성원이 모두 모여 직접 국가의 주요 정책을 결정함.
- 대의 민주제: 국민이 ▢▢▢를 통해 선출한 대표들이 모여 의사 결정을 함.

· **비대하다** 권력이나 권한, 조직 따위가 일정한 범위를 넘어서 강대하다.
· **선출하다** 여럿 중에서 골라내다.
· **채택하다** 작품, 의견, 제도 따위를 골라서 다루거나 뽑아 쓰다.

2 문단
국회의 구성과 기능
- 국회의 구성: 국민이 직접 선출한 ▢▢▢▢와 정당 득표율에 비례하여 선출된 ▢▢▢▢로 구성됨.
- 국회의 기능: ▢▢ 기능, 재정에 관한 기능, 국정 견제 기능, 국가의 주요 공무원 임명 동의권과 탄핵 소추 의결권

· **심의하다** 심사하고 토의하다.
· **탄핵 소추** 고위 공무원이 위법 행동을 했을 때 해당 직무를 그만두게 하는 심판을 헌법 재판소에 요구하는 것.

3 문단
국회의 조직
- ▢▢▢: 최종 결정이 이루어짐.
- 위원회: 본회의에 앞서 심사. 항상 활동하는 ▢▢▢ 위원회와 특별한 안건이 있을 때만 활동하는 특별 위원회

4 문단
국회 의원 ▢▢의 중요성
국회 의원을 잘못 선출하면 공동체에 악영향을 미치게 됨.

· **자의적** 일정한 질서를 무시하고 제멋대로 하는 것.

1 윗글에서 알 수 있는 내용이 <u>아닌</u> 것은?

① 국회에서 하는 일 ② 직접 민주제의 한계
③ 유능한 국회 의원의 요건 ④ 효율적인 국회 운영을 위한 조직
⑤ 국회를 구성하는 국회 의원의 유형

2 ㉠에 대한 설명으로 적절하지 <u>않은</u> 것은?

① 최종 결정은 본회의에서 이루어진다.
② 국가 예산을 결정하고 필요한 곳에 집행하는 일을 한다.
③ 국가 운영을 감시하고 잘못된 점을 바로잡는 기능을 한다.
④ 상임 위원회와 특별 위원회를 통해 안건을 사전에 심사한다.
⑤ 국민의 대표가 모여 법률을 제정하거나 개정하는 입법 기관이다.

3 ㉡의 이유로 가장 적절한 것은?

① 현대 사회는 국가의 규모가 점점 커지고 있기 때문에
② 국민이 직접 국정 견제 기능을 수행할 수 없기 때문에
③ 정당 득표율에 따라 지역 대표 의원을 선출하기 때문에
④ 직접 민주제보다 대의 민주제가 더욱 효율적이기 때문에
⑤ 선거를 통해 선출된 대표가 국민을 대신하여 의사 결정을 하기 때문에

4 윗글을 바탕으로 할 때, <보기>에 대한 반응으로 적절하지 <u>않은</u> 것은?

> **보기**
>
> (가) '국민 투표'는 국가의 중요한 법안이나 정책을 국민이 직접 표결로 결정하는 제도이다. 우리나라는 헌법 개정안을 확정하기 위한 경우와 대통령이 중요 정책을 정할 때 국민 투표를 실시할 수 있다.
> (나) △△시의 시장이 주민들의 동의를 얻지 않고 대규모 화장장을 설치하기로 하자 주민들은 시장을 해임하기 위해 선출된 공직자에게 문제가 있을 때 주민 투표로 해임을 결정할 수 있는 '주민 소환제'를 실시하기로 했다.

① (가)는 국민 모두의 의견을 묻는다는 점에서 직접 민주제의 성격이 있겠군.
② (나)는 주민 모두의 의견을 묻는다는 점에서 직접 민주제의 성격이 있겠군.
③ (나)의 주민 소환제는 시장의 결정을 감시하고 비판하는 기능을 할 수 있겠군.
④ (가)의 구성원 수가 (나)보다 많으므로 (가)가 직접 민주제의 성격이 더 강하겠군.
⑤ (가)와 (나)는 모두 구성원들이 한곳에 모여 토의함으로써 의사 결정을 하기 어려우므로 투표로 의견을 묻는 것이겠군.

◆ 개념 한눈에 보기

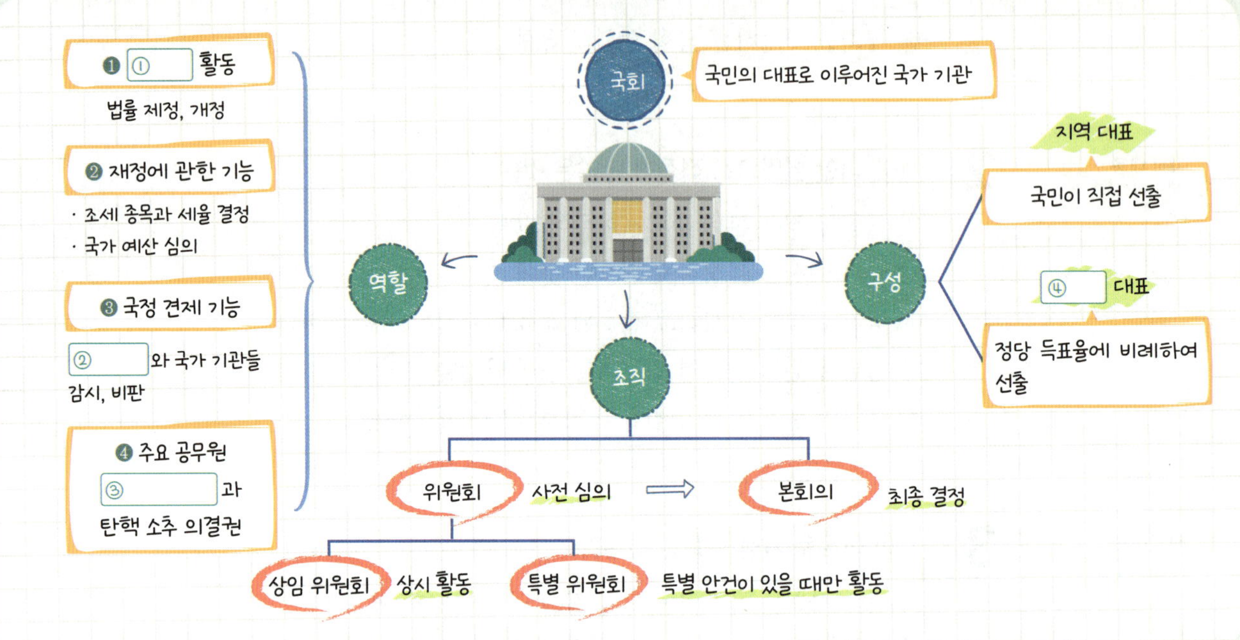

📖 교과 개념 사전

#대의 민주제 [대:의/대:이] [민주제]
유권자가 선출한 대표자를 통하여 국민이 간접적으로 정치에
참여하는 민주 정치 제도.

#국회 [구쾨/구퀘]
국민의 대표로 구성한 입법 기관.

#입법 [입뻡]
법률을 제정함.

#재정 [재정]
국가 또는 지방 자치 단체가 행정 활동이나 공공 정책을 시행
하기 위하여 자금을 만들어 관리하고 이용하는 경제 활동.

#국정 견제 [국쩡][견제]
행정부 등 다른 국가 기관의 활동을 감시하고 잘못을 바로잡
는 국회의 기능.

#본회의 [본회의 / 본훼이]
국회에서 최종 결정이 이루어지는 곳. 전원이 참석하는 정식 회의.

#상임 위원회 [상임] [위원회/위원훼]
국회에서, 각 전문 분야로 나누어 조직한 상설 위원회.

교과 개념 확인 Quiz ✏️

다음 물음에 답하시오.

❶ □□ □□□는 국민이 선거를 통해 대표
를 선출하면 그 대표들이 모여 의사 결정을 하
는 정치 제도이다.

❷ 입법 기능은 국회의 가장 대표적인 기능이다.
　　　　　　　　　　　　　　○ ¦ ✕

❸ 국회는 세금과 예산 등 국가 □□과 관련된
역할을 수행한다.

❹ 국회는 행정부를 견제하는 역할을 수행한다.
　　　　　　　　　　　　　　○ ¦ ✕

❺ 분야별 전문성을 갖춘 일부 의원들로 구성된 본
회의에서 최종 결정이 이루어진다.　○ ¦ ✕

❻ 특별 위원회와 달리 □□ □□□는 각
분야를 담당하기 위해 항상 활동한다.

13일차

1 ≫법
국민의 판관, 사법부

Step 1 교과 개념 톡 생각 열기

◆ **무엇을 배울까?**

초등	중등	고등	수능기출
사회 5~6 교과서 민주주의와 시민 참여	사회 2 교과서 1단원 헌법과 국가 기관	정치 교과서 3단원 민주 국가의 정부 형태	COMING SOON

❶ 사법권의 개념과 기능 이해하기

　#사법권

❷ 법원의 조직과 기능 이해하기

　#지방 법원　　#고등 법원　　#대법원　　#특허 법원

　#행정 법원　　#가정 법원

조선 시대의 재판 제도

　수령(원님)은 태형(볼기를 치던 형벌) 이하의 형사 사건과 일반 민사 사건의 제1심을 맡았고, 관찰사는 유형(귀양을 보내던 형벌) 이하의 형사 사건을 제1심으로 직접 처리하면서 관내 수령이 재판한 민사 사건의 상소심을 맡았다.

　관찰사의 판결에도 이의가 있으면 형조나 사헌부에 상소할 수 있었고, 신문고를 통해 임금에게 직접 호소할 수도 있었다. 사형에 해당하는 죄의 경우 인명을 중히 여기는 뜻에서 세 번 심사를 하였고, 최종 재판은 임금이 담당하였다.

💡 **생각해 보기**　　조선 시대와 오늘날의 재판 제도는 어떤 공통점이 있을까?

1 영화나 드라마에서는 종종 법정 신이 등장한다. 법 앞에서 진실을 밝히기 위한 치열한 공방이 벌어지는 곳이 바로 법원이다. 우리나라의 법원은 법관으로 구성되고 소송 절차에 따라 **#사법권**을 행사한다. 원칙적으로 사법권은 법원의 권한이다. 따라서 헌법에서 규정하고 있는 경우 외에는 다른 국가 기관에서 사법권을 행사할 수 없다. 사법권이란 분쟁 해결을 위해 법을 적용하는 국가 작용인 사법에 관한 권한으로 민사, 형사, 행정에 관한 재판권을 의미한다. 국민의 자유와 권리를 보장하기 위한 공정한 재판이 이루어지려면 사법권 독립이 보장되어야 한다. 즉 법관은 누구의 간섭도 받지 않고 오로지 헌법과 법률에 의하여 양심에 따라 판결해야 한다.

2 만약 다툼이 발생해서 재판을 하기 위해 법원에 가야 할 경우, 무작정 아무 법원이나 찾아가면 안 된다. 우리나라는 처음 재판을 맡는 법원이 따로 정해져 있다. **#지방 법원**은 처음으로 판결을 내리는 1심 재판을 주로 담당하는 법원이다. 지방 법원에서는 다양한 사건들을 처리하는데 민사 재판이나 형사 재판뿐만 아니라 '제소˙ 전 화해˙'도 맡는다. 이는 민사 소송을 제기하기 전에 법원에 화해를 신청하여 법원에서 당사자끼리 분쟁을 해결하는 것을 가리킨다.

3 **#고등 법원**은 지방 법원의 판결에 불만이 있을 경우, 다시 재판을 받을 수 있는 상급 법원이다. 즉 고등 법원은 항소한 사건을 판결하는 2심 법원으로, 민사 재판이나 형사 재판 외에 선거 소송에 관련된 재판도 다룬다. 만약 고등 법원의 판결에 불만이 있으면 상고를 통해 상급 법원인 **#대법원**에 다시 재판을 요구할 수 있다. 3심 재판을 하는 대법원은 우리나라 사법부의 최고 기관으로 대법원 판결에는 더 이상 이의˙를 제기할 수 없다. 그런 만큼 대법원의 결정은 신중하게 이루어지는데, 판결 과정에서 대법관들의 의견이 다르면 대법원장이 재판장이 되고 나머지 대법관 중 3분의 2 이상이 참여한 합의체에서 판결을 한다. 다만 대법원에서 확정된˙ 최종 판결에 중대한 흠이 있는 경우, 그 판결을 취소하고 이미 종결된˙ 사건에 대해 ㉠재심판을 청구할 수 있는 재심 제도가 있다.

4 그 밖에도 '특허 법원', '가정 법원', '행정 법원' 등이 있다. **#특허 법원**은 상품과 관련된 발명이나 아이디어에 대한 모든 권한을 신청한 사람에게 주는 특허권과 특허청에 등록한 상표를 지정 상품에만 사용할 수 있는 상표권에 관한 사건을 담당한다. **#행정 법원**은 국가나 행정 기관으로부터 개인의 권리를 침해당한 국민이 국가나 행정 기관을 상대로 손해 배상 등을 요구하기 위해 제소함으로써 이루어지는 행정 재판을 담당한다. **#가정 법원**은 가정에서 일어나는 사건에 대한 판결을 담당하는데, 10세 이상 19세 미만의 어린이와 청소년이 저지른 사건과 관련된 '소년 보호 재판', 이혼이나 상속 등 가정에서 일어나는 갈등과 관련된 '가사 재판', 가정 폭력 사건과 관련된 '가정 보호 재판' 등을 다룬다.

1 문단
사법권의 개념과 기능
민사, 형사, 행정에 관한 ☐
→ 국민의 자유와 권리 보장

2 문단
법원의 조직과 기능 ①
• 지방 법원: ☐ 법원. 민사·형사 재판, 화해 사건 등을 담당함.
⸱⸱⸱⸱⸱⸱⸱⸱⸱⸱⸱⸱⸱⸱⸱⸱⸱⸱⸱⸱⸱⸱⸱
• 제소 소송을 제기함.
• 화해 민사상의 분쟁을 재판 이외에 당사자 간에 해결하는 일. 또는 그 화해 계약.

3 문단
법원의 조직과 기능 ②
• 고등 법원: ☐ 법원으로 항소 사건을 판결함. 민사·형사 재판, 선거 소송 등을 담당함.
• ☐ : 3심 법원으로 상고 사건을 판결하며 사법부의 최고 기관임.
⸱⸱⸱⸱⸱⸱⸱⸱⸱⸱⸱⸱⸱⸱⸱⸱⸱⸱⸱⸱⸱⸱⸱
• 이의 다른 의견이나 논의.
• 확정되다 확실하게 정해지다.
• 종결되다 일이 끝나다.

4 문단
특수 법원의 종류
• 특허 법원: ☐ 과 상표권에 관한 사건을 담당함.
• ☐ 법원: 국민이 국가 기관을 상대로 손해 배상을 요구하는 행정 재판을 담당함.
• 가정 법원: ☐ 에서 일어나는 사건을 담당함. 소년 보호 재판, 가사 재판, 가정 보호 재판 등

핵심 내용 파악하기

1 윗글을 통해 알 수 있는 내용이 <u>아닌</u> 것은?

① 사법권의 의미 ② 재심 제도의 절차

③ 지방 법원의 역할 ④ 사법권 독립의 필요성

⑤ 가정 법원에서 다루는 재판

세부 내용 파악하기

2 윗글을 읽고 이해한 내용으로 가장 적절한 것은?

① 고등 법원은 민사 재판과 형사 재판만을 다룬다.

② 대법원의 판결은 대법관의 전원 합의에 의해 이루어진다.

③ 사법권은 대법원 외의 다른 국가 기관에서 행사할 수 없다.

④ 개인이 행정 기관을 상대로 제기한 소송은 행정 법원에서 맡는다.

⑤ 만 20세인 대학생이 범죄를 저지른 경우 소년 보호 재판을 받는다.

세부 내용 추론하기

[고난도]

3 윗글을 통해 ㉠을 두는 이유를 추론할 때, 가장 적절한 것은?

① 잘못된 재판으로 침해된 국민의 권리를 구제하기 위해

② 대법원의 판결에 이의를 제기하는 것을 방지하기 위해

③ 재판에서 반드시 3심 제도를 지켜야 하는 것은 아니므로

④ 분쟁에 대한 재판권을 지니고 있는 사법부를 견제하기 위해

⑤ 대법원장과 대법관들의 의견이 완전히 일치되도록 하기 위해

사례에 적용하기

4 윗글을 바탕으로 할 때, <보기>에 대한 반응으로 적절하지 <u>않은</u> 것은?

⊢ 보기 ⊢

(가) A 씨는 친구 B 씨에게 돈을 빌려주었는데 몇 해가 지나도 B 씨가 돈을 갚지 않자 결국 소송을 하기로 결정하고 B 씨에게 소송하겠다는 내용을 알렸다.

(나) C 씨는 귀가하던 중 심하게 싸우고 있는 D 씨와 E 씨를 발견하고 싸움을 말리다가 D 씨에게 폭행을 당하고 넘어져 사망했다.

(다) F 씨는 온라인으로 전통주를 판매하기 위해 상표를 디자인하고 등록했다. 그 후 F 씨는 한 온라인 쇼핑몰에서 자신이 만든 상표를 표절하여 G 업체가 사용하고 있는 것을 발견했다.

① (가)의 A 씨가 재판을 한다면 1심은 지방 법원에서 이루어지겠군.

② (가)의 B 씨가 법원에 화해를 신청하면 재판을 하지 않을 수도 있겠군.

③ (나)의 사건에 대해 2심 재판이 이루어진다면 고등 법원에서 담당하겠군.

④ (가)의 A, B 씨와 달리 (나)의 D 씨는 모두 세 번까지 재판을 받을 수 있겠군.

⑤ (다)의 F 씨와 G 업체 간의 분쟁을 해결하기 위한 재판은 특허 법원에서 이루어지겠군.

◆ 개념 한눈에 보기

📖 교과 개념 사전

#사법권 [사법꿘]
민사, 형사, 행정에 관한 재판권으로서 법원에 속해 있다.

#지방 법원 [지방] [버뭔]
민사 및 형사 소송을 처리하는 1심 법원.

#고등 법원 [고등] [버뭔]
항소 사건을 판결하는 2심 법원.

#대법원 [대:버뭔]
우리나라 사법부의 최고 법원.

#특허 법원 [트커] [버뭔]
지식 재산권과 관련한 분쟁을 해결하고자 설립한 고등 법원급의 전문 법원.

#행정 법원 [행정] [버뭔]
국가나 행정 기관에 의해 권리나 이익을 침해당한 국민이 이에 대한 소송을 제기함으로써 이루어지는 행정 재판을 담당하는 법원.

#가정 법원 [가정] [버뭔]
이혼, 상속 따위의 가정에 관한 사건과 소년에 관한 사건을 처리할 목적으로 설치된 법원.

교과 개념 확인 Quiz

다음 물음에 답하시오.

❶ 우리나라에서 사법권, 즉 재판권은 법원에 속한다.　　○ ｜ ✕

❷ 민사, 형사 재판의 1심 재판을 주로 담당하는 법원을 □□ 법원이라고 한다.

❸ 대법원은 2심 법원으로 민사 재판이나 형사 재판 외에 선거 소송에 관련된 재판도 다룬다.　　○ ｜ ✕

❹ □□□은 상고 사건에 대한 판결, 즉 3심 재판을 담당한다.

❺ □□ 법원은 특허권과 상표권에 관한 분쟁을 해결한다.

❻ 국가 기관에 의해 권리를 침해당한 경우 국민은 행정 법원에 제소할 수 있다.　　○ ｜ ✕

❼ 소년 보호 재판과 가정 보호 재판은 가정 법원에서 다룬다.　　○ ｜ ✕

2 »법
헌법의 수호자, 헌법 재판소

Step 1 교과 개념 **톡** 생각 열기

◆ **무엇을 배울까?**

초등	중등	고등	수능기출
사회 5~6 교과서 법과 인권의 보장	사회 2 교과서 1단원 헌법과 국가 기관	법과 사회 교과서 2단원 국가 생활과 법	COMING SOON!

❶ 헌법의 위상과 헌법 재판소의 역할 이해하기

#헌법 재판소

❷ 헌법 재판소에서 수행하는 심판의 종류 알기

#위헌 법률 심판　　#헌법 소원 심판　　#탄핵 심판

#정당 해산 심판　　#권한 쟁의 심판

> 전동 킥보드 최고 속도 제한 사건
> 전동 킥보드를 인도에서 탈 수 없고 자전거 도로나 차도에서 타도록 하면서, 자전거 도로에서 탈 수 있는 전기 자전거보다 속도 제한을 두는 법은 소비자의 행복 추구권 및 행동 자유권을 침해하는 것이다.

> 헌법 재판소 판결
> 전동 킥보드 속도 제한은 소비자의 생명과 신체에 대한 위해 방지 및 도로 교통상의 안전 확보라는 공익 달성을 위한 조치로서 소비자의 기본권을 침해하지 않으므로 심판 청구를 기각한다.

💡 **생각해 보기**　위 사건을 법원이 아니라 헌법 재판소에서 다루는 이유는 무엇일까?

1 우리나라의 국경일 가운데 제헌절은 무엇을 기념하기 위한 날일까? 바로 헌법의 제정과 공포*를 기념하기 위한 날이다. 우리나라 헌법이 처음 만들어진 것은 1948년 7월 17일이다. 그 이전에 상해에 세운 대한민국 임시 정부에서 헌법을 만들었지만 임시 정부의 헌법은 모든 국민의 뜻을 모아 제정한 것이 아니기 때문에 공식적인 헌법으로 보기 어렵다. 그러나 모든 국민이 주인이 되는 민주주의 국가를 만들고자 했던 임시 정부의 헌법 정신은 대부분 계승되었다. 흔히 헌법은 모든 법 위에 있는 법이라는 점에서 최고법이라 불린다. 그렇기 때문에 입법 작용과 행정 작용이 헌법에서 정하고 있는 내용을 벗어나서는 안 된다. #헌법 재판소는 이러한 헌법의 해석과 관련한 분쟁을 다루는 헌법 재판을 담당하는 기관으로, 헌법 질서를 수호하고 국민의 기본권을 보장한다.

2 헌법 재판소는 헌법 재판만을 다루는 독립 기관으로 대통령, 국회, 대법원장이 각각 3명씩 임명, 선출, 지명한 재판관들로 구성된다. 헌법 재판소에 청구할 수 있는 심판은 #위헌 법률 심판, #헌법 소원 심판, #탄핵 심판, #정당 해산 심판, #권한 쟁의 심판이다. 위헌 법률, 헌법 소원, 탄핵, 정당 해산 심판에 대한 인용* 결정을 할 때에는 재판관 6명 이상의 찬성이 있어야 하고, 권한 쟁의 심판의 경우 재판관 과반수의 찬성이 있어야 한다.

3 위헌 법률 심판은 국회가 만든 법률이 헌법에 위반되는지를 심사하고 헌법에 위반된다고 판단되는 경우에 그 법률을 적용하지 못하게 하거나 효력을 잃게 하는 것을 말한다. 헌법 소원 심판은 국민의 기본권이 국가 권력 등에 의해 침해될 경우, 그 침해 행위가 헌법을 위반하는지 여부를 판단하는 일이다. 헌법 소원은 국민이 직접 심판을 청구할 수 있으며 기본권 침해를 구제하기 위한 목적을 지닌다. 탄핵 심판은 일반적인 징계로 처벌할 수 없는 고위 공무원을 파면하기 위해 국회에서 탄핵 소추가 의결된* 경우 공무원의 탄핵 여부를 가리는 일이다. 탄핵 심판의 대상이 되는 공무원은 헌법 재판소의 재판관, 국무총리, 대통령 등이다.

4 정당 해산 심판은 특정 정당의 목적이나 활동이 헌법에 위반될 경우, 그 정당의 해산 여부를 판단하는 일이다. 헌법 재판소의 심판 결과 정당의 해산을 명하는 결정을 선고하면 그 정당은 해산된다. 권한 쟁의 심판은 국가 기관 간이나 국가 기관과 지방 자치 단체 간, 지방 자치 단체 간에 권한 다툼이 있을 때 이를 판단하는 일이다. ㉠이러한 다툼을 방치하면 국가 기능이 마비될 수 있고 국가의 기본 질서가 흐트러져 국민의 기본권이 침해당할 우려가 높기 때문에 헌법 재판소는 그 권한의 주체와 권한의 범위를 밝혀 국가 기능이 원활하게 수행되도록 한다.

---

1 문단
헌법 재판소의 역할
입법 작용과 행정 작용이 [   ]에 위배되지 않는지 판단 → 헌법 질서 수호, 국민의 [   ] 보장

· **공포** 이미 확정된 법률, 조약, 명령 따위를 일반 국민에게 널리 알리는 일.

2 문단
헌법 재판소의 구성
[   ], 국회, 대법원장이 임명, 선출, 지명한 9명의 재판관

· **인용** 인정하여 용납함.

3 문단
헌법 재판소에서 수행하는 심판 ①
· 위헌 [   ] 심판: 국회에서 제정한 법률의 위헌 여부 판단
· 헌법 소원 심판: 국민의 [   ]을 침해하는 국가 행위의 위헌 여부 판단
· 탄핵 심판: [   ]의 탄핵 여부 판단

· **의결되다** 의논되어 결정되다.

4 문단
헌법 재판소에서 수행하는 심판 ②
· [   ] 해산 심판: 정당의 목적이나 활동이 위헌일 때 그 정당의 해산 여부 판단
· 권한 [   ] 심판: 국가 기관 간, 국가 기관과 지방 자치 단체 간, 지방 자치 단체 간 권한 다툼 판단

핵심 내용 파악하기

1 윗글에서 설명하고 있는 내용이 <u>아닌</u> 것은?

① 헌법의 위상
② 헌법 재판의 절차
③ 헌법 재판소의 역할
④ 헌법 재판관의 인원수
⑤ 우리나라의 헌법 제정 시기

세부 내용 파악하기

2 윗글의 내용과 일치하지 <u>않는</u> 것은?

① 헌법 소원 심판은 개인이 청구할 수 있다.
② 헌법 재판소는 헌법의 해석과 관련된 분쟁을 해결한다.
③ 정당 해산 심판 결과 해산이 선고되면 그 정당은 해산된다.
④ 위헌 법률 심판 결과 위헌으로 판단된 법률은 그 효력을 잃게 된다.
⑤ 헌법 재판소의 재판관은 고위 공무원의 탄핵 소추를 의결할 수 있다.

세부 내용 추론하기

【고난도】

3 ㉠의 이유를 추론할 때, 가장 적절한 것은?

① 국가 기관은 헌법을 해석할 수 없기 때문에
② 공무원은 일반적인 징계로 처벌할 수 없기 때문에
③ 특정 정당의 목적이나 활동을 제한할 수 있기 때문에
④ 고위 공무원을 탄핵해야 하는 상황이 발생할 수 있기 때문에
⑤ 국가 기관이 서로 권한을 행사하려 하거나 행사하지 않으려 할 수 있기 때문에

사례에 적용하기

4 윗글을 바탕으로 할 때, <보기>에 대한 반응으로 적절하지 <u>않은</u> 것은?

> **• 보기 •**
>
> 　2007년 7월 하루 평균 방문자 수가 30만 명 이상인 인터넷 사이트의 게시판을 대상으로 인터넷 실명제가 전격 시행되었다. 인터넷 실명제는 인터넷 사용자의 실명과 주민 등록 번호가 일치하는지 확인하는 절차를 거쳐야만 인터넷 게시판에 글이나 자료를 올릴 수 있는 제도이다. 이에 관한 신문 기사를 본 갑은 인터넷 실명제가 우리 헌법에서 정한 표현의 자유를 침해한다고 생각하여 헌법 재판을 청구하기로 했다.

① 갑은 인터넷 실명제에 대해 헌법 소원 심판을 직접 청구할 수 있었겠군.
② 헌법 재판소의 재판관 모두가 갑의 의견을 인정해야 인터넷 실명제를 적용하지 못하겠군.
③ 헌법 재판소에 심판이 청구되면 재판관들은 인터넷 실명제의 기본권 침해 여부를 판단하겠군.
④ 인터넷 실명제가 헌법에 위반된다는 판결이 내려지면 정부는 인터넷 실명제를 시행할 수 없겠군.
⑤ 인터넷 실명제에 관한 법이 국회에서 제정된 것이라 해도 헌법 재판소에서 위헌 판결이 나면 효력을 잃게 되겠군.

◆ 개념 한눈에 보기

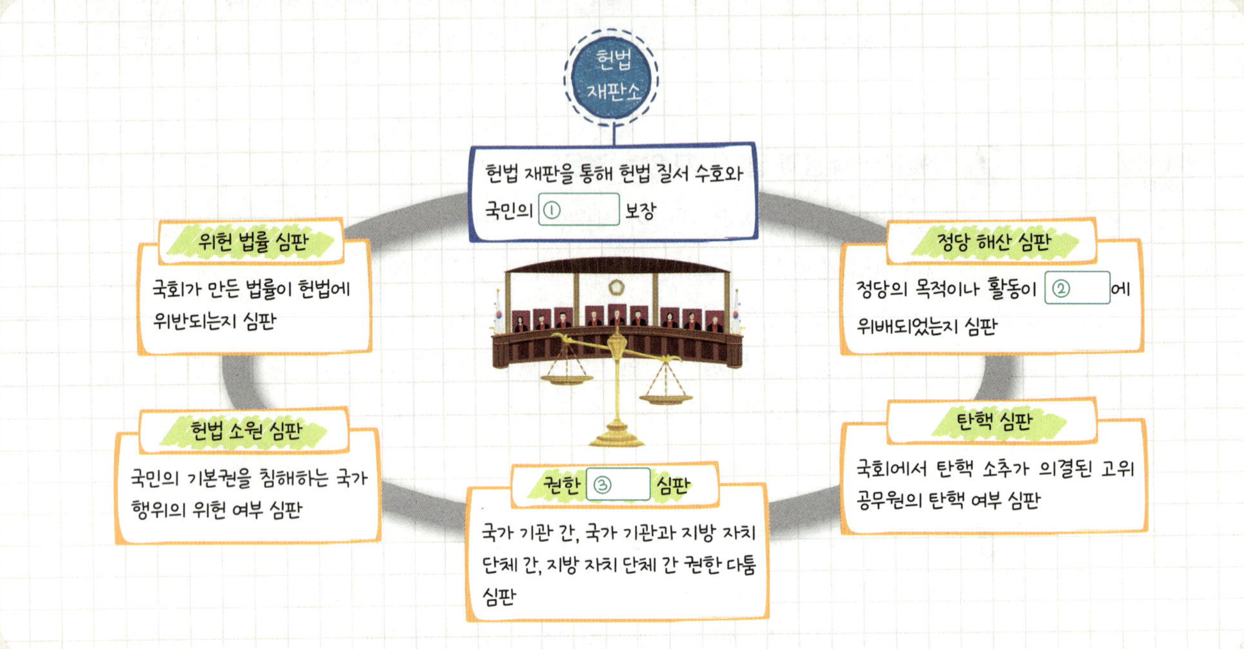

📕 교과 개념 사전

#헌법 재판소 [헌ː뻡] [재판소]
법령의 위헌 여부를 일정한 소송 절차에 따라 심판하기 위하여 설치한 특별 재판소.

#위헌 법률 심판 [위헌] [범뉼] [심ː판]
국회에서 제정한 법률이 헌법에 위반되는지 여부를 헌법 재판소가 심사하는 일.

#헌법 소원 심판 [헌ː뻡] [소원] [심ː판]
국가의 공권력에 의하여 기본권이 침해된 국민이 그것의 구제를 청구하였을 때 헌법 재판소에서 공권적 판단을 내리는 일.

#탄핵 심판 [탄ː핵] [심ː판]
헌법 재판소가 국회의 탄핵 결의를 받아 심판하는 일.

#정당 해산 심판 [정당] [해ː산] [심ː판]
정당의 목적ㆍ조직ㆍ활동이 민주적 기본 질서에 위배될 때 헌법 재판소에서 정당의 해산 여부를 심판하는 일.

#권한 쟁의 심판 [권한] [쟁의] [심ː판]
헌법 재판소에서 국가 기관 간, 국가 기관과 지방 자치 단체 간, 지방 자치 단체 간의 권한의 범위나 유무에 관한 다툼을 심판하는 일.

교과 개념 확인 Quiz 🖊

다음 물음에 답하시오.

❶ ☐☐은 모든 법 위에 있는 최고법이다.

❷ 헌법 재판소는 법률이 헌법에 위배되지 않는지를 판단하는 일을 한다. 　　○ ㅣ Ⅹ

❸ 국가 권력에 의해 기본권이 침해된 개인은 그 위헌 여부를 밝히기 위해 ☐☐ ☐☐ 심판을 청구할 수 있다.

❹ 대통령은 탄핵 심판의 대상이 되지 않는다. 　　○ ㅣ Ⅹ

❺ 정당의 활동이 헌법의 민주적 기본 질서에 위배될 때 헌법 재판소는 정당의 해산 여부를 심판할 수 있다. 　　○ ㅣ Ⅹ

❻ 헌법 재판소는 위헌 법률 심판을 통해 국가 기관 간의 권한을 놓고 발생한 분쟁을 해결할 수 있다. 　　○ ㅣ Ⅹ

1 ≫ 경제

경제활동의 세 주체

Step 1 교과 개념  생각 열기

◆ **무엇을 배울까?**

초등	중등	고등	수능기출
사회 4-1 교과서	사회 2 교과서	통합사회2 교과서	2006년 3월 고3 교육청
경제활동과 지역 간 교류	2단원 경제생활과 선택	3단원 시장경제와 지속가능발전	[26~29] 민주주의와 시장 경제

❶ 경제활동의 의미 이해하기

#재화 #서비스 #경제활동

❷ 경제활동의 참여자인 기업, 가계, 정부 이해하기

#기업 #가계 #정부

💡 **생각해 보기** 최근에 용돈을 어떻게 사용했는지 떠올려 보자.

1 우리는 친구들과 함께 떡볶이를 사 먹기도 하고, 영화관에서 영화를 보기도 한다. 이렇게 사람이 살아가기 위해서는 다양한 재화와 서비스가 필요하다. 옷, 음식, 주택 등과 같이 사람의 필요와 욕구를 충족해˚ 주는 구체적인 형태가 있는 물건을 #재화라고 하고, 버스 기사의 운전, 의사의 진료 등과 같이 사람의 필요와 욕구를 충족해 주는 가치 있는 행위를 #서비스라고 한다. 사람들은 생활에 필요한 재화나 서비스를 생산, 분배, 소비하며 살아가는데, 이 모든 활동을 #경제활동이라고 한다. 경제생활은 이러한 경제활동을 바탕으로 이루어진다. 사람이 살아가는 과정을 경제생활의 연속이라고 할 때, 경제활동은 경제에 참여하는 어떤 주체의 개별적인 행동을 강조할 때 쓴다.

2 경제활동의 주체에는 ㉠기업, ㉡가계, 정부가 있다. 우선 #기업은 재화나 서비스를 생산하고 공급하여 이윤을 추구한다. 기업은 생산을 담당하기에 생산자라고도 하는데, 1인 자영업자에서부터 대기업에 이르기까지 그 규모나 형태가 다양하다. 기업은 일자리를 제공하므로 기업이 성장할수록 실업률이 낮아지게 되는데, 이는 가계의 소득에 영향을 준다. 또한 기업은 이윤을 추구하기 위해 서로 경쟁을 펼치게 되는데, 그 결과 더 뛰어난 품질의 상품을 더 낮은 가격으로 팔게 된다. 이에 사람들은 더 좋은 재화나 서비스를 더 많이 소비할 수 있게 되어 삶의 수준이 높아지게 된다.

3 #가계는 재화와 서비스를 소비하는 경제 주체로, 필요한 소득을 얻기 위해 기업에 노동, 토지, 자본˚ 등의 생산 요소를 제공하고 임금, 지대˚, 이자 등의 대가를 받는다. 이러한 가계의 소득은 소비로 이어지게 된다. 그리고 가계 소득의 증가는 기업의 이윤을 증가시켜 기업을 성장시키는 원동력이 된다. 그런데 가계 소득은 무한한 것이 아니므로, 가계에서 소비를 할 때는 어떤 소비를 할지 합리적으로 선택하는 것이 중요하다. 또한 가계는 저축을 함으로써 미래의 소비에 대비하기도 하는데, 가계의 저축은 국가 경제 성장에 이바지하기도 한다.

4 #정부는 기업이나 가계가 낸 세금을 바탕으로 국방, 치안 유지, 도로 건설 등 사회에 필요한 재화와 서비스를 제공한다. 정부는 기업의 부당한 행위나 횡포로부터 가계를 보호하기도 하고, 환경오염을 일으키는 기업을 규제하거나 친환경 산업을 유도하여 환경 문제를 해결하기도 한다. 또 정부는 세금을 통해 국민 전체의 소득을 재분배하여 가계가 안정적인 소득을 얻어 소비를 할 수 있도록 관여하기도 한다. 뿐만 아니라 정부는 기업이 경제활동을 영위하는 데 도움을 주는 제도를 마련하여 시행하기도 하고, 기업이 새로운 산업에 뛰어드는 데 도움을 주기도 한다. 이처럼 기업, 가계, 정부는 저마다 다른 역할을 수행하고 있지만 서로 밀접한 관련을 맺고 있다.

---

1 문단
경제활동의 의미와 경제생활
- ▢▢▢▢: 재화와 서비스를 생산, 분배, 소비하는 모든 활동
- 재화: 사람의 필요와 욕구를 충족해 주는 구체적인 형태가 있는 대상
- 서비스: 사람의 필요와 욕구를 충족해 주는 가치 있는 행위

- **충족하다** 일정한 분량을 채워 모자람이 없게 하다.

2 문단
경제 주체 ① 기업
- ▢▢나 ▢▢를 생산하고 공급하여 이윤을 추구하는 경제 주체
- 가계에 일자리 제공, 삶의 수준 향상

3 문단
경제 주체 ② 가계
- 재화와 서비스를 소비하는 경제 주체
- 기업에 ▢▢, 토지, 자본 등의 생산 요소를 제공하고 ▢▢, 지대, 이자 등의 대가를 받음. 저축을 통해 경제 성장에 이바지

- **자본** 장사나 사업 따위의 기본이 되는 돈.
- **지대** 땅을 빌려 쓰는 대가로 땅 주인에게 지불하는 돈.

4 문단
경제 주체 ③ 정부
- 개인이나 기업이 낸 ▢▢을 바탕으로 국방, 치안 유지, 도로 건설 등 사회에 필요한 재화와 서비스를 제공하는 경제 주체
- 기업의 부당한 행위로부터 가계 보호, 환경 문제 해결, 세금을 통한 소득 재분배, 기업의 경제활동 도움.
  → 경제활동의 세 주체는 서로 밀접한 관련을 맺음.

**전개 방식
파악하기**

1 윗글에 대한 설명으로 가장 적절한 것은?

① 중심 화제가 지닌 장단점을 대조하고 있다.

② 중심 화제가 등장하게 된 배경을 상세하게 분석하고 있다.

③ 중심 화제가 끼친 영향을 시대별로 구분하여 제시하고 있다.

④ 중심 화제를 이루고 있는 구성 요소를 하나씩 설명하고 있다.

⑤ 중심 화제에 대한 상반된 견해를 제시하고 이를 종합하고 있다.

**세부 내용
파악하기**

2 윗글의 내용과 일치하지 <u>않는</u> 것은?

① 영화를 보거나 떡볶이를 사 먹는 것은 경제생활에 해당한다.

② 기업의 생산을 강조할 때는 경제생활보다 경제활동이라고 한다.

③ 가계는 합리적인 소비를 하기도 하고 미래의 소비에 대비하기도 한다.

④ 재화와 달리 서비스는 구체적인 형태가 없으며 사고파는 대상이 아니다.

⑤ 경제활동의 각 주체는 다른 역할을 수행하지만 서로 깊은 연관성을 지닌다.

**세부 내용
추론하기**

3 ㉠과 ㉡에 대한 설명으로 적절하지 <u>않은</u> 것은?

① ㉠은 ㉡이 필요로 하는 재화나 서비스를 생산하여 이윤을 얻는다.

② ㉠의 경쟁은 ㉡의 긍정적인 변화를 가져오기도 한다.

③ ㉠의 성장은 ㉡의 소득 증대에는 영향을 주지 않는다.

④ ㉡의 소득 증대는 소비로 이어져 ㉠의 성장에 영향을 주게 된다.

⑤ ㉡은 ㉠에 생산 요소를 제공하고 받은 대가로 소비 활동을 한다.

**사례에
적용하기**

4 윗글을 바탕으로 <보기>를 이해한 내용으로 가장 적절한 것은?

> **⎯ 보기 ⎯**
>
> 1990년대 말 우리나라의 경제 상황은 국제 통화 기금(IMF)에서 돈을 빌려야 할 만큼 좋지 않았다. 이때 정부는 정보·통신 분야에 집중적으로 투자하여 벤처 산업*을 육성하였다. 이로 인해 뛰어난 기술력을 가진 많은 회사들이 설립되었고, 이동 통신과 인터넷 산업을 담당하던 대기업이 더 크게 성장할 수 있었다. 그 결과, 우리나라의 경제는 빠르게 회복될 수 있었다.
>
> • **벤처 산업** 신기술이나 전문 지식을 개발하여 이를 기업화함으로써 사업을 하는 창조적인 기술 집약형 산업.

① 정부는 기업이 얼마나 생산할지를 결정하기도 하는구나.

② 정부는 기업의 부당한 행위로부터 가계를 보호하는구나.

③ 정부는 기업이 새로운 산업에 참여하도록 유도하는구나.

④ 정부는 세금을 통해 국민 전체의 소득을 재분배하는구나.

⑤ 정부는 사회에 필요한 재화와 서비스를 직접 생산하는구나.

◆ 개념 한눈에 보기

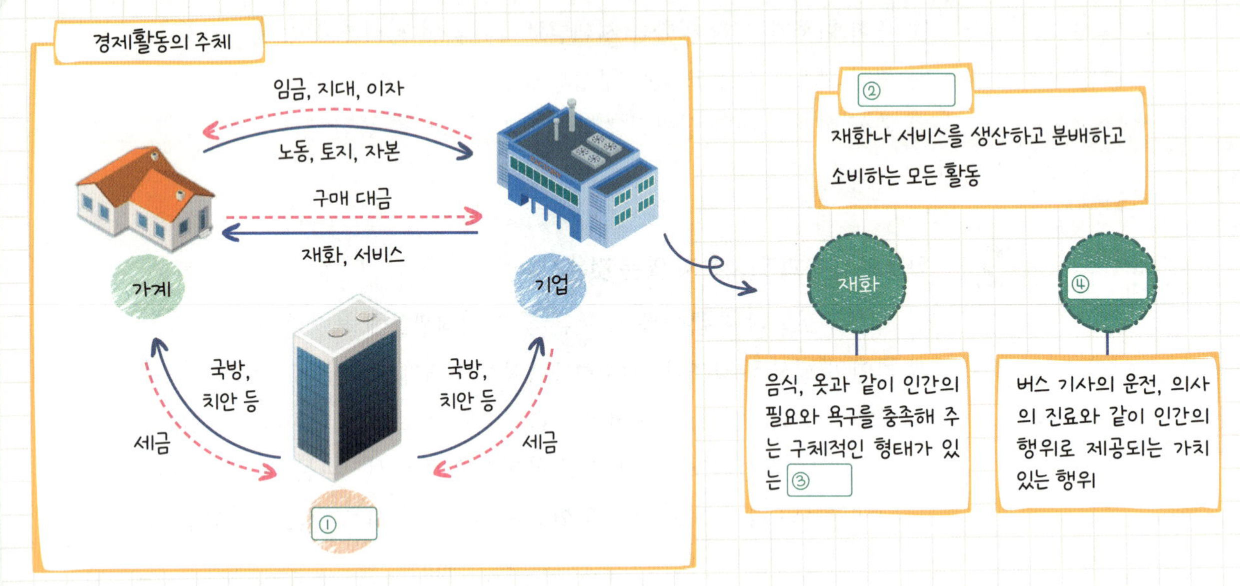

📖 교과 개념 사전

#경제활동 [경제활똥]
재화나 서비스를 생산, 분배, 소비하는 모든 활동.

#재화 [재화]
옷, 음식, 주택 등과 같이 사람의 필요와 욕구를 충족해 주는 구체적인 형태가 있는 물건.

#서비스
버스 기사의 운전, 의사의 진료 등과 같이 사람의 필요와 욕구를 충족해 주는 가치 있는 행위.

#기업 [기업]
경제활동의 주체로서 재화나 서비스를 생산하고 공급하며 이윤을 추구함.

#가계 [가계/가게]
재화와 서비스를 소비하는 경제활동의 주체. 필요한 소득을 얻기 위해 기업에 노동, 토지, 자본 등의 생산 요소를 제공하고 임금, 지대, 이자 등의 대가를 받음.

#정부 [정부]
개인이나 기업이 낸 세금을 바탕으로 사회에 필요한 재화나 서비스를 제공하는 경제활동의 주체.

교과 개념 확인 Quiz

다음 물음에 답하시오.

❶ 재화나 서비스를 생산, 분배, 소비하는 모든 활동을 경제활동이라고 한다.　　○ｌ✕

❷ 옷, 음식, 주택 등과 같이 인간의 필요와 욕구를 충족시켜 주는 구체적인 형태가 있는 물건을 □□라고 한다.

❸ 서비스는 가수의 공연이나 의사의 진료와 같이 형태가 있는 대상이다.　　○ｌ✕

❹ 기업은 재화나 서비스를 □□하고 공급하는 경제 주체이다.

❺ 가계는 기업에 생산 요소를 제공하고 받은 대가로 □□ 활동을 영위한다.

❻ 경제활동의 주체인 정부는 이윤 추구를 목적으로 한다.　　○ｌ✕

2 ≫ 경제
모든 걸 다 가질 순 없어!

Step 1 교과 개념 톡 생각 열기

◆ **무엇을 배울까?**

초등	중등	고등	수능기출
사회 4-1 교과서 3단원 경제활동과 지역 간 교류	사회 2 교과서 2단원 경제생활과 선택	통합사회 2 교과서 3단원 시장경제와 지속가능발전	2014년 3월 고3 교육청 A/B형 [19-22] 합리적 선택과 대안 평가

❶ 경제활동의 종류와 희소성 이해하기

#생산 #분배 #소비 #희소성

❷ 합리적 선택을 위한 기회비용의 의미 이해하기

#합리적 선택 #기회비용

▲ 기간 한정 사은품을 받기 위해 카페 앞에 줄을 선 사람들

▲ 사은품만 받고 음료를 버리고 간 모습

💡 **생각해 보기** 위와 같은 현상이 일어나는 이유는 무엇일까?

1 우리는 일상생활에서 얼마나 많은 경제활동을 하고 있을까? 윤서는 아침에 등교하면서 버스를 타고, 점심 때 식당에서 음식을 사 먹고, 오후엔 병원에 가서 진료를 받았다. 이러한 재화나 서비스를 **#생산**, **#분배**, **#소비**하는 모든 활동을 '경제활동'이라고 한다. 생산은 재화나 서비스를 만들어 내거나 가치를 높이는 것, 분배는 생산 활동에 참여한 대가를 받는 것, 소비는 재화나 서비스를 구매해서 사용하는 것을 말한다.

2 한편 사람이 생존하는 데 반드시 있어야 하는 것은 물이지 다이아몬드가 아니다. 그런데 왜 다이아몬드의 가격이 물보다 훨씬 비싼 것일까? 그 이유는 다이아몬드가 물보다 희소하기 때문이다. 사람들의 욕구는 끝이 없지만, 이를 충족해˚ 줄 자원은 한정되어˚ 있다. 이처럼 사람들의 무한한 욕구에 비해서 그 욕구를 충족해 주는 자원이 부족한 상태를 **#희소성**이라고 한다. 경제학에서 말하는 희소성의 대상은 햇빛과 같이 존재량이 너무 많아서 누구나 공짜로 사용할 수 있는 자유재가 아니라, 사람들의 욕구에 비해 존재량이 한정되어 있어서 돈을 주어야만 얻을 수 있는 재화인 경제재이다.

3 그런데 희소성은 사람들의 욕구와 상황에 따라 상대적˚으로 나타난다. 희귀한 물건이라 할지라도 그 물건을 찾는 사람이 없다면 희소성이 있다고 볼 수 없다. 예를 들어 할아버지께서 친히 써 주신 가훈˚은 세상에 하나뿐인 소중한 물건이지만 다른 사람들에게는 필요하지 않을 수 있다. 또 어떤 지역에서는 소금이 귀해 가격이 비싸지만 어떤 지역에서는 소금이 너무 흔해 헐값에 팔린다면, 소금이 귀한 지역에서는 상대적으로 소금의 희소성이 높다고 할 수 있다.

4 이러한 희소성으로 인해 우리는 경제활동을 할 때 항상 선택의 문제에 직면하게˚ 된다. 우리가 사용할 수 있는 시간과 돈 등은 한정적이므로 우리는 원하는 것 중 일부만 가지고 나머지는 포기할 수밖에 없다. 이를 '선택'이라고 하는데, 이 선택으로 인해 포기해야만 하는 여러 대안˚이 갖는 가치 중 가장 큰 것을 **#기회비용**이라고 한다. 예를 들어 영희는 지금 배가 너무 고픈데 가지고 있는 돈이 삼천 원밖에 없다. 삼천 원으로 떡볶이, 순대, 튀김 중 하나를 살 수 있는데, 떡볶이를 먹었을 때의 포만감˚이 100%, 순대를 먹었을 때의 포만감이 90%, 튀김을 먹었을 때의 포만감이 60%여서 영희는 떡볶이를 사 먹었다. 이 경우 기회비용은 떡볶이값 삼천 원과 순대를 먹었을 때의 포만감이 된다. 이때 영희가 선택을 함으로써 얻게 되는 이익이나 만족도를 '편익'이라고 하는데, 일반적으로 기회비용보다 편익이 더 큰 것을 선택했을 때 **#합리적 선택**을 했다고 한다.

독해 TIP!

이 글은 희소성과 기회비용에 대해 구체적인 예를 들어 알기 쉽게 설명하고 있어. 그러니 **개념과 그에 해당하는 예시를 연결 지어 확인**하며 읽어야 해.

1 문단
경제활동
재화나 서비스를 ☐, ☐, ☐ 하는 모든 활동

2 문단
희소성의 문제 ①
☐ : 사람들의 욕구를 충족해 주는 자원이 부족한 상태.

• **충족하다** 일정한 분량을 채워 모자람이 없게 하다.
• **한정되다** 수량이나 범위 따위가 제한되어 정해지다.

3 문단
희소성의 문제 ②
희소성의 ☐ 성: 희소성은 사람들의 욕구와 상황에 따라 상대적으로 나타남.

• **상대적** 다른 것과의 관계나 비교에 있어 존재하는.
• **가훈** 집안 어른이 자손들에게 주는 가르침. 가정교훈.

4 문단
기회비용과 합리적 선택
• ☐ : 하나를 선택함으로써 포기해야만 하는 여러 대안이 갖는 가치 중 가장 큰 것
• ☐ : 여러 대안 중에서 기회비용보다 편익이 더 큰 것을 선택하는 것

• **직면하다** 어떤 일이나 사물을 직접 당하거나 접하다.
• **대안** 어떤 안을 대신하는 다른 안.
• **포만감** 음식을 충분히 먹어 배가 부른 느낌.

**핵심 내용
파악하기**

1 윗글을 통해 해결할 수 있는 질문이 <u>아닌</u> 것은?

① 경제활동에는 어떤 것들이 있는가?

② 희소성이 상대적인 이유는 무엇인가?

③ 기회비용이 발생하지 않는 때는 언제인가?

④ 합리적 선택에서 기회비용과 편익의 관계는 어떠한가?

⑤ 사람들은 왜 경제활동을 할 때 선택의 문제에 직면하게 되는가?

**세부 내용
추론하기**

`고난도`

2 윗글을 읽고 나타낸 반응으로 적절하지 <u>않은</u> 것은?

① 자연에 존재하는 물이나 공기는 어떤 상황에서도 희소성이 동일하겠구나.

② 한정 판매된 ○○○빵이 비싸게 거래된 이유는 희소성과 관련이 있겠구나.

③ 미용실에서 헤어 디자이너가 머리카락을 다듬어 주는 행위는 서비스를 생산하는 경제 활동이겠구나.

④ 햄버거에 대한 만족감이 가장 높은 사람이 햄버거와 피자 중에서 피자를 선택했다면 기회비용이 편익보다 큰 선택을 했겠구나.

⑤ 추운 극지방에서는 에어컨의 수가 적더라도 에어컨을 원하는 사람이 매우 적으므로 에어컨은 희소성이 있다고 보기 어렵겠구나.

**사례에
적용하기**

3 윗글을 바탕으로 <보기>의 상황을 이해한 내용으로 가장 적절한 것은?

> **▸ 보기 ◂**
>
> (가) 문수가 가지고 싶은 장난감 선호도는 레고, 로봇, 자동차 순이고, 동생 영수의 장난감 선호도는 로봇, 자동차, 레고 순이다. 둘은 할아버지께 받은 세뱃돈으로 무엇을 살까 망설이다가 문수는 레고를, 영수는 로봇을 샀다.
>
> (나) 연주는 A 가게에서 하루 6시간씩 시급 10,000원으로 아르바이트를 하고 있고, A 가게로 출퇴근할 때 드는 교통비는 3,000원이다. 그런데 집 앞에 있는 B 가게에서 하루 6시간씩 근무하게 된다면 일급 58,000원을 준다고 해서 B 가게로 아르바이트 자리를 옮길 생각을 하고 있다.

① (가)에서 문수가 레고를 선택한 것에 대한 기회비용은 레고값과 자동차가 주는 만족감이다.

② (가)에서 영수가 로봇 대신에 자동차를 선택했다면 기회비용은 자동차값과 로봇이 주는 만족감이다.

③ (가)에서 문수와 영수에게 레고와 로봇은 희소성의 대상이 되는 경제재이지만, 자동차는 자유재가 된다.

④ (나)에서 연주가 B 가게에서 일하는 것에 대한 기회비용은 교통비 3,000원이다.

⑤ (나)에서 연주가 A 가게에서 그대로 일한다면 합리적 선택을 했다고 볼 수 있다.

◆ 개념 한눈에 보기

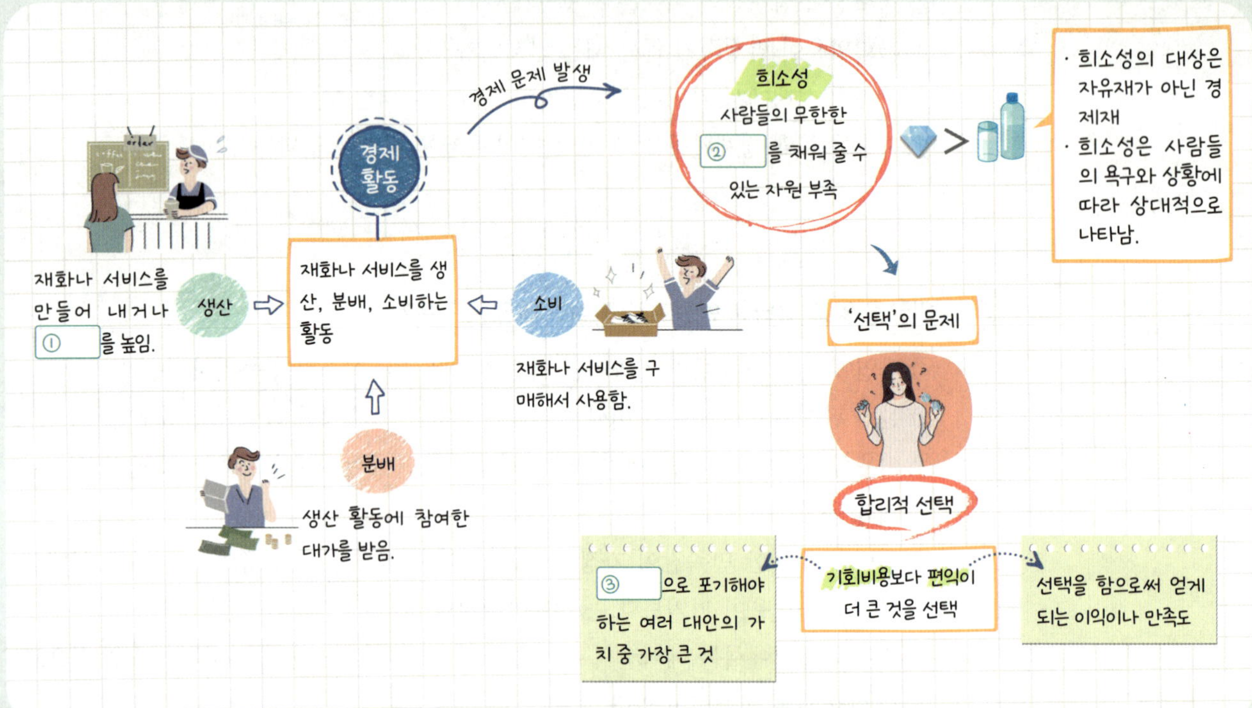

📖 교과 개념 사전

#생산 [생산]
재화나 서비스를 만들어 내거나 가치를 높이는 것.

#분배 [분배]
생산 활동에 참여한 대가를 받는 것.

#소비 [소비]
욕망을 충족하기 위해 재화나 서비스를 구매해서 사용하는 것.

#희소성 [히소썽]
인간의 무한한 욕구에 비해서 그 욕구를 충족해 주는 자원이 부족한 상태.

#기회비용 [기회비용]
하나를 선택함으로써 포기해야만 하는 여러 대안이 갖는 가치 중 가장 큰 것.

#합리적 선택 [함니적] [선택]
기회비용보다 편익이 더 큰 것을 선택하는 것.

교과 개념 확인 Quiz

다음 물음에 답하시오.

❶ 사람들의 무한한 욕구를 충족해 줄 자원은 한정되어 있으므로 희소성의 문제가 발생한다.
○ ㅣ ✕

❷ 돈을 내고 물건을 사는 경제활동을 ☐☐라고 한다.

❸ 재화나 서비스를 만들어 내는 것을 ☐☐이라고 하고, 그 활동에 참여한 대가를 받는 것을 ☐☐라고 한다.

❹ ☐☐☐☐☐은 선택으로 포기해야 하는 대안들의 가치 중 제일 큰 것을 말한다.

❺ 여러 대안 중에서 기회비용보다 편익이 더 큰 것을 선택했다면 합리적 선택을 했다고 볼 수 있다.
○ ㅣ ✕

15일차

1 ≫ 경제

인생 경제, 계획이 필요해!

Step 1 교과 개념 **톡** 생각 열기

◆ **무엇을 배울까?**

초등	중등	고등	수능기출
사회 5~6 교과서 시장경제와 국가 간 거래	사회 2 교과서 2단원 경제생활과 선택	통합사회 2 교과서 3단원 시장경제와 지속가능발전	2017학년도 수능 [37-42] 보험과 고지 의무

❶ 자산 관리의 필요성 및 합리적 자산 관리의 방법 알기

#자산　　#자산 관리　　#안전성　　#수익성　　#유동성

❷ 신용의 의미와 가치 이해하기

#신용

💡 **생각해 보기**　위의 생애 주기에 따라 소득과 소비는 어떻게 달라질까?

1 인간의 소비 생활은 평생에 걸쳐 지속된다. 하지만 생산 활동을 통해 소득을 얻는 기간과 소득의 양은 한정되어 있는데, 소득은 대체로 청년기부터 중·장년기까지 점차 증가하다가 은퇴를 하는 시점부터 감소한다. 소비에 따른 지출은 결혼이나 주택 마련, 자녀 교육 등과 같은 일들이 발생하면 급격하게 증가하여 지출이 수입보다 훨씬 많아지는 시기도 있다. 따라서 한정된 생산 활동 기간에 얻은 소득으로 지속 가능한 소비 생활을 하기 위해서는 자산 관리가 필요하다.

2 **#자산**이란 개인이 소유하고 있는 것 중에서 경제적 가치를 지닌 것, 즉 현금화할 수 있는 것으로 예금, 적금, 주식, 채권, 보험, 부동산 등이 있다. 그리고 **#자산 관리**란 자신이 벌어들인 소득으로 언제, 얼마만큼 소비할지, 어떻게 자산을 불릴지 미리 계획을 세우고, 이를 실천하는 것을 말한다. 그렇다면 합리적으로 자산을 관리하려면 무엇을 고려해야 할까? 먼저 자신의 소득이나 재산 상태, 미래의 지출 규모 등을 고려하여 저축이나 투자의 목적과 기간, 규모 등을 정해야 한다. 그리고 자산의 **#안전성**, **#수익성**, **#유동성** 등을 고려하여야 한다. 안전성은 투자한 원금°이 손실되지 않고 보장되는 정도를 말하며, 수익성은 투자를 통해 이익을 얻을 가능성이 큰 정도를 가리킨다. 유동성은 돈이 필요할 때 바로 현금화할 수 있는 정도를 의미한다.

3 일반적으로 예금이나 적금은 안전성이 매우 높지만, 수익성은 낮다는 단점이 있다. 반면 주식과 같이 높은 수익을 기대할 수 있는 자산은 안전성이 낮아 원금을 잃을 위험성이 있다. 또한 입금과 출금을 수시로 자유롭게 할 수 있는 요구불 예금°은 유동성이 매우 높지만, 투자 기간이 긴 저축성 예금이나 채권, 보험 등은 중도 해지°나 환매°에 따른 불이익이 클 수 있으므로 상대적으로 유동성이 낮다. 따라서 합리적인 자산 관리자라면 자신의 소득이나 투자 목적 등을 고려하여 ㉠자금을 다양한 자산에 적절하게 분산해야 한다. 이를 통해 적정한 수익을 얻는 동시에 투자로 인한 위험을 줄일 수 있기 때문이다.

4 한편 지속 가능한 소비 생활을 하기 위해서는 신용 관리도 필요한데, **#신용**이란 미래의 어느 시점에 갚을 것을 약속하고 상품이나 돈을 얻을 수 있는 능력을 의미한다. 신용을 활용하면 현금이 없어도 편리하게 거래할 수 있고, 현재의 소득보다 더 많은 소비를 할 수 있다. 하지만 현금을 직접 내지 않으므로 물건을 충동적으로 구매하거나 과소비를 할 우려가 있다. 현대 사회에서 신용이 좋은 사람은 좀 더 유리한 위치에서 경제활동을 할 수 있지만, 신용이 불량한 사람은 금융 기관과 거래하기 어렵고 취업에서도 불이익을 받을 수 있다. 따라서 지속 가능한 경제생활을 위해서는 자신의 소득을 고려하여 합리적으로 소비해야 하며, 돈을 갚거나 상품 대금°을 지불하기로 한 약속은 반드시 지키는 등 신용을 잘 관리해야 한다.

---

1 문단
지속 가능한 소비 생활을 위한 자산 관리
생산 활동 기간과 소득의 양은 〔　〕적임.

2 문단
자산 관리의 개념과 방법 ①
• 〔　〕: 개인의 소유물 중 경제적 가치를 지닌 것(현금화할 수 있는 것)
• 〔　　〕: 소득과 소비, 자산 증가에 대해 계획을 세우고 실천하는 것
• 자산 관리 시 고려할 요소: 소득과 재산 상태, 미래의 지출 규모, 자산의 안전성, 〔　〕, 유동성 등

• **원금** 본전. 본밑천.

3 문단
자산 관리의 개념과 방법 ②
합리적인 자산 관리: 자금을 다양한 자산에 적절히 〔　〕함.

• **요구불 예금** 예금자가 필요하면 언제든지 찾아 쓸 수 있는 예금.
• **해지** 계약 당사자 한쪽의 의사 표시에 의해 계약에 바탕을 둔 법률관계를 소멸시키는 일.
• **환매** 증권 회사 측에서 투자 신탁의 중도 해약을 이르는 말.

4 문단
신용의 개념과 신용 관리의 중요성
• 〔　〕: 미래의 어느 시점에 갚을 것을 약속하고 상품이나 돈을 얻을 수 있는 능력
• 신용 관리의 중요성: 신용이 좋으면 좀 더 유리한 위치에서 경제활동이 가능함.

• **대금** 물건의 값으로 치르는 돈.

핵심 내용 파악하기

1 윗글에서 설명하고 있는 내용이 <u>아닌</u> 것은?

① 자산 관리의 필요성 ② 자산의 종류와 특징
③ 신용의 의미와 가치 ④ 예금과 적금의 차이점
⑤ 합리적인 자산 관리의 방법

세부 내용 추론하기

고난도

2 윗글을 이해한 반응으로 적절하지 <u>않은</u> 것은?

① 주택 마련에 은행 대출이 필요할 수 있으니 신용을 잘 관리해야겠어.
② 보험은 현금화할 수 있는 정도가 낮으니 자산 관리의 대상은 아니겠어.
③ 예금이나 적금은 주식보다 안전성이 높아 원금을 잃을 가능성이 낮겠어.
④ 투자 기간이 긴 저축성 예금에는 여유 자금을 투자하는 것이 안전하겠어.
⑤ 신용 카드는 편리하지만 지나친 소비를 하는 건 아닌지 주의할 필요가 있겠어.

관용 표현 이해하기

3 ㉠과 가장 의미가 통하는 속담은?

① 티끌 모아 태산 ② 꿩 먹고 알 먹는다.
③ 달걀을 한 바구니에 담지 마라. ④ 산토끼 잡으려다 집토끼 놓친다.
⑤ 바다는 메워도 사람 욕심은 못 메운다.

사례에 적용하기

4 <보기>는 한 자산 관리 상담사가 받은 질문들이다. 윗글을 바탕으로 할 때, 상담사가 A 씨와 B 씨에게 할 수 있는 조언으로 적절하지 <u>않은</u> 것은?

> **보기**
>
> • A 씨: 직장 생활을 시작한 지 얼마 안 되는 사회 초년생이에요. 월급은 아직 적지만 결혼도 하고, 내 집도 마련하고 싶어요. 지금은 저금리 시대인데, 월급을 어디에 어떻게 투자해야 할까요?
> • B 씨: 40대 후반의 가장입니다. 자녀들은 아직 학생이고, 노후에는 전원주택에서 건강하게 지내는 것이 꿈입니다. 현재 적금과 연금에도 가입하고는 있지만, 자금 대부분을 주식에 투자하고 있습니다. 저는 노후 대비를 잘 하고 있는 걸까요?

① A 씨는 결혼 자금을 안정적으로 모으고 싶다면 적금을 선택하는 것이 좋겠어요.
② A 씨는 저금리가 계속된다면 월급의 일부를 주식에 투자하는 것도 좋겠어요.
③ B 씨는 건강한 노후를 원하니 질병에 대한 대비로 미리 보험에 가입하는 것이 좋겠어요.
④ B 씨는 소득이 거의 없을 노년기에 대비해 안전성이 높은 적금의 비중을 높여야 해요.
⑤ B 씨는 현재 자녀 교육에 드는 돈이 많을 때이니 유동성이 낮은 채권에 많이 투자하세요.

◆ **개념 한눈에 보기**

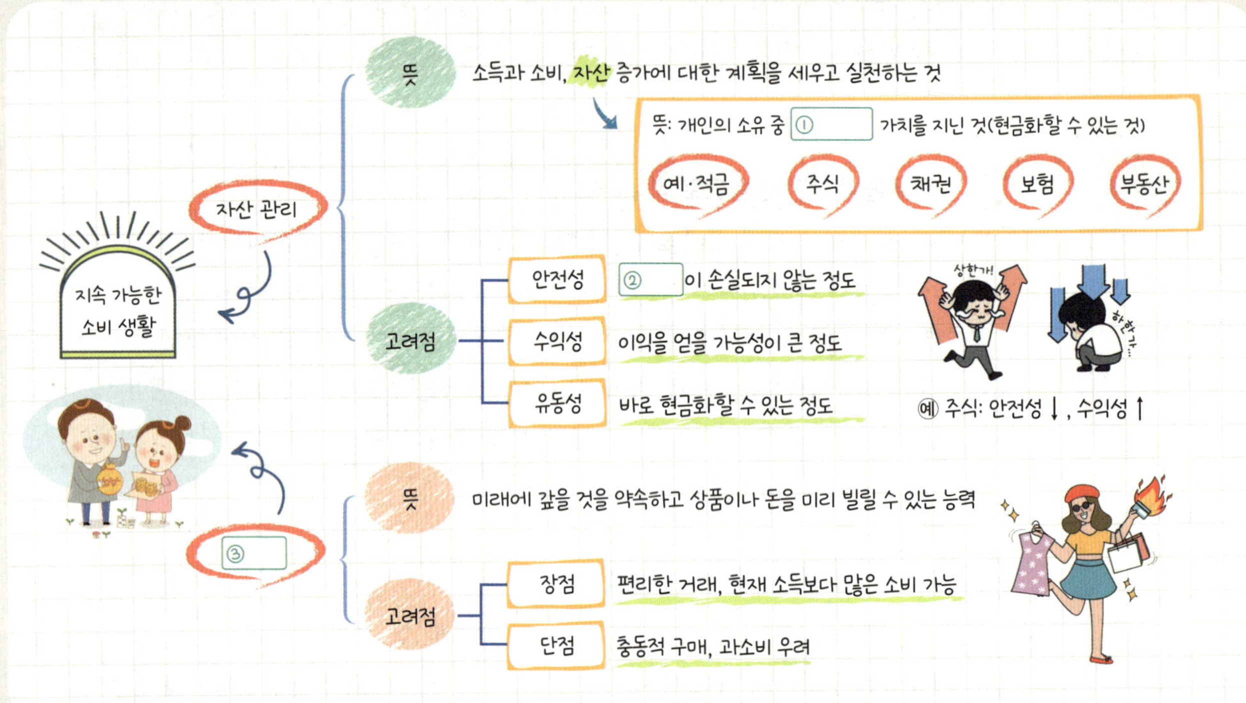

📕 교과 개념 사전

#자산 [자산]
개인이 소유하고 있는 것 중에서 경제적 가치를 지닌 것으로 현금화할 수 있는 것.

#자산 관리 [자산] [괄리]
자신이 벌어들인 소득으로 언제, 얼마만큼 소비할지, 어떻게 자산을 불릴지 미리 계획을 세우고, 이를 실천하는 것.

#안전성 [안전썽]
투자한 원금이 손실 없이 보장되는 정도.

#수익성 [수익썽]
투자를 통해 이익을 얻을 수 있는 정도.

#유동성 [유동썽]
필요할 때 바로 현금화할 수 있는 정도.

#신용 [시:뇽]
미래의 어느 시점에 갚을 것을 약속하고 상품이나 돈을 얻을 수 있는 능력.

교과 개념 확인 Quiz ✏️

다음 물음에 답하시오.

❶ 개인이 소유하고 있는 것 중에서 경제적 가치를 지닌 것으로 현금화할 수 있는 것을 □□ 이라고 한다.

❷ 자산을 합리적으로 관리하기 위해서는 자금을 다양한 자산에 적절하게 분산해야 한다.
　　　　　　　　　　　○ | ×

❸ 예금과 적금은 수익성은 낮지만, 안전성이 높다.
　　　　　　　　　　　○ | ×

❹ 주식은 수익성과 안전성, 유동성이 모두 높다.
　　　　　　　　　　　○ | ×

❺ 신용이 불량한 사람은 금융 기관과 거래하기 어렵고 경제생활에 각종 불이익을 받을 수 있다.
　　　　　　　　　　　○ | ×

15일차

2 ≫ 경제
기업의 존재감

◆ **무엇을 배울까?**

초등	중등	고등	수능기출
사회 5~6 교과서 시장경제와 국가 간 거래	사회 2 교과서 2단원 경제생활과 선택	통합사회 2 교과서 3단원 시장경제와 지속가능발전	2017학년도 9월 평가원 [35-39] 사단 법인과 주식회사

❶ 시장 경제에서 기업의 역할 파악하기

#기업   #고용   #가계 소득   #세금

❷ 기업의 사회적 책임 이해하기

#기업의 사회적 책임

ESG란?

기업의 재무적 성과만을 중시하던 과거와 달리, 장기적 관점에서 기업의 가치와 지속 가능성을 판단하기 위해 활용하는 지표. 'E'는 친환경(environment), 'S'는 사회적 기여(social), 'G'는 투명한 지배 구조(governance)를 뜻한다.

💡 **생각해 보기** 기업을 평가할 때, 위와 같이 ESG가 중요해진 이유는 무엇일까?

1 포드 자동차의 회장인 빌 포드는 "좋은 #기업은 훌륭한 상품과 서비스를 제공하지만, 위대한 기업은 그뿐만 아니라 세상을 더 나은 곳으로 만들기 위해 노력한다."라고 하였다. 경제활동에서 빼놓을 수 없는 ⊙기업은 생산 활동을 담당하는 경제 주체˙로서 생산물을 시장에 공급하고, ⓒ가계는 이를 소비한다. 여기서 생산 활동은 재화의 직접 제조, 가공뿐만 아니라 재화의 보관, 운송, 저장과 같은 무형˙의 행위까지 포함한다. 기업은 이와 같은 생산 활동을 통해 가계에 재화와 서비스를 공급하고, 이를 통해 이윤˙을 얻는다.

2 시장 경제 체제에서 기업은 어떤 상품을 어떻게, 얼마나 생산할지를 스스로 결정한다. 그런데 상품을 생산하려면 자본, 노동, 토지와 같은 생산 요소가 필요하다. 이러한 생산 요소는 주로 가계가 제공하는데, 기업은 가계가 제공한 생산 요소를 생산 요소 시장에서 구매하고 그에 대한 대가를 지불한다. 예를 들어 의류 회사는 노동 시장에 구인˙ 광고를 하여 디자이너를 고용하고˙, 토지 시장에서 땅을 사서 공장을 짓고, 금융 시장에서 자금을 모아 기계를 구매한다. 이처럼 기업은 생산 요소의 수요자로서 기능한다.

3 기업의 목적은 상품 판매를 통한 이윤 추구이므로, 기업은 어떻게 하면 가장 좋은 상품을 가장 저렴하게 제공할 수 있을지를 고민한다. 이 과정에서 기업은 새로운 상품을 만들거나 생산 기술을 개발하고, 시장을 개척하며, 조직 문화를 바꿔 보는 등 혁신˙을 시도한다. 기업의 노력 덕분에 결과적으로 소비자는 더 싸고, 다양하고, 질 좋은 상품을 소비함으로써 만족감이 늘어난다. 또한 기업은 생산 과정에서 사람들을 #고용하여 일자리를 주고, 일한 대가로 임금을 지급하여 가계에 소득을 제공한다. 따라서 기업의 생산 활동이 활발하면 고용이 증가하고 #가계 소득이 늘어나 경제가 활성화된다. 그뿐만 아니라 기업은 벌어들인 수익 중 일부를 #세금으로 납부하여 국가 재정에 이바지하고 기술 혁신을 위한 연구 개발 투자를 통해 경제 성장을 촉진한다˙. 이처럼 기업은 시장 경제 체제에서 생산을 이끌어 나가면서 국민 소득을 증가시키고 고용을 창출하여˙ 국민 경제 발전을 위해 중요한 역할을 담당한다.

4 하지만 기업이 이윤 추구와 효율성만 중시한다면, 무분별한 자원 개발과 환경 파괴, 노동 착취˙와 같은 문제가 발생할 수 있으므로 최근 기업의 사회적 책임에 관한 관심이 높아지고 있다. #기업의 사회적 책임이란 기업이 소비자와 노동자, 지역 사회 등이 요구하는 사회적 의무를 충족하는 방향으로 활동해야 한다는 윤리적 책임 의식으로, 공정한 경쟁, 소비자와 노동자의 권익 보호, 환경 및 복지에의 기여 등을 들 수 있다. 기업이 이러한 사회적 책임을 충실히 수행할 때 다른 경제 주체들과 상호 발전적인 관계를 형성할 수 있을 것이다.

---

1 문단
기업의 역할과 기능 ①
[　　] 활동을 담당하는 경제 주체인 기업: 생산물을 시장에 공급하고 이윤을 얻음.

- **주체** 사물의 작용이나 어떤 행동의 주가 되는 것.
- **무형** 형상이나 형체가 없음.
- **이윤** 한 기업의 총수익에서 생산비를 빼고 남는 순이익.

2 문단
기업의 역할과 기능 ②
[　　　　]의 수요자인 기업: 상품 생산에 필요한 요소(노동, 토지, 자본 등)를 구매하고 대가를 지불함.

- **구인** 일할 사람을 구함.
- **고용하다** 보수를 주고 사람을 부리다.

3 문단
기업의 역할과 기능 ③
국민 경제 발전에 기여하는 기업: 생산을 이끌어 나가면서 국민 [　　]을 증가시키고, [　　]을 창출함.

- **혁신** 묵은 풍속, 관습, 조직, 방법 따위를 완전히 바꾸어서 새롭게 함.
- **촉진하다** 다그쳐 빨리 나아가게 하다.
- **창출하다** 전에 없던 것을 처음으로 생각하여 지어내거나 만들어 내다.

4 문단
기업의 [　　　　]
기업이 소비자와 노동자, 지역 사회 등이 요구하는 사회적 의무를 충족하는 방향으로 활동해야 한다는 윤리적 책임 의식

- **착취** 자본가나 지주 등이 근로자나 농민이 제공한 노동의 가치만큼 보수를 지급하지 않고 그 이익의 대부분을 차지하는 일.

1 윗글의 내용 전개 방식에 대한 설명으로 적절하지 <u>않은</u> 것은?

① 주요 용어의 개념을 밝히고 있다.

② 설명 대상의 긍정적인 역할을 나열하고 있다.

③ 구체적인 예를 들어 독자의 이해를 돕고 있다.

④ 질문을 던져 중심 화제에 대한 독자의 관심을 유도하고 있다.

⑤ 설명 대상이 불러일으킬 수 있는 부정적인 상황을 가정하고 있다.

2 윗글을 통해 확인할 수 있는 내용은?

① 기업의 유형　　　　　　② 생산 요소의 종류

③ 기업의 유래와 역사　　　④ 국가가 기업에 미치는 영향

⑤ 기업의 생산량을 결정하는 요인

고난도

3 ㉠과 ㉡에 대한 설명으로 적절하지 <u>않은</u> 것은?

① ㉠은 ㉡에 상품을 판매하고 이윤을 추구하기 위해 설립된다.

② ㉠은 생산 과정에서 고용을 창출함으로써 ㉡에 일자리를 제공한다.

③ ㉡은 ㉠에 재화를 생산하기 위한 생산 요소를 제공한다.

④ ㉡은 ㉠으로부터 경제활동에 필요한 소득과 재화를 제공받는다.

⑤ ㉠과 ㉡은 모두 생산 활동의 주체이자 생산 요소의 수요자이다.

4 윗글을 바탕으로 할 때, <보기>에 대한 반응으로 적절하지 <u>않은</u> 것은?

> **◆ 보기 ◆**
>
> 　신발을 생산하는 A 나라의 B 기업은 C 나라의 고무나무 농장에서 현지의 인부들이 자연 친화적으로 채취한 천연고무를 이용하여 샌들을 만들고 있다. 그리고 판매 수익금의 일부로 가난한 아프리카 나라에 나무를 심고 있다. 최근에는 아프리카 D 나라의 지역민들이 나무를 소득원으로 활용할 수 있도록 바나나 나무, 커피나무를 기부하여 그 지역 주민의 소득을 다섯 배 가까이 올리는 성과를 내기도 하였다. 또한 B 기업이 천연고무를 이용하여 생산하는 샌들은 인체에도 해롭지 않고, 자연 상태에서 미생물에 의해 완전히 분해되기 때문에 환경에도 이롭다.

① B 기업은 기업의 사회적 책임을 충실히 수행하고 있구나.

② B 기업은 판매 수익금의 일부를 A 나라에 세금으로 납부하겠구나.

③ B 기업은 인체에 무해한 질 좋은 상품을 개발하여 소비자의 만족감을 높이려고 노력하는구나.

④ C 나라의 고무나무 농장은 B 기업이 만드는 상품에 생산 요소를 제공하고 있구나.

⑤ D 나라의 지역민은 B 기업에 생산 요소의 하나인 토지를 제공하고 있구나.

◆ **개념 한눈에 보기**

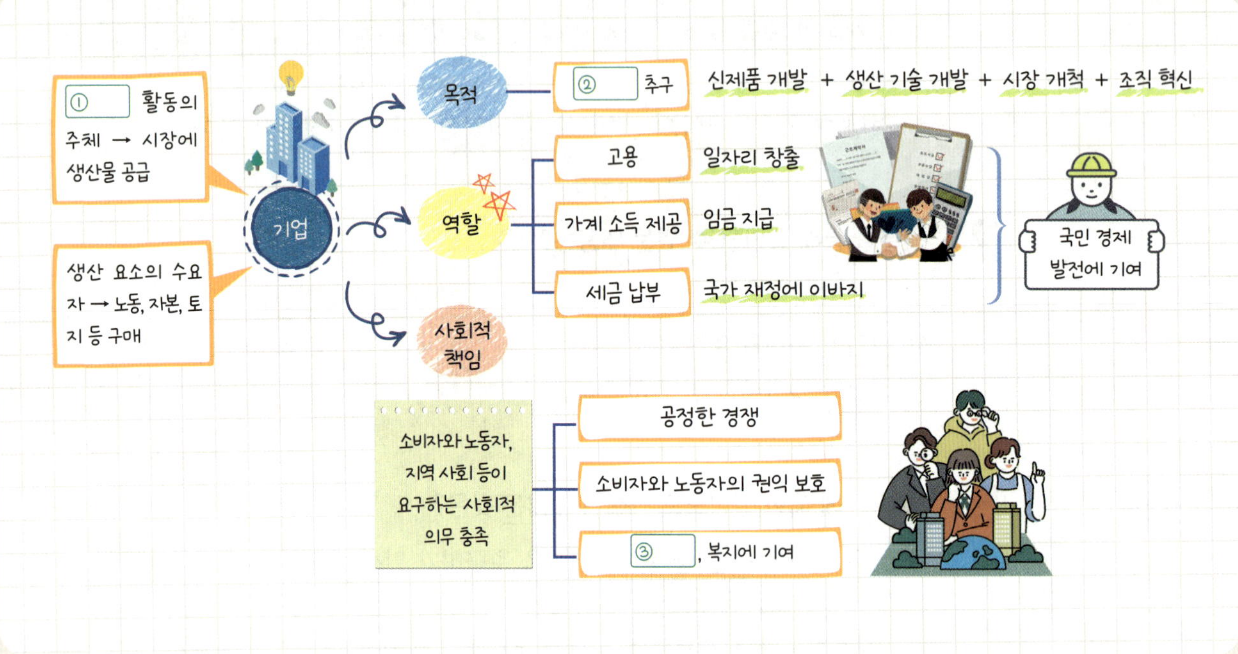

교과 개념 사전

#기업 [기업]
생산 활동을 담당하는 경제 주체로서 생산물을 시장에 공급함. 또한 생산 요소의 수요자로서 기능함.

#고용 [고용]
보수를 주고 사람을 부림.

#가계 소득 [가계/가게] [소:득]
근로 소득, 사업 소득, 집세나 이자 등 재산 소득 등을 모두 합한 가족의 총소득. '가계'란 소비의 주체로 '가정'을 가리킴.

#세금 [세:금]
정부가 국민들의 생활에 필요한 재화나 서비스를 공급하기 위해 강제로 거두어들이는 돈.

#기업의 사회적 책임 [기업] [사회적/사훼적] [채김]
기업이 소비자와 노동자, 지역 사회 등이 요구하는 사회적 의무를 충족하는 방향으로 활동해야 한다는 윤리적 책임 의식.

교과 개념 확인 Quiz 

다음 물음에 답하시오.

❶ 기업은 상품 생산의 주체이자 생산 요소의 수요자이다.　　　○ ｜ ✕

❷ 재화의 보관, 운송, 저장과 같은 행위는 기업의 생산 활동에 포함되지 않는다.　　　○ ｜ ✕

❸ 기업은 생산 요소를 주로 정부에서 제공받는다.　　　○ ｜ ✕

❹ 기업의 생산 활동은 고용과 □□ □□을 증가시켜 국민 경제 발전에 기여한다.

❺ 기업은 생산 활동을 통해 벌어들인 수익 중 일부를 □□으로 납부하여 국가 재정에 이바지한다.

❻ 기업이 효율성만을 중시하면 사회적 문제가 발생할 수 있다.　　　○ ｜ ✕

이번 주에 배운 **핵심 교과 개념**을 확인해 볼까요?

본문에 수록된 교과 개념에 대한 자세한 풀이를

일차별로 묶어 부록에 담았어요.

부록 페이지를 찾아가서 이번 주에 배운 핵심 교과 개념을

다시 한번 복습해 보세요!

일차		# 핵심 교과 개념	부록
11일차	1	인권 ｜ 기본권 ｜ 평등권 ｜ 자유권 ｜ 참정권 ｜ 청구권 ｜ 사회권	27p
	2	인권 감수성 ｜ 노동 삼권 ｜ 단결권 ｜ 단체 교섭권 ｜ 단체 행동권	28p
12일차	1	대통령제 ｜ 의원 내각제 ｜ 행정부 ｜ 국무총리 ｜ 국무 회의 ｜ 감사원	29p
	2	대의 민주제 ｜ 국회 ｜ 입법 ｜ 본회의 ｜ 상임 위원회 ｜ 재정 ｜ 국정 견제	30p
13일차	1	사법권 ｜ 지방 법원 ｜ 고등 법원 ｜ 대법원 ｜ 특허 법원 ｜ 행정 법원 ｜ 가정 법원	31p
	2	헌법 재판소 ｜ 위헌 법률 심판 ｜ 헌법 소원 심판 ｜ 탄핵 심판 ｜ 정당 해산 심판 ｜ 권한 쟁의 심판	32p
14일차	1	재화 ｜ 서비스 ｜ 경제활동 ｜ 기업 ｜ 가계 ｜ 정부	33p
	2	생산 ｜ 분배 ｜ 소비 ｜ 희소성 ｜ 합리적 선택 ｜ 기회비용	34p
15일차	1	자산 ｜ 자산 관리 ｜ 안전성 ｜ 수익성 ｜ 유동성 ｜ 신용	35p
	2	기업 ｜ 고용 ｜ 가계 소득 ｜ 세금 ｜ 기업의 사회적 책임	36p

시작~!

1

≫ 경제

우리가 몰랐던 시장의 다양한 얼굴

Step 1 교과 개념 톡 생각 열기

◆ **무엇을 배울까?**

초등	중등	고등	수능기출
사회 초5~6 교과서 시장경제와 국가 간 거래	**사회 2 교과서** **3단원** 시장과 가격	**경제 교과서** 2단원 미시 경제	**2013년 7월 고3 교육청 B형** [22-24] 시장 설계

❶ 시장의 의미와 종류 이해하기

#시장   #보이는 시장   #보이지 않는 시장   #생산물 시장

#생산 요소 시장

❷ 시장의 역할 파악하기

#사회적 분업   #거래 비용

💡 **생각해 보기**   위의 시장에서 거래되는 것은 무엇일까?

1 어떤 물건을 얼마나 생산해서 얼마의 가격에 누구에게 팔 것인가를 미리 제시해 주는 사람이 없는데도 사람들 사이에서는 아무 불편 없이 거래가 이루어지고 있다. 어떻게 이런 일이 가능할까? 바로 #시장이 존재하기 때문이다. 대개 시장이라고 하면 재래시장이나 대형 마트처럼 상품을 팔려는 상인들과 사려는 소비자들이 직접 만나 거래하는 #보이는 시장만을 떠올리기 쉽다. 그러나 시장은 주식 시장, 외환 시장 같은 금융 시장처럼 거래 대상이나 장소가 구체적으로 #보이지 않는 시장도 모두 포함하는 포괄적*인 개념이다. 즉 재화나 서비스를 사고자 하는 사람과 팔고자 하는 사람이 만나 거래*가 이루어지고 있다면 모두 시장이라고 볼 수 있다.

2 시장은 여러 가지 기준으로 구분되기 때문에 우리 주변에는 다양한 형태의 시장이 존재한다. 앞서 말한 것처럼 거래 대상이나 장소가 구체적으로 보이는지에 따라 'ㄱ보이는 시장'과 'ㄴ보이지 않는 시장'으로 구분할 수 있고, 거래 대상이 무엇이냐에 따라 #생산물 시장과 #생산 요소 시장으로 나눌 수 있다. 예를 들어 ㄷ생산물 시장은 쌀이나 옷 같은 재화나 영화관이나 버스 운송* 같은 서비스가 거래되는 시장이고, ㄹ생산 요소 시장은 상품 생산에 필요한 노동, 자본, 토지 등의 생산 요소가 거래되는 시장이다. 생산물 시장에서 가계는 생산물을 구매하는 주체이고, 기업은 생산물을 공급하는 주체이다. 또한 생산 요소 시장에서 가계는 생산 요소를 기업에 공급하는 주체이며, 기업은 생산 요소를 구매하여 생산 과정에 투입하는 주체이다. 기업, 가계는 생산물 시장과 생산 요소 시장을 통해 경제활동의 순환*에 참여한다.

3 시장이 없었다면 사람들은 생활에 필요한 재화와 서비스를 스스로 만들어서 사용했을 것이다. 하지만 사람들은 자신이 생산한 것을 타인의 것과 교환함으로써 자신이 잘 만들 수 있는 것을 특화*하게 되었다. 이처럼 하나의 생산 부문을 특정 개인이나 집단이 전문적으로 담당하는 #사회적 분업과 각자 잘하는 일에 전념하는 전문화는 사회 전체적으로 생산량을 증가시켰다. 또한 시장은 거래 상대방을 찾는 데 들어가는 시간과 비용 즉 #거래 비용을 크게 줄였다.

4 과학 기술이 발전하고 사회가 변화함에 따라 사람들의 삶의 방식과 욕구가 다양해져서 시장 수요에 부응하기* 위해 새로운 시장이 형성되기도 한다. 최근 반려동물을 기르는 가정이 증가하며 반려동물 영양제 판매, 반려동물 전용 택시 서비스, 반려동물 산책을 돕는 도우미 등의 반려동물 관련 시장이 생기기도 했다. 또한 전자 상거래가 일상화됨에 따라 온라인에서 소비자와 판매자가 직접 만나지 않고 거래하는 시장이 확산되었으며 1인 가구 증가로 배달 서비스 시장이 활성화되었다.

세부 내용
파악하기

1 윗글에서 알 수 있는 내용이 <u>아닌</u> 것은?

① 시장의 개념과 변천사
② 시장의 역할과 필요성
③ 다양한 시장이 존재하는 이유
④ 거래 대상에 따른 시장의 유형
⑤ 생산 요소 시장에서 거래되는 상품의 종류

세부 내용
추론하기

고난도

2 ㉠~㉣에 대한 설명으로 가장 적절한 것은?

① ㉠과 ㉡은 거래 대상의 필요 여부에 따라 시장이 구분된다.
② ㉠과 ㉡에서 사람들은 일상생활에서 쓰는 재화를 스스로 제작해 교환한다.
③ ㉡은 온라인 상거래가 이뤄지는 전자 상거래 시장을 포함한다.
④ ㉢에서 가계는 기업에 노동력을, ㉣에서 기업은 가계에 재화나 서비스를 제공한다.
⑤ ㉢과 ㉣은 거래 장소에 따라 시장이 구분된다.

사례에
적용하기

3 윗글을 읽은 학생들이 나타낸 반응으로 적절하지 <u>않은</u> 것은?

① 우리나라의 부동산 시장은 생산물 시장으로 볼 수 있겠구나.
② 취업 박람회는 노동력이라는 생산 요소를 거래하는 생산 요소 시장이구나.
③ 불우 이웃을 돕기 위해 학급에서 열리는 일일 장터도 시장으로 볼 수 있겠구나.
④ 문화 생활을 즐기려고 찾는 공연장은 서비스를 제공하는 생산물 시장이겠구나.
⑤ 게임 아이템 등 가상 재화가 거래되는 시장은 사회 변화에 따라 새롭게 등장한 시장이겠구나.

수능찍먹

사례에
적용하기

4 윗글을 바탕으로 <보기>를 이해한 내용으로 적절하지 <u>않은</u> 것은?

> **보기**
>
> 구독 시장은 정기적으로 일정액을 내고 재화나 서비스를 제공 받는 시장이다. 소비자는 한 번에 큰돈을 지출하지 않고 일정 기간마다 비용을 지불하여 부담을 적게 느낄 수 있고, 기업은 고객 충성도를 높이고 안정적인 수익을 확보할 수 있다. 과거 신문이나 우유 배달 등으로 익숙했던 구독 시장은 최근 음식, 꽃, 면도날 등의 재화뿐만 아니라, 세탁, 온라인 동영상, 음악 스트리밍 등 다양한 서비스 영역으로 확장되었다.

① 구독 시장은 기술 발전과 사회 변화에 따라 수요자의 수요에 맞게 등장한 시장이다.
② 구독 시장을 쓰는 소비자는 자주 쓰는 상품을 매번 구매하는 불편을 줄일 수 있다.
③ 구독 시장을 제공하는 기업은 재화나 서비스를 정기적으로 제공하여 이윤을 얻는다.
④ 1인 가구가 증가하면서 구독 시장이 활성화되면 한 번에 큰돈을 지출하는 일이 많아질 수 있다.
⑤ 디지털 기술의 발전으로 개인의 취향에 맞는 서비스를 제공하는 구독 시장이 발전될 수 있다.

◆ 개념 한눈에 보기

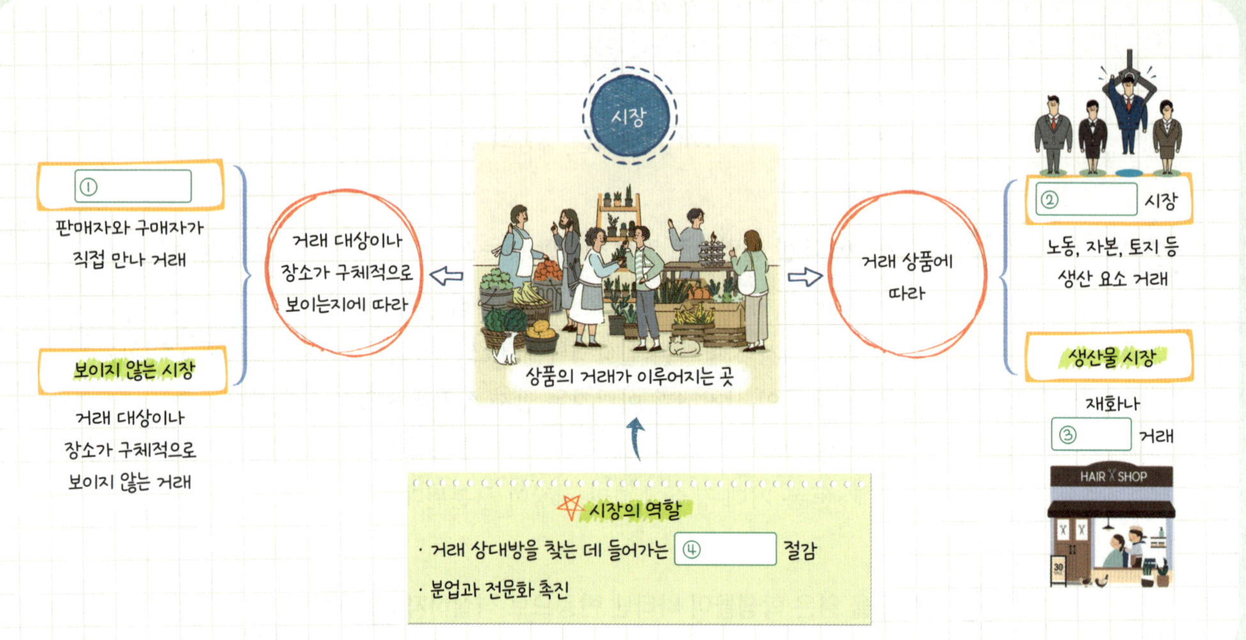

📖 교과 개념 사전

#시장 [시:장]
상품(재화나 서비스)을 사고자 하는 사람과 팔고자 하는 사람 사이에 거래가 이루어지는 곳.

#보이는 시장 [보이는] [시:장]
판매자와 구매자가 한곳에 직접 모여 거래하는 시장.

#보이지 않는 시장 [보이지] [안는] [시:장]
거래되는 대상이나 장소가 구체적으로 보이지 않는 시장.

#생산물 시장 [생산물] [시:장]
재화나 서비스가 거래되는 시장.

#생산 요소 시장 [생산] [요소] [시:장]
상품 생산에 필요한 노동, 자본, 토지 등의 생산 요소가 거래되는 시장.

#사회적 분업 [사회적/사훼적] [부넙]
하나의 생산 부문을 특정 개인이나 집단이 전문적으로 담당하는 것.

#거래 비용 [거래] [비용]
거래에 드는 시간과 비용.

교과 개념 확인 Quiz

다음 물음에 답하시오.

❶ □□에서는 상품을 사고자 하는 사람과 팔고자 하는 사람 사이에서 거래가 이루어지게 된다.

❷ 재래시장은 보이는 시장에, 주식 시장은 보이지 않는 시장에 해당한다.　　○ ｜ ✕

❸ 기업이 생산한 재화나 서비스는 □□□ 시장에서 거래된다.

❹ 공급자와 소비자 간에 재화나 서비스의 거래가 이루어지는 시장은 생산 요소 시장이다.
　　○ ｜ ✕

❺ 시장은 거래 비용을 줄이고 분업과 전문화를 촉진한다.　　○ ｜ ✕

2 »경제

보이지 않는 손의 정체는?

Step 1 교과 개념 **톡** 생각 열기

◆ **무엇을 배울까?**

초등	중등	고등	수능기출
사회 5~6 교과서 시장경제와 국가 간 거래	사회 2 교과서 3단원 시장과 가격	경제 교과서 2단원 미시 경제	2018년 4월 고3 교육청 [21-25] 수요, 공급과 공공재

❶ 수요 법칙과 공급 법칙 이해하기

#수요량   #수요 법칙   #공급량   #공급 법칙

❷ 시장에서 가격이 결정되는 원리 이해하기

#균형 가격   #균형 거래량

💡 **생각해 보기** 위 상황에서 라면 수요와 빵 공급에 변화가 나타나는 이유는 무엇일까?

독해 TIP!
이 글은 질문을 던지고 답하는 **방식을 통해 균형 가격이 형성되는 원리**를 설명하고 있어.

1 한 편의점에서 어떤 과자의 가격이 1,000원일 때는 과자가 다 팔렸지만, 2,000원일 때는 다 팔리지 않았다. 이와 같이 시장에서 상품의 가격은 사람들이 그 상품을 얼마나 사고팔 것인가를 결정하는 데 중요한 역할을 한다. 여기서 수요자가 상품을 사고자 하는 욕구를 수요, 수요자가 일정한 가격에 사려고 하는 상품의 구체적인 양을 **#수요량**이라고 한다. 일반적으로 수요량은 상품의 가격이 오르면 줄고 가격이 내리면 늘어나는데, 이를 **#수요 법칙**이라고 한다. 그리고 공급자가 상품을 팔고자 하는 욕구를 공급, 공급자가 일정한 가격에 팔고자 하는 상품의 양을 **#공급량**이라 한다. 수요량과 반대로 상품의 가격이 오르면 공급량이 늘고 가격이 내리면 공급량이 줄어드는데, 이를 **#공급 법칙**이라고 한다.

2 그렇다면 시장에서 상품의 가격은 어떻게 결정될까? 예를 들어 과자의 가격이 싼 경우, 과자의 수요량은 공급량보다 많아 초과˙ 수요가 발생한다. 이때 수요자들은 과자를 사려고 경쟁하게 되고 과자의 가격은 상승하는데, 이 과정에서 수요량이 줄고 공급량은 늘어 초과 수요는 감소한다. 반면 과자의 가격이 비싼 경우에는 과자의 공급량이 수요량보다 많아 초과 공급이 발생한다. 이때 공급자들은 과자를 팔기 위해 경쟁할 것이고, 가격 할인 등으로 과자의 가격이 내려가면 수요량이 늘고 공급량은 줄어 초과 공급은 감소한다. 이러한 과정이 반복되면 수요량과 공급량이 일치하여 상품의 가격이 더는 변하지 않는 균형˙ 상태에 도달하게 되는데 이때의 가격을 **#균형 가격** 또는 시장 가격이라고 하고, 균형 가격에서 거래되는 양을 **#균형 거래량**이라고 한다.

3 한편 수요와 공급은 상품의 가격 이외에도 여러 요인˙에 의해 변화한다. 일반적으로 소득이 증가하면 수요가 늘고, 소득이 감소하면 수요가 줄어든다. 또한 웰빙 문화로 유기농 식품에 대한 수요가 증가하는 것처럼 소비자의 기호˙ 변화도 수요에 영향을 미친다. 그리고 대체 상품이나 보완 상품의 가격 변동도 수요 변화에 영향을 미치는 요인이다. 그 밖에 미래에 대한 예측이나 소비자 수의 변화도 수요에 영향을 미치는데, 대개 가격이 오를 것으로 예측되거나 인구가 증가하면 수요가 증가한다.

4 수요와 마찬가지로 공급도 여러 요인에 의해 변화하는데, 먼저 원료비나 인건비 등 생산 요소의 가격이 오르면 공급이 감소하고, 그 반대가 되면 공급이 증가한다. 또 상품 생산 기술이 발전하면 공급이 증가하고, 미래에 상품 가격 하락이 예측되면 가격 하락 전에 상품을 판매하기 위해 공급이 늘어난다. 그 밖에 생산자 수의 변화도 공급에 영향을 미쳐, 상품을 생산하는 기업의 수가 많아지면 공급도 증가한다. 이처럼 가격 이외의 요인으로 수요나 공급이 증가 또는 감소하는 것을 각각 ㉠수요의 변동, 공급의 변동이라고 한다.

---

1 문단
수요 법칙과 공급 법칙
- ☐☐☐☐ : 상품의 가격이 상승하면 수요량이 감소하고, 가격이 하락하면 수요량이 증가하는 현상
- ☐☐☐☐ : 상품의 가격이 상승하면 공급량이 증가하고, 가격이 하락하면 공급량이 감소하는 현상

2 문단
균형 가격(시장 가격)
시장에서 수요량과 공급량이 일치하여 상품의 가격이 더는 변하지 않는 ☐☐ 상태에 도달하게 될 때의 가격
- **초과** 일정한 수나 한도 따위를 넘음.
- **균형** 한쪽으로 치우치지 않고 고름.

3 문단
수요와 공급의 변동 요인 ①
☐☐의 변동 요인: 소득 및 기호 변화, 대체재 및 보완재의 가격 변동, 미래 예측, 소비자 수 변화 등
- **요인** 사물이나 사건의 성립에 중요한 원인 또는 조건이 되는 요소.
- **기호** 즐기고 좋아함.

4 문단
수요와 공급의 변동 요인 ②
- ☐☐의 변동 요인: 생산 요소의 가격 변동, 생산 기술의 발전, 미래 예측, 생산자 수 변화 등
- 수요·공급의 변동: ☐☐ 이외의 여러 가지 요인으로 수요나 공급이 증가 또는 감소하는 것

1 윗글을 통해 해결할 수 있는 질문이 <u>아닌</u> 것은?

① 균형 가격은 어떻게 결정될까?

② 시장에서 가격은 어떤 기능을 할까?

③ 공급을 변화시키는 요인에는 어떤 것이 있을까?

④ 상품을 생산하는 생산자 수가 변하는 이유는 무엇일까?

⑤ 상품 가격에 따라 수요자와 공급자는 어떻게 행동할까?

[고난도]

2 ㉠에 대한 이해로 적절하지 <u>않은</u> 것은?

① 치즈의 원료가 되는 우유 가격이 오르면 치즈의 공급이 줄어들 거야.

② 유행으로 청바지에 대한 선호도가 높아지면 청바지의 수요는 증가할 거야.

③ 콜라의 가격이 오르면 콜라의 대체 상품인 사이다의 수요는 증가하게 될 거야.

④ 피자의 가격이 내리면 피자와 함께 먹는 보완 상품인 콜라의 수요도 증가할 거야.

⑤ 미래에 과일 가격이 내릴 것으로 예측되면 과일에 대한 수요는 증가하고 공급은 감소할 거야.

3 <보기>는 초콜릿 시장의 수요와 공급 곡선이다. 윗글을 바탕으로 <보기>의 그래프를 이해한 내용으로 적절하지 <u>않은</u> 것은?

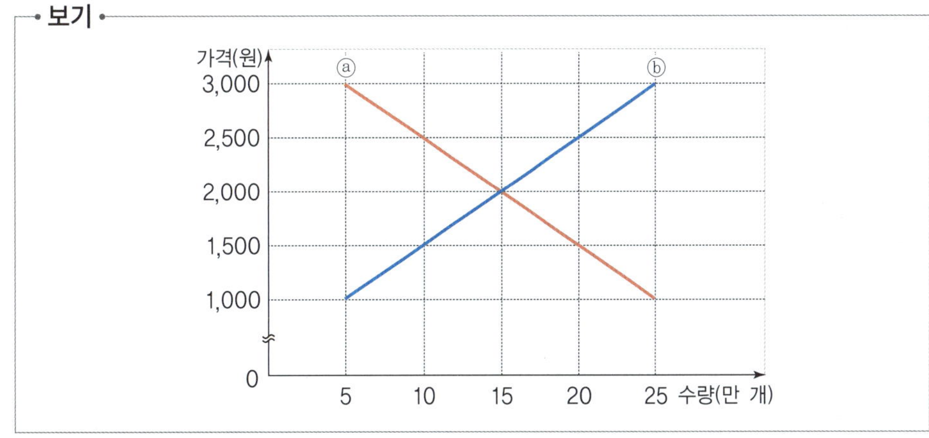

① ⓐ는 수요 법칙을, ⓑ는 공급 법칙을 그래프로 나타낸 것이다.

② 초콜릿 가격이 1,000원일 때에는 초과 수요가 발생하여 가격이 내려간다.

③ 초콜릿 가격이 1,500원일 때에는 수요자 간의 경쟁이 일어난다.

④ 초콜릿 시장의 균형 가격은 2,000원이고, 균형 거래량은 15만 개이다.

⑤ 초콜릿 가격이 2,500원일 때에는 초과 공급이 발생한다.

◆ 개념 한눈에 보기

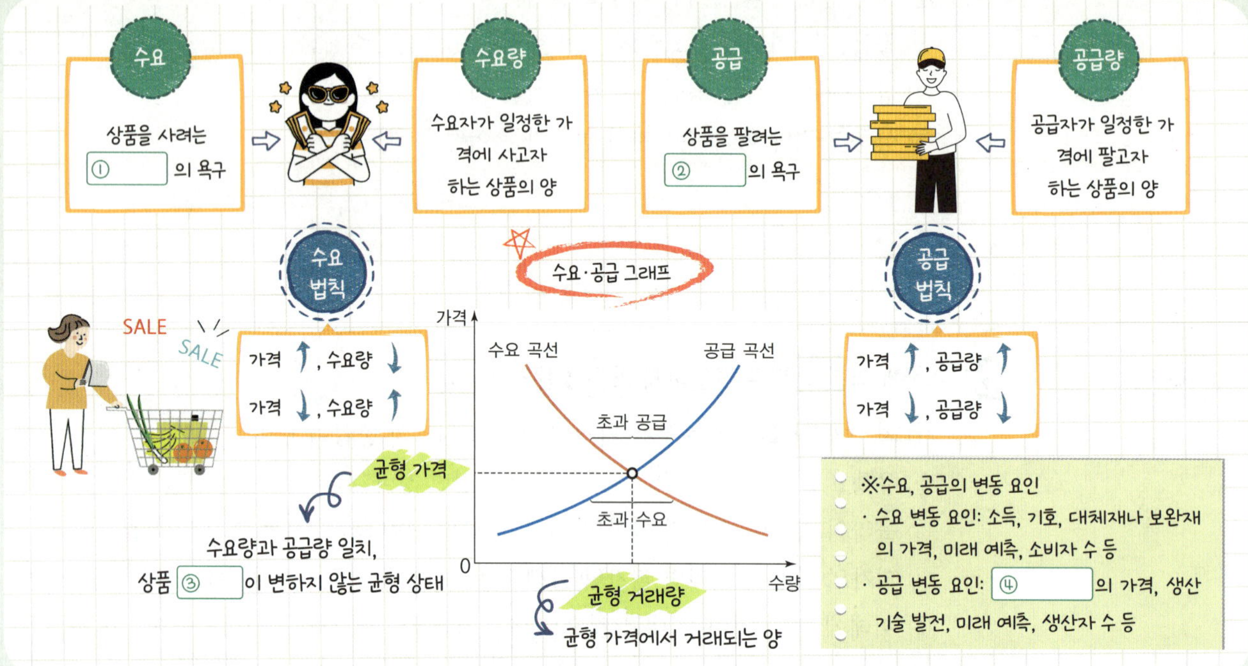

📖 교과 개념 사전

#수요량 [수요량]
수요자가 일정한 가격에 사려고 하는 상품의 양.

#수요 법칙 [수요] [법칙]
상품의 가격이 상승하면 수요량이 감소하고, 가격이 하락하면 수요량이 증가하는 현상.

#공급량 [공·급냥]
공급자가 일정한 가격에 팔고자 하는 상품의 양.

#공급 법칙 [공·급] [법칙]
상품의 가격이 상승하면 공급량이 증가하고, 가격이 하락하면 공급량이 감소하는 현상.

#균형 가격 [균형] [가격]
시장에서 수요량과 공급량이 일치하여 상품의 가격이 더는 변하지 않는 균형 상태에 도달하게 될 때의 가격. 시장 가격.

#균형 거래량 [균형] [거:래량]
시장 가격에서 거래되는 양.

교과 개념 확인 Quiz

다음 물음에 답하시오.

❶ 일정한 가격에 수요자가 사고자 하는 상품의 양을 □□□이라고 하고, 공급자가 팔고자 하는 상품의 양을 □□□이라고 한다.

❷ 수요·공급 법칙에서 가격과 수요량은 반비례, 가격과 공급량은 비례 관계이다.　　○ ┃ ✕

❸ 상품의 가격이 오르면 수요량은 늘고 공급량은 줄어든다.　　○ ┃ ✕

❹ □□ 가격이란 시장에서 수요량과 공급량이 일치하여 상품의 가격이 더는 변하지 않는 상태에 도달하게 될 때의 가격이다.

❺ 사람들의 소득이 증가하면 수요는 대체적으로 늘어난다.　　○ ┃ ✕

❻ 상품을 생산하는 기업의 수가 많아지면 공급은 줄어든다.　　○ ┃ ✕

17일차

1 » 경제
나라 살림, 잘 되고 있나요?

Step 1 교과 개념 **톡** 생각 열기

◆ **무엇을 배울까?**

초등	중등	고등	수능기출
사회 5~6 교과서 시장경제와 국가 간 거래	사회 2 교과서 4단원 우리나라 경제와 세계화	경제 교과서 3단원 거시 경제	2016년 3월 고3 교육청 [20-23] 국내 총생산과 경기 변동

❶ 경제 성장과 주요 지표 알기

#국내 총생산(GDP)   #경제 성장   #실업

❷ 물가 및 인플레이션의 의미와 경제생활에 미치는 영향 이해하기

#물가   #인플레이션

▲ 제1차 세계 대전 후 인플레이션으로 마르크화 가치가 폭락하자 지폐로 난롯불을 때기도 했던 독일

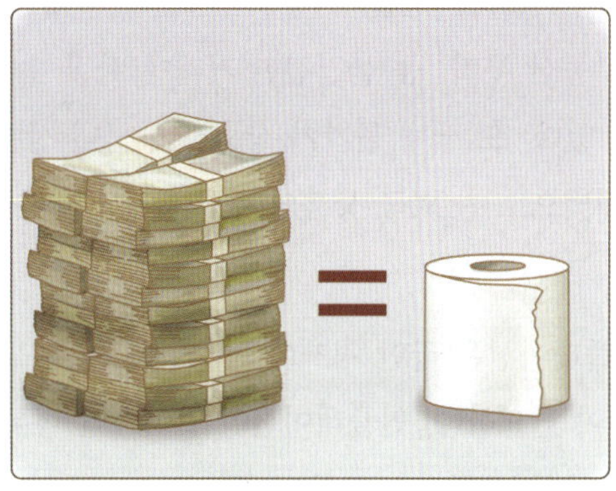

▲ 2018년부터 시작된 인플레이션으로 화장지 한 개가 206만 볼리바르화에 달한 베네수엘라

💡 생각해 보기   위와 같은 상황이 일어나면 국민들의 경제생활은 어떻게 될까?

1 한 나라 안에서 가계, 기업, 정부 등 경제 주체들의 경제활동은 서로 밀접한 관련을 맺고 있다. 가령 가계는 기업에 생산 요소를 제공하고 그 대가를 받아 얻은 소득으로 기업이 만든 제품을 소비하며, 정부에 세금을 내고 정부에서 제공하는 혜택을 받는다. 이처럼 경제 주체들의 경제활동을 국가 단위에서 보는 것을 국민 경제라고 한다. 국민 경제의 주요 지표*로는 국내 총생산, 실업 수준, 물가 등이 있다.

2 **#국내 총생산(GDP)**은 한 국가 안에서 일정 기간 내에 새로이 생산된 최종 생산물을 시장 가격으로 계산하여 모두 합한 것으로, 그 나라의 경제활동 규모를 잘 보여 준다. 국내 총생산의 증가가 곧 **#경제 성장**인데, 이는 국가의 생산 능력과 생산량의 확대를 의미한다. 여기서 국가의 생산 능력은 노동력과 뗄 수 없는 관계에 있는데, 일할 의사와 능력이 있음에도 일자리를 구하지 못하는 상태를 **#실업**이라고 한다. 실업은 개인의 삶뿐만 아니라 사회적 안정과 국가의 경제 성장에도 큰 영향을 미치므로 정부는 실업을 줄이고 고용을 안정화하기 위해 노력한다.

3 한편 시장에서 거래되는 다양한 상품들의 전반적인 가격 수준을 보여 주는 것이 바로 **#물가**이다. ㉠물가란 시장에서 거래되는 개별 상품의 가격을 종합하여 평균적으로 나타낸 것으로, 시시각각 변한다. 정부는 물가의 움직임을 알아보기 쉽게 수치로 표현한 물가 지수를 작성하고 있다.

4 그런데 ㉡물가가 지속적으로 오르면 어떤 일이 생길까? 이러한 현상을 **#인플레이션**이라고 하는데, 그 원인은 재화나 서비스에 대한 전체적인 수요가 전체적인 공급보다 많은 경우, 임금이나 원자재* 등의 가격 상승으로 생산 비용이 커지는 경우 등 다양하다. 인플레이션이 일어나면 먼저 화폐의 가치가 하락하여 일정한 금액으로 살 수 있는 재화와 서비스의 양이 줄어든다. 예를 들어 500원이던 빵이 가격만 1,000원이 되었다면 돈의 가치는 1/2배로 감소한 것이다. 따라서 월급이나 연금 생활자 및 현금, 예금과 같은 금융 자산 소유자는 불리해지는 반면, 실물 자산의 가치는 상승하여 토지, 건물 등의 보유자는 유리해진다. 이로 인해 사람들이 저축을 꺼리고 부동산 투기* 등 불건전한 거래에 빠질 수 있으며, 기업의 투자 활동도 위축될* 수 있다. 또 국내 물가가 상승하면 국내 상품의 가격이 비싸져 수출은 감소하고, 상대적으로 싼 외국 상품의 수입이 증가하여 무역 불균형이 발생하기도 한다.

5 이처럼 인플레이션은 국민 경제에 악영향을 미치므로 물가 안정을 위한 경제 주체들의 노력이 필요하다. 인플레이션이 일어나면 정부는 재정 지출을 줄이고 세금을 많이 부과하며, 생활필수품 가격이나 공공요금의 인상을 억제하기도 한다. 또한 중앙은행은 이자율을 높여 저축을 유도한다*. 가계는 과소비를 자제하고, 기업은 기술 개발 등으로 생산비를 낮추어 물가 안정에 기여할 수 있다.

---

1 문단
국민 경제
☐☐☐☐ 단위에서 경제 주체들의 경제활동을 보는 것

· **지표** 방향이나 목적, 기준 따위를 나타내는 표지.

2 문단
국내 총생산과 실업
· ☐☐☐☐☐☐: 한 국가 안에서 일정 기간 내에 새로이 생산된 최종 생산물을 시장 가격으로 계산하여 모두 합한 것
· ☐☐: 일할 의사와 능력이 있음에도 일자리를 구하지 못하는 상태

3 문단
☐☐
시장에서 거래되는 개별 상품의 가격을 종합하여 평균적으로 나타낸 것

4 문단
인플레이션 ①
· ☐☐☐☐☐: 물가가 지속적으로 오르는 현상
· 인플레이션의 원인: ☐☐ 상승, 생산 비용의 상승 등
· 인플레이션의 부정적 영향: 화폐 가치 하락, 기업의 투자 활동 위축, ☐☐ 감소, ☐☐ 증가 등

· **원자재** 공업 생산의 원료가 되는 기본 재료.
· **투기** 기회를 엿보아 큰 이익을 보려는 짓.
· **위축되다** 어떤 힘에 눌려 기를 펴지 못하게 되다.

5 문단
인플레이션 ②
☐☐ 안정을 위한 각 경제 주체들의 노력이 필요함.

· **유도하다** 일정한 방향으로 나아가도록 꾀어서 이끌다.

1 윗글에 대한 설명으로 가장 적절한 것은?

① 우리나라의 국내 총생산을 외국과 비교하여 나타내고 있다.

② 국민 경제를 보여 주는 지표들을 병렬적으로 제시하고 있다.

③ 인플레이션을 이와 반대되는 현상과 대조하여 설명하고 있다.

④ 물가의 종류를 일정한 기준을 바탕으로 구분하여 설명하고 있다.

⑤ 실업의 심각성을 실제로 일어난 예를 통해 효과적으로 설명하고 있다.

2 ㉠에 대한 이해로 적절하지 <u>않은</u> 것은?

① 물가와 화폐 가치는 반비례 관계라고 할 수 있다.

② 한 국가에서 거래되는 상품들의 전반적인 가격 수준이다.

③ 물가 지수는 시장에서 거래되지 않는 상품의 가격도 다 포함한다.

④ 물가의 상승은 국민 경제에 부정적인 결과를 불러일으킬 수 있다.

⑤ 물가가 상승하면 일정한 금액으로 살 수 있는 상품의 양이 줄어든다.

3 ㉡에 대한 답으로 적절하지 <u>않은</u> 것은?

① 기업에서 적극적인 투자 활동을 펼치기가 어려워질 것이다.

② 매달 회사에서 정해진 월급을 받는 사람은 경제 사정이 어려워질 것이다.

③ 토지나 건물 등은 부유한 사람들에게 많으므로 빈부 격차가 심해질 것이다.

④ 국내에서 의류를 만들어 외국에 수출하는 업체는 수출량이 늘어날 것이다.

⑤ 사람들은 은행에 돈을 맡기기보다는 건물을 사는 데 투자하려고 할 것이다.

4 윗글을 바탕으로 할 때, <보기>에 대한 반응으로 적절하지 <u>않은</u> 것은?

> ┌ 보기 ┐
>
> 최근 기후 변화, 주요 곡물 생산국 간의 전쟁으로 국제 곡물 가격이 지속적으로 상승하고 있다. 이로 인해 국내에서 식당을 운영하는 갑은 음식 재료의 단위별 가격이 20~30% 이상 올랐기 때문에 예전에는 천만 원으로 어떤 품목을 100개 살 수 있었다면 지금은 70~80개만 살 수 있는 상황이라며 가게 운영의 어려움을 말하였다.

① 예전과 비교하여 천만 원이 지닌 화폐의 가치가 하락했군.

② 식당에서 파는 음식의 가격이 올라 물가 상승으로 이어질 수 있겠군.

③ 중앙은행은 이자율을 인하하여 가계의 소비 활동을 활성화해야겠군.

④ 갑은 생산성 향상을 위하여 인건비 등 생산 비용을 줄이기 위해 노력하겠군.

⑤ 정부는 물가 안정을 위해 지출을 줄이고 세금을 많이 거두려는 정책을 세우겠군.

◆ 개념 한눈에 보기

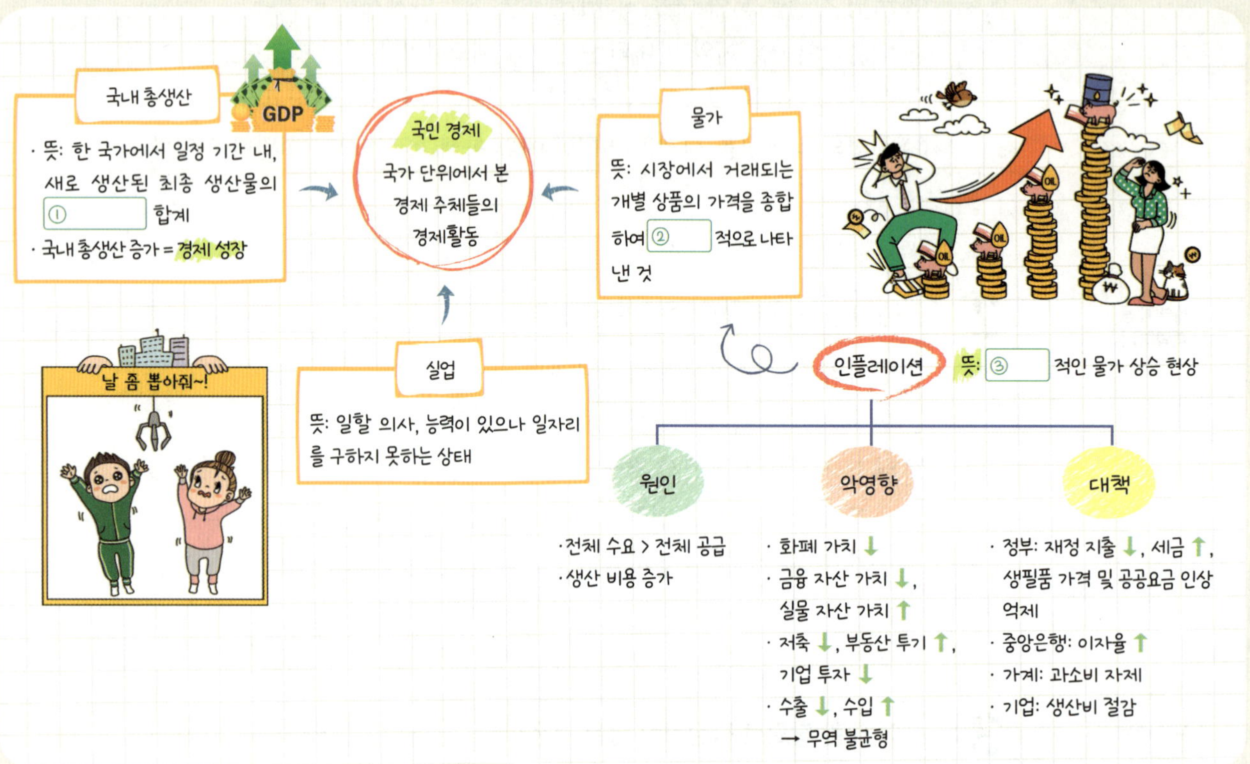

📙 교과 개념 사전

#국내 총생산 [궁내] [총:생산]
한 나라의 영역 내에서 가계, 기업, 정부 등 모든 경제 주체가 일정 기간 동안 새로 생산한 최종 생산물을 시장 가격으로 평가하여 합산한 것.

#경제 성장 [경제] [성장]
나라의 경제 규모가 지속적으로 커지고 생산 능력이 향상되는 것.

#실업 [시럽]
일할 의사와 능력이 있는 사람이 일자리를 잃거나 일할 기회를 얻지 못하는 상태.

#물가 [물까]
시장에서 거래되는 여러 가지 상품이나 서비스의 가치를 종합적이고 평균적으로 본 개념.

#인플레이션
inflation. 물가가 전반적, 지속적으로 올라 화폐 가치가 떨어지는 현상.

교과 개념 확인 Quiz ✏️

다음 물음에 답하시오.

❶ 국내 총생산을 보면 그 나라의 경제활동 규모를 파악할 수 있다.   ○ ㅣ ✕

❷ 한 나라의 경제 규모와 생산 능력이 커지는 것을 □□ □□이라고 한다.

❸ 일할 수 있는 능력은 갖추었지만 취업을 원하지 않는 대학생은 실업자라 할 수 있다.   ○ ㅣ ✕

❹ 시장에서 거래되는 개별 상품의 가격을 종합하여 평균적으로 나타낸 것을 □□라고 한다.

❺ 인플레이션이 지속되면 실물 자산보다 금융 자산을 갖는 것이 유리하다.   ○ ㅣ ✕

❻ 국내 물가가 상승하면 수출은 □□하고, 수입은 □□한다.

2 ≫경제
지구촌 시장에서 사고팔기

Step 1 교과 개념 **톡** 생각 열기

◆ **무엇을 배울까?**

초등	중등	고등	수능기출
사회 5~6 교과서 시장경제와 국가 간 거래	**사회 2 교과서** **4단원** 우리나라 경제와 세계화	**경제 교과서** **4단원** 국제 경제	**2022학년도 수능 [10-13]** 기축 통화(달러화)를 통한 외환 거래

❶ 국제 거래의 의미와 필요성 이해하기

#국제 거래   #수출   #수입

❷ 환율의 의미 및 환율이 결정되는 원리 이해하기

#환율   #외화

💡 **생각해 보기**   우리가 일상생활에서 사용하고 있는 외국의 재화나 서비스는 무엇일까?

1 우리가 사용하는 많은 물건들은 외국에서 수입한 원료나 부품을 사용하여 만들어진다. 또한 국내 기업이 만드는 전자 제품이나 자동차가 세계 각국으로 수출되고 있기도 하다. 이처럼 국가 간에 상품이나 생산 요소 등이 거래되는 것을 #국제 거래라고 한다. 세계화가 진전되면서 국제 거래 대상의 범위와 종류가 확대되고 있다. 과거에는 상품 교역˚ 위주였지만 오늘날에는 서비스 분야도 다양하게 거래되고 있으며, 국경˚을 넘나드는 자본 거래와 노동력의 이동 역시 늘어나고 있다.

2 이처럼 오늘날 많은 나라가 국제 거래를 하는 이유는 거래를 통해 더 많은 이익을 얻을 수 있기 때문이다. 나라마다 기후나 지형 등 자연환경이 다르고, 보유한 천연자원이나 노동, 자본, 기술 수준 등도 차이가 있다. 그래서 각 나라는 국제 거래를 통해 자기 나라에서 구할 수 없는 것을 얻으며, 생산에 유리한 조건을 갖춘 품목은 특화하여˚ #수출하고 생산에 불리한 품목은 #수입함으로써 경제적 이득을 얻는다. 이때 각국이 상대적으로 더 효율적으로 생산할 수 있는 품목에 대해 비교 우위가 있다고 말한다.

3 한편 세계의 여러 나라는 각기 다른 화폐를 사용하므로, 국제 거래에서는 화폐를 교환하는 과정이 필요하다. 예를 들어 우리나라 사람이 미국에서 달러화˚로 거래되는 상품을 구매하기 위해서는 원화를 달러화로 교환해야 하는데, 이때 두 나라 사이의 화폐 교환 비율을 #환율이라고 한다. 일반적으로 환율은 외국 화폐 1단위를 사는 데 필요한 우리나라 화폐의 가격으로 표시한다. 가령 미국의 화폐 1달러를 사기 위해 1,000원이 필요하다면, 환율은 '1,000원/달러'로 표시한다. 환율은 국내외 경제 상황에 따라 오르기도 하고 내리기도 하는데, 환율이 올랐다는 것은 원화 가치의 하락을, 환율이 내렸다는 것은 원화 가치의 상승을 뜻한다.

4 그러면 환율은 어떻게 결정될까? 재화와 서비스의 가격이 수요와 공급에 따라 결정되는 것처럼 환율도 #외화˚의 수요와 공급에 따라 결정된다. 외화 수요가 증가하면 외화의 가치가 높아지므로 환율이 상승하는데, 외화 수요가 증가하는 때는 외국 상품의 수입, 해외여행이나 해외 투자가 늘어날 때 등이다. 반대로 외화 공급이 증가하면 외화의 가치가 낮아지므로 환율이 하락하는데, 주로 외국으로 수출이 증가할 때, 외국인 관광객이 늘어날 때, 외국인의 국내 투자가 활발하게 일어날 때 외화 공급이 증가한다.

5 환율이 상승하면 외화로 표시되는 국내 상품의 가격이 상대적으로 싸지게 되므로 수출은 증가하고, 외국 상품의 국내 가격은 상대적으로 비싸지게 되므로 수입은 감소한다. 반대로 환율이 하락하면 수출은 감소하고 수입은 증가한다. 이 밖에 환율의 변동은 국내 물가와 내국인˚의 해외여행 및 외국인의 국내 관광, 외국에 진 빚인 외채를 갚는 데에도 영향을 미친다.

---

1 문단
국제 거래의 의미와 필요성 ①
[   ]: 국가 간에 상품이나 생산 요소 등이 거래되는 것

- **교역** 주로 나라와 나라 사이에서 물품을 사고팔아 장사함.
- **국경** 나라와 나라 사이의 경계.

2 문단
국제 거래의 의미와 필요성 ②
국제 거래의 필요성: 나라마다 환경, 자원 등의 차이 → [   ]에 있는 상품을 특화해서 수출하고 경제적 이익을 얻음.

- **특화하다** 한 나라의 산업 구조나 수출 구성에서, 특정 산업이나 상품이 상대적으로 큰 비중을 차지하다.

3 문단
환율의 의미와 결정 원리 ①
환율: 각 나라 사이의 [   ] 교환 비율. 환율 상승 → 원화 가치 하락, 환율 하락 → 원화 가치 상승

- **달러화** 달러를 화폐 단위로 하는 돈.

4 문단
환율의 의미와 결정 원리 ②
- 환율 결정 원리: 외화의 수요와 공급에 따라 결정됨.
- 환율의 변동: 외화의 수요 증가 → 환율 [   ], 외화의 공급 증가 → 환율 [   ]

- **외화** 외국의 화폐.

5 문단
환율 변동이 경제에 끼치는 영향
수출입, 국내 물가, 내국인의 해외여행 및 외국인의 국내 관광, 외채를 갚는 데에 영향을 미침.

- **내국인** 자기 나라 사람을 외국인에 상대하여 이르는 말.

1 윗글에 대한 이해로 적절하지 **않은** 것은?

① 환율이 바뀌면 국제 거래가 되는 상품의 가격이 달라지겠어.

② 공연이나 인력도 국제 거래의 대상에 포함된다고 볼 수 있어.

③ 각 나라는 다른 나라에 비해 비교 우위에 있는 상품을 수출하겠어.

④ 1달러에 1,000원이었던 환율이 1,200원이 된다면 환율이 상승한 것이야.

⑤ 원/달러 환율이 하락했다는 것은 달러의 가치가 올라갔다는 것을 의미해.

[2~3] <보기>는 외화의 수요와 공급 이동을 나타낸 그래프이다. 윗글을 바탕으로 **2**번과 **3**번의 물음에 답하시오.

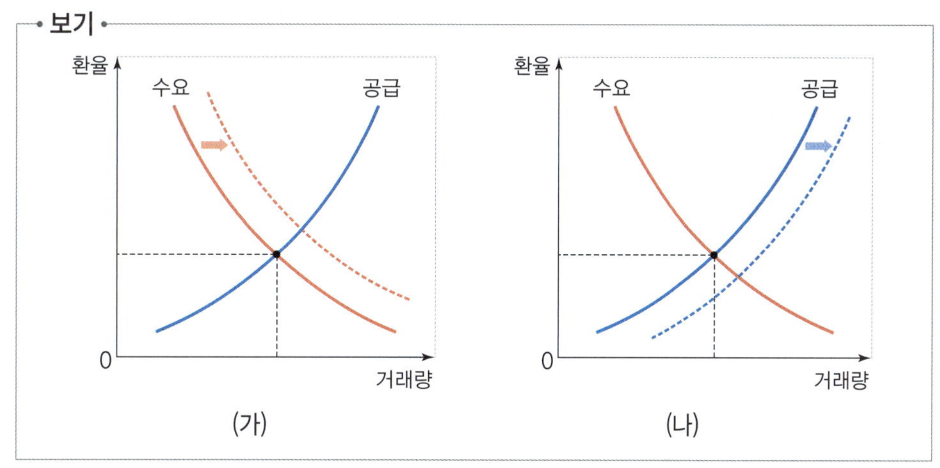

2 (가), (나)에서 그래프가 이동한 요인의 예로 가장 적절한 것은?

① (가): 우리나라 기업의 해외 투자가 점차로 줄어들었다.

② (가): 외국으로 어학연수를 가는 우리나라 학생의 수가 많이 늘어났다.

③ (가): 팬데믹으로 해외여행을 가는 우리나라 사람들이 급격히 줄어들었다.

④ (나): 외국 기업의 국내 투자가 지속적으로 줄어들었다.

⑤ (나): 세계 경제 불황으로 우리나라의 자동차 수출이 줄어들었다.

3 (가), (나)에서 그래프 이동의 영향으로 나타나는 현상이 **아닌** 것은?

① (가) 상황에서는 외국인의 국내 관광이 늘어나겠구나.

② (가) 상황에서는 외채를 갚을 경우 부담이 커지겠구나.

③ (나) 상황에서는 수출은 감소하고 수입은 증가하겠구나.

④ (나) 상황에서는 수입 원자재의 가격이 올라 국내 물가가 오를 수 있겠구나.

⑤ (가)와 달리 (나) 상황에서는 내국인의 해외여행이 늘어나겠구나.

◆ 개념 한눈에 보기

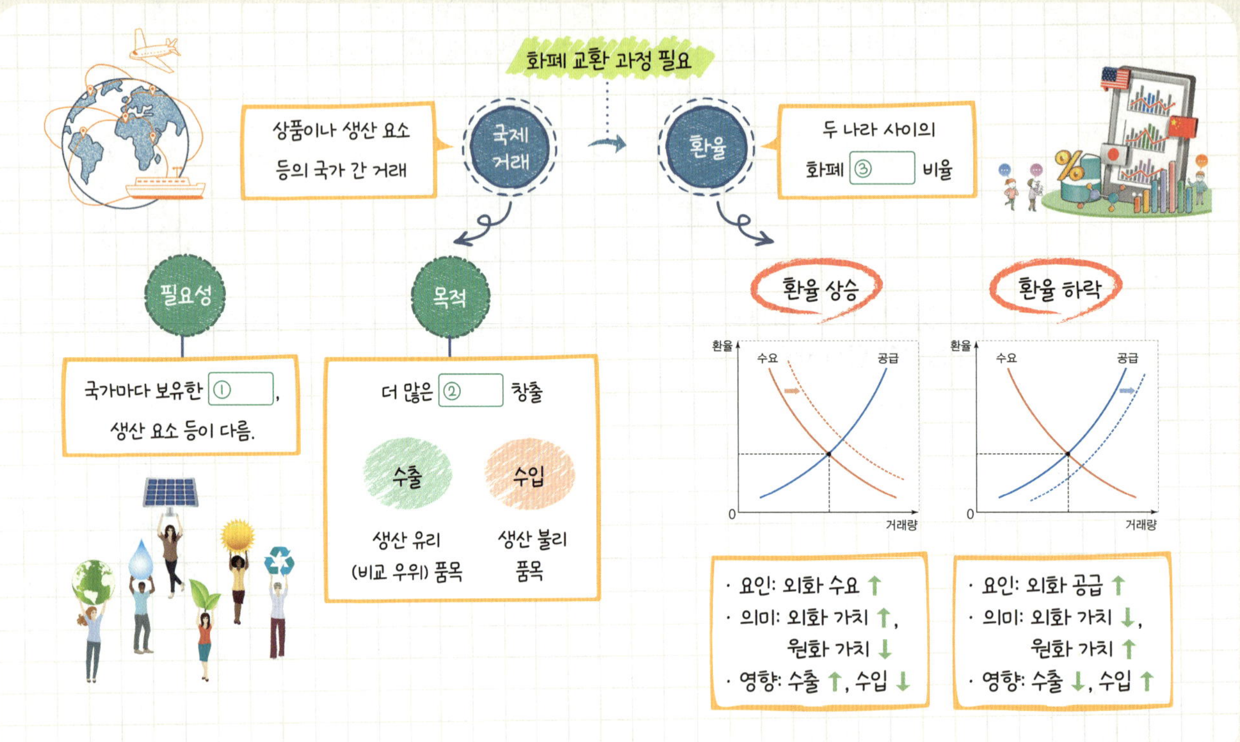

📖 교과 개념 사전

#국제 거래 [국쩨] [거:래]
경제적 이득을 위해 국가 간에 상품이나 생산 요소 등을 거래하는 것.

#수출 [수출]
국내의 상품이나 기술을 외국으로 팔아 내보내는 것.

#수입 [수입]
다른 나라로부터 상품이나 기술을 국내로 사들이는 것.

#환율 [화:뉼]
자기 나라 돈과 다른 나라 돈의 교환 비율. '1,000원/달러'와 같이 외국 화폐 1단위에 대한 우리나라 화폐의 가격으로 표시함. 외환 시장에서 외화 수요가 증가하면 환율이 상승하고 외화 공급이 증가하면 환율이 하락함.

#외화 [외:화/웨:화]
외국의 돈. 외국의 통화로 표시된 수표나 유가 증권 따위도 포함함.

교과 개념 확인 Quiz ✎

다음 물음에 답하시오.

❶ 외국의 자본이 우리나라 기업에 투자하거나 우리나라의 투자자들이 외국 기업에 투자하는 것도 국제 거래이다.　　○ ┊ ×

❷ 국가들은 국제 거래를 통해 다른 나라에 비해 상대적으로 비싸게 생산하는 상품은 □□하고, 상대적으로 싸게 생산하는 상품은 □□ 함으로써 경제적 이득을 얻을 수 있다.

❸ 외환 시장에서 외화의 수요와 공급에 따라 □□이 결정된다.

❹ 환율이 상승하면 상품의 수출은 증가하고 수입은 감소한다.　　○ ┊ ×

❺ 외국인이 국내 투자를 많이 하면 외화의 공급이 증가한다.　　○ ┊ ×

18일차

1

>> 일반사회

사회 변동과 우리 생활의 변화

Step 1 교과 개념 톡 생각 열기

◆ **무엇을 배울까?**

초등	중등	고등	수능기출
사회 3-2 교과서 1단원 사회 변화와 다양한 문화	사회 2 교과서 6단원 사회 변동과 사회문제	사회와 문화 교과서 2단원 사회 구조와 사회 변동	2016년 9월 평가원 B형 [21~24] 근대 이후 사회 변화

❶ 사회 변동의 의미 파악하기

#사회 변동

❷ 사회 변동의 종류와 양상 이해하기

#세계화   #획일화   #지식정보·서비스 사회

#사이버 범죄   #다문화적 변화   #생산 가능 인구

💡 **생각해 보기**   스마트폰의 등장으로 변화된 사회 모습에는 어떤 것이 있을까?

1 오늘날에는 과거와 달리 인터넷을 활용해 집에서 업무를 볼 수 있고, 스마트폰을 활용해 해외에 있는 사람과 실시간으로 의사소통할 수 있다. 이처럼 인류는 과학 기술의 발달로 급속한 변화를 겪고 있다. 한 사회의 생활 양식, 제도, 구조, 가치관 등이 일정한 규모 이상으로 변화하는 것을 **#사회 변동**이라 한다. 오늘날 우리 사회는 세계화, 지식정보·서비스 사회로의 변화, 다문화적 변화, 저출산·고령화 등의 사회 변동을 겪고 있다.

2 과학 기술의 발달로 등장한 인터넷은 시간과 공간을 뛰어넘어 전 세계를 하나의 공동체로 연결해 **#세계화**가 이루어지는 데 기여했다. 사람들은 인터넷의 발달로 다양한 문화를 체험할 수 있게 되었지만, 이로 인해 지역의 고유한 문화, 정체성이 약화되고 전 세계 사람들이 동일한 문화나 생활 방식을 따르게 되는 **#획일화**도 함께 나타났다. 유행에 따라 같은 디자인의 옷을 입거나, 인기 있는 해시태그나 트렌드˙에 따라 같은 장소에서 사진을 찍고 비슷한 방식으로 일상을 보내게 된 것이다.

3 또 과학 기술의 발달은 컴퓨터와 스마트폰 등을 대중화시켜 지식과 정보가 중심이 되어 사회 변화를 이끌어 가는 **#지식정보·서비스 사회**로의 변동을 가져왔다. 그래서 사람들은 정보를 쉽고 빠르게 접할 수 있게 되었고 쌍방향 의사소통을 하며 정보의 생산과 소비에 참여할 수 있게 되었다. 그 결과 SNS 등에서 범람한˙ 유해 콘텐츠가 사람들의 안전을 위협하는 문제가 발생했다. 조사에 따르면 소셜 미디어를 사용하는 청소년들의 과반수가 개인 정보 유출과 사생활 침해, 해킹, 인신공격˙ 등의 **#사이버 범죄**를 경험한 적이 있다. 또 지식 정보 사회로의 급격한 변화 속에서 정보를 얻어서 활용할 수 있는 사람과 아닌 사람 사이에 격차가 커지는 정보 격차 현상이 문제가 되고 있다.

4 한편 교통의 발달에 따라 세계 각국에는 외국인 이주민의 비율이 높아졌다. 우리나라 역시 2000년대 이후 외국인 이주 노동자가 늘어나면서, 한 사회 안에 다양한 문화를 가진 사람들이 어울려 살아가게 된 **#다문화적 변화**를 겪고 있다. 이에 따라 다양한 나라의 문화를 체험할 수 있는 기회가 많아져 우리 사회의 문화가 풍부해졌고 이주 노동자의 노동력 제공이 경제 발전에도 도움이 되었다. 그러나 다른 문화에 대한 편견과 외국인 이주민에 대한 차별적 시선으로 인해 갈등이 발생하여서 문제 해결을 위해 현재는 다문화 교육을 시행하고, 이주민의 적응을 위한 제도나 법률을 마련하고 있다.

5 현재 우리나라에서 가장 우려되는˙ 것은 인구 변화에 따른 사회 변동이다. 평균 수명이 연장되어 65세 이상 인구의 비율이 높아지는 고령화와 출산율이 감소하는 저출산 현상이 동시에 일어나면서 15세부터 64세 이하인 **#생산 가능 인구**가 크게 감소하고 있다. 이런 현상이 지속되면 노동력이 부족해지고 경제 성장이 둔화되며˙, 노인 빈곤 및 노인 소외, 노인 부양 부담이 증가하는 문제가 발생할 수 있다. 이제 우리 사회의 과제는 이런 사회 변동들로 인해 생기는 문제 등을 해결하는 것이다.

독해 TIP!
이 글은 사회 변동의 유형과 영향을 설명하고 있어. **사회 변동의 결과로 나타난 긍정적 변화와 문제점을 대비**해서 읽어야 해.

1 문단
사회 변동의 개념
한 사회의 생활 양식, 제도 등이 일정 규모 이상으로 변화하는 것

2 문단
세계화와 획일화
• ☐☐☐ : 전 세계가 하나의 공동체로 연결됨.
• ☐☐☐ : 전 세계 사람이 동일한 문화나 생활 방식을 따르게 됨.
• 트렌드 사람들의 사고, 사상, 활동 등이 움직여 가는 방향이나 추세.

3 문단
지식정보·서비스 사회로의 변화 양상과 문제점
• 양상: 정보를 쉽고 빠르게 접함, 쌍방향 의사소통으로 정보의 생산과 소비에 참여함.
• 문제점: 청소년들이 개인 정보 유출 등의 ☐☐☐를 경험함, 정보 격차 현상이 발생함.
• 범람하다 바람직하지 못한 것들이 마구 쏟아져 돌아다니다.
• 인신공격 남의 신상에 관한 일을 들어 비난함.

4 문단
다문화적 변화의 특징과 문제점
• 특징: 외국인 이주민이 늘어나 다양한 문화를 가진 사람들과 어울려 살아감.
• 문제점: 다른 문화에 대한 편견과 ☐☐☐로 갈등이 발생함.

5 문단
고령화와 저출산에 따른 인구 변화 문제와 갈등에 대한 우려
☐☐☐☐ 인구의 감소로 인한 사회적 부담 증가
• 우려되다 근심되거나 걱정되다.
• 둔화되다 느려지고 무디어지다.

1 윗글의 내용 전개 방식으로 적절한 것은?

① 사회 변동의 역사를 시간의 흐름에 따라 서술하고 있다.
② 사회 변동의 양상을 다른 나라의 사례들과 비교하고 있다.
③ 사회 변동의 사례를 일정한 기준에 따라 분류하여 설명하고 있다
④ 사회 변동에 대한 상반된 견해를 종합하여 결론을 제시하고 있다.
⑤ 사회 변동의 유형을 제시한 뒤 긍정적·부정적 영향을 설명하고 있다.

2 윗글의 내용과 일치하지 <u>않는</u> 것은?

① 과학 기술의 발달은 세계화에 영향을 미칠 수 있다.
② 지식 정보 사회로의 변동이 청소년의 안전을 위협할 수 있다.
③ 타문화에 대한 차별적 인식이 문화적 갈등을 유발시킬 수 있다.
④ 인터넷이 발달하여 여러 나라의 문화와 생활 방식이 괴리될 수 있다.
⑤ 스마트폰으로 정보를 얻기 어려운 노인들은 정보 격차를 경험할 수 있다.

고난도

3 윗글로 미루어 알 수 있는 내용으로 적절하지 <u>않은</u> 것은?

① 세계화 현상과 다문화적 변화는 다양한 문화를 접할 기회를 감소시켰다.
② 지식 정보 서비스 사회에서 사람들은 정보를 생산하고 소비하는 주체이다.
③ 고령화와 저출산 현상이 복합적으로 작용해 인구 변화에 따른 사회 변동에 영향
  을 준다.
④ 외국인 노동자가 증가한다면 국내 생산 가능 인구가 감소하는 것을 보완할 수 있다.
⑤ 다문화적 변화의 문제점을 해결하기 위해 다문화 교육, 제도 마련 등의 방법이 필
  요하다.

4 윗글을 바탕으로 할 때, <보기>에 대한 반응으로 적절하지 <u>않은</u> 것은?

> **보기**
>
> 　스마트폰의 등장은 일상에 많은 변화를 가져 왔다. 언제, 어디서나 해외 상품을 구매
> 할 수 있게 되었고, 해외 스포츠 경기를 실시간으로 보는 것도 가능해졌다. 그러나 사용
> 자에 대한 정보를 수집·분석하는 과정에서 개인 정보가 유출되어 사생활이 침해되는
> 등의 문제가 발생하기도 하였다. 또한 스마트폰이 익숙하지 않은 노인들에게 정보 격차 문
> 제가 생기기도 하였는데, 이를 해결하기 위해 디지털 기기 사용 교육이 이루어지고 있다.

① 스마트폰의 등장은 긍정적인 영향과 부정적인 영향을 동시에 발생시켰군.
② 스마트폰으로 해외 상품을 구매하는 것은 생활 양식의 변화로 볼 수 있겠군.
③ 해외 방송을 실시간으로 보는 것은 시·공간을 뛰어넘는 세계화와 관련 있겠군.
④ 노인 대상 디지털 기기 사용 교육은 고령화·저출산 문제를 해소하기 위한 것이겠군.
⑤ 스마트폰 사용으로 인한 사생활 침해는 쌍방향 의사소통으로 개인 정보가 유출되
  기 쉬워졌기 때문이겠군.

Step 3 교과 개념 콕 핵심 정리

◆ 개념 한눈에 보기

사회 변동
- 의미: 한 사회의 생활 양식, 가치관, 제도 등에 큰 변화가 일어나는 것
- 원인: 과학 기술의 발전, 가치관이나 제도의 변화, 인구 변화
- 유형과 양상
  - ① [   ]: 전 세계가 하나의 공동체로 긴밀하게 연결되는 현상 / 부정적 영향 – 획일화
  - 지식정보·서비스 사회로의 변화: ② [   ]가 생활의 중심이 되는 현상 / 부정적 영향 – 사이버 범죄, 정보 격차
  - 다문화적 변화: 한 사회 안에 ③ [   ]가 공존하게 된 현상 / 부정적 영향 – 갈등, 차별
  - 저출산, 고령화: 태어나는 아이의 수는 줄고, 노인 비중은 늘어나는 현상 / 부정적 영향 – ④ [   ] 감소, 경제 성장 둔화, 노인 빈곤 및 소외, 노인 인구 부양 부담 증가

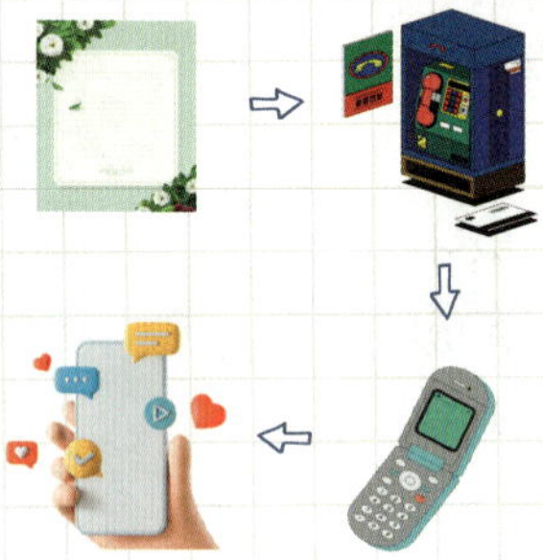

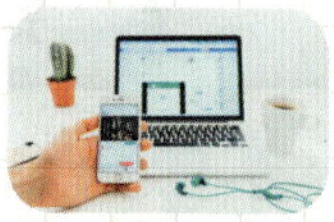

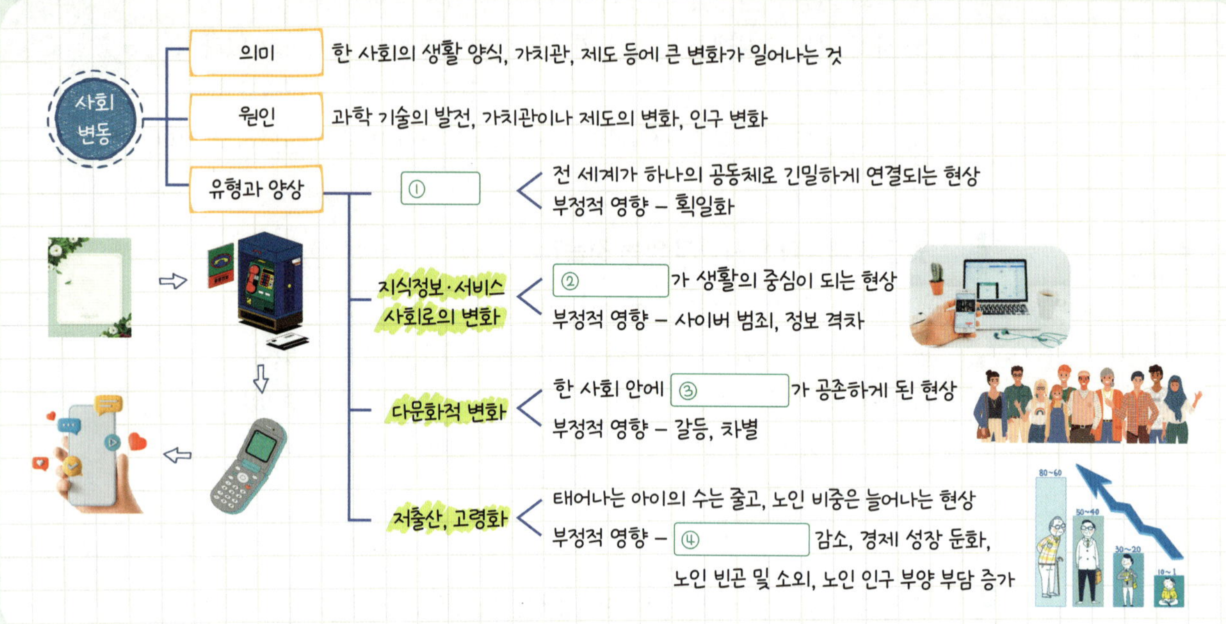

교과 개념 사전

#사회 변동 [사회/사훼] [변:동]
사회의 생활 양식, 제도, 구조, 가치관 등이 일정 규모 이상으로 변화하는 현상.

#세계화 [세:계화/세:게화]
전 세계가 하나의 공동체로 긴밀하게 연결되는 현상.

#획일화 [회길화/훼길화]
전 세계 사람들이 동일한 문화와 생활 방식을 따라 모두가 한결같아서 다름이 없게 됨.

#지식정보·서비스 사회 [지식] [정:보] [서비스] [사회/사훼]
지식과 정보가 생활의 중심이 된 사회.

#사이버 범죄 [사이버] [범:죄/범:줴]
사이버 공간을 이용한 불법 행위나 사이버 공간에서 획득한 정보의 이용 과정에서 발생하는 각종 범죄. 개인 정보 유출, 해킹, 인신공격, 악성 프로그램의 유포 등이 있음.

#다문화적 변화 [다문화적] [변:화]
한 사회 안에 다양한 인종, 민족, 종교, 문화가 공존하게 된 현상.

#생산 가능 인구 [생산] [가:능] [인구]
15세 이상부터 64세 이하인 인구 또는 그 수.

교과 개념 확인 Quiz

다음 물음에 답하시오.

❶ 사회 제도나 구조 등이 일정 규모 이상 변화하는 것을 □□ □□이라 한다.

❷ □□□가 진행될수록 세계 여러 나라의 문화를 손쉽게 접할 수 있다.

❸ 영향력이 강한 국가의 문화가 세계로 퍼지면 전 세계 사람들의 생활양식이 □□□될 수 있다.

❹ 통신 기술의 발달로 지식과 정보가 중심이 되는 사회로 변화하였다. ○ | ×

❺ 사이버 범죄의 범죄 대상은 청소년으로 한정지을 수 있다. ○ | ×

❻ 다문화적 변화는 우리 사회의 문화를 더욱 풍부하게 해 주고 발전시킨다. ○ | ×

❼ 고령화와 저출산으로 인해 □□ □□ □□가 감소하였다.

2 >> 일반사회
우리 사회는 어떤 문제를 겪고 있을까요?

Step 1 교과 개념 **툭** 생각 열기

◆ **무엇을 배울까?**

초등	중등	고등	수능기출
사회 3-2 교과서 1단원 사회 변화와 다양한 문화	사회 2 교과서 6단원 사회 변동과 사회 문제	사회와 문화 교과서 2단원 사회 구조와 사회 변동	COMING SOON

❶ 사회 문제의 의미와 종류 이해하기

#사회 문제   #인구 문제   #사회 불평등 문제

#노동 문제   #기후 위기 문제   #팬데믹 문제

❷ 사회 문제에 대응하는 방안 파악하기

#사회 참여

💡 **생각해 보기**   우리 사회가 겪고 있는 사회 문제에는 무엇이 있을까?

1 1970년대에는 사람들이 아이를 많이 낳았기 때문에 인구 증가가 해결해야 할 문제로 인식되었다. 그래서 정부에서는 출산 억제를 권장하는* 정책을 펼쳤다. 그러나 50년이 지난 지금은 아이를 낳지 않으려는 사람이 많아지면서 인구 감소가 문제로 인식되고 있다. 이러한 인구 증가나 감소처럼 발생 원인이 사회에 있고, 사회 구성원 다수가 바람직하지 않다고 여겨 개선해야 한다고 생각하는 문제를 **#사회 문제**라고 하는데, 사회 문제는 어느 사회나 존재하지만 시간이나 장소에 따라 다르게 나타나기도 한다.

2 최근 우리가 겪고 있는 주요한 ㉠사회 문제로는 인구 문제와 더불어 사회 불평등 문제, 노동 문제, 기후 위기 문제, 팬데믹 문제 등이 있다. 우리나라는 출산율이 낮아지고 전체 인구에서 노인이 차지하는 비율이 가파르게 증가하는 **#인구 문제**를 겪고 있다. 이러한 저출산과 고령화 현상이 지속되면 사회 전반적으로 일을 할 수 있는 사람이 부족해지고, 노인을 부양해야* 하는 사회적 부담이 커지게 된다.

3 **#사회 불평등 문제**와 **#노동 문제**는 인구 문제와 함께 이전부터 지금까지 계속되어 온 사회 문제이다. 사회 불평등이란 재산이나 권력 등의 자원에 접근할 기회가 사회 구성원들에게 공평하게 분배되지 않는 것을 말한다. 사회 불평등 현상이 심화되면 사회 문제가 되는데, 우리 사회는 소득, 주거, 문화, 교육, 의료 서비스 등 다양한 영역에서 사회 불평등 문제를 겪고 있다. 한편 노동 문제는 노동자의 권익*이나 노동 환경과 관련된 사회 문제로, 일하려는 사람이 일자리를 얻지 못하는 실업, 비정규직* 노동자의 비율이 높아지는 고용 불안, 노동 환경을 둘러싼 노동자와 사용자 사이의 노사* 갈등 문제 등이 있다. 사회 불평등 문제와 노동 문제는 사회 구성원의 삶의 질을 떨어뜨리고, 사회 갈등과 대립을 일으켜 사회 통합과 안정을 저해한다.

4 **#기후 위기 문제**와 **#팬데믹 문제**는 새롭게 등장한 사회 문제이다. 산업화 이후 이산화 탄소와 같은 온실가스의 배출량이 증가하면서 지구의 평균 기온이 높아지는 지구 온난화 현상이 나타났다. 이러한 지구 온난화의 영향으로 가뭄, 폭염과 같은 이상 기후 현상이 빈번하게 발생하고 있다. 기후 위기는 자원과 식량 부족, 생태계 파괴 등 인간의 삶을 위협하는 심각한 문제이다. 팬데믹*도 인간의 삶에 큰 영향을 미치는데, 2020년에는 코로나바이러스 감염병이 전 세계적으로 유행하여 많은 감염자와 사망자가 발생하였다. 팬데믹이 발생하면 경제활동이 감소하여 경제 침체*가 발생할 수 있고, 사람 간의 교류가 줄어들어 개인의 우울과 불안감이 커지게 된다.

5 이러한 사회 문제를 해결하기 위해서는 국가나 국제 사회 차원의 대응 방안을 마련하는 것이 중요하다. 또한 시민들도 스스로 사회 문제에 관심을 가지고 변화가 필요한 부분을 찾아 나가야 하며, 정부가 올바른 정책을 시행하는지 지켜보고 평가하는 등 능동적인 **#사회 참여**의 태도를 가져야 한다.

독해 TIP!
이 글은 **사회 문제의 종류를 병렬적으로 나열**하고 있어 각각의 사회 문제의 양상을 파악하면서 읽어 보자.

1 문단
사회 문제의 개념과 사례
발생 원인이 ▢▢에 있고, 사회 구성원 다수가 바람직하지 않다고 여겨 개선해야 한다고 생각하는 문제

· **권장하다** 권하여 장려하다.

2 문단
우리 사회의 주요 문제 ①
인구 문제: ▢▢이 낮아지고 ▢▢의 비율이 증가하는 문제

· **부양하다** 생활 능력이 없는 사람의 생활을 돌보다.

3 문단
우리 사회의 주요 문제 ②
· ▢▢▢▢ 문제: 재산이나 권력 등이 사회 구성원들에게 공평하게 분배되지 않아 나타나는 문제
· 노동 문제: 노동자의 권익이나 ▢▢▢▢과 관련된 문제

· **권익** 권리와 그에 따르는 이익.
· **비정규직** 근로 방식 및 기간, 고용의 지속성 등에서 정규직과 달리 보장을 받지 못하는 직위나 직무.
· **노사** 노동자와 사용자.

4 문단
우리 사회의 주요 문제 ③
· 기후 위기 문제: ▢▢▢로 인한 기후 변화로 나타나는 문제
· 팬데믹 문제: ▢▢▢이 전 세계적으로 유행하면서 나타나는 문제

· **팬데믹** 감염병이 전 세계적으로 크게 유행하는 현상.
· **침체** 어떤 현상이나 사물이 진전하지 못하고 제자리에 머무름.

5 문단
사회 문제의 해결 방안
국가나 국제 사회 차원의 대응 방안 마련, 시민들의 능동적인 ▢▢▢

전개 방식
파악하기

1 윗글에 대한 설명으로 적절하지 <u>않은</u> 것은?

① 글에 제시된 용어의 의미를 밝히고 있다.

② 구체적인 예를 들어 대상을 설명하고 있다.

③ 문제의 원인과 결과를 인과적으로 밝히고 있다.

④ 대상의 종류를 열거하며 그 양상을 살피고 있다.

⑤ 대상의 기능에 대한 상반된 관점을 소개하고 있다.

세부 내용
파악하기

2 ㉠에 대한 설명으로 가장 적절한 것은?

① 사회 문제는 모든 사회에서 동일한 모습으로 나타난다.

② 개인의 실수와 잘못이 모여서 사회 문제를 만들어 낸다.

③ 모든 사회 문제는 국가 간의 협력이 없으면 대응할 수 없다.

④ 사회 문제를 해결하려면 국가뿐 아니라 개인의 노력도 필요하다.

⑤ 현재의 사회 문제 중에서 가장 나중에 나타난 것은 인구 문제이다.

세부 내용
파악하기

고난도

3 윗글에 대한 이해로 적절하지 <u>않은</u> 것은?

① 팬데믹 문제는 국가 경제에 부정적 영향을 미칠 수 있다.

② 노동 문제가 심화되면 사회 통합을 이루기가 어려워진다.

③ 고령화 현상이 계속되면 일자리를 잃는 사람이 많아진다.

④ 사회 불평등 문제는 소득뿐 아니라 다양한 영역에서 나타난다.

⑤ 산업화 과정에서 만들어진 온실가스는 기후 위기의 원인이 된다.

사례에
적용하기

4 윗글을 바탕으로 할 때, <보기>의 국가들에 대한 반응으로 가장 적절한 것은?

┌─ 보기 ─
- 갑국은 아이를 출산하면 일 년 동안 수당을 지급하고 세금도 줄여 주거나 없애 준다.
- 을국은 국민의 집값 부담을 덜어 주기 위해 공공 주택 건설하여 오랜 기간 빌려준다.
- 병국은 자국에서 생산한 제품보다 탄소 배출량이 많은 수입품에 높은 관세를 매긴다.
- 정국은 학비 때문에 교육받지 못하는 사람이 없도록 대학 학비를 무상으로 지원한다.

① 갑국의 정책은 인구 증가에 따른 자원 부족 문제를 해결하기 위한 것이겠군.

② 을국의 정책은 비정규직 노동자의 고용 불안을 해결하기 위한 것이겠군.

③ 정국의 정책은 고령화로 인한 노인 부양 부담을 해결하기 위한 것이겠군.

④ 갑국과 병국의 정책은 모두 기후 위기 문제를 해결하기 위한 것이겠군.

⑤ 을국과 정국의 정책은 모두 사회 불평등 문제를 해결하기 위한 것이겠군.

◆ 개념 한눈에 보기

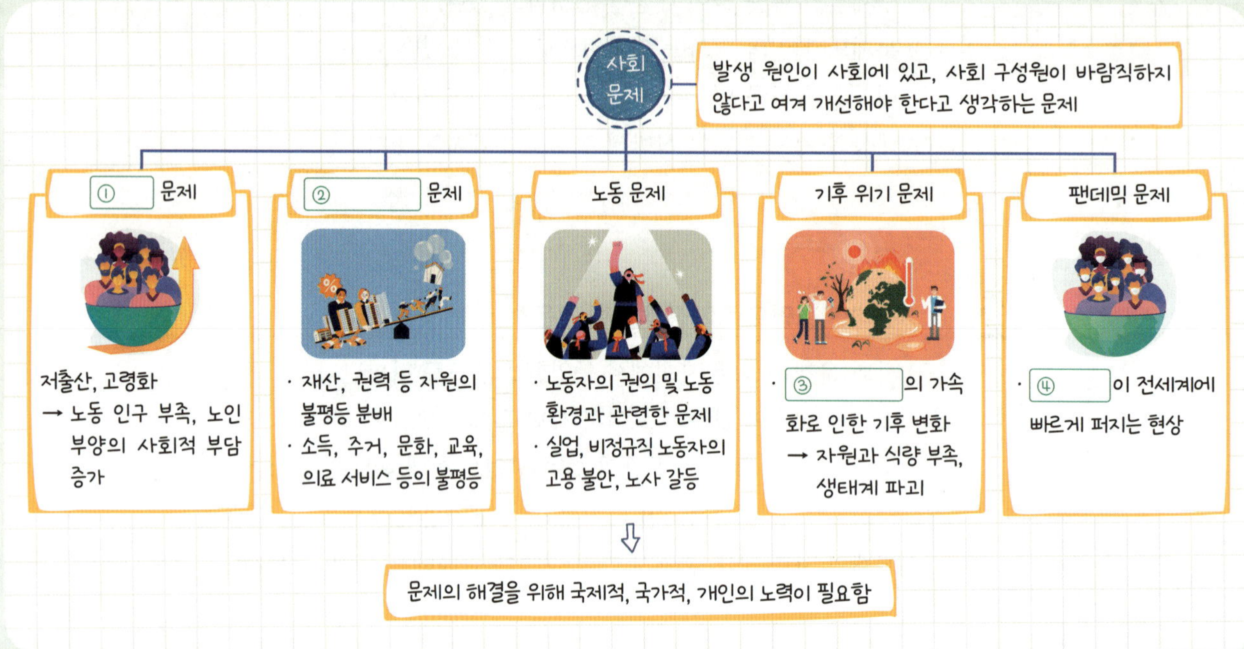

📖 교과 개념 사전

#사회 문제 [사회/사훼] [문:제]
발생 원인이 사회에 있고, 사회 구성원이 바람직하지 않다고 여겨 개선해야 한다고 생각하는 문제.

#인구 문제 [인구] [문:제]
인구의 증감, 인구 구성의 불균형 등에 의해 발생하는 사회 문제.

#사회 불평등 문제 [사회/사훼] [불평등] [문:제]
자원이 불평등하게 분배되어 사회 구성원 사이에 차이가 나타나는 문제.

#노동 문제 [노동] [문:제]
노동자의 권익이나 노동 환경과 관련된 문제.

#기후 위기 문제 [기후] [위기] [문:제]
온실가스 배출로 인한 지구 온난화와 그로 인한 기후 변화 및 그 영향에서 발생한 문제.

#팬데믹 문제 [문:제]
전염병이 전 세계적으로 유행함으로써 발생하는 문제.

#사회 참여 [사회/사훼] [차며]
사회 문제에 관심을 가지고 그 일에 의견을 내거나 그와 관련된 행위를 하는 것.

교과 개념 확인 Quiz ✎

다음 물음에 답하시오.

❶ 사회 문제는 인간의 개인적인 실수로 인해 우연히 발생한 문제이다.　　○ ⏐ ✕

❷ ☐☐☐과 고령화로 인해 전체 인구에서 노인 인구가 차지하는 비율이 증가하고 있다.

❸ 사회 불평등은 재산이나 권력 등의 자원에 접근할 기회가 사회 구성원들에게 공평하게 분배되지 않는 것을 말한다.　　○ ⏐ ✕

❹ ☐☐ 문제의 사례로는 비정규직 노동자의 고용 불안, 임금을 둘러싼 노사 갈등 등이 있다.

❺ 팬데믹이 발생하면 감염병 확산을 차단하는 과정에서 사람 간의 교류가 줄어들게 된다.　　○ ⏐ ✕

❻ ☐☐ ☐☐☐ 현상은 온실가스의 양이 많아지면서 지구의 평균 기온이 높아지는 것이다.

19일차

1 » 지리
우리가 살아가는 곳을 설명하는 다양한 방법

Step 1 교과 개념 특 생각 열기

◆ **무엇을 배울까?**

초등	중등	고등	수능기출
사회 4-1 교과서 1단원 지도로 만나는 우리 지역	사회 2 교과서 7단원 대한민국, 우리가 살아가는 곳	한국지리 탐구 교과서 1단원 공간정보와 지리 탐구	COMING SOON

❶ 우리나라의 위치, 영역 특징 이해하기

#지정학적 위치   #지경학적 위치

❷ 우리나라 행정구역, 내가 사는 장소 이해하기

#광역 행정구역   #장소감   #장소애

💡 **생각해 보기** 다른 사람에게 대한민국을 어떻게 설명할 수 있을까?

1 한 국가의 특성을 이해하기 위해서는 무엇을 알아야 할까? 위치를 알아야 한다. 위치는 그 국가의 산, 바다 등의 자연환경과 산업, 종교, 언어 등의 인문환경 등에 영향을 주기 때문이다. 그럼 우리나라의 위치와 영역은 어떻게 설명할 수 있을까?

2 위도와 경도로 표현하는 수리적 위치로 보면, 우리나라는 위도상 북위 33°~43° 인 북반구 중위도에 위치하여 사계절이 뚜렷하며 온대 기후가 나타난다. 경도는 동경 124°~132°로, 대한민국의 표준시°가 본초 자오선이 지나는 영국보다 9시간 빠르다. 대륙과 해양으로 표현하는 지리적 위치로 보면, 유라시아 대륙의 동쪽에 위치하고 태평양에 닿아 있어 계절풍의 영향으로 여름은 고온 다습하고 겨울은 한랭 건조하다.

3 이런 수리적·지리적 위치는 고정되어 있어 절대적 위치라고 하는데, 이와 달리 상황에 따라 바뀔 수 있는 상대적 위치도 있다. 그중 주변국과의 정치적 관계를 바탕으로 한 ㉠#지정학적 위치로 보면, 우리나라는 중국과 러시아, 일본에 접해 있고 대륙과 태평양을 연결하고 있다. 그래서 강대국들의 이해관계에 영향을 받았고 그 과정에서 침략을 당하거나 압력을 받는 등 고통을 겪기도 했다. 현재는 지정학적 요충지로서 세계 평화와 안보에 중요 역할을 하고 있다. 또한 경제적 관계를 중심으로 한 ㉡#지경학적 위치로 보면, 우리나라는 대륙과 해양을 연결하고 태평양과 인도양으로 열려 있는 위치라서 동아시아는 물론 태평양 연안° 국가에 쉽게 접근할 수 있는데, 이런 장점을 살려 동아시아의 경제 중심지 역할을 담당하고 있다.

4 한 국가의 영역은 영토, 영해, 영공으로 이루어진다. 영토는 한 국가가 속한 육지의 범위이고, 영해는 영토 주변의 바다이며, 영공은 영토와 영해의 수직 상공이다. 우리나라의 영토는 헌법에서 한반도와 그 주변의 섬들로 규정하고 있다. 이렇게 규정된 국토를 효율적으로 관리하기 위해 넓은 범위의 지역으로 구분한 것을 #광역 행정구역이라고 한다. 광역 행정구역으로는 특별시, 광역시, 도, 특별자치도, 특별자치시 등이 있으며, 이는 다시 시, 군, 구라는 하위의 행정구역으로 나뉜다. 행정구역은 시대적 상황에 따라 신설되고° 변경되는데, 2012년에는 수도권의 행정 기능을 분담하는 세종특별자치시가 신설되었고, 2023년에는 강원도가 강원특별자치도로, 2024년에는 전라북도가 전북특별자치도로 변경되었다. 광역 행정구역에 해당하는 도시는 우리나라의 정치·경제·문화 면에서 중요한 역할을 하고 있다.

5 한편 사람들은 이렇게 다양한 공간에서 살아가면서 어떤 공간에 대해 개인적으로 특별한 감정과 가치를 부여하게 되는데, 이를 #장소감이라고 한다. 또 자신에게 특별한 장소감을 준 공간에 대해 애정, 소속감 등을 느끼는 것을 #장소애라고 한다. 장소성은 다른 장소와 구별되는 특별한 성격으로 오랜 시간에 걸쳐 형성된다. 우리나라의 경주는 신라 시대 역사와 문화 유적이 풍부한 역사적 장소성을, 전주 한옥 마을은 전통 한옥과 음식 문화가 잘 보존된 전통적 장소성을 지닌다.

1 문단
지리적 특성과 위치의 관계
위치를 통해 한 국가의 특성을 이해할 수 있음.

2 문단
우리나라의 절대적 위치
◻ 위치상 북위 33~43°, 경도 124~132°에, ◻ 위치상 유라시아 대륙의 동쪽에 위치함.

· **표준시** 각 나라나 각 지방에서 쓰는 표준 시각.

3 문단
우리나라의 상대적 위치
· ◻ 위치: 유라시아 대륙과 태평양을 연결하는 요충지로서 강대국들의 이해관계에 영향을 받음.
· 지경학적 위치: 동아시아의 경제 중심지임.

· **연안** 강이나 호수, 바다를 따라 잇닿아 있는 육지.

4 문단
우리나라의 영역과 행정구역
· 우리나라의 영토: 한반도와 그 주변의 섬들
· ◻ : 국토를 효율적으로 관리하기 위해 구분한 지역의 범위로, 정치·경제·문화 면에서 중요한 역할을 함.

· **신설되다** 새로 설치되거나 설비되다.

5 문단
장소와 관련된 개념
· ◻ : 장소에 대한 감정과 가치
· ◻ : 장소감을 준 공간에 대한 애정과 소속감 등
· ◻ : 장소가 지닌 고유한 특성

핵심 내용 파악하기

1 윗글에서 언급한 내용이 <u>아닌</u> 것은?

① 우리나라의 기후
② 우리나라의 영토 범위
③ 행정 구역의 변경 기준
④ 우리나라의 지정학적 위치
⑤ 장소성을 지니는 도시의 예

세부 내용 파악하기

2 윗글을 통해 알 수 있는 내용으로 적절하지 <u>않은</u> 것은?

① 수리적 위치는 위도와 경도로 나타낸다.
② 국가의 위치에 따라 지리적 특성이 정해진다.
③ 장소성은 특정한 장소가 다른 장소와 구별되는 특성이다.
④ 우리나라 주변의 바다는 우리나라의 영역에 포함되지 않는다.
⑤ 우리나라는 국토의 효율적 관리를 위해 광역 행정 구역을 정하고 있다.

세부 내용 추론하기

3 ㉠, ㉡에 대한 설명으로 가장 적절한 것은?

① ㉠은 절대적 위치에 해당한다.
② ㉡은 고정된 위치를 가지고 있다.
③ ㉠은 ㉡과 달리 시대적 상황에 영향을 받는다.
④ ㉡은 ㉠과 달리 국제 정세를 중심으로 파악된다.
⑤ ㉠과 ㉡은 모두 주변국과의 관계 속에서 정해진다.

사례에 적용하기

4 윗글을 바탕으로 <보기>에 대해 보인 반응으로 적절하지 <u>않은</u> 것은?

> **• 보기 •**
>
> A는 매일 아침, 우리나라에서 유일하게 세계불꽃축제가 매년 개최되는 한강 공원을 산책한다. A는 공원을 산책하며 하루를 시작하면 상쾌함을 느낄 수 있어서 한강 공원을 좋아한다. B의 고향은 전주 한옥 마을이다. B는 어린 시절 친구들과 한옥 마을에서 논 적이 많기 때문에 그곳에 많은 추억을 가지고 있다.

① A는 한강 공원에 대한 장소감을 가지고 있군.
② B는 전주 한옥 마을에 장소애를 가지고 있겠군.
③ 전주 한옥 마을은 한강 공원과 달리 전통적 장소성을 지니겠군.
④ 한강 공원과 전주 한옥 마을은 사람들에게 동일한 장소감을 느끼게 하겠군.
⑤ 한강 공원은 세계불꽃축제가 국내에서 유일하게 열리는 곳이라는 점에서 다른 공원과 구분되는 장소성을 지니겠군.

◆ 개념 한눈에 보기

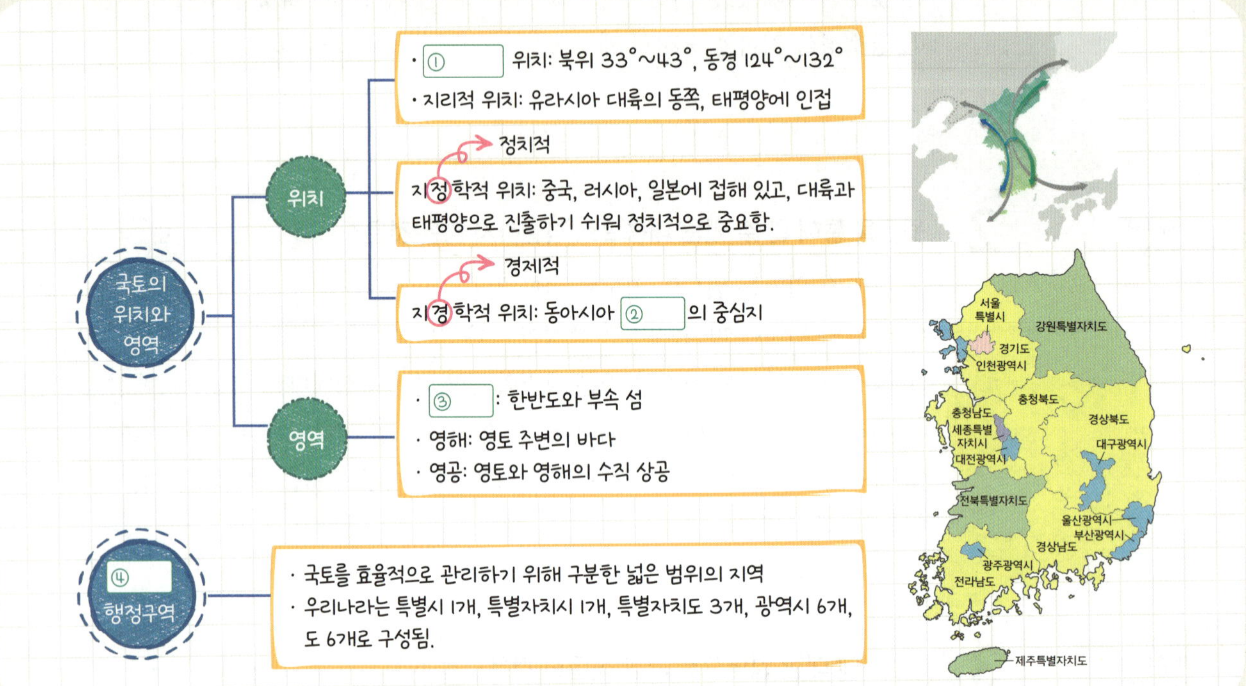

📖 교과 개념 사전

#지정학적 위치 [지정학쩍] [위치]
주변 국가와의 정치적 이해관계에 따라 결정되는 위치. 정치 · 외교 · 안보적 측면에서 한 국가의 지리적 특성을 파악함.

#지경학적 위치 [지경학쩍] [위치]
주변 국가와의 경제적 이해관계에 따라 결정되는 위치.

#광역 행정구역 [광·역] [행정구역]
국가를 효율적으로 관리하기 위해 넓은 범위로 구분한 행정구역. 특별시, 광역시, 도, 특별자치도, 특별자치시가 있음.

#장소감 [장소감]
사람들이 어떤 공간에 특별한 감정과 가치를 부여하는 것. 장소에 대한 주관적인 감정, 인식, 태도이므로 같은 장소라도 경험, 나이, 성별, 직업, 종교 등에 따라 개인마다 다를 수 있음.

#장소애 [장소애]
사람들이 자신에게 특별한 장소감을 준 공간에 대해 애정, 소속감을 느끼는 것.

교과 개념 확인 Quiz ✎

다음 물음에 답하시오.

❶ 지정학적 요충지인 우리나라는 세계 평화 유지에 중요한 역할을 담당하고 있다.　　○ ｜ ✕

❷ 우리나라는 대륙과 해양을 연결하는 교량적 위치로서 동아시아 경제의 중심지라는 □□□□ □□의 장점을 갖고 있다.

❸ 특별시, 광역시, 도, 특별자치도, 특별자치시와 같이 넓은 범위의 행정구역을 □□ □□ □□이라고 한다.

❹ 어떤 공간에 특별한 감정과 가치를 지니는 것을 장소성이라고 한다.　　○ ｜ ✕

❺ □□□□는 자신에게 특별한 장소감을 준 공간에 대한 애정을 의미한다.

2 » 지리
사계절이 뚜렷한 우리나라의 금수강산

◆ **무엇을 배울까?**

초등	중등	고등	수능기출
사회 5~6 교과서 우리나라 국토 여행 우리나라 지리 탐구	사회 2 교과서 8단원 우리나라의 자연환경과 인간 생활	한국지리 탐구 교과서 5단원 공간정보와 지리 탐구	COMING SOON

❶ 우리나라 자연환경 이해하기

#동고서저   #연교차   #계절풍   #벼농사

❷ 우리나라의 기후변화 이해하기

#기후변화

💡 **생각해 보기** 우리나라의 산지, 하천, 해안 지형 중 여가를 즐길 수 있는 곳을 찾아보자.

1 '한반도', '금수강산', '사계절이 뚜렷한' 등은 우리나라의 자연환경을 나타내는 말이다. '한반도'는 삼면이 바다로 둘러싸인 반도인 우리나라의 지리적 특성을, '금수강산'은 아름다운 우리나라의 산과 하천을 나타낸다. 또한 봄, 여름, 가을, 겨울 같은 사계절이 뚜렷하다는 것은 계절의 특성을 보여 준다. 이러한 우리나라의 자연환경은 한국 사람들의 생활 방식에 큰 영향을 끼쳤다.

2 우리나라는 산지가 많아 어디서나 산을 볼 수 있다. 높은 산지는 주로 북쪽과 동쪽에 있으며, 북부 지역에는 함경산맥과 낭림산맥 일대에 해발 고도 2,000미터 이상의 산이 많다. 이는 융기˚ 운동이 일어나면서 융기량이 많은 동쪽은 해발 고도가 높고, 융기량이 적은 서쪽은 해발 고도가 낮은 **#동고서저**의 지형이 나타난 것과 관련 있다. 한편 중부 지역과 남부 지역에는 설악산, 오대산, 속리산, 지리산 등이 있다.

3 동고서저라는 지형적 특성으로 인해 대부분의 큰 하천은 황해나 남해로 흘러 들어가는데, 이 하천들은 동해로 흘러드는 하천에 비해 유로˚가 길고 경사가 완만한 편이다. 황해로 흐르는 하천에는 한강, 금강, 영산강 등이 있고, 남해로 흘러드는 하천에는 낙동강, 섬진강 등이 있다. 하천 주변에는 하천이 운반한 퇴적 물질이 쌓여 평평하고 너른 평야가 형성되어 도시 발달에 중요한 영향을 끼쳤다. 서울은 그 대표적인 도시로, 한강을 끼고 세계적으로 성장했다. 한편 삼면이 바다로 둘러싸인 우리나라의 서해안, 남해안, 동해안은 각각 다른 특징을 지니고 있으며, 다양한 해안 지형이 나타난다. 해안선이 복잡하고 섬이 많은 서해안과 남해안에는 갯벌이 발달하였고, 해안선이 단조로운 동해안에는 모래사장, 석호, 시 스택˚ 등이 발달했다.

4 우리나라는 북반구 중위도에 위치하여 온대와 냉대 기후가 나타난다. 또한 유라시아 대륙의 동쪽에 위치하여 **#계절풍**의 영향을 많이 받아 기온의 **#연교차**와 강수량의 차이가 크다는 기후 특성을 가지고 있다. 우리나라의 연평균 강수량은 1,300mm 정도로 습윤한˚ 편이며 대부분의 지역이 장마철과 한여름에 비가 집중된다. 겨울철에 호남 및 강원 영동 지역, 울릉도 등은 다른 지역에 비해 눈이 많이 내린다. 여름에는 무덥고 습한 남서 · 남동 계절풍의 영향으로 강수량이 충분하여 **#벼농사**가 발달했고, 통풍˚을 위해 대청마루를 설치하는 가옥 구조가 발달했다. 겨울에는 차갑고 건조한 북서 계절풍의 영향으로 남향집이나 온돌과 같은 가옥˚ 구조가 발달했다.

5 최근 우리나라도 지구 온난화의 영향으로 기온이 상승하는 등의 기후변화를 겪고 있다. **#기후변화**는 여러 가지 요인으로 인해 기후의 평균 상태가 변화하는 현상이다. 그 영향으로 봄꽃의 개화˚가 빨라지고 단풍은 늦어지며, 수온의 상승으로 난류성 어족˚이 증가하는가 하면 폭염, 폭설 등의 이상 기후 현상이 자주 발생하고 있다. 이런 현상에 대응하기 위해 국제적으로는 기후변화 협약을 채택했고, 우리나라는 온실가스 감축 기술을 개발하고, 기온을 낮추기 위해 녹지를 조성하는 등 다양한 대책을 마련하고 있다.

독해 TIP!
이 글은 우리나라의 산지와 하천, 기후에 대해 설명하고 있어. **자연 환경에 영향을 미친 원인을 파악**해야 해.

1 문단
우리나라의 자연환경
우리나라의 자연환경은 우리나라 사람들의 생활 방식에 영향을 줌.

2 문단
우리나라 산지의 특성
• [　　　　]의 지형을 형성함.
• 북동쪽에 높은 산지가 분포함.

· **융기** 땅덩어리가 주변보다 상대적으로 높아지는 것.

3 문단
우리나라 하천과 해안의 특성
• 하천: 동고서저의 지형적 특성으로 [　　]나 [　　]로 흐르는 큰 하천이 많음.
• 해안: 서 · 남해안은 해안선이 복잡하며 동해안은 해안선이 단조로움.

· **유로** 물이 흐르는 길.
· **시 스택** 파도에 의한 침식으로 육지로부터 분리되어 생긴 수직 기둥 모양의 암석.

4 문단
우리나라 기후의 특성
• 중위도에 위치해 냉 · 온대 기후가 나타남.
• [　　　　]의 영향을 받아 기온의 연교차와 [　　　　]의 차이가 큼.

· **습윤하다** 습기가 많은 느낌이 있다.
· **통풍** 바람이 통함. 또는 그렇게 함.
· **가옥** 사람이 사는 집.

5 문단
우리나라의 기후변화와 영향
최근 우리나라도 [　　　　]를 겪고 있으며 이에 대응하기 위해 다양한 대책을 마련하고 있음.

· **개화** 풀이나 나무의 꽃이 핌.
· **난류성 어족** 따뜻한 해류에서 나는 어류.

핵심 내용
파악하기

1　**윗글을 통해 해결할 수 있는 질문으로 가장 적절한 것은?**

① 서해안, 동해안, 남해안의 기온 차이는 어떠한가?

② 우리나라에서 벼농사가 발달한 지역은 어디인가?

③ 도시 발달에 영향을 끼친 지형적 특징은 무엇인가?

④ 기후변화에 대응하기 위한 국제 협약은 무엇인가?

⑤ 우리나라의 여름과 겨울의 강수량 차이는 얼마인가?

세부 내용
파악하기

2　**윗글의 내용과 일치하지 <u>않는</u> 것은?**

① 남해로 흐르는 하천은 유로가 길고 경사가 완만한 편이다.

② 동고서저의 지형은 융기량의 상대적 차이에 의해 형성되었다.

③ 북부 지역에서 해발 고도가 높은 산들은 주로 동쪽에 분포한다.

④ 지구 온난화의 영향으로 한류성 어족이 증가하는 현상이 나타난다.

⑤ 지리적 위치에 따라 달라진 기후 특성은 가옥 구조에 영향을 준다.

사례에
적용하기

3　**윗글을 바탕으로 <보기>를 이해한 내용으로 적절하지 <u>않은</u> 것은?**

┌ **보기** ┐

(가) 대청마루

(나) 온돌방

(다) 벼농사

(라) 영동 지역 스키장

① (가)는 무덥고 습한 여름철에 통풍이 잘되도록 하기 위한 구조겠군.

② (나)는 차갑고 건조한 북서 계절풍으로 인한 추위를 막기 위해 만든 것이겠군.

③ (다)는 계절풍의 영향으로 강수량이 충분하여 가능한 농사 방식이었겠군.

④ (라)는 겨울에 강수량이 집중되어서 눈이 많이 내리기 때문에 가능하겠군.

⑤ (가)~(라)는 모두 기후적 특성이 생활 방식에 영향을 끼친다는 것을 보여 주는군.

◆ 개념 한눈에 보기

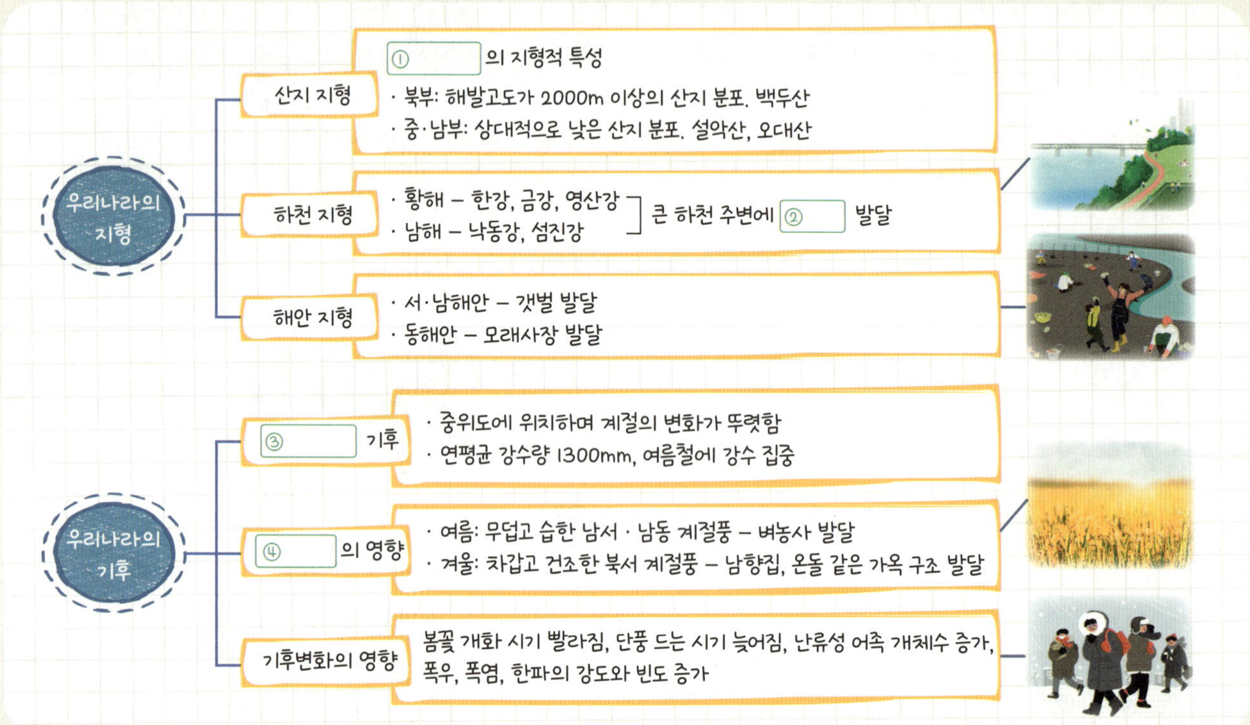

📖 교과 개념 사전

#동고서저 [동고서저]
지형이나 기압 따위가 동쪽 지역은 높고 서쪽 지역은 낮은 상태.

#연교차 [연교차]
일 년 중 가장 추운 달의 평균 기온과 가장 더운 달의 평균 기온 차이.

#계절풍 [계:절풍/게:절풍]
계절에 따라 주기적으로 일정한 방향으로 부는 바람. 우리나라의 경우 여름에는 남서·남동 계절풍이, 겨울에는 북서 계절풍이 붊.

#벼농사 [벼농사]
벼를 심어 가꾸고 거두는 일. 벼농사는 풍부한 강수량과 일조량이 있어야 유리함.

#기후변화 [기후변화]
여러 가지 요인의 영향으로 기후의 평균 상태가 점차 변화하는 현상. 과거와 달리 최근에는 화석 연료의 사용량 증가, 무분별한 삼림 개발 등의 인위적 요인으로 발생함.

✏️ 교과 개념 확인 Quiz

다음 물음에 답하시오.

❶ 우리나라는 □□□□□의 지형적 특성으로 인해 대부분의 큰 하천은 황해나 남해로 흘러 들어간다.

❷ 우리나라는 유라시아 대륙의 동쪽에 위치하여 기온의 □□□가 큰 기후가 나타난다.

❸ 우리나라는 겨울에는 매우 차갑고 습한 북서 계절풍이 불어와 남향집이나 온돌과 같은 가옥 구조가 발달하였다.　　　　　　○ ㅣ ✕

❹ 우리나라는 계절풍의 영향을 많이 받아 여름에는 무덥고 습한 남서·남동 계절풍이 불어 □□□가 발달했다.

❺ 지구 온난화로 인한 기후변화는 생태계와 인간의 삶에 많은 영향을 끼치고 있다.　　　○ ㅣ ✕

1

» 지리

교통의 발달로 연결된 중부 지역

◆ **무엇을 배울까?**

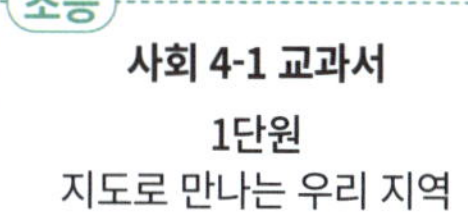

초등	중등	고등	수능기출
사회 4-1 교과서 1단원 지도로 만나는 우리 지역	사회 2 교과서 9단원 중부 지역	통합사회 1 교과서 5단원 생활공간과 사회	COMING SOON

❶ 중부 지역의 지리적 특성과 수도권의 특징 이해하기

#카르스트 지형   #대도시권   #과밀화   #신도시

#지식 기반 산업

❷ 강원·충청 지역 특징 및 지역 불균형 이해하기

#관광 산업   #지역 불균형

💡 **생각해 보기**   교통의 발달이 수도권, 강원 지역, 충청 지역에 어떤 영향을 미쳤을까?

1 뉴스에서 '내일은 중부 지역이 대체로 흐린 가운데, 수도권 일부 지역에 비가 내릴 전망입니다.'와 같은 날씨 예보를 한다. 이때 '중부 지역'은 우리나라의 중심이라는 지리적 위치를 가리키는데, 크게 수도권, 충청 지역, 강원 지역으로 나뉜다.

2 중부 지역은 동쪽에는 태백산맥을 비롯한 높은 산지가 많고, 서쪽에는 한강, 금강 등의 큰 하천이 흐르며 평야가 발달했다. 또한 설악산 같은 화강암 산지, 용암 대지나 주상 절리˚ 같은 화산 지형, 석회 동굴 같은 **#카르스트 지형** 등 독특한 지형 경관을 접할 수 있다. 그렇다면 중부 지역의 도시들은 어떤 특성이 있을까?

3 수도권은 서울특별시, 인천광역시, 경기도를 포함한다. 대한민국의 수도인 서울은 정치·경제·문화의 중심지로, 서울 주변에는 생산, 소비, 교육, 주거 기능을 분담하는 위성 도시˚가 있고, 서울을 중심으로 위성 도시와 주변 지역이 연결된 **#대도시권**이 형성되어 있다. 1960년대 산업화 이후 서울에 인구와 산업이 **#과밀화**되면서 주택 부족, 땅값 상승, 환경 오염 등의 문제가 발생했다. 이를 해결하기 위해 경기도와 인천에 여러 **#신도시**가 조성되었고, 서울의 산업이 경기도와 인천으로 분산되었다. 그 결과 경기 지역의 도시에는 정보 통신 기기, 반도체 관련 제조업 등이 발달했고, 인천은 국제 공항 등의 교통 기능을 이용한 물류 중심지로 성장했다. 반면에 자본과 고급 인력이 풍부한 서울은 **#지식 기반 산업**의 중심지로 발전했다.

4 수도권과 함께 충청 지역은 예로부터 교통의 중심지였다. 충청 지역은 대전광역시, 세종특별자치시, 충청남도와 충청북도를 포함한다. 고속 철도와 고속 국도가 충청 지역을 통과하면서 수도권의 직장이나 학교로 이동하는 인구가 증가하고, 수도권에서 충청도로 유입되는 인구도 증가했다. 충청 지역은 지식 기반 제조업이 발달했으며, 특히 대전과 청주를 중심으로 다양한 첨단 산업이 발달했다.

5 한편 강원 지역은 산지가 많아 교통 발달이 다른 지역에 비해 늦었다. 하지만 영동 고속 국도와 서울 양양 고속 국도, 고속 철도 강릉선이 개통되면서 교통이 편리해져 지역 경제에 도움이 되고 있다. 강원 지역은 석탄과 석회석 등 지하자원이 풍부한 우리나라 최대 광업 지역이었는데, 석탄 수요의 감소로 인구가 감소하고 경기가 침체되는 위기를 겪었다. 그러나 최근 지역 경제 활성화를 위해 아름다운 자연환경과 편리해진 교통을 바탕으로 **#관광 산업**을 특화하는˚ 데 주력하고 있다.

6 이처럼 중부 지역은 우리나라 경제 발전에 크게 기여해 왔다. 그러나 수도권에서는 인구 집중 현상으로 교통 혼잡, 주택 부족, 환경 오염 등의 문제가 발생하고 있다. 한편 비수도권에서는 청년층이 취업이나 교육을 위해 수도권으로 유출되면서 저출산·고령화가 심화되고, 문화·의료 등의 생활 환경이 악화되어 수도권과의 **#지역 불균형** 문제가 발생하고 있다. ㉠지역 균형 발전은 지역 간 격차를 해소하는 문제를 넘어 국가 전체의 지속 가능한 발전을 위해 시급히 해결되어야 할 과제이다.

---

1 문단
중부 지역의 범위
◻◻◻◻, 충청 지역, 강원 지역으로 구분됨.

2 문단
수도권의 지형
• 태백산맥을 비롯한 산지, 한강과 금강 같은 큰 하천, 평야 발달
• ◻◻◻◻ 지형, 카르스트 지형

• **주상 절리** 용암이 식으면서 생기는, 다각형 기둥 모양의 금.

3 문단
수도권의 특징
• 서울을 중심으로 위성 도시와 주변 지역이 연결된 ◻◻◻◻ 형성
• 경기도, 인천에 ◻◻◻◻ 조성, 서울의 산업이 경기도, 인천으로 분산

• **위성 도시** 대도시 주변에 위치하여 대도시 기능의 일부를 담당하고, 대도시와 밀접한 관계를 갖는 도시.

4 문단
충청 지역의 특징
• ◻◻◻◻의 발달로 수도권 접근성이 높아짐.
• 지식 기반 제조업, ◻◻◻◻◻이 발달함.

5 문단
강원 지역의 특징
• 광업이 발달한 곳이었으나 ◻◻◻◻ 수요의 감소로 경기가 침체됨.
• ◻◻◻◻ 산업의 특화에 주력함.

• **특화하다** 한 나라의 산업 구조나 수출 구성에서 특정 산업·상품이 상대적으로 큰 비중을 차지하다.

6 문단
지역 균형 발전의 필요성
◻◻◻◻과 비수도권 간의 지역 불균형을 해소하는 ◻◻◻◻ 발전은 국가의 지속 가능한 발전을 위해 필요함.

핵심 내용 파악하기

1 윗글에서 설명하고 있는 내용이 <u>아닌</u> 것은?

① 수도권의 주요 문화 공간　　② 우리나라 중부 지역의 범위
③ 지역 불균형 해소의 필요성　　④ 충청 지역에 발달한 산업 유형
⑤ 서울 주변의 신도시 조성 배경

세부 내용 파악하기

2 윗글의 내용과 일치하는 것은?

① 중부 지역의 서쪽에는 높은 산지가 발달하였다.
② 산업화 이후 수도권이 교통의 중심지가 되었다.
③ 서울의 인구 집중 현상은 다양한 사회적 문제를 초래하였다.
④ 강원 지역은 관광 산업 쇠퇴하면서 지역 경제가 침체되었다.
⑤ 교통의 발달로 수도권에서 충청 지역으로 유입되는 인구가 감소하였다.

세부 내용 추론하기

<고난도>

3 ㉠을 위한 방안으로 적절하지 <u>않은</u> 것은?

① 비수도권에 높은 수준의 의료 복지 시설을 구축한다.
② 비수도권의 청년들에게 안정적인 일자리를 제공한다.
③ 비수도권의 학생들에게 질 높은 교육 서비스를 제공한다.
④ 비수도권의 육아 가정에 도움을 줄 수 있는 지원책을 마련한다.
⑤ 비수도권의 산업 구조를 경제 효과가 큰 광업 중심으로 개편한다.

사례에 적용하기

4 윗글을 바탕으로 <보기>에 대해 보인 반응으로 적절하지 <u>않은</u> 것은?

> **보기**
>
> 　월요일 아침, 경기도 안양의 평촌 신도시에 사는 독기 씨는 경기도 평택의 반도체 제조 산업 단지로 출근했다. 다음 날은 지하철을 이용해 서울의 본사에 출장을 가서 업무를 처리했다. 같은 날 강원도 평창에 사는 독기 씨의 할머니는 평창에 하나뿐인 종합 병원마저 폐업을 하자, 진료를 받기 위해 KTX를 타고 서울역으로 오셨고, 독기 씨는 할머니를 모시고 집으로 돌아갔다.

① 평촌 신도시는 서울의 인구 과밀화를 해결하기 위해 조성된 곳이겠군.
② 평택은 서울에 집중되어 있던 반도체 관련 제조업이 분산된 도시이겠군.
③ 평택은 서울과 대도시권으로 연결되어 지식 기반 산업의 중심지가 되었군.
④ 평창은 의료 환경 측면에서 수도권과의 지역 불균형이 나타나고 있군.
⑤ 평창은 고속 철도가 개통되면서 수도권 지역에의 접근성이 좋아졌겠군.

◆ 개념 한눈에 보기

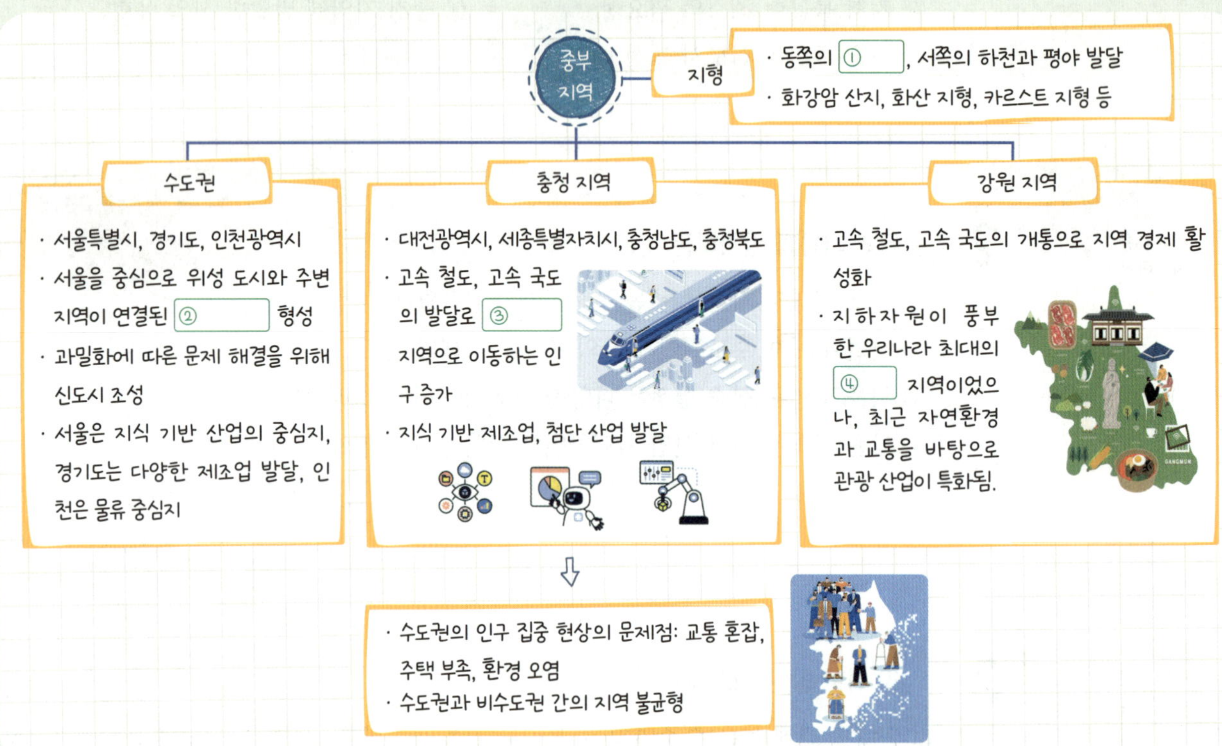

📖 교과 개념 사전

#카르스트 지형 [카르스트] [지형]
땅속의 석회암이 빗물이나 지하수에 녹아 만들어지는 지형.

#대도시권 [대:도시꿘]
대도시와 그 인접 지역을 포함하는 지역. 대도시를 중심으로 출퇴근, 통학, 산업 등 다양한 활동이 이루어지는 범위임.

#과밀화 [과밀화]
인구와 건물, 산업 따위가 한곳에 지나치게 집중하게 됨.

#신도시 [신도시]
대도시의 근교에 계획적으로 개발한 새 주택지.

#지식 기반 산업 [지식] [기반] [사:넙]
지식을 이용해 상품과 서비스의 부가 가치를 크게 향상시키거나 고부가 가치의 지식 서비스를 제공하는 산업.

#관광 산업 [관광] [사:넙]
관광객에게 교통, 숙박, 오락 따위를 제공하는 산업.

#지역 불균형 [지역] [불균형]
지역 간 경제, 사회, 생활, 교육 등 여러 조건에 관한 격차.

✏️ 교과 개념 확인 Quiz

다음 물음에 답하시오.

❶ 중부 지역에서는 카르스트 지형을 접할 수 있다.
○ ┆ ✕

❷ 수도권은 서울을 중심으로 ☐☐ ☐☐와 주변 지역이 연결된 대도시권을 이루고 있다.

❸ 산업화 이후 수도권은 서울 지역에 인구와 기능이 집중되는 ☐☐☐ 문제가 발생하였다.

❹ 서울의 인구와 산업이 경기도와 인천으로 분산되면서 ☐☐☐가 조성되었다.

❺ 자본과 고급 인력이 풍부한 인천은 지식 기반 산업의 중심지가 되었다.
○ ┆ ✕

❻ 강원 지역은 경제 활성화를 위해 아름다운 자연을 바탕으로 ☐☐ ☐☐을 특화하고 있다.

2 >> 지리

한반도의 양극단, 남부 지역과 북부 지역

Step 1 교과 개념 **톡** 생각 열기

◆ **무엇을 배울까?**

초등	중등	고등	수능기출
사회 4-1 교과서 1단원 지도로 만나는 우리 지역	사회 2 교과서 10~11단원 남부 지역, 북부 지역	통합사회 1 교과서 5단원 생활공간과 사회	COMING SOON

❶ 영호남 지역의 지역적 특성과 산업 이해하기

#중화학 공업   #산업 구조 변화

❷ 제주도, 북부 지역의 지형적 · 지역적 특성 이해하기

#화산 지형   #국제 자유 도시   #대륙성 기후   #경제특구

💡 **생각해 보기** 지도를 보고 남부 지역의 지리적 특성과 매력적인 여행 장소에 대해 생각해 보자.

1 우리나라의 남부 지역은 부산 해운대, 제주도 한라산, 경주, 전주 한옥 마을, 안동 하회 마을 등 곳곳에 관광 명소˚가 자리한 곳으로, ㉠영남 지역과 ㉡호남 지역, ㉢제주 지역으로 구분된다. 영남은 경상도, 호남은 전라도를 가리키는데 행정 구역상으로 영남 지역은 부산광역시, 대구광역시, 울산광역시, 경상북도, 경상남도를 포함하고, 호남 지역은 광주광역시, 전북특별자치도, 전라남도를 포함한다.

2 영남 지역은 태백산맥, 소백산맥으로 둘러싸여 바위가 웅장한 산지가 많고 낙동강이 남해로 흘러가며, 호남 지역은 내장산, 무등산 등 수려한˚ 산지가 많고 만경강, 영산강 등의 주변에는 평야가 발달해 있어 대표적인 벼농사 지대이다. 특히 영남 지역은 경관이 뛰어난 산과 해수욕장이 많아 관광 자원이 풍부하고, 호남 지역은 평야와 갯벌에서 얻은 농산물과 해산물이 풍부해 음식 문화와 관광 산업이 발달했다.

3 영호남 지역은 우리나라의 경제 성장을 이끄는 데 중요한 역할을 했다는 공통점이 있다. 1970년대 **#중화학 공업** 육성˚ 정책에 따라 영남의 울산과 포항, 호남의 여수와 광양 등에 대규모 공업 단지가 조성되어 철강, 조선, 석유 화학 등의 중화학 공업이 발달했다. 이때 공업 지역은 원료를 수입하고 제품을 수출하기에 용이하도록 해안을 중심으로 발달하였다. 1980년대 이후에는 신흥 공업국의 영향, 산업의 고도화에 발맞추어 첨단 산업 육성에 주력하며 1차 산업의 비율이 줄어들고 2, 3차 산업의 비율이 증가하는 **#산업 구조 변화**를 통해 친환경 산업, 융복합 산업˚으로의 전환을 시도하고 있다. 하지만 산업 단지의 노후화, 중공업 종사자의 고령화에 따라 경쟁력이 약해지는 문제점이 나타나고 있어 이에 대한 개선이 필요하다.

4 남부 지역의 제주도는 해외에도 널리 알려진 관광 도시이다. 제주도는 화산 활동으로 형성된 섬으로, 오름·용암 동굴·주상 절리 등 독특한 **#화산 지형**이 있고, 육지와 떨어져 있어서 독특한 방언·가옥 구조 등 고유의 문화가 발달했다. 제주도는 2002년에 **#국제 자유 도시**로 지정되었으며, 2006년에 제주특별자치도가 되면서 자치권˚이 확대되었다. 국제 자유 도시는 사람, 상품, 자본이 자유롭게 이동할 수 있고, 기업이 활동하는 데 최대한 편의를 보장하도록 규제를 완화한 도시이다. 최근에는 지구 온난화로 해수면 상승에 따른 침수 피해와 폭우, 폭염 등의 이상 기후 현상이 나타나고 있어 제주도의 지속 가능한 발전을 위한 노력이 필요하다.

5 북한에 해당하는 북부 지역은 높고 험준한 산지와 고원이 많으며, 위도가 높고 대륙의 영향을 많이 받아 기온의 연교차가 큰 **#대륙성 기후**로 겨울이 길고 추위가 심해 논농사보다 밭농사가 발달했다. 북부 지역은 풍부한 천연 자원과 노동력을 이용한 광공업과 농림어업이 발달했지만 최근 서비스업 비중도 높아지고 있다. 또한 중국, 러시아와의 접경 지역˚에 경제 성장을 위해 지정한 특별 지역인 **#경제특구**를 개방하여 외국 자본을 유치하고 인접한 국가들과 경제 교류를 하고 있다.

독해 TIP!
이 글은 **남부 지역의 지역적 특징과 산업 구조의 변화**를 설명하고 있어.

1 문단
관광 명소가 많은 남부 지역
영남 지역과 호남 지역, 제주 지역으로 구분됨.

• **명소** 경치나 고적, 산물 따위로 널리 알려진 곳.

2 문단
영호남 지역의 지리적 특징
• ▢▢▢: 평야와 갯벌이 발달함.
• 영남: 웅장한 산과 해수욕장이 많음.

• **수려하다** 빼어나게 아름답다.

3 문단
영호남의 산업 구조와 그 변화
• 1970년대: ▢▢▢▢이 집중적으로 발달함.
• 1980년대 이후: 첨단 산업, 친환경 산업, 융복합 산업 등으로 산업 구조가 변화함.

• **육성** 길러 자라게 함.
• **융복합 산업** 서로 다른 분야나 업종을 융합·복합해 더 큰 가치와 이윤을 창출하는 산업.

4 문단
제주도의 특징
• ▢▢▢▢으로 형성된 섬임.
• ▢▢▢▢▢로 지정되고 제주특별자치도로 승격함.
• 이상 기후 현상이 나타나므로 지속 가능한 개발을 위한 노력이 필요함.

• **자치권** 지방 자치 단체가 그 구역 안에서 가지는 공적 지배권.

5 문단
북부 지역의 특징
• ▢▢와 고원이 많고, 대륙성 기후로 인해 ▢▢가 발달함.
• 풍부한 자원을 활용한 산업 구조에서 농림어업과 광공업 발달함.

• **접경 지역** 국가와 국가 간의 경계, 즉 국경선과 인접해 있는 일정한 구간.

1 윗글에서 설명하고 있는 내용이 <u>아닌</u> 것은?

① 영호남 지역의 지리적 특징

② 영호남 지역의 산업 구조 변화

③ 영호남 지역의 중화학 공업 발전 배경

④ 지구 온난화로 인한 제주도의 이상 기후 현상

⑤ 북부 지역의 대표 도시와 농림어업의 발전 방안

2 윗글의 내용과 일치하지 <u>않는</u> 것은?

① 전북특별자치도는 남부 지역의 호남 지역에 속한다.

② 제주도는 환경 문제가 심각해짐에 따라 자치권이 축소되었다.

③ 북부 지역은 대륙의 영향으로 기온의 연교차가 크게 나타난다.

④ 영남 지역은 1980년대 이후 첨단 산업 중심으로 변화하고 있다.

⑤ 제주도는 화산 활동으로 형성된 섬으로 독특한 화산 지형이 있다.

고난도

3 ㉠~㉢의 공통점으로 가장 적절한 것은?

① 가옥 구조　　　　② 대륙성 기후

③ 지역 소멸 현상　　④ 첨단 산업의 육성

⑤ 관광 산업의 발달

4 윗글을 바탕으로 <보기>를 이해한 내용으로 적절하지 <u>않은</u> 것은?

• 보기 •

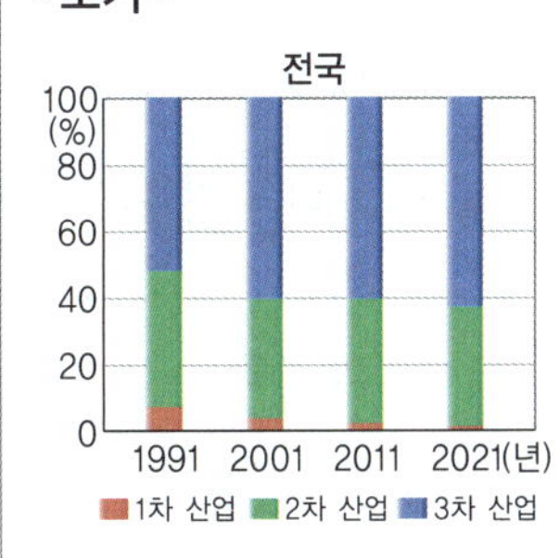

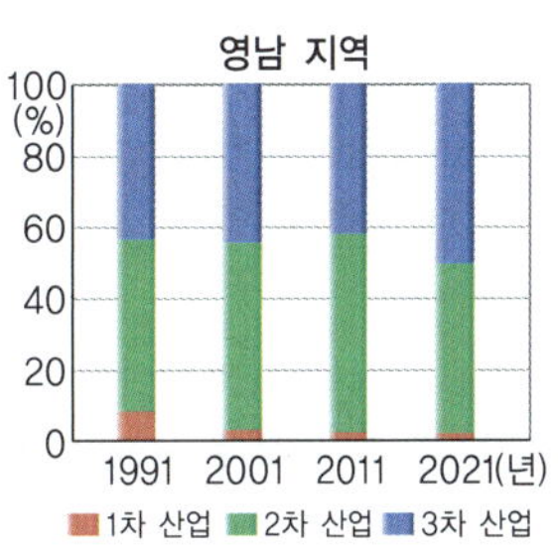

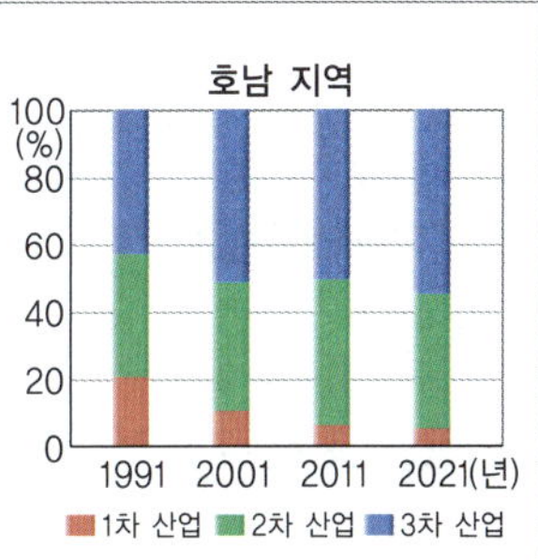

• 1차 산업: 자연에서 직접 얻는 산업 (농업, 임업, 어업)

• 2차 산업: 1차 산업에서 얻은 원료를 가공하는 산업 (경공업, 중공업, 건설업 등)

• 3차 산업: 서비스를 제공하는 산업 (도소매업, 금융업, 운수업, 교육 서비스업 등)

① 1990년대 초반에도 호남 지역은 영남 지역에 비해 1차 산업의 비중이 높았군.

② 시대의 변화에 따라 전체적으로 1차 산업의 비중이 감소하는 추세를 보이는군.

③ 영남 지역에서 2차 산업의 비중이 높은 것은 중화학 공업 육성 정책 때문이겠군.

④ 호남 지역에서 1차 산업의 비중이 높은 것은 친환경 산업으로 전환했기 때문이겠군.

⑤ 2021년에 들어서 영호남 지역의 2차 산업 비중이 낮아진 것은 산업 단지의 노후화
와 관련이 있겠군.

◆ 개념 한눈에 보기

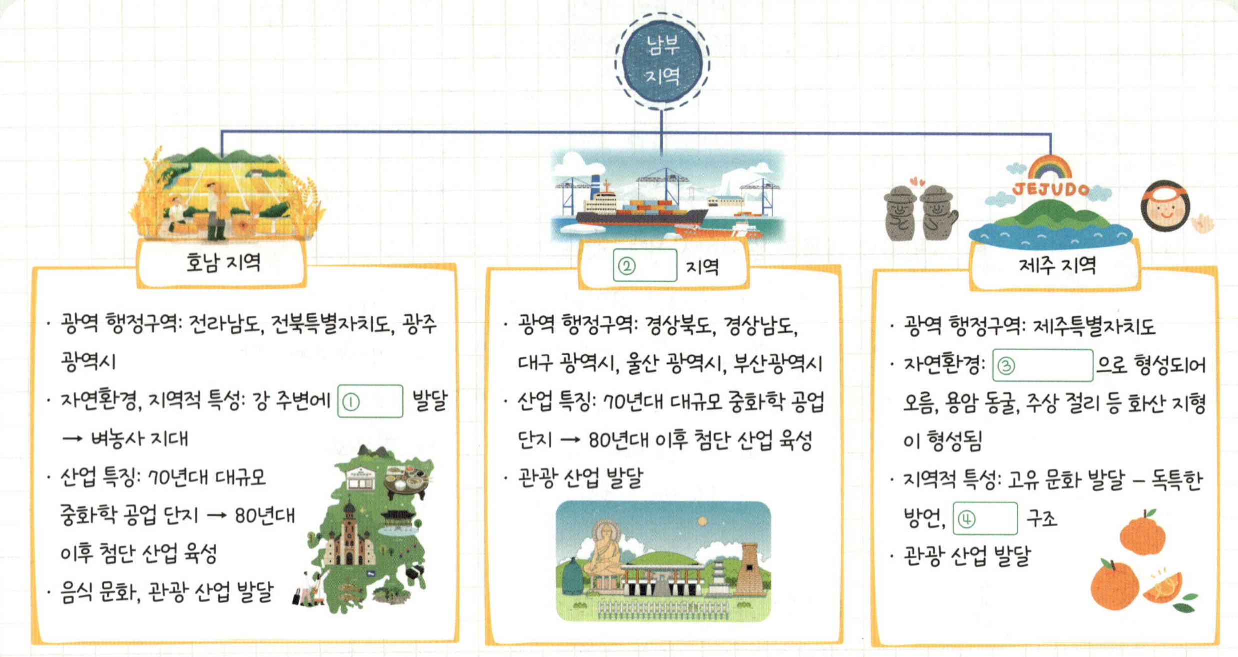

📖 교과 개념 사전

#중화학 공업 [중:화학] [공업]
중공업과 화학 공업을 아울러 이르는 말. 철강, 조선, 기계, 석유, 화학 제품 등을 생산하는 공업을 말함.

#산업 구조 변화 [사:넙] [구조] [변화]
한 나라의 전체 산업에서 각 산업이 차지하는 비중과 각 산업의 상호 관계의 변화.

#화산 지형 [화:산] [지형]
오름, 용암 동굴, 주상 절리 등 화산 활동에 의해 형성된 지형.

#국제 자유 도시 [국쩨] [자유] [도시]
사람이나 상품, 자본이 자유롭게 드나들 수 있고, 기업이 활동하는 데 최대한 편의를 보장하도록 규제를 완화한 도시.

#대륙성 기후 [대:륙썽] [기후]
대륙의 영향을 강하게 받는 기후로, 기온의 연교차가 심함.

#경제특구 [경제특꾸]
국가의 경제 성장을 위해 지정한 특별 지역. 일반 지역과는 달리 경제 면에서 특별 우대 정책이 적용됨.

교과 개념 확인 Quiz

다음 물음에 답하시오.

❶ 1970년대 ☐☐☐ ☐☐ 육성 정책에 따라 울산, 포항, 여수, 광양 등 영호남 지역에 대규모 공업 단지가 조성되었다.

❷ 시대의 변화에 따라 영호남 지역은 1차 산업의 비율이 줄고 2, 3차 산업의 비율이 증가하는 형태로 ☐☐ ☐☐ ☐☐를 이루고 있다.

❸ 제주도는 오름, 용암 동굴, 주상 절리 등 독특한 화산 지형이 곳곳에 있다.　　○ ｜ Ｘ

❹ 영남 지역은 국제 자유 도시로 지정되었다.　　○ ｜ Ｘ

❺ 북부 지역은 기온의 연교차가 큰 대륙성 기후로 인해 겨울이 길고 추위가 심해 밭농사보다 논농사가 발달했다.　　○ ｜ Ｘ

❻ 북부 지역은 경제특구를 통하여 인접 국가들과 경제 교류를 하고 있다.　　○ ｜ Ｘ

이번 주에 배운 **핵심 교과 개념**을 확인해 볼까요?

본문에 수록된 교과 개념에 대한 자세한 풀이를

일차별로 묶어 부록에 담았어요.

부록 페이지를 찾아가서 이번 주에 배운 핵심 교과 개념을

다시 한번 복습해 보세요!

일차		# 핵심 교과 개념	부록
16일차	1	시장 ǀ 보이는 시장 ǀ 보이지 않는 시장 ǀ 생산물 시장 ǀ 생산 요소 시장 ǀ 사회적 분업 ǀ 거래 비용	37p
	2	수요량 ǀ 수요 법칙 ǀ 공급량 ǀ 공급 법칙 ǀ 균형 가격 ǀ 균형 거래량	38p
17일차	1	국내 총생산(GDP) ǀ 경제 성장 ǀ 실업 ǀ 물가 ǀ 인플레이션	39p
	2	국제 거래 ǀ 수출 ǀ 수입 ǀ 환율 ǀ 외화	40p
18일차	1	사회 변동 ǀ 세계화 ǀ 획일화 ǀ 지식정보·서비스 사회 ǀ 사이버 범죄 ǀ 다문화적 변화 ǀ 생산 가능 인구	15p
	2	사회 문제 ǀ 인구 문제 ǀ 사회 불평등 문제 ǀ 노동 문제 ǀ 기후 위기 문제 ǀ 팬데믹 문제 ǀ 사회 참여	16p
19일차	1	지정학적 위치 ǀ 지경학적 위치 ǀ 광역 행정 구역 ǀ 장소감 ǀ 장소애	07p
	2	동고서저 ǀ 연교차 ǀ 계절풍 ǀ 벼농사 ǀ 기후 변화	08p
20일차	1	카르스트 지형 ǀ 대도시권 ǀ 과밀화 ǀ 신도시 ǀ 지식 기반 산업 ǀ 관광 산업 ǀ 지역 불균형	09p
	2	중화학 공업 ǀ 산업 구조 변화 ǀ 화산 지형 ǀ 국제 자유 도시 ǀ 대륙성 기후 ǀ 경제특구	10p

INDEX

ㄱ

가계	119
가계 소득	131
가정 법원	111
갈등	039
감사원	103
강제성	077
거래 비용	137
건조 기후	015
경제 성장	145
경제특구	173
경제활동	119
계절풍	165
고등 법원	111
고령화	019
고산 기후	015
고용	131
공간적 분업	027
공개 재판주의	089
공급 법칙	141
공급량	141
공동체	053
공법	081
과밀화	169
관광 산업	169
관습	077
광역 행정 구역	161
국내 총생산(GDP)	145
국무 회의	103
국무총리	103
국민 자치	061
국민 주권	061
국정 견제	107
국제 거래	149
국제 자유 도시	173
국회	107
권력 분립	061
권한 쟁의 심판	115
균형 가격	141
균형 거래량	141
기본권	095
기소	085
기업	119, 131
기업의 사회적 책임	131
기업적 농목업	031
기회비용	123
기후	015
기후 변화	165
기후 위기 문제	157

ㄴ

내집단	039
냉대 기후	015
노동 문제	157
노동 삼권	099
노동 집약적 산업	019
뉴 미디어	047

ㄷ

다문화 사회	027
다문화적 변화	153
단결권	099
단체 교섭권	099
단체 행동권	099
대도시권	169
대륙성 기후	173
대법원	111
대의 민주제	107
대의 민주주의	057
대통령제	103
도덕	077
동고서저	165
또래 집단	035

ㅁ

문화	043
문화 사대주의	043
문화 상대주의	043
문화 혼종성	027
물가	145
미디어	047
민법	081
민사 재판	085
민족 종교	019

ㅂ

법	077
벼농사	165
보이는 시장	137
보이지 않는 시장	137
보통 선거	065
보통 선거 제도	057
보편 종교	019

ㅂ (본)

본회의	107
분배	123
브렉시트	023
비밀 선거	065
빙하 지형	031

ㅅ

사법	081
사법권	111
사법권의 독립	089
사이버 범죄	153
사회 규범	077
사회 문제	157
사회 변동	153
사회 불평등 문제	157
사회 집단	039
사회 참여	157
사회권	095
사회법	081
사회적 분업	137
사회적 지위	035
사회화	035
산업 구조 변화	173
상고	089
상대적 위치	011
상법	081
상업성	047
상임 위원회	107
생산	123
생산 가능 인구	153
생산 요소 시장	137
생산물 시장	137
서비스	119
선거	065
세계 도시	023
세계 시민	011
세계화	011, 153
세금	131
소비	123
수요 법칙	141
수요량	141
수익성	127
수입	149
수출	149
시민	053
시민 단체	069
시민 혁명	057
시장	137
신도시	169

신용 127
실업 145
심급 제도 089

ㅇ

안전성 127
언론 069
역사 · 문화 도시 023
역할 035
역할 갈등 035
연교차 165
열대 기후 015
열대림 027
온대 기후 015
외집단 039
외화 149
원고 085
위헌 법률 심판 115
유권자 065
유동성 127
유럽연합 023
의결 기관 073
의원 내각제 103
이익 집단 069
이해관계 053
인간의 존엄성 061
인구 문제 157
인권 095
인권 감수성 099
인문환경 011
인플레이션 145
입법 107
입헌주의 061

ㅈ

자문화 중심주의 043
자산 127
자산 관리 127
자아 정체성 035
자연환경 011
자유 061
자유권 095
장소감 161
장소애 161
재사회화 035
재정 107

재판 085
재화 119
저출산 019
절대적 위치 011
정당 069
정당 해산 심판 115
정당성 065
정부 119
정책 053
정치 053
정치 과정 069
정치 주체 069
정치권력 053
종교 갈등 019
주민 소환제 073
주민 조례 발안 제도 073
주민 참여 예산제 073
주민 투표제 073
중화학 공업 173
증거 재판주의 089
지경학적 위치 161
지방 법원 111
지방 자치 073
지속가능한 개발 031
지속가능한 도시 023
지식 기반 산업 169
지식정보 · 서비스 사회 153
지역 불균형 169
지역 잠재력 031
지역화 011
지정학적 위치 161
직접 민주주의 057
직접 선거 065
집행 기관 073

ㅊ

차별 039
차이 039
참정권 057, 095
첨단 기술 019
청구권 095
초국적 기업 027
친환경 도시 023

ㅋ

카르스트 지형 169

ㅌ

탄소 중립 023
탄핵 심판 115
특허 법원 111

ㅍ

팬데믹 문제 157
편견 039
평등 061
평등 선거 065
평등권 095
피고 085
피의자 085

ㅎ

한대 기후 015
합리적 선택 123
항소 089
해수면 상승 031
해양 쓰레기 031
행정 법원 111
행정부 103
헌법 081
헌법 소원 심판 115
헌법 재판소 115
형법 081
형사 재판 085
화산 지형 173
화산 활동 031
환율 149
획일화 047, 153
희소성 123

MEMO

수능까지 이어지는 독해의 기술
독기

수능까지 이어지는 독해의 기술
독기

수능까지 이어지는 독해의 기술

독기

정답과 해설

중학국어

비문학 독해
사회개념

메가스터디 BOOKS

수능까지 이어지는 **독해의 기술**

독끼

정답과 해설

중학국어

비문학 독해

사회개념

메가스터디BOOKS

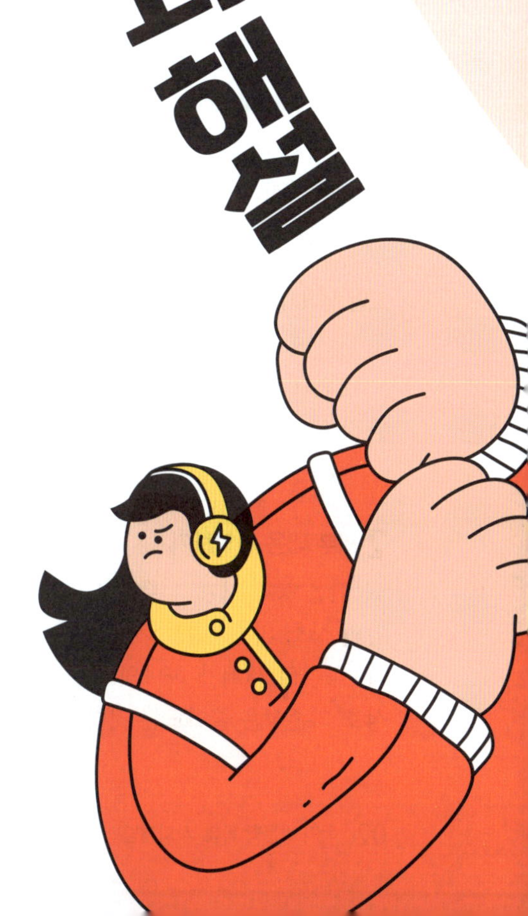

1 ≫지리
하나된 세계, 세계로 나가는 지역

| 구성 |

1 위치에 따른 지역의 특징
위치 에 따라 지역의 특성과 생활 방식이 달라짐.

2 위치의 종류와 중요성
• 절대적 위치와 상대적 위치
• 위치를 알면 그곳의 자연환경 과 인문환경 을 알 수 있고, 그 지역의 특성을 이해할 수 있음.

3 공간적 상호 작용의 배경
과거와 달리, 현대에는 교통 과 통신 기술 의 발달로 사람과 정보 등의 교류가 이루어지는 공간적 상호 작용이 활발해짐.

4 세계화와 지역화
• 세계화: 세계가 하나로 통합되어 상호 의존성 이 커지는 현상
• 지역화 : 지역의 고유성을 살려 지역이 가진 잠재력을 발휘하는 것

5 세계 시민으로서의 바람직한 자세
지역의 다양성 과 고유성 을 존중하는 태도를 가져야 함.

| 주제 | 위치에 따른 지역의 특성과 세계화·지역화에 대한 이해

Step 2 교과 개념 쏙 지문 독해 · 본문 012쪽

| 1 ⑤ | 2 ④ | 3 ④ | 4 ③ |

1 핵심 내용 파악하기 답 ⑤

4문단에서 세계화가 무엇인지 소개하고 있을 뿐 세계화의 문제점이나 이를 해결하기 위한 방법에 대해서는 설명하고 있지 않다.

오답 챙기기

① 1문단에서 초원 지대에 위치해 있으며 강수량이 적고 일교차 및 연교차가 심한 카자흐스탄의 지역적 특성을 제시하고 있다.
④ 5문단에서 세계 시민이 지녀야 할 자세를 설명하고 있다.

2 세부 내용 파악하기 답 ④

4문단을 통해 세계가 국경을 넘어 하나로 통합되고 지역 간의 상호 의존성이 커지는 현상이 세계화임을 알 수 있다. 따라서 세계가 하나의 공동체로 통합되면 지역 간의 상호 의존성은 줄어드는 것이 아니라 커진다.

---

3 세부 내용 추론하기 답 ④

1문단에서 '어디서 살아가느냐, 즉 위치와 환경에 따라 그 지역의 특성과 생활 방식이 달라진다.'라고 하였으므로, ㉠의 이유로 가장 적절한 것은 사람들의 생활 방식이 그 지역의 위치와 환경에 영향을 받기 때문이라고 할 수 있다.

수능찍먹
4 사례에 적용하기 답 ③

4문단에서 '지역화 전략의 대표적인 예로 지역 축제와 지리적 표시제를 들 수 있다.'라고 한 것으로 볼 때, (다)는 세계화가 아니라 지역화 전략의 사례이다. 또한 (다)는 우리나라의 지역 특산품인 보성 녹차가 보성에서 생산·가공되었음을 표시한 것이지, 세계 전역에서 생산되었음을 보여 주는 것도 아니다.

오답 챙기기

① 1문단에서 위치와 환경에 따라 그 지역의 특성과 생활 방식이 달라진다고 하였고, 3문단에서 세계의 환경이 다양한 만큼 각 지역에서 나타나는 사람들의 삶의 모습도 다양하다고 하였다. 따라서 (가)를 통해 고산 지대의 지역적 특성을 이용해 살아가는 사람들의 모습을 볼 수 있다고 할 수 있다.
② 3문단에서 통신 기술이 발달하면서 지역 간 교류가 이루어졌다고 하였다. (나)는 인터넷 통신을 통해 원격 화상 회의가 이루어지고 있음을 보여 주므로 통신 기술의 발달로 전 세계 사람들과 실시간으로 소통할 수 있음을 보여 준다고 할 수 있다.
④ 4문단에서 지역 축제가 지역화 전략의 대표적인 예라고 하였다. (라)는 우리나라의 보령에서 열리는 머드 축제가 세계인들이 찾는 축제임을 보여 주는 자료이므로 경쟁력을 갖춘 지역화의 사례라고 할 수 있다.
⑤ 5문단에서 세계 시민은 자신을 세계 공동체의 구성원으로 보고 지구촌 문제 해결에 책임감을 가지고 협력하는 사람이라고 하였다. (마)는 세계 공동체의 문제인 플라스틱 문제와 관련된 캠페인이므로 세계 시민으로서 지구촌의 문제를 해결하기 위해 캠페인에 동참해야 한다.

Step 3 교과 개념 콕 핵심 정리 · 본문 014쪽

◆ **개념 한눈에 보기**
① 위도 ② 경도 ③ 상대적 위치 ④ 지역화

• **교과 개념 확인 Quiz**
❶ 자연환경 ❷ ○ ❸ 상대적 위치 ❹ × ❺ 지역화 ❻ ○
Tip ❹ 세계가 하나로 통합되는 것은 세계화이다.

2 »지리
세계의 다양한 기후

| 구성 |

1 [기후]의 개념
한 지역에서 오랜 기간에 걸쳐 나타나는 기온, 강수, 바람 등을 평균한 것

2 열대 기후와 건조 기후의 특징
- 열대 기후: [적도]를 중심으로 남북 위도 20° 사이의 지역에 나타나는 기후로 1년 내내 기온이 높고 강수량이 많음.
- [건조] 기후: 남·북위 20°~30° 일대에서 나타나는 기후로 연 강수량이 500mm 미만임.

3 온대, 냉대, 한대, 고산 기후의 특징
- 온대 기후: 중위도 지방에 나타나는 기후로 온화하고 [사계절]의 변화가 뚜렷하며 강수량이 적당함.
- [냉대] 기후: 온대 기후 지역보다 위도가 높은 지역에 나타나는 기후로 겨울이 춥고 길며 기온의 연교차가 큼.
- 한대 기후: [극]지방 부근에서 나타나는 기후로 기온이 몹시 낮아서 나무가 자라지 못함.
- [고산] 기후: 해발 고도가 높은 곳에서 나타나는 기후로 적도 주변 고산 기후 지역은 일 년 내내 온화함.

4 기후 조건에 따른 인간의 거주
- 인간 거주에 유리한 기후 지역: [온대] 기후 지역과 냉대 기후 지역 남부
- 인간 거주에 불리한 기후 지역: 건조 기후 지역과 [한대] 기후 지역

| 주제 | 세계 여러 기후 지역의 특징과 기후 조건이 인간 거주에 미치는 영향

Step 2 교과 개념 쏙 지문 독해 · 본문 016쪽

1 ①　　2 ④　　3 ⑤

1 핵심 내용 파악하기 답 ①

1문단에 기후의 개념에 대한 설명은 제시되어 있지만, 기후와 날씨의 차이점에 대한 설명은 제시되어 있지 않다.

오답 챙기기

② 1문단의 내용을 통해 기후를 구성하는 요소에는 기온, 강수, 바람 등이 있음을 알 수 있다.

③ 1문단에서 세계의 기후는 기온과 강수량을 기준으로 몇 개의 지역으로 구분된다고 설명하고 있다.

④, ⑤ 4문단에서 인간이 거주하기에 유리한 기후가 나타나는 온

대 지역에는 많은 인구가 분포하고 있고, 연 강수량이 부족한 건조 기후 지역이나 날씨가 너무 추운 한대 기후 지역은 농업 활동을 하기가 어려워 대체로 사람들이 적게 거주한다는 예를 들면서, 기후가 인간 생활에 미치는 영향을 설명하고 있다.

고난도

2 세부 내용 파악하기 답 ④

3문단에서 온대 기후는 사계절의 변화가 뚜렷하다고 했으므로 여기에 속하는 지중해성 기후와 온대 계절풍 기후 모두 사계절의 변화가 뚜렷할 것임을 알 수 있다. 그러나 지중해성 기후와 온대 계절풍 기후 중에 어느 기후가 사계절이 더 뚜렷한지는 지문에서 확인할 수 없다.

오답 챙기기

⑤ 3문단에서 서안 해양성 기후는 연중 강수량이 고르다고 하였고, 온대 계절풍 기후는 여름에는 고온 다습하고 겨울에는 한랭 건조하다고 하였다. 따라서 온대 계절풍 기후가 서안 해양성 기후보다 연중 강수량이 고르지 못함을 알 수 있다.

3 사례에 적용하기 답 ⑤

2문단에서 열대 기후는 적도를 중심으로 남북 위도 20° 사이의 지역에 나타나며 1년 내내 기온이 높고 연중 강수량이 많으며, 가장 추운 달의 평균 기온이 18℃ 이상이라고 했으므로 (가)는 적도 부근에 있는 지역의 기후를 나타낸 것임을 알 수 있다. 3문단에서 온대 기후는 가장 추운 달의 월평균 기온이 −3℃~18℃이고, 그중에서 온대 계절풍 기후는 여름에 고온 다습하다고 했으므로 (나)는 온대 기후 중 온대 계절풍 기후 지역을 나타낸 것임을 알 수 있다. 그리고 (다)는 연 강수량이 500mm 미만인 점과 월 평균 기온의 분포로 보아 2문단에서 설명한 건조 기후 지역을 나타낸 것임을 알 수 있다. 그런데 건조 기후는 남·북위 20°~30° 일대에, 온대 기후는 중위도에서 나타난다고 했으므로, (다)는 (나)보다 위도가 높은 지역이 아니라 낮은 지역의 기후를 나타낸 것임을 알 수 있다.

Step 3 교과 개념 콕 핵심 정리 · 본문 018쪽

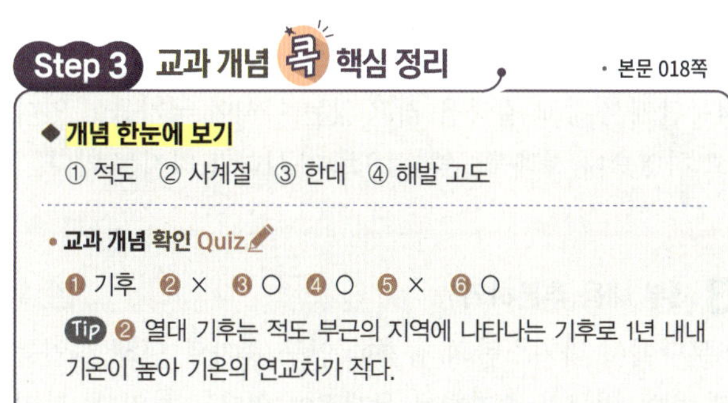

◆ 개념 한눈에 보기
① 적도　② 사계절　③ 한대　④ 해발 고도

· 교과 개념 확인 Quiz
❶ 기후　❷ ×　❸ ○　❹ ○　❺ ×　❻ ○

Tip ❷ 열대 기후는 적도 부근의 지역에 나타나는 기후로 1년 내내 기온이 높아 기온의 연교차가 작다.

1 »지리
가장 역동적인 대륙, 아시아 속으로

| 구성 |

1 아시아의 위상
21세기에 세계의 주목을 받고 있는 **아시아**

2 자연환경과 문화적 특성에 따라 구분한 아시아
동아시아(**우리나라**, 중국, 일본), 동남아시아(베트남, 타이), 남부아시아(인도), **중앙아시아**, 서남아시아로 구분함.

3 아시아 국가의 주요 산업
• 사우디아라비아는 풍부한 **석유**를 수출해 경제 발전을 이룸.
• 중국과 베트남은 노동 집약적 산업인 **제조업**, 한국과 일본은 **첨단 기술** 분야가 발전함.

4 아시아의 다양한 종교
크리스트교, 이슬람교, 불교와 같은 **보편 종교**와 **힌두교**, 유대교와 같은 민족 종교가 다양하게 존재함.

5 아시아의 인구 동향
출산율이 높은 파키스탄, 필리핀과 달리 우리나라, 일본은 **저출산**으로 인한 유소년층 비율 감소와 **고령화** 현상이 나타남.

| 주제 | 아시아의 주요 국가와 도시, 산업, 종교, 인구의 특징

Step 2 교과 개념 🌱 지문 독해 · 본문 020쪽

| 1 ③ | 2 ⑤ | 3 ③ | 4 ④ |

1 전개 방식 파악하기 🔲 ③

3문단에서 사우디아라비아는 석유와 천연가스 등을 수출하고, 중국과 베트남은 의류, 신발 등 노동 집약적 산업인 제조업이 발달하였다고 구체적으로 예를 들어 아시아의 주요 국가의 산업을 소개하고 있다.

2 핵심 내용 파악하기 🔲 ⑤

4문단에서 종교 갈등을 겪고 있는 아시아 국가들이 있다고 하였으나 사례를 구체적으로 제시하고 있지는 않다.

고난도

3 세부 내용 추론하기 🔲 ③

5문단에서 파키스탄의 급격한 인구 증가로 인해 실업률과 빈곤 인구가 증가하는 문제점이 있다고 하였다. 파키

스탄의 청장년층 인구 비율이 높은 것은 경제 발전의 동력이 될 수 있으나, 이를 통해 실업률이 높아지고 빈곤 인구가 증가하는 문제를 해결할 수 있다고 볼 수는 없다.

오답 챙기기

① 5문단의 '2022년 기준 약 80억 명의 세계 인구 중, 약 47억 명의 인구가 아시아에 살고 있다.'를 통해 아시아의 인구는 세계 인구의 절반 이상을 차지하고 있음을 알 수 있다.

② 1문단의 '제2차 세계 대전 이후 우리나라와 필리핀, 베트남, 라오스, 인도, 스리랑카 등 많은 아시아 국가들이 여러 강대국의 식민 통치에서 해방되었다.'를 통해 아시아의 국가 중에는 강대국의 식민지였던 국가들이 있음을 알 수 있다.

⑤ 4문단에서 '세계 여러 지역에 널리 퍼져 있는 보편 종교인 크리스트교, 이슬람교, 불교와 특정한 민족에 전승된 민족 종교'라고 하였으므로 종교가 전파된 범위에 따라 보편 종교와 민족 종교로 나눌 수 있음을 알 수 있다.

4 사례에 적용하기 🔲 ④

(다)의 폭탄 테러는 보편 종교를 믿는 신할리즈족과 민족 종교를 믿는 타밀족이 공동으로 적대시하는 크리스트교(보편 종교)에 대한 테러이므로, 민족 종교와 보편 종교 간의 갈등으로 인한 것이라고 볼 수 없다.

오답 챙기기

① (가)는 보편 종교인 불교, 이슬람교, 크리스트교와 민족 종교인 힌두교의 기념일을 모두 법정 공휴일로 지정하고 있으므로 보편 종교와 민족 종교를 모두 인정하고 있다고 할 수 있다.

② 4문단에서 이슬람교도들은 돔과 첨탑이 있는 모스크에서 종교 의식을 거행한다고 하였고 (나)는 인구의 60%가 이슬람교도이므로 모스크를 찾는 국민들이 많을 것임을 알 수 있다.

③ (가)와 (나)는 각 종교의 기념일을 법정 공휴일로 지정하거나 다양한 종교 축제를 개최하고 있으므로 다양한 종교가 평화롭게 공존할 수 있는 방법을 찾은 국가라고 할 수 있다.

⑤ (나)는 다양한 종교가 공존하는 모습을, (다)는 다양한 종교가 갈등하는 모습을 보여 준다.

Step 3 교과 개념 🔲 핵심 정리 · 본문 022쪽

◆ **개념 한눈에 보기**
① 사우디아라비아 ② 노동 집약적 ③ 발상지 ④ 인구

• **교과 개념 확인 Quiz** ✏️
❶ ○ ❷ 첨단 기술 ❸ 보편 ❹ × ❺ 종교 갈등 ❻ 저출산
❼ ○
 ❸ 불교는 보편 종교에 해당한다.

| 구성 |

1 세계인들에게 사랑받는 유럽
세계인이 가 보고 싶은 도시의 상위권에 유럽의 도시들이 포함됨.

2 지리적 위치와 문화적 특성에 따라 구분한 유럽
서부 유럽(영국, 프랑스, 독일 등), 북부 유럽(스웨덴, 핀란드, 노르웨이 등), 남부 유럽(에스파냐, 포르투갈, 이탈리아 등), 동부 유럽(러시아, 우크라이나, 폴란드 등)

3 유럽의 다양한 도시 유형
세계 도시(런던, 파리 등), 역사·문화 도시(아테네, 로마와 피렌체 등), 관광 도시, 생태 도시, 첨단 도시

4 지속 가능한 친환경 도시를 만들기 위한 유럽의 노력
도시 재생 사업 실시, 재생 에너지 활용, 탄소 중립 실천

5 유럽의 통합과 분리의 움직임
정치적·경제적 통합을 목적으로 유럽연합 결성 → 경제적·사회적·정치적 이익과 불만으로 인한 결속력 약화 → 영국의 탈퇴(= 브렉시트)

| 주제 | 유럽의 국가와 도시의 특징 및 국가 간의 관계

Step 2 교과 개념 ➡ 지문 독해 · 본문 024쪽

| 1 ③ | 2 ⑤ | 3 ④ | 4 ④ |

1 핵심 내용 파악하기　답 ③
5문단에서 유럽연합의 형성 배경과 영국이 브렉시트를 한 이유는 설명하고 있으나, 브렉시트 이후 유럽의 상황은 제시하고 있지 않다.

2 세부 내용 파악하기　답 ⑤
5문단에서 유럽연합의 시민들은 입국과 출국 절차 없이 국가 간을 자유롭게 이동할 수 있음을 확인할 수 있다.

오답 챙기기
② 3문단에서 런던은 세계 경제의 중심지이고 파리는 세계 문화의 중심지라고 하였다.

③ 3문단에서 생태 도시는 자연과 인간이 공존하는 방법을 모색하는 친환경적인 도시라고 하였으며, 뛰어난 자연 경관을 갖추고 있는 아름다운 도시는 관광 도시임을 알 수 있다.

3 세부 내용 추론하기　답 ④
㉠은 이상 기후 현상 같은 환경 문제를 해결하고 사회·경제·문화 면에서 균형적인 발전을 지향하며, ㉠을 위해 기후 위기에 대응할 수 있는 ㉡을 만들고자 한다. 따라서 ㉠과 ㉡ 모두 이상 기후 현상을 해결하고자 하는 것이다.

4 사례에 적용하기　답 ④
이 글에서는 유럽연합 국가 간의 경제적 격차, 재정 적자 확대 등으로 유럽연합의 결속력이 약화되었다고 하였다. 그러나 〈보기〉에서는 이주자들의 이동에 의해 경기 침체와 노동력 부족이 발생한다는 내용은 확인할 수 없다. 경기 침체와 노동력 부족은 영국이 유럽연합을 탈퇴한 후 겪은 문제이다.

오답 챙기기
① 이 글에서는 영국이 유럽연합 국가 간의 경제적·사회적·정치적 불만으로 브렉시트를 결정했다고 하였고, 〈보기〉는 영국이 유럽연합 탈퇴 후 물가 상승, 경기 침체 등을 겪는다고 하였다. 따라서 브레그렛은 경제적 문제를 해결하고자 한 목적과 달리 또 다른 경제적 문제가 발생하며 브렉시트를 후회한다는 의미로 볼 수 있다.
② 영국이 유럽연합을 탈퇴함으로써 국가 간에 자유로운 이동을 할 수 없게 되어 노동력 부족 문제가 발생했다고 볼 수 있다.
③ 이 글을 보면, 동부 유럽과 서부 유럽의 경제적 격차나 남부 유럽의 재정 적자 확대로 유럽연합의 결속력이 약화되었고, 그 예로 영국의 유럽연합을 탈퇴를 들고 있다. 따라서 〈보기〉에서 영국이 유럽연합의 회원국일 때 이러한 문제로 과도하게 예산을 부담하여 브렉시트를 결정한 것임을 짐작해 볼 수 있다.
⑤ 유럽연합에 가입하지 않은 국가는 〈보기〉에서 제시한 유럽연합의 부정적 측면을 우려했다고 볼 수 있다.

Step 3 교과 개념 콕 핵심 정리 · 본문 026쪽

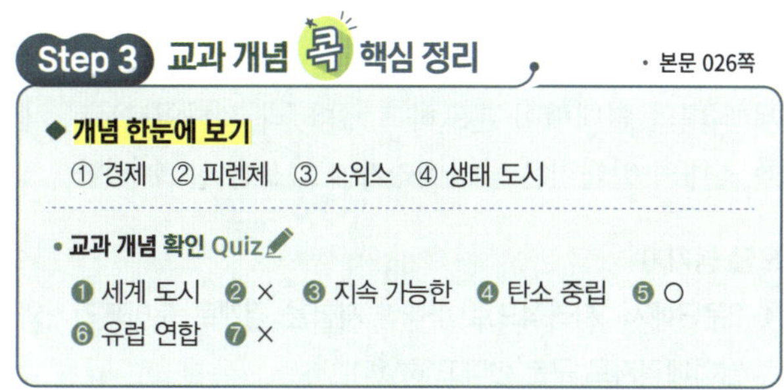

◆ 개념 한눈에 보기
① 경제　② 피렌체　③ 스위스　④ 생태 도시

- 교과 개념 확인 Quiz ✎
❶ 세계 도시　❷ ✕　❸ 지속 가능한　❹ 탄소 중립　❺ ○
❻ 유럽 연합　❼ ✕

1 » 지리
다양한 문화의 공존, 아메리카 속으로

| 구성 |

1 탐험과 개척의 대상, 아메리카
무한한 잠재력을 지녀 [유럽인]들의 탐험과 개척의 대상이었음.

2 아메리카의 지역 구분과 지형
- [파나마 지협]을 경계로 북아메리카와 남아메리카로 구분함.
- 서쪽에는 높고 가파른 [산맥]이, 동쪽에는 낮은 산맥이나 고원이 분포함.

3 아메리카의 주요 국가와 도시
- 주요 국가: [미국], 캐나다, 멕시코, 브라질, 아르헨티나, 콜롬비아, 페루 등
- 주요 도시: 뉴욕, 토론토, 부에노스아이레스, 멕시코시티, 쿠스코 등

4 아메리카의 인구와 문화의 특징
- 아메리카 원주민, 유럽계, 아프리카계 등 다양한 [민족]과 [인종]으로 구성됨.
- 서로 다른 문화가 혼합되어 새로운 문화를 만드는 [문화 혼종성]이 나타남.

5 아메리카의 초국적 기업
아메리카에는 [공간적 분업]을 통해 전 세계를 대상으로 생산과 판매 활동을 하는 [초국적 기업]이 많음.

| 주제 | 아메리카의 자연환경과 주요 국가, 인구 및 산업의 특징

Step 2 교과 개념 지문 독해 · 본문 028쪽

| 1 ① | 2 ② | 3 ③ | 4 ③ |

1 핵심 내용 파악하기 답 ①

2문단에서 아메리카의 지형적 특성은 설명하고 있으나 기후에 대한 내용은 제시하고 있지 않다.

2 세부 내용 파악하기 답 ②

2문단에서 '남아메리카는 ~ 아마존 분지를 중심으로 세계 최대의 열대림이 분포하고 있다.'라고 하였으므로 세계 최대의 열대림은 남아메리카에 있음을 알 수 있다.

오답 챙기기

④ 2문단에서 '지리적으로 파나마 지협을 경계로 북아메리카와 남아메리카로 구분'한다고 하였다.

⑤ 4문단을 통해 앵글로아메리카는 16세기에 영국인들이 식민지를 개척하며, 라틴 아메리카는 16세기 말 에스파냐의 지배를 받으며 다양한 민족과 인종이 유입되었음을 알 수 있다.

3 세부 내용 추론하기 답 ③

4문단을 통해 ㉠과 ㉡은 모두 원주민, 유럽계, 아프리카계 등의 다양한 민족과 인종의 문화가 혼합되어 독특하게 발전하였음을 알 수 있다.

오답 챙기기

① ㉠과 ㉡ 모두 원주민, 유럽계, 아프리카계 등의 다양한 인종이 어우러져 살았다.

② ㉠과 ㉡ 모두 흑인 노예가 강제로 이주해 온 지역이다.

④ 오랜 기간 에스파냐의 지배를 받은 곳은 ㉡이다.

⑤ 유럽인에 의해 고대 문명이 훼손된 곳은 ㉡이다.

4 사례에 적용하기 답 ③

초국적 기업은 연구, 개발, 생산, 판매 등의 기능을 분리해 자회사, 지사, 연구소, 공장 등을 해외 여러 국가에 배치하여 전 세계를 대상으로 생산과 판매 활동을 하는 기업이다. 〈보기〉에 따르면, 미국의 초국적 기업은 고객 상담의 기능을 분리하여 이를 수행하기에 유리한 필리핀에 콜센터를 배치하였다. 따라서 〈보기〉가 미국의 기업이 고객 상담 기능을 분리하여 필리핀에 배치하고 있음을 보여 준다는 이해가 가장 적절하다.

오답 챙기기

① 미국의 기업이 필리핀의 노동력을 활용하여 고객 상담의 업무를 수행하고 있음을 보여 주는 것이다.

② 미국의 기업이 콜센터를 필리핀에 배치하는 공간적 분업을 실시하고 있음을 보여 주는 것이다.

④, ⑤ 미국의 기업이 임금 절감을 위해 콜센터를 필리핀에 배치하였음을 보여 주는 것이다.

Step 3 교과 개념 핵심 정리 · 본문 030쪽

◆ **개념 한눈에 보기**
① 파나마 ② 열대림 ③ 문화 혼종성 ④ 공간적 분업

• **교과 개념 확인 Quiz**
❶ ○ ❷ × ❸ 다문화 사회 ❹ 문화 혼종성 ❺ ○ ❻ 미국 ❼ ○
Tip ❷ 마야 문명, 아스테카 문명, 잉카 고대 문명이 발달한 지역은 라틴 아메리카이다.

2 ≫지리
아프리카, 오세아니아와 극지방

| 구성 |

1 아프리카, 오세아니아, 극지방의 공통점
기후 변화의 영향, 생물 다양성, 지속 가능한 발전의 측면에서 공통점을 지님.

2 아프리카의 지역적·문화적 특성
- 사하라 사막 을 중심으로 북아프리카와 중·남부 아프리카로 구분함.
- 부족 중심의 다양한 문화가 나타남.

3 아프리카의 지역 잠재력 과 지속 가능한 발전을 위한 노력
- 높은 비율의 경제 활동 인구와 다양한 자원, 급속한 성장력을 갖춤.
- 아프리카 연합 을 설립하여 지속 가능한 발전을 위해 노력함.

4 오세아니아의 지역적 특성과 태평양의 환경 오염 문제
- 오스트레일리아 , 뉴질랜드, 태평양 의 섬나라들로 구성됨.
- 태평양은 미세 플라스틱 으로 인한 해양 쓰레기와 지구 온난화로 인한 해수면 상승 위기에 처함.

5 극지방의 잠재력과 개발을 위한 노력
풍부한 자원 등으로 세계 각국의 주목을 받아 다양한 연구와 개발이 이루어지고 있음.

| 주제 | 아프리카·오세아니아·극지방의 특징과 잠재력

Step 2 교과 개념 쏙 지문 독해 · 본문 032쪽

1 ②   2 ⑤   3 ⑤   4 ⑤

1 핵심 내용 파악하기 답 ②

4문단에서 해수면 상승으로 인해 태평양의 저지대 섬과 해안의 침수 위기가 초래되었다고 했다.

오답 챙기기
① 3문단에서 아프리카 지역은 열대 기후, 건조 기후, 온대 기후 등이 나타난다고 하였으나, 국가별 기후 유형은 제시하지 않았다.
③ 3문단에서 아프리카에는 다양한 자원이 매장되어 있다고 하였으나, 매장된 자원의 종류는 제시하지 않았다.
④ 5문단에서 남극 대륙에 세계 각국이 과학 기지를 설립했다고 하였으나, 구체적인 국가를 제시하지는 않았다.
⑤ 4문단에서 오스트레일리아는 기업적 농목업이 발달한 국가라고 하였으나, 구체적인 사례는 제시하지 않았다.

2 세부 내용 파악하기 답 ⑤

5문단에서 세계 각국은 극지방에 과학 기지를 설치해 지구의 기후 변화, 극지 생물, 해양 생태계 등을 연구하고 있다고 하였으나, 이것이 극지방을 사람이 살 수 있는 곳으로 만들기 위한 연구라는 내용은 확인할 수 없다.

고난도

3 세부 내용 추론하기 답 ⑤

3문단에서 아프리카는 경제 활동 인구이 비율이 높고, 넓은 땅에 다양한 자원이 매장되어 있으며, 산업화와 도시화로 빠르게 성장하고 있어 지역 잠재력이 풍부하다고 하였다. 3문단에서 아프리카는 사막 지역이 넓어지는 사막화 현상으로 인간이 살기에 불리한 자연환경을 가지고 있다고 했으므로, 사막이 넓어지는 것이 아프리카가 가진 지역 잠재력이라고 볼 수는 없다.

수능찍먹
4 사례에 적용하기 답 ⑤

이 글에서 태평양의 환경 문제를 해결하기 위해 국제 협약을 체결했다고 하였으나, 이는 해양 생태계와 인간을 위협하는 환경 문제를 해결하기 위해 온실가스를 감축하는 등의 방법을 포함하는 것이지, 태평양의 섬나라들이 겪는 피해를 금전적으로 보상하기 위해 협약을 체결한다고 보기는 어렵다.

오답 챙기기
② 〈보기〉에서 팔라우의 산호초가 수온 상승으로 인해 백화 현상을 겪고 있다고 했으므로, 수온 상승이 팔라우의 해양 생태계를 파괴하고 있다는 것은 적절하다.
③ 4문단에서 지구 온난화로 태평양의 섬이 침수되는 해수면 상승이 일어나고 있다고 했으므로 〈보기〉의 해수면 상승으로 국토가 사라질 위기에 있는 투발루 사람들은 삶의 터전을 위협받고 있다고 볼 수 있다.
④ 〈보기〉에서 대부분 미세 플라스틱이 모여 이루어진 쓰레기 섬이 있고, 이 섬이 해양 생물의 성장과 번식에 악영향을 미친다고 했으므로 적절하다.

Step 3 교과 개념 쿡 핵심 정리 · 본문 034쪽

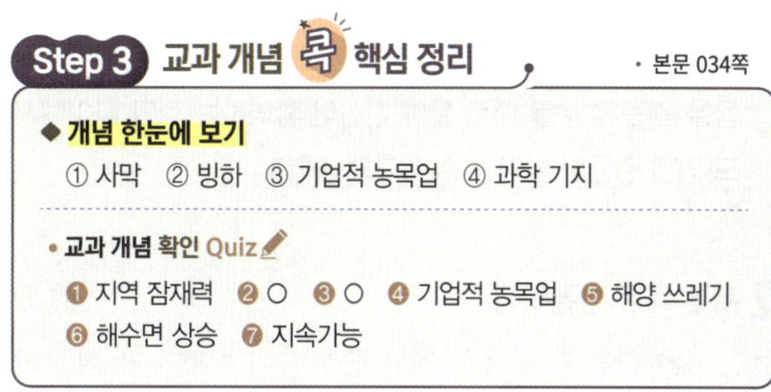

◆ **개념 한눈에 보기**
① 사막   ② 빙하   ③ 기업적 농목업   ④ 과학 기지

· **교과 개념 확인 Quiz**
❶ 지역 잠재력 ❷ ○ ❸ ○ ❹ 기업적 농목업 ❺ 해양 쓰레기
❻ 해수면 상승 ❼ 지속가능

1 ≫일반사회
인간은 태어날 때부터 사회적 존재일까?

| 구성 |

1 사회생활의 필수 요소가 된 스마트 기기 사용 — 오늘날 하나의 [사회화] 과정이 된 스마트 기기 사용

↓

2+**3** [또래 집단]의 [역할]에만 충실하려는 청소년들의 모습
- [자아 정체성]을 형성하는 데 중요한 시기이지만 또래 집단에만 집중하는 모습을 보임.
- 또래 집단의 역할에만 충실할수록 [다른 집단]과는 멀어지게 됨.

↓

4 바람직한 사회인으로 성장하기 위한 태도 — 집단 사이의 역할이 충돌하는 [역할 갈등]을 원활하게 조절하고, 다양한 집단과 상호 작용해야 함.

| 주제 | 청소년 시기에 보다 폭넓은 역할 수행이 필요한 이유

Step 2 교과 개념 쏙 지문 독해 · 본문 036쪽

1 ⑤　　2 ⑤　　3 ⑤

1 세부 내용 파악하기　　답 ⑤

2문단에서 다른 집단들과 다양한 관계를 맺지 못한 채 또래 집단과의 관계만 중시한다면 바람직한 자아 정체성이 형성되기 어렵다고 하였으므로, 다른 집단보다 또래 집단에 대한 소속감이 높을수록 바람직한 자아 정체성이 형성되는 것이 아님을 알 수 있다.

오답 챙기기

① 1문단에서 요즘 교실에서는 교과서 대신 태블릿을 보며 수업을 듣는 학생들을 볼 수 있다고 하였다.

② 1문단에서 스마트 기기 사용이 익숙하지 않는 기성세대나 노년층에게는 이에 대한 재사회화가 요구되고 있다고 하였다.

③ 3문단에서 가정이나 학교, 직장 등 우리가 속한 집단들은 우리에게 어떤 기대되는 역할을 요구한다고 하였다.

④ 4문단에서 친구들과 하는 게임과 자전거 동호회 간에 역할 갈등을 겪는 경우를 예로 들어 자신이 좋아하는 집단 사이에서도 역할 갈등이 일어날 수 있다고 하였다.

고난도

2 세부 내용 추론하기　　답 ⑤

㉠은 좋아하는 특정 집단에만 충실하려는 태도가 적절하

지 않다고 보고 건강을 위해 편식하지 않는 것이 중요하다는 말에 빗대어 사회적 역할의 편식을 하지 말아야 한다고 강조하고 있다. 즉, 자신이 속한 여러 사회 집단의 역할을 골고루 수행하는 것이 중요함을 말하는 것이다.

오답 챙기기

① 음식을 편식하지 않을 때 건강하다는 것에 빗대어 건강한 사회인은 어느 한 집단에만 충실하지 않고 자신이 속한 여러 집단에 골고루 충실하다는 말이므로, 이 둘은 유사한 태도를 보인다고 할 수 있다.

②, ③ 연령, 성별 등 다양한 집단에서의 역할을 골고루 수행해야 한다는 말이지, 다양한 또래 집단과 관계를 맺거나 자신이 좋아하는 집단을 배제하라는 것은 아니다.

④ 역할 갈등이 발생하면 우선순위에 따라 선택을 해야 한다고 하였으므로 어떤 집단의 역할에 대해서도 우선순위를 두지 말라는 것은 적절하지 않다.

3 사례에 적용하기　　답 ⑤

3문단에서 사회적 지위는 개인이 자신이 속한 집단에서 차지하는 특정한 위치라고 하였으므로, 가족이라는 집단 내에서도 사회적 지위를 갖고 있다고 할 수 있다.

오답 챙기기

① 지혜는 할아버지에게 컴퓨터를 가르쳐 드리며 함께 시간을 보내고 있으므로 가정이라는 집단에도 충실하고자 하는 것임을 알 수 있다.

② 지혜 할아버지는 이전에는 모르시던 컴퓨터를 새롭게 배우고 있으므로 재사회화 과정을 거치고 있다고 할 수 있다.

③ 지혜는 할아버지와 시간을 보내는 날과 동아리 연습 시간이 겹쳐 역할 갈등에 빠져 있다.

④ 역할 갈등에 빠졌을 때에는 우선순위에 따라 할 것과 하지 않을 것을 구분해야 한다.

Step 3 교과 개념 콕 핵심 정리 · 본문 038쪽

◆ 개념 한눈에 보기

① 사회화　② 자아 정체성　③ 또래 집단　④ 지위　⑤ 역할 갈등

· 교과 개념 확인 Quiz ✎

❶ ○　❷ 또래 집단　❸ ×　❹ ×　❺ 역할　❻ 역할 갈등

Tip ❸ 사회적 지위는 한 개인이 자신이 속한 집단에서 차지하고 있는 위치를 말한다.

2 » 일반사회
다른 집단의 사람을 왜 미워할까요?

| 구성 |

1 갈등의 개념과 사례
개인이나 집단이 서로의 가치관이나 생활 방식을 이해하지 못해 충돌하는 것을 갈등 이라 하며, 갈등은 먼 옛날부터 지금까지 지속적으로 발생해 옴.

2 사회 집단의 개념과 종류
둘 이상의 사람이 모여 소속감과 공동체 의식을 가지고 지속적으로 상호 작용하는 집단으로, 자신이 속해 있는 내집단 과 자신이 소속되어 있지 않은 외집단 으로 구분할 수 있음.

3 다양한 갈등과 갈등의 원인
• 각 집단의 가치 나 의견이 다양해지면서 다양한 갈등이 나타남.
• 갈등은 구성원이 자신이 추구하는 가치나 내집단의 이익 을 우선적으로 생각할 때 발생함.

4 차별의 개념과 종류
특정 집단이나 그 집단의 구성원을 부당하게 대우하는 것으로, 성차별, 인종 차별, 장애인 차별, 외국인 차별, 외모나 연령에 따른 차별, 먼지 차별 등이 있음.

5 갈등과 차별의 개선 방안
• 갈등의 개선 방안: 대화 , 토론 을 통해 의견의 차이 조정
• 차별의 개선 방안: 서로의 차이 인정, 다양성 존중, 차별적인 법과 제도 정비

| 주제 | 우리 사회에 나타나는 갈등과 차별의 양상과 개선 방안

Step 2 교과 개념 지문 독해 · 본문 040쪽

1 ④ **2** ⑤ **3** ⑤ **4** ①

1 전개 방식 파악하기 답 ④

이 글에서 여러 학자의 견해를 제시하거나 이를 통합하고 있는 부분은 찾아볼 수 없다.

오답 챙기기

① 1문단에서 세대 차이로 인한 갈등 상황을 사례로 제시하고 있다.
② 3문단에서 '그렇다면 이러한 갈등은 무엇 때문에 발생하는 것일까?'라는 질문을 던져 독자의 관심을 유도하고 있다.
③ 1문단에서 갈등의 의미를, 2문단에서 사회 집단과 내집단, 외집단의 의미를, 4문단에서 차별과 먼지 차별의 의미를 분명히 밝히고 있다.
⑤ 5문단에서 갈등과 차별의 문제점과 개선 방안을 제시하고 있다.

2 세부 내용 파악하기 답 ⑤

5문단에서 갈등은 차별과 달리, 이익과 가치의 차이에 따라 발생할 수 있는 자연스러운 현상이라고 하였다.

오답 챙기기

③ 1문단에 따르면, 집단 간의 가치관이 부딪치며 나타나는 현상은 차별이 아니라 갈등이다.
④ 3문단에 따르면, 갈등은 구성원이 자신이 추구하는 가치나 내집단의 이익을 우선시할 때 발생한다.

고난도

3 세부 내용 추론하기 답 ⑤

㉠은 차별로 잘 인식되지 않으며, 칭찬처럼 보이지만 그 안에 차별적 요소를 포함하고 있다. 그런데 외국인과 같이 앉기 싫다는 이유로 좌석을 바꿔 달라고 요구하는 것은 차별의 의사를 분명히 드러낸 것이므로 ㉠의 예로 적절하지 않다.

오답 챙기기

① 여학생은 수학을 못한다는 차별적 인식이 담겨 있다.
② 장애가 있으면 운전을 잘하지 못한다는 차별적 인식이 담겨 있다.
③ 남자는 꼼꼼하고 섬세하지 않다는 차별적 인식이 담겨 있다.
④ 시골 출신은 표준어를 잘 쓰지 못한다는 차별적 인식이 담겨 있다.

4 사례에 적용하기 답 ①

〈보기〉에서 '당신의 말에 동의하지 않'는다는 것은 '나'와 상대가 추구하는 가치나 의견에 차이가 있다는 의미이지, 편견을 가지고 상대를 바라본다는 의미가 아니다.

오답 챙기기

② 〈보기〉에서 '억압'은 자유롭게 말하지 못하도록 압력을 가한다는 의미이므로, 특정 집단의 구성원을 부당하게 대우하는 차별과 뜻이 통한다고 할 수 있다.
④ '똘레랑스'는 차별이 없는 평화로운 사회를 만들기 위해 가장 필요한 덕목이므로, 인간의 존엄한 가치를 지키기 위해 요구되는 덕목이라 할 수 있다.

Step 3 교과 개념 핵심 정리 · 본문 042쪽

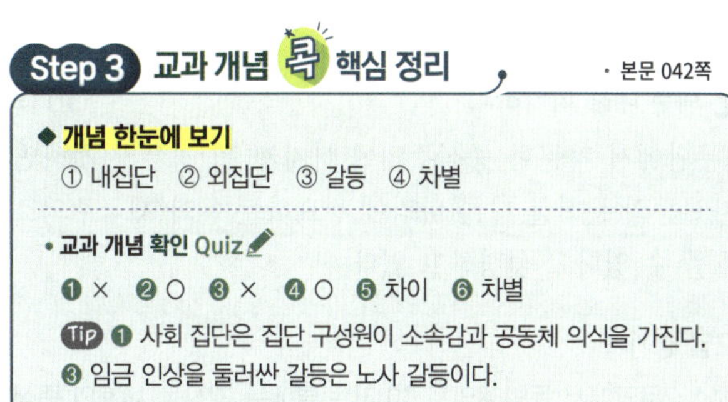

◆ **개념 한눈에 보기**
① 내집단 ② 외집단 ③ 갈등 ④ 차별

• **교과 개념 확인 Quiz**
1 × **2** ○ **3** × **4** ○ **5** 차이 **6** 차별
Tip 1 사회 집단은 집단 구성원이 소속감과 공동체 의식을 가진다.
3 임금 인상을 둘러싼 갈등은 노사 갈등이다.

1 ≫ 일반사회
'동방예의지국'이란 말은 칭찬일까?

| 구성 |

1 '동방예의지국'에 담긴 의미
우리나라를 가리킨 '동방예의지국'이란 말에 담긴 `중국`의 우월감

2 자문화 중심주의와 문화 제국주의
자국 문화가 다른 문화보다 우월하다는 `자문화 중심주의`가 지나치면 문화 제국주의가 되기도 함.

3 `문화 사대주의`적인 우리의 모습
조선 시대 중국을 섬기고, 오늘날에는 미국, 유럽을 추종함.

4 `문화 상대주의`적 태도의 필요성
모든 문화는 나름의 가치가 있음을 인정해야 함.

| 주제 | 자문화 중심주의와 문화 사대주의에 대한 이해와 이에 대한 비판적 인식의 필요성

Step 2 교과 개념 쏙 지문 독해 · 본문 044쪽

1 ⑤   2 ③   3 ②   4 ⑤

1 전개 방식 파악하기   답 ⑤

'동방예의지국'의 예를 들어 자문화 중심주의를, 조선 시대 중국을 섬기던 모습과 오늘날 미국과 유럽을 선호하는 것을 예로 들어 문화 사대주의를 설명한 후, 이러한 관점들이 모두 문화에 우열이 있음을 전제로 한다는 점에서 공통적임을 밝히고 있다.

오답 챙기기

③ 자문화 중심주의와 문화 사대주의를 설명한 뒤, 문화 상대주의라는 새로운 대상을 제시하고 있다. 그런데 자문화 중심주의의 장·단점과 문화 사대주의의 문제점을 제시하고 있지만, 문화 사대주의의 장점을 제시하고 있지는 않다.

2 세부 내용 파악하기   답 ③

2문단에서 자문화 중심주의에 빠지게 될 경우 자칫하면 자신들의 문화를 다른 나라에 강요하는 문화 제국주의로 흐를 수 있다고 설명하고 있다.

오답 챙기기

① 1, 2문단에서 동방예의지국이라는 말에는 자신을 세계의 중심

이라 여기는 중국이 자신들의 문화가 다른 나라의 문화에 비해 우월하다는 생각이 담겨 있다고 하였다.

⑤ 4문단에서 일제 강점기를 왜곡하는 사람들은 문화 사이에 우열이 존재한다고 생각하는 사람들로, 이에 대해 글쓴이는 모든 문화는 그 나름의 가치가 있다는 문화 상대주의적 관점으로 문화를 바라보아야 한다고 주장하고 있다.

3 세부 내용 추론하기   답 ②

4문단에서는 자문화 중심주의와 문화 사대주의에 담겨 있는 인식, 즉 문화에 우열이 존재한다는 생각을 지적하고 문화 상대주의적 관점에서 문화를 이해해야 한다고 강조하고 있다. 따라서 ㉠과 같은 질문을 한 것은 문화에는 우열이 존재하지 않음을 강조하기 위한 것이라 할 수 있다.

4 사례에 적용하기   답 ⑤

서구 유럽이 문명화된 자신들과 달리 자신들 이외의 다른 나라는 문명이 발달하지 못한 채 원시적이고 순수한 삶이 유지된다고 보았는데, 이에는 자신의 문화는 그들보다 우월하다는 자문화 중심주의적인 인식이 담겨 있다. 여기서 순수한 삶이란 문명이 발달하지 못한 상태라는 점에서 이러한 나라를 동경하거나 추종하는 문화 사대주의적 태도를 보인다고 보기는 어렵다.

오답 챙기기

①, ② ⓐ는 문화 사대주의, ⓑ는 자문화 중심주의의 사례로, 둘은 모두 서구 문화를 우월한 것으로 본다는 공통점이 있다.

③ 아파트 이름을 지을 때 외국어를 활용하는 것에는 우리말에 비해 외국어가 더 멋지다는 문화 사대주의적 생각이 담겨 있다.

④ 서구 유럽의 나라들은 자신들을 문명인으로 여기고, 다른 나라들은 '사회 조직이나 체계가 발달하지 못한' 상태, 즉 문명이 발달하지 않은 상태라고 보았다.

Step 3 교과 개념 특 핵심 정리 · 본문 046쪽

◆ **개념 한눈에 보기**
① 자문화   ② 낮게   ③ 문화 상대주의

• **교과 개념 확인 Quiz**
❶ 문화   ❷ 자문화 중심주의   ❸ ○   ❹ 우열   ❺ ×   ❻ ×   ❼ ○
Tip ❸ 우리의 것이 다른 나라의 것보다 좋지 않다는 인식을 보여주는 것은 문화 사대주의적인 모습이라 할 수 있다.

2 »일반사회
K-대중문화가 세계를 매료시키다

| 구성 |

1 전 세계적으로 인기를 끌고 있는 K-대중문화
문화 전반에서 선풍적 인기를 얻음.

2 K-대중문화의 인기 이유
• 뉴 미디어가 등장함.
• 한국 정서를 세계적으로 대중화함.

3 대중문화의 속성
• 광고, 선정적·폭력적 내용을 통해 상업성에만 주목함.
• 개성 상실, 다양성 저하 등 획일화의 문제가 있음.

4 대중문화를 바라보는 올바른 자세의 필요성
대중문화가 지닌 부정적인 측면들을 비판적 태도로 바라봐야 함.

| 주제 | K-대중문화의 인기 요인과 대중문화에 대한 올바른 이해

Step 2 교과 개념 쏙 지문 독해
· 본문 048쪽

1 ③   2 ⑤   3 ④   4 ④

1 핵심 내용 파악하기   답 ③

2문단에서 이제까지의 미디어와 달리 뉴 미디어가 발달한 상황을 언급하고 있지만, 이전 시기의 미디어인 신문, 라디오, TV 등이 어떤 특징을 지니고 있는지는 설명하고 있지 않다.

오답 챙기기

① 2문단에서 뉴 미디어의 발달과 우리의 정서를 보편적인 정서 맞게 대중화한 것을 K-대중문화의 인기 요인으로 밝히고 있다.

② 3문단에서 대중문화는 상업성에 주목하고, 사람들을 획일화한다는 점에서 부정적 속성을 지니고 있음을 설명하고 있다.

④ 4문단에서 대중문화의 부정적 속성을 비판적으로 살펴보아야 한다고 설명하고 있다.

⑤ 1문단에서 우리나라 영화나 드라마가 국제적인 상을 받는 등 K-대중문화가 오늘날 세계적인 인기를 끌고 있음을 설명하고 있다.

2 세부 내용 파악하기   답 ⑤

3문단에서 인기를 끄는 소재나 장르를 계속 활용하거나 만드는 것은 획일성의 문제를 낳을 수 있다고 하였으므로, 인기 있는 장르를 계속 만들어 대중문화를 이끌어 가는 것이 중요하다는 설명은 적절하지 않다.

고난도

3 세부 내용 추론하기   답 ④

4문단에서 대중문화를 비판적으로 바라보는 태도가 필요하고 이러한 자세가 우리의 K-대중문화를 보다 단단하게 성장할 수 있게 한다고 하였으므로, 무턱대고 응원만 하는 것보다는 잘못된 부분을 살펴보는 것이 필요하다는 추론은 적절하다.

오답 챙기기

① 뉴 미디어의 발달이 K-대중문화의 인기 요인 중 하나라 하였지만, 뉴 미디어를 활용하면 무엇이든 인기를 끌 수 있는 것은 아니다.

② 4문단에서 뉴 미디어 시대를 맞아 누구나 새로운 문화를 창조하고 선보일 수 있다고 하였다.

③ 2문단에서 우리의 것을 세계인의 보편적 정서에 맞게 대중화한 것이 인기 요인 중 하나라 하였다.

⑤ 대중문화와 다른 문화를 비교하는 내용은 나타나지 않는다.

수능찍먹

4 사례에 적용하기   답 ④

뉴 미디어와 신문은 모두 사람들이 언제 보느냐에 따라 정보를 획득하는 시간이 각기 다르다.

오답 챙기기

① 신문이나 라디오, TV는 정보를 생산하는 사람과 획득하는 사람이 따로 있는, 일방향적으로 정보가 전달되는 미디어이다.

③ TV 프로그램은 같은 시간대에 동시에 전달되고, 이를 보려면 사람들이 그 시간에 맞춰 동시에 시청할 수 있다.

⑤ 2문단에서 뉴 미디어는 쌍방향으로 서로 소통이 가능하다고 하였고, 4문단에서 뉴 미디어를 통해 누구나 새로운 문화를 생산할 수 있다고 하였다. 따라서 뉴 미디어는 정보의 생산과 소비가 구별되지 않는 특성이 있다고 할 수 있다.

Step 3 교과 개념 콕 핵심 정리
· 본문 050쪽

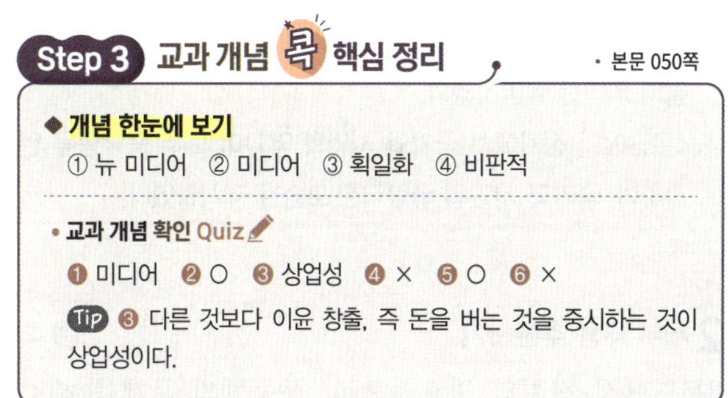

◆ **개념 한눈에 보기**
① 뉴 미디어   ② 미디어   ③ 획일화   ④ 비판적

· **교과 개념 확인 Quiz**
❶ 미디어   ❷ ○   ❸ 상업성   ❹ ✕   ❺ ○   ❻ ✕
Tip ❸ 다른 것보다 이윤 창출, 즉 돈을 버는 것을 중시하는 것이 상업성이다.

1 ≫정치
정치는 왜 필요할까?

| 구성 |

1+2 정치의 의미
- "인간은 정치적 동물"의 의미: 인간은 공동체 속에서 갈등을 해결하며 사는 존재
- 좁은 의미와 넓은 의미로서의 정치: 정치권력을 획득하고 유지, 행사하는 활동이라는 좁은 의미와 개인이나 집단 사이의 갈등을 조정하고 해결해 나가는 모든 활동이라는 넓은 의미

3 정치의 기능
- 공동체의 문제를 해결하거나 공동체가 지향하는 목표를 이루는 데 필요함.
- 사회를 통합하고 사회 질서를 유지함.

4 정치의 주체
정치에서 국가와 시민의 역할: 국가는 시민의 요구를 반영하는 제도를 마련하고 시민은 정치 활동에 적극적으로 참여해야 함.

| 주제 | 정치의 의미와 기능

Step 2 교과 개념 쑥 지문 독해 · 본문 054쪽

1 ⑤   2 ②   3 ④

1 핵심 내용 파악하기 답 ⑤

3문단에서 정치의 필요성과 기능을 설명하고 있지만, 정치 발전의 과정이나 이에 따른 정치 기능의 확대를 언급하고 있지는 않다.

오답 챙기기

① 1문단에서 사람들이 가지고 싶어 하는 가치들이 제한되어 있고, 서로 중요시하는 가치도 달라서 갈등이나 분쟁이 발생한다고 사회 안에서 갈등이 발생하는 이유를 언급하고 있다.

② 2문단에서 예로 든 학급 회의와 주민 회의는 넓은 의미로 사용된 정치 개념의 사례이다.

③ 1문단에서 아리스토텔레스가 "인간은 정치적 동물"이라고 한 말의 의미를 설명하였다.

④ 4문단에서 정치에서 국가와 시민의 역할이 모두 중요함을 언급하며, 국가와 시민의 바람직한 모습을 제시하였다.

고난도

2 세부 내용 추론하기 답 ②

3문단에서 정치의 필요성으로, 공동체의 문제를 해결

(①)하거나 공동체가 지향하는 목표 성취를 언급하였다. 그 외에도 대립 및 갈등 조정(⑤)을 통한 사회 통합과 사회 질서 유지(④), 사회 문제 해결 방안 마련, 사회적 합의 유도, 사회가 나아가야 할 방향 제시(③)와 같은 여러 기능들을 설명하였다. 그러나 다른 나라를 지배할 힘을 가지게 된다는 것은 이 글에서 언급되지 않았으며, 정치의 기능과도 관계가 없다.

수능찍먹

3 사례에 적용하기 답 ④

〈보기〉에서 (가)의 시민 정책 공모제는 시민의 아이디어가 반영될 수 있게 하는 제도적 장치이고, (나)의 민원 모니터제는 정부가 시행하고 있는 정책을 개선하는 데 시민의 요구가 반영될 수 있게 하는 제도적 장치이다. 따라서 (가)와 (나) 모두 국가가 정책을 만들고 개선하는 데 있어서 시민의 요구를 실질적으로 반영하기 위해 만든 제도라고 볼 수 있다.

오답 챙기기

① (가)의 시민 정책 공모제는 국가가 갈등을 조정하는 것과는 관련이 없다.

② 4문단에서 시민은 자신의 이익만을 추구하기보다는 공동체의 이익과 조화를 이루고자 하는 태도를 지녀야 한다고 하였고, 〈보기〉에서 (나)의 민원 모니터제는 시민이 자신의 이익을 희생하는 것과는 관련이 없다.

③ (나)의 민원 모니터제는 정책에 대한 시민들의 불편·불만 사항이나 개선 요구 등을 파악하여 정책을 개선하는 제도라고 하였으므로, 시민이 국가의 정치 활동을 감시하고 비판하는 것과 관련이 있다.

⑤ (가)의 시민 정책 공모제와 (나)의 민원 모니터제는 모두 이미 마련되어 행사되고 있는 기존의 국가 정책에 단순히 시민이 더욱 협력하게 하기 위한 것이 아니라, 시민이 정책을 마련하고 개선하는 데 적극적으로 참여할 수 있게 하는 제도이다.

Step 3 교과 개념 콕 핵심 정리 · 본문 056쪽

◆ **개념 한눈에 보기**
① 갈등 ② 통합 ③ 국가 ④ 조화

• **교과 개념 확인 Quiz**
❶ 공동체 ❷ ○ ❸ 갈등 ❹ 정책 ❺ ○ ❻ ×

2 》정치
민주주의는 어떻게 발전해 왔을까?

| 구성 |

1 고대 그리스의 민주주의
직접 민주주의: 시민 들이 직접 국가의 중요 사안을 결정함.

↓

2 근대 의 민주주의
계몽주의 사상을 갖춘 시민 계급이 주체가 된 시민 혁명 으로 민주주의가 다시 등장함.

↓

3 근대 시민 혁명의 결과
시민 혁명으로 대의 (간접) 민주주의가 등장함.

↓

4 현대 민주주의의 확립
참정권 확대의 과정: 차티스트 운동, 여성 참정권 운동, 흑인 민권 운동의 결과 보통 선거 제도 가 확립됨.

| 주제 | 민주주의의 발전 과정

Step 2 교과 개념 쏙 지문 독해 · 본문 058쪽

1 ④ 　 2 ③ 　 3 ④ 　 4 ①

---

1 전개 방식 파악하기　답 ④

이 글에서는 추상적인 용어를 구체적인 대상에 빗대어 설명하는 유추의 설명 방식은 사용되지 않았다. 유추는 두 개의 대상이 여러 면에서 비슷하다는 것을 근거로 다른 속성도 유사할 것이라고 추론함으로써 독자의 이해를 돕는 서술 방식이다.

오답 챙기기

① 1문단에서 민주주의의 어원을 밝히며 민주주의의 개념을 제시하고 있다.

② 2문단에서 시민 혁명이 일어나게 된 배경을 밝히고 있다.

③ 이 글은 고대 그리스의 도시국가 시기부터 20세기 중반 이후에 이르기까지 시대의 흐름에 따른 민주주의의 발전 과정을 서술하고 있다.

⑤ 3문단에서 고대 그리스의 민주주의와 근대의 민주주의를 대조하여 근대의 대의 민주주의의 특성을 강조하고 있다. 또한 3문단에서는 고대 그리스의 시민 개념과 시민 혁명 직후의 시민 개념의 차이점도 대조하고 있다.

---

2 세부 내용 파악하기　답 ③

근대 시민 혁명이 일어나게 된 것은 계몽주의 사상이 등장하고, 계몽주의 사상을 갖춘 시민 계급이 형성되었기 때문이다. 따라서 'ㄹ. 계몽주의 사상의 등장' 이후에 근대 시민 혁명에 해당하는 'ㅁ. 프랑스 혁명'이 일어났다고 판단할 수 있다. 또한 4문단에서 근대 시민 혁명 이후, 'ㄴ. 영국의 차티스트 운동'이 일어나 노동자들의 참정권이 확대되었고, 여성 참정권 운동은 20세기 초 'ㄷ. 유럽의 여성 참정권 인정'으로 이어졌다고 하였다. 마지막으로 20세기 중반 'ㄱ. 미국의 흑인 민권 운동'으로 인종에 차별을 두지 않는 참정권이 보장되었다.

고난도

3 세부 내용 파악하기　답 ④

㉠ '아테네 시민'은 누구나 민회에서 토의 및 토론을 하고 투표에 참여함으로써 국가의 중요 사안을 직접 결정할 수 있었다. 그러나 근대의 ㉡ '시민 계급'은 선거를 통해 시민의 대표들을 선출하여 의회를 구성하고, 의회가 정치를 담당하게 하였다. 따라서 ㉡이 ㉠과 달리 누구나 의회에 참여하여 국가의 일을 직접 결정할 수 있었다는 설명은 적절하지 않다.

수능찍먹

4 세부 내용 추론하기　답 ①

[A]에서는 차티스트 운동, 여성 참정권 운동, 흑인 민권 운동을 차례대로 설명하며 오늘날의 보통 선거 제도가 확립되어 온 과정, 즉 참정권의 확대 과정을 설명하고 있다. 즉 [A]를 통해 시민의 개념이 점차 확대되면서 참정권, 즉 투표할 수 있는 권리가 노동자, 여성, 흑인 등으로 점차 확대되었음을 알 수 있다. 투표를 할 수 있다는 것은 정치적 선택을 할 수 있다는 의미이므로, [A]에서 참정권의 확대로 보통 선거 제도가 확립되는 과정은 모든 사람들이 정치적 선택을 할 수 있는 평등한 권리를 인정받게 되는 과정이라고 평가할 수 있다.

Step 3 교과 개념 콕 핵심 정리 · 본문 060쪽

◆ **개념 한눈에 보기**
① 시민　② 대의　③ 보통 선거

· **교과 개념 확인 Quiz**
❶ 시민　❷ 대의　❸ 시민 혁명　❹ 참정권　❺ ✕

Tip ❺ 보통 선거는 일정 나이 이상의 모든 국민에게 투표할 수 있는 권리가 주어지는 선거 원칙이다.

1 ≫정치
민주주의의 기본 이념 세 가지

| 구성 |

1 + 2 + 3 민주주의의 이념
- 인간의 존엄성: 인간은 인간이라는 이유 하나만으로 존중받을 자격이 있으며, 그 자체만으로도 존엄함.
- 자유의 개념과 유형: 외부의 간섭이나 구속 없이 스스로 판단하여 행동할 수 있는 것을 의미하며, 소극적 자유와 적극적 자유가 있음.
- 평등의 개념과 유형: 모든 사람이 차별받지 않고 동등하게 대우받는 것을 의미하며, 기회의 평등이라고도 하는 형식적 평등과 결과의 평등이라고도 하는 실질적 평등이 있음.

4 민주주의의 기본 원리
국민 주권의 원리, 국민 자치의 원리, 입헌주의의 원리, 권력 분립의 원리

| 주제 | 민주주의의 이념과 민주주의의 기본 원리

Step 2 교과 개념 쏙 지문 독해 · 본문 062쪽

1 ① 2 ② 3 ②

---

1 세부 내용 파악하기 답 ①

1문단에 따르면, 프랑스 국기의 세 가지 색깔인 파란색, 흰색, 붉은색은 각각 자유, 평등, 박애를 상징하는데, 이 중 자유와 평등만이 민주주의의 기본 이념에 해당한다. 민주주의의 기본 이념에는 자유와 평등, 인간의 존엄성이 있다.

오답 챙기기

② 1문단에서 민주주의의 기본 이념 중 하나인 인간의 존엄성은 모든 인간은 어떠한 경우에라도 어떤 목적을 이루기 위한 수단이 되어서는 안 된다는 것이라고 하였다.

③ 2문단에서 적극적 자유는 국가의 정책 결정 과정에 참여할 수 있는 자유와 국가에 개인의 인간다운 삶을 요구할 수 있는 자유라고 하였다.

④ 3문단에서 평등은 모든 사람이 성별, 종교, 연령, 인종, 신분, 재산 등에 의해 차별받지 않고 동등하게 대우받는 것을 의미한다고 하였다. 따라서 민주주의 국가에서는 연령이나 종교가 다르다고 해도 차별받지 않고 동등하게 대우받을 것이다.

⑤ 3문단에서 선천적·후천적 차이로 나타나는 불평등 현상을 해소하기 위해 장애인 의무 고용 제도 등과 같은 실질적 평등을 보장하기 위한 다양한 제도를 마련하고 있다고 하였다.

고난도

2 정보 간의 관계 파악 답 ②

1문단에서 인간의 존엄성이 실현되기 위해서는 모든 개인이 자유롭고 평등해야 한다고 하였다. 즉, 자유(ⓒ)와 평등(ⓒ)이 인간의 존엄성(㉠)이 실현되는 데 필요한 조건이라고 이해하는 것은 적절하다.

오답 챙기기

① ㉠이 실현되기 위해서는 ⓒ과 ⓒ이 모두 실현되어야 한다.

③ ㉠의 실현에 ⓒ과 ⓒ이 필요하므로 ㉠과 ⓒ을 대립적 관계로 볼 수 없고, ⓒ과 아무런 관련이 없다고도 볼 수 없다.

④ ㉠의 실현에 ⓒ이 필요하므로, ㉠이 ⓒ과 대립적 관계에 있다고 볼 수 없다.

⑤ ㉠은 ⓒ의 실현 조건이 아니고, ⓒ도 ⓒ의 실현 조건이 아니다.

3 사례에 적용하기 답 ②

㉮는 국가의 의사를 결정하는 최고 권력인 주권이 국민에게 있다는 국민 주권의 원리를 담은 헌법 조항이다. ㉯는 헌법에 따라 국가 기관을 구성하여 정치권력을 행사한다는 내용이다. 대통령은 지위이기도 하지만 하나의 헌법 기관이므로, ㉯는 입헌주의의 원리에 해당한다. ㉰는 입법권이 국회에 속한다는 것으로, 이는 국가 권력을 입법권, 행정권, 사법권으로 분리하는 권력 분립의 원리에 해당하는 헌법 조항이다. ㉱는 헌법 개정을 국민 투표로 정한다는 내용으로, 주권을 가진 국민이 스스로 국가를 다스린다는 국민 자치의 원리에 해당하는 헌법 조항이다. 참고로 헌법 개정을 국민 투표로 정한다는 ㉱의 조항에는 국민 주권의 원리도 나타나 있다고 볼 수 있으나, 각 조항을 가장 적절하게 연결한 선지는 ②이다.

Step 3 교과 개념 콕 핵심 정리 · 본문 064쪽

◆ **개념 한눈에 보기**
① 평등 ② 국민 ③ 자치 ④ 입헌주의 ⑤ 입법권

· **교과 개념 확인 Quiz**
❶ 자유 ❷ ○ ❸ 존중 ❹ × ❺ 헌법 ❻ ×

Tip ❻ 권력 분립의 원리는 국가 권력을 입법권, 행정권, 사법권으로 분리하는 것을 의미한다.

---

2 》정치
투표로 말해요

| 구성 |

1 선거의 사례
선거의 대표적 사례로 대선 과 총선 이 있음.

2 선거의 의미
선거와 투표 는 비슷한 의미로 사용되지만 차이가 있음.

3 선거의 중요성
선거의 중요성과 선거가 갖추어야 할 요건

4 선거의 기능
대표자 선출, 정당성 부여, 여론 반영, 정치권력 통제 기능

5 선거의 기본 원칙
보통 선거, 평등 선거, 직접 선거, 비밀 선거의 원칙

| 주제 | 선거의 의미와 기본 원칙

Step 2 교과 개념 쏙 지문 독해 · 본문 066쪽

1 ③　　2 ④　　3 ②

1 세부 내용 추론하기　　답 ③

선거는 국민을 대신할 대표를 선출하기까지의 모든 과정을 의미한다. 이에 비해 투표는 유권자가 자신이 지지하는 후보나 정당에 표를 던지는 행위만을 의미한다. 따라서 대선이나 총선과 같은 선거의 과정에는 투표의 과정이 포함된다. 이에 비해 국민 투표와 같이 누군가를 뽑는 것이 아닌 경우에는 투표라는 용어만 사용한다. 따라서 대통령을 뽑을 때에는 ④ '투표를 한다'가 ㉮ '선거를 한다'의 일부 과정을 의미한다고 추론할 수 있다.

오답 챙기기

①, ② 1문단에서 우리나라는 대의 민주주의를 시행하고 있다고 하였고, 대의 민주주의에서는 대표를 선출하므로 ㉮와 같은 표현을 사용하며, 이때에는 ④와 같이 표현하기도 한다.

④ 헌법을 개정할지 말지 그 찬반을 묻는 것은 누군가를 뽑는 것이 아니라, 국민 전체의 뜻을 직접 물어서 국가의 일을 결정하기 위한 것이다. 이는 국민 투표에 해당하는데, 이때에는 ④라고만 표현하지 ㉮라고 표현하지 않는다.

⑤ 국회 의원을 뽑는 총선에서는 ㉮, ④와 같은 표현을 모두 사용한다.

고난도

2 세부 내용 파악하기　　답 ④

3문단에서 단순히 선거만 실시한다고 해서 민주 정치가 자동적으로 이루어지는 것은 아니라고 설명하였다. 국민들이 대표자를 직접 선출하는 것은 선거 자체만을 의미하므로, 선거를 한다고 해서 그 사회의 민주 정치가 자동적으로 이루어진다고 보는 것은 적절하지 못한 이해이다.

오답 챙기기

① 3문단에서 선거는 국민이 주권을 행사하는 가장 중요한 수단이라고 하였다.

② 4문단에서 부정적 여론이 클 경우에는 다음 선거에서 현재 대표자와 정치권력에 대한 책임을 묻는다고 하였다. 이와 반대의 경우를 생각해 보면, 긍정적인 여론이 높아 지지를 많이 받는 정당은 다음 국회 의원 선거인 총선에서 많은 표를 받아 의석수가 늘어날 수 있음을 알 수 있다.

③ 3문단에서 선거는 민주적 요건들을 잘 갖추고 있어야 하고, 4문단에서 선거는 선출된 대표자의 권위를 인정하여 정당성을 부여하는 기능을 한다고 하였다.

⑤ 4문단에서 선거는 현재 대표자와 정치권력이 국정 운영을 잘못한다는 여론이 클 경우 다음 선거에서 책임을 물어 정치권력을 교체함으로써 정치권력을 통제하는 기능을 한다고 하였다.

3 사례에 적용하기　　답 ②

ⓐ: 우리나라의 경우 만 18세 이상의 국민이면 누구나 투표할 수 있다. 이처럼 일정 연령 이상의 국민들이 성별, 종교, 직업에 관계없이 모두 투표할 수 있는 것은 ㉠ 보통 선거의 원칙에 해당한다.

ⓑ: 사회적 지위나 경제 수준에 상관없이 동등한 가치의 투표권을 행사하는 것은 ㉡ 평등 선거의 원칙에 해당한다.

ⓒ: 누구에게 투표를 했는지 보이지 않도록 가림막이 설치되어 있는 것은 ㉣ 비밀 선거의 원칙에 해당한다.

ⓓ: 다른 사람에게 자신의 투표를 대신 해 달라고 부탁할 수 없는 것은 본인이 직접 투표를 해야 한다는 ㉢ 직접 선거의 원칙에 해당한다.

Step 3 교과 개념 콕 핵심 정리 · 본문 068쪽

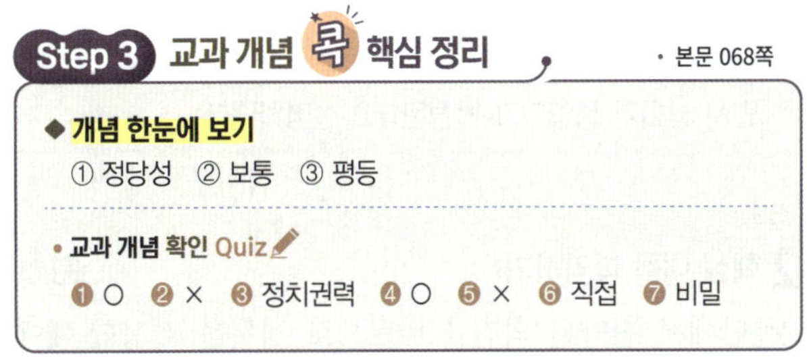

◆ **개념 한눈에 보기**
① 정당성　② 보통　③ 평등

・ **교과 개념 확인 Quiz**
❶ ○　❷ ×　❸ 정치권력　❹ ○　❺ ×　❻ 직접　❼ 비밀

1 ≫정치
정치의 과정과 주체

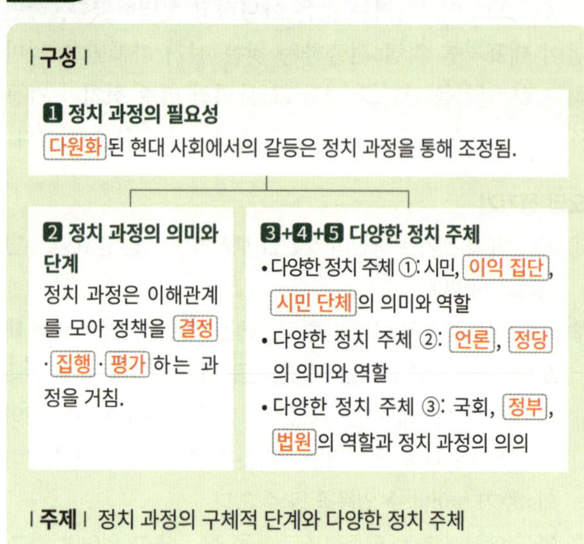

Step 2 교과 개념 쏙 지문 독해 · 본문 070쪽

1 ② 2 ③ 3 ③

1 세부 내용 파악하기 답 ②

1문단에서 정치 과정의 필요성으로 현대 사회에서는 개인이나 집단 간의 이해관계 및 가치관의 차이로 인한 갈등이 더욱 증가하였고, 이러한 갈등을 조정하는 것이 정치 과정이라고 설명하였다. 따라서 현대 사회에서 사회적 갈등은 정치 과정을 통해 조정되고 해소되는 것이지, 정치 과정이 현대 사회의 갈등을 증가시키는 주요 원인이라고 보기는 어렵다.

오답 챙기기

① 1문단에서 현대 사회는 과거 사회와 달리 사람들의 삶과 가치관이 다양해진 다원화 사회라고 설명하였다.

③ 3문단에서 이익 집단은 자신들의 특수한 이익을 추구하지만, 시민 단체는 공익을 추구한다고 설명하였다.

④ 5문단에서 정부는 국회에서 제정된 법에 따라 정책을 집행하거나, 스스로 정책을 마련하여 시행한다고 설명하였다.

⑤ 5문단에서 정치 과정을 통해 다양한 이익 간의 갈등이 조정되면서 사회가 통합되고 안정된다고 설명하였다.

고난도

2 핵심 내용 파악하기 답 ③

2문단에서 집약된 의견을 바탕으로 정책을 결정할 때에

는 이미 집약된 의견에 더해 다른 관점의 의견을 좀 더 모아 종합적으로 검토한 후, 가장 바람직하다고 여겨지는 정책으로 결정한다고 하였다. 따라서 ⓒ 단계에서는 ⓑ 단계에서 집약된 의견을 그대로 수용하는 것이 아니라, 다른 관점의 의견을 좀 더 살펴본 다음 이를 종합적으로 판단하여 정책을 결정한다고 이해하는 것이 적절하다.

오답 챙기기

① 2문단에서 '다양한 이익이 표출되는 단계'에서는 특정 개인이나 특정한 이익 집단 및 시민 단체가 자신들의 이익을 표출한다고 하였다.

② 2문단의 내용을 통해 '이해관계를 모으는 단계'는 정당이나 언론을 통해 이익이 집약되는 단계임을 알 수 있다.

④ 2문단의 내용을 통해 정부에서 정책을 집행하고, 국민들은 그 정책을 평가한다는 것을 알 수 있으므로, ⓓ와 ⓔ 단계를 실행하는 주체는 다르다.

⑤ 2문단에서 평가 결과 문제점이 발견되거나 새로운 요구들이 있으면, 다시 피드백되어 정치 과정을 거치게 되고 정책이 수정된다고 하였다.

수능찍먹
3 세부 내용 추론하기 답 ③

5문단에서 법원은 정책을 만들거나 집행하는 데 직접적으로 관여하지는 않는다고 설명하였다. 그러나 정책과 관련한 분쟁이 발생했을 때, 판결을 통해 분쟁을 해결하여 정책 결정과 수정에 영향을 준다고 하였으므로 법원은 정치 과정에 간접적으로 참여한다고 평가할 수 있는 것이다.

오답 챙기기

① 법원은 정책을 세우는 기준을 직접 제시하지 않는다.

② 법원은 언론의 보도를 반영하여 판결을 내리지 않는다.

④ 법원은 정부의 정책 집행 과정을 감시하지 않는다.

⑤ 법원은 국회의 정책과 관련된 법 제정 과정에 관여하지 않는다.

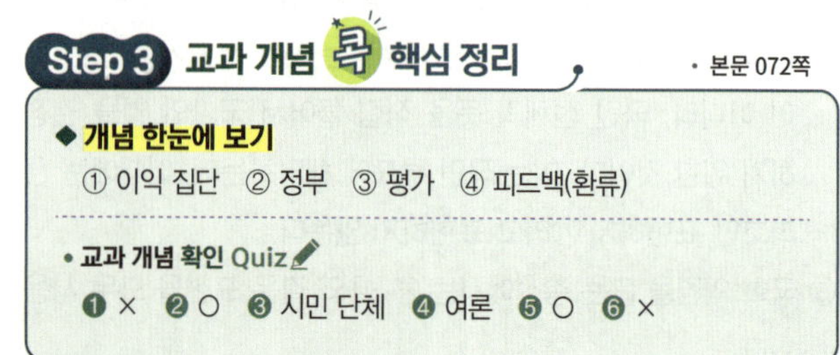

Step 3 교과 개념 콕 핵심 정리 · 본문 072쪽

◆ 개념 한눈에 보기
① 이익 집단 ② 정부 ③ 평가 ④ 피드백(환류)

• 교과 개념 확인 Quiz
❶ × ❷ ○ ❸ 시민 단체 ❹ 여론 ❺ ○ ❻ ×

2 »정치
우리 지역의 문제는 우리가 해결해요!

| 구성 |

1 지방 자치의 개념과 성격
지역 주민이나 주민들의 대표로 구성된 기관이 그 지역의 사무를
자율적 으로 처리하는 제도

2 지방 자치의 효과와 특징
각 지역의 행정과 입법 사무를 스스로 구성한 지방 자치 단체 를
통해 결정하고 처리함.

3 지방 자치 단체의 구성
지방 자치 단체는 의결 기관과 집행 기관 으로 구성되고, 의결 기관은 조례 를 만듦.

4 집행 기관의 의미와 담당 업무
집행 기관은 각 지방 자치 단체장 으로, 지역의 정책을 집행 하고 각종 행정 사무를 처리함.

5 지역 주민들의 지방 자치 참여
주민들은 4년마다 지방 선거 를 통해 대표를 선출하고, 제도적인
참여뿐만 아니라 다양한 방식으로 지방 자치에 참여함.

| 주제 | 지방 자치의 개념과 주민들의 참여

Step 2 교과 개념 쏙 지문 독해 · 본문 074쪽

1 ② 2 ⑤ 3 ①

1 핵심 내용 파악하기 답 ②

2문단에서는 지방 자치의 효과를 제시한 다음, 지방 자치는 기본적으로 자치 업무를 스스로 처리하지만 국가의 일정한 감독을 받는다는 특징이 있음을 설명하고 있다. 따라서 2문단의 중심 내용을 지방 자치의 역사와 한계라고 보는 것은 적절하지 않다.

오답 챙기기

① 1문단에서는 '민주주의의 학교', '풀뿌리 민주주의'라는 용어를 통해 지방 자치의 성격을 제시한 다음, 그 개념을 설명하고 있다.

③ 3문단에서는 우리나라 지방 자치 단체의 구성을 설명한 다음, 그중 하나인 의결 기관의 의미와 업무를 설명하고 있다.

④ 4문단에서는 지방 자치 단체의 구성 요소 중 집행 기관의 의미와 업무를 설명하고 있다.

⑤ 5문단에서는 지역 주민들이 지방 자치에 참여할 수 있는 여러 가지 제도들과 참여 방법, 그리고 지방 자치에 참여하는 주민들의 바람직한 태도에 대해 설명하고 있다.

2 세부 내용 파악하기 답 ⑤

ⓒ와 ⓕ는 모두 집행 기관으로 각 지방 자치 단체장, 즉 광역 단체장과 기초 단체장을 의미한다. 그런데 4문단에서 지방 자치 단체장은 지역의 정책을 집행하고, 지역의 각종 행정 사무를 처리한다고 하였다. 3문단에서 지역의 정책을 결정하는 역할을 하는 기관은 지방 자치 단체의 의결 기관이라고 하였다.

오답 챙기기

① 3문단에서 행정 구역상 ⓐ는 광역 자치 단체로, ⓓ는 기초 자치 단체로 구분된다고 하였다.

② 5문단에서 지역 주민들은 4년마다 한 번씩 실시되는 지방 선거에 참여한다고 하였다.

③ 3문단에서 지방 사무에 관한 법인 조례는 국회에서 정한 법률이나 중앙 정부의 명령과 충돌하지 않도록, 법률과 중앙 정부의 명령 범위 안에서 만들어진다고 하였다.

④ 4문단에서 집행 기관인 지방 자치 단체장은 지역의 대표자라고 설명하였다.

3 사례에 적용하기 답 ①

5문단을 통해 볼 때, A 지역 주민들이 서명 운동을 벌이는 것은 지방 자치에 참여하는 것이기는 하지만, 이 글에서 언급한 제도적인 참여에는 해당하지 않는다.

오답 챙기기

② B 지역 주민들이 구청에 직접 찾아가 교통 불편 민원을 접수한 것은 행정 기관에 민원을 제기하는 사례에 해당한다.

③ C 지역 주민들이 횡령 혐의를 받는 ○○시의 시장을 소환하여 주민 투표로 해임을 결정한 것은 주민 소환제의 사례에 해당한다.

④ D 지역 주민들이 어린이 보행 안전을 확보하기 위해 조례 개정안을 시 의회에 직접 제출한 것은 주민 조례 발안 제도의 사례에 해당한다.

⑤ E 지역 주민들이 면사무소의 이전을 두고 주민 투표를 시행하는 것은 지역 사회의 문제를 직접 투표로 결정하는 주민 투표제의 사례에 해당한다.

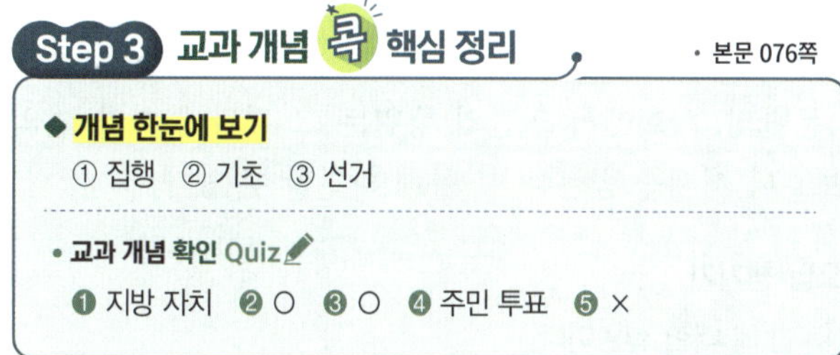

Step 3 교과 개념 콕 핵심 정리 · 본문 076쪽

◆ 개념 한눈에 보기
① 집행 ② 기초 ③ 선거

• 교과 개념 확인 Quiz
❶ 지방 자치 ❷ ○ ❸ ○ ❹ 주민 투표 ❺ ×

1 우리를 지켜 주는 법
» 법

| 구성 |

1 법과 사회
인간은 자신이 속한 사회의 법을 지키며 살아야 함.

2 법과 관습, 도덕의 차이
관습, 도덕은 자율적으로 지키지만 법은 반드시 지켜야 함. → 법을 지키지 않으면 처벌을 받음. → 법의 강제성

3 + 4 법의 원칙
· 자력 구제 금지: 자기의 이익이나 권리를 지키기 위해 개인적으로 힘을 써서 해결하는 것을 금지함.
· 정당방위의 인정: 자신이나 타인의 생명과 안전을 지키기 위해 어쩔 수 없이 한 행동은 법에서도 정당하다고 인정함. → 행동이 지나치다고 판단될 경우 법에 의해 처벌받을 수 있음.

| 주제 | 사회 규범인 법의 특성

Step 2 교과 개념 쏙 지문 독해 · 본문 078쪽

1 ④ 2 ④ 3 ② 4 ④

1 핵심 내용 파악하기 답 ④

2문단에서 도덕은 개인의 양심에 따라 자율적으로 지키는 사회 규범이라고 하였다. 따라서 비도덕적 행위를 한다고 해서 반드시 법적 처벌을 받는다고 할 수 없다.

오답 챙기기

①, ②, ③ 2문단의 '법이 강제성을 지니는 이유는 사회 질서를 유지하기 위해 법을 어긴 사람을 처벌할 수 있도록 사회적 약속으로 정했기 때문이다.'에서 확인할 수 있다.

⑤ 3문단에서 '억울한 일을 당하면' '법에 따라 해결'해야 한다는 내용을 이끌어 낼 수 있고, 4문단의 '법의 보호나 제재를 받는다.'를 통해서도 법에 의해 보호받을 수 있음을 알 수 있다.

2 세부 내용 파악하기 답 ④

4문단의 '사회에서 인간의 행위는 그 결과에 따라 법의 보호나 제재를 받는다.'를 통해 확인할 수 있다.

오답 챙기기

① '법'에 대한 설명이다.

---

② '관습'에 대한 설명이다.

③ '도덕'에 대한 설명이다.

⑤ '법'은 행위의 동기보다 결과를 중시한다.

고난도

3 세부 내용 추론하기 답 ②

ⓒ 앞뒤 내용으로 보아 생명과 안전의 위협, 즉 불법적 침해에 대해 방어하기 위해 어쩔 수 없이 타인에게 손해를 끼친 행동은 법으로 정하여 보호함을 알 수 있다.

오답 챙기기

① 정당방위를 인정하는 것은 법을 지키는 일보다 생명과 안전을 중시하는 것이라 할 수 있다.

③ 정당방위는 생명과 안전이 위협받는 상황에서 어쩔 수 없이 하게 되는 행동이지 반드시 해야 하는 행동이라고 하기 어렵다.

④ 긴급한 상황에서 어쩔 수 없이 행해지는 정당방위와 개인적인 힘으로 문제를 해결하려는 자력 구제는 그 의미가 다르다. 또한 긴급한 상황이라도 법에 의한 해결이 가능할 수 있다.

⑤ 4문단에서 '자신을 방어하기 위한 행동으로 보기에 지나치다고 판단될 경우에는 ~ 처벌을 받을 수 있다.'라고 하였다.

수능 찍먹

4 사례에 적용하기 답 ④

B 씨는 법을 어긴 자신의 행위는 생각하지 않고 자신을 신고한 C 씨를 위협하였으므로 억울한 상황으로 보기 어렵다. 또한 현대에는 자력 구제를 인정하지 않고 있다.

오답 챙기기

① A 씨의 행위는 타인의 생명과 안전을 지키기 위한 피치 못할 행동이었으므로 정당방위에 해당한다고 볼 수 있다.

② 강도는 칼을 들고 은행에 침입하여 사회 질서를 어지럽혔으므로 법적으로 처벌을 받게 될 것이다.

③ B 씨가 과태료를 물게 된 것으로 보아, 장애인 주차 구역에 주차한 행위는 위법인 것을 알 수 있다.

⑤ 타인을 위협하여 공포심을 주는 것은 사회 질서를 해치는 불법적 행위로 볼 수 있으므로 처벌을 받을 수 있다.

Step 3 교과 개념 쿡 핵심 정리 · 본문 080쪽

◆ **개념 한눈에 보기**
① 국가 ② 결과 ③ 양심

· **교과 개념 확인 Quiz** ✏
❶ ○ ❷ 사회 규범 ❸ 도덕 ❹ × ❺ 강제성 ❻ ×
Tip ❹ 법은 행위의 동기가 아니라 결과에 따라 처벌을 한다.

2 »법
이런 법 저런 법

| 구성 |

1 법의 기능
분쟁의 예방과 해결

2 법의 목적
정의의 실현과 공공복리의 증진

3+4+5 법의 종류와 특성
- 사법: 개인 간의 사적인 관계를 다룸. 개인 간의 재산 관계나 가족 관계를 다루는 민법과 기업을 대상으로 하는 상법이 있음.
- 공법: 공적인 생활 영역을 대상으로 함. 최고법인 헌법, 사회 질서를 위협하는 범죄 행위와 형벌을 정하는 형법 등이 있음.
- 사회법: 국가가 개입하여 사회적 약자의 권리를 보호하는 법. 사회 보장법, 노동법, 경제법 등이 있음.

| 주제 | 법의 기능과 목적 및 종류

Step 2 교과 개념  지문 독해 · 본문 082쪽

| 1 ④ | 2 ⑤ | 3 ⑤ | 4 ① |

---

1 핵심 내용 파악하기　답 ④

1문단에서 고조선의 8조법에 규정된 형벌을 제시하고 있고, 4문단에서 공법에 속하는 형법에서 범죄 행위와 형벌을 정하고 있음을 밝히고 있을 뿐, 형벌의 유형에 대해서는 이 글에서 설명하고 있지 않다.

오답 챙기기

① 5문단의 '사회법은 모든 국민이 인간으로서 최소한의 안정된 생활을 할 수 있도록 개인 간의 관계에 국가가 개입하여 사회적 약자의 권리를 보호하는 법이다.'에서 확인할 수 있다.

② 1문단의 '사회에서 발생할 수 있는 분쟁을 예방하고, 분쟁이 발생하면 공정하게 해결하는 것이 법의 기능이다.'에서 확인할 수 있다.

③ 2문단의 '대부분의 법은 궁극적으로 정의를 실현하는 것을 목적으로 한다'에서 확인할 수 있다.

⑤ 3문단의 '법은 규율하는 생활 영역에 따라 사법, 공법, 사회법으로 나눌 수 있다.'에서 확인할 수 있다.

2 세부 내용 파악하기　답 ⑤

1문단을 통해 사회에서 일어날 수 있는 분쟁을 예방하는 것 역시 법의 기능임을 알 수 있다.

오답 챙기기

①, ② 1문단에서 알 수 있다.

③, ④ 2문단에서 알 수 있다.

3 세부 내용 파악하기　답 ⑤

5문단을 통해 사회법은 모든 국민이 인간으로서 최소한의 안정된 생활을 할 수 있도록 국가가 개입하여 사회적 약자의 권리를 보호하는 법임을 알 수 있다.

오답 챙기기

① 사법이 아니라 공법인 헌법에 대한 설명이다.

② 개인 간의 합의가 이루어지지 않을 때에는 형법이 아니라 사법을 통해 해결할 수 있다.

③ 공법에는 헌법, 형법, 행정법, 소송법 등이 있으며, 사회 보장법은 사회법에 해당한다.

④ 공법에 포함되는 헌법에 해당하는 설명이다.

수능찍먹
4 사례에 적용하기　답 ①

법은 특정 개인이나 일부 집단이 아니라 사회 구성원 모두에게 적용되는 것으로 상속법도 예외는 아니다. 따라서 일부 사람들에게만 적용된다는 내용은 적절하지 않다.

오답 챙기기

② 상속에 관한 법은 상속하는 자와 상속을 받는 자, 즉 개인 간의 재산 관계와 관련되므로 민법에 해당한다.

③ 3문단에서 개인 간의 분쟁은 개인의 의사에 따라 해결하는 것이 우선이라고 하였으므로 상속자들 간에 합의가 잘 이루어지면 법적 분쟁이 발생하지 않는다.

④ 유언장을 조작하는 것은 법에 어긋난 행위이며, 위법한 행위는 사회 질서를 위협한다고 볼 수 있다.

⑤ 법의 기능은 분쟁의 예방과 해결이므로 상속에 관한 법 역시 이를 위해 제정되었다고 할 수 있다.

Step 3 교과 개념 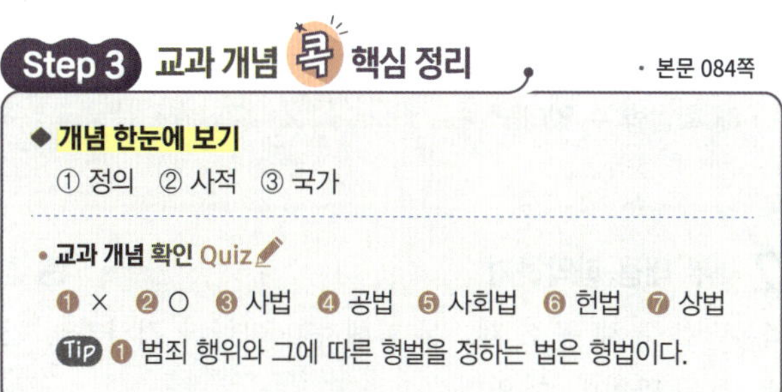 핵심 정리 · 본문 084쪽

◆ **개념 한눈에 보기**
　① 정의 ② 사적 ③ 국가

• **교과 개념 확인 Quiz**
　❶ × ❷ ○ ❸ 사법 ❹ 공법 ❺ 사회법 ❻ 헌법 ❼ 상법
　Tip ❶ 범죄 행위와 그에 따른 형벌을 정하는 법은 형법이다.

1 »법 어떤 재판을 받아야 하나요?

| 구성 |

1 '재판'의 개념
법원이 일정한 절차를 거쳐 분쟁에 대해 판결을 내리는 공적인 판단

2+3 민사 재판
• 민사 재판의 과정: 원고의 소장 제출과 피고의 답변서 제출 → 양측의 증거 제출과 변론 → 판결을 내림.
• 민사 재판의 원칙: 변호사 없이 재판할 수 있으며, 당사자들이 원만하게 다툼을 해결하는 것을 중시함.

4+5 형사 재판
• 형사 재판의 성립 요건: 검사가 국가 기관을 대표하여 사회 질서를 어지럽힌 피의자를 대상으로 기소를 하면 재판이 시작됨.
• 형사 재판의 참여자: 기소된 피의자는 피고인이 됨. 피고인은 변호인 없이 재판을 받을 수도 있고 국선 변호인에게 무료 변론을 받을 수도 있음.

| 주제 | 민사 재판과 형사 재판에 대한 이해

Step 2 교과 개념 쏙 지문 독해

· 본문 086쪽

1 ⑤   2 ⑤   3 ⑤   4 ②

1 핵심 내용 파악하기   답 ⑤

4문단에서 형사 재판의 의미와 예, 형사 재판과 관련된 주요 용어의 의미를 알려 주고 있지만, 형사 재판의 형량 기준에 관한 내용은 이 글에 제시되어 있지 않다.

오답 챙기기

①, ② 1문단의 '재판은 구체적인 분쟁에 관하여 법원이 일정한 절차를 거쳐 판결을 내리는 공적인 판단이다.'를 통해 법원의 역할과 재판의 의미를 확인할 수 있다.

③ 2문단에서 원고의 소장 제출부터 판결에 이르기까지 민사 재판의 과정을 확인할 수 있다.

④ 5문단의 '국선 변호인에게 무료로 변론을 받을 수 있다.'를 통해 확인할 수 있다.

2 세부 내용 파악하기   답 ⑤

4문단을 통해 공소 제기는 피해자가 아니라 검사가 한다는 것을 확인할 수 있다.

오답 챙기기

① 2문단에서 민사 재판은 개인 간의 관계에서 발생한 갈등을 해결하기 위한 재판이라고 하였다.

② 4문단에서 도난 사건은 형사 재판에서 다룸을 알 수 있다.

③ 4문단에서 범죄 혐의가 있는 사람을 '피의자'라고 부른다는 것을 알 수 있다.

④ 5문단에서 형량이 높은 죄로 기소된 경우 피고인은 반드시 변호인을 두어야 한다고 하였다.

3 세부 내용 추론하기   답 ⑤

3문단에서 민사 재판은 재판이 진행되는 동안 어느 단계에서든 화해 권고 결정이나 조정 제도를 활용하여 분쟁을 해결할 수 있다고 하였다.

오답 챙기기

①, ④ ㉠의 당사자는 변호사 없이 직접 변론하고 증거를 제출할 수 있다.

② ㉡은 검사의 기소로 재판이 시작된다.

③ ㉠은 원고와 피고 간에 재판이 이루어진다.

4 사례에 적용하기   답 ②

〈보기〉는 개인 간의 분쟁을 다루는 민사 재판의 사례로, 국선 변호인의 도움은 형사 재판의 피고인이 받을 수 있다.

오답 챙기기

① 민사 재판에서는 재판을 청구한 사람이 원고, 원고의 주장에 의해 재판을 받아야 하는 사람이 피고가 된다.

③ 민사 재판에서 판사는 양측의 변론과 증거를 바탕으로 판결을 내리므로 증거가 없으면 재판에서 불리할 수 있다.

④ 민사 재판에서는 변호사 없이 당사자가 직접 억울함을 주장하고 증거를 제출할 수 있다.

⑤ 민사 재판은 어느 단계에서든 화해 권고 결정이나 조정 제도로 분쟁이 해결될 수 있다.

Step 3 교과 개념 콕 핵심 정리

· 본문 088쪽

◆ **개념 한눈에 보기**

① 법원   ② 원고   ③ 기소

• **교과 개념 확인 Quiz**

❶ ○   ❷ ×   ❸ ○   ❹ 민사   ❺ 형사   ❻ 피의자   ❼ ×

Tip ❷ 민사 재판에서 소송을 제기한 사람을 '원고'라고 한다.

2 ≫법
누구도 억울하지 않도록

| 구성 |

1 <캄비세스 왕의 재판>의 교훈
공정한 재판을 해야 하는 재판관

2 공정한 재판의 중요성
공정한 재판의 중요성: 재판이 공정하지 않으면 억울한 피해자가 발생함. → 재판의 신뢰성 훼손 → 사회 질서 혼란

3+4+5 공정한 재판을 위한 원칙과 제도
- 사법권의 독립
- 공개 재판주의: 재판의 심리와 판결을 일반인에게 공개함.
- 증거 재판주의: 증거 능력이 있는 증거에 의해 사실을 인정함.
- 심급 제도: 재판 결과에 불만이 있을 때 상급 법원에서 다시 재판을 받을 수 있음. → 세 번까지 재판을 받을 수 있는 삼심 제도

| 주제 | 공정한 재판을 위한 원칙과 제도

Step 2 교과 개념 쏙 지문 독해
· 본문 090쪽

1 ⑤   2 ⑤   3 ③   4 ③

1 핵심 내용 파악하기   답 ⑤

5문단에서 삼심 제도가 하나의 사건에 세 번까지 재판을 받을 수 있는 제도라는 것을 밝히고 상소, 항소, 상고 등 관련 용어에 대해 설명하고 있을 뿐, 삼심 제도가 적용되지 않는 경우는 이 글에 나타나 있지 않다.

오답 챙기기

① 3문단의 '공정한 재판을 위해서는 재판이 각종 사회적 압력 단체나 이해관계 등의 외부 요인에 의해 흔들리지 않아야 한다. 이를 위해 헌법에서는 법원을 다른 국가 기관에서 독립시켜 두고 있다.'를 통해 확인할 수 있다.

② 4문단의 '증거 재판주의는 법원은 반드시 증거 능력이 있는 증거에 의해 사실을 인정하고 그에 따라 판결을 내려야 한다는 원칙이다.'를 통해 확인할 수 있다.

③ 2문단에서 공정한 재판을 위한 여러 가지 원칙과 제도가 있음을 밝히고, 5문단에서 소송 당사자가 재판 결과에 승복하지 않을 때 상급 법원에서 다시 재판을 받을 수 있도록 하는 심급 제도가 그중 하나임을 설명하고 있다.

④ 2문단의 '재판이 공정성을 잃으면 억울한 피해자가 생길 수 있고, 그로 인해 사람들이 재판을 신뢰하지 않게 되어 사회 질서가 혼란해질 수 있다.'를 통해 확인할 수 있다.

2 세부 내용 추론하기   답 ⑤

2문단의 '캄비세스 왕은 공정성을 잃은 재판관을 가혹하게 처벌하여 재판의 공정성이 얼마나 중요한지를 일깨우려 한 것이다.'를 통해 알 수 있다.

3 세부 내용 파악하기   답 ③

4문단에서 형사 재판에서는 '증거가 없고 피고인의 자백만 있다면 그 자백만으로 판결할 수는 없다'고 하였다.

오답 챙기기

① 4문단에서 '법원의 결정에 따라 심리를 공개하지 않는 경우도 있지만 재판의 결과는 반드시 공개해야 한다.'라고 하였다.

② 3문단에서 '재판이 각종 압력 단체나 이해관계 등의 외부 요인에 의해 흔들리지 않아야 한다'고 하였다.

④ 4문단에서 설명한 증거 재판주의를 통해 확인할 수 있다.

⑤ 5문단에서 설명한 심급 제도를 통해 확인할 수 있다.

4 사례에 적용하기   답 ③

에밀 졸라나 프랑스 국민들이 특정 이익을 위해 재판에 압력을 가하는 단체나 조직이었다고 보기는 어렵다. 에밀 졸라는 개인적 신념을 글을 통해 표현한 것이고, 프랑스 국민들은 이를 계기로 재판에 관심을 갖게 된 것뿐이다.

오답 챙기기

① 비공개 재판은 공개 재판주의 원칙에 어긋난다고 볼 수 있다.

② 글씨체가 동일한 것도 아니고 비슷하다는 것만으로는 증거 능력을 가지기 어렵다고 볼 수 있다.

④ 최고 재판소에서 무죄가 확정되었다는 것은 상소가 이루어졌다는 의미이므로 상급 법원에서 재심을 받는 심급 제도가 있었다고 볼 수 있다.

⑤ 진범이 밝혀졌는데도 드레퓌스를 범인으로 보는 것은 법관의 양심에 위배된다고 볼 수 있다.

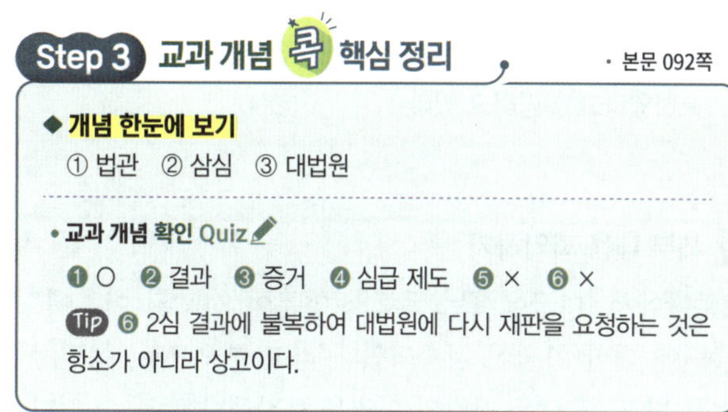

Step 3 교과 개념 록 핵심 정리
· 본문 092쪽

◆ **개념 한눈에 보기**
① 법관 ② 삼심 ③ 대법원

· **교과 개념 확인 Quiz**
❶ ○ ❷ 결과 ❸ 증거 ❹ 심급 제도 ❺ × ❻ ×
Tip ❻ 2심 결과에 불복하여 대법원에 다시 재판을 요청하는 것은 항소가 아니라 상고이다.

1 ≫법
하늘이 내린 권리, 인권!

| 구성 |

1 인간의 존엄성과 자유를 찾으려던 스파르타쿠스의 반란
대부분의 국가에 차별적 신분 제도가 존재하였음.

2 시민 혁명과 세계 인권 선언의 의의
인권의 개념이 형성되고 인정받기 시작함. → 인류가 보편적으로 누려야 할 인권의 기준 제시

3+4 인권과 기본권
• 인권의 개념: 인간의 존엄성을 유지하기 위해 누구나 보장받아야 할 권리
• 기본권의 종류: 부당한 차별을 받지 아니한다는 평등권, 자유롭게 삶을 영위할 수 있는 자유권, 국가 기관의 구성과 운영에 참여할 수 있는 참정권, 권리 침해에 대한 청구권, 인간다운 생활의 보장을 요구할 수 있는 사회권

| 주제 | 인권의 개념과 헌법에서 보장하는 기본권

Step 2 교과 개념 쏙 지문 독해
· 본문 096쪽

| 1 ④ | 2 ④ | 3 ⑤ | 4 ⑤ |

1 핵심 내용 파악하기   답 ④

2문단에서 시민 혁명 이후에도 여성에게 투표권이 오랫동안 주어지지 않았다고 하였을 뿐, 주어진 나라는 제시되지 않았다.

오답 챙기기

① 3문단에서 '인권은 인간의 존엄성을 유지하기 위해 누구나 보장받아야 할 권리'라고 설명하고 있다.

② 3문단에서 기본권에는 평등권, 자유권, 참정권, 청구권, 사회권이 있다고 설명하고 있다.

③ 2문단에서 시민 혁명의 결과 인권의 개념이 형성되고 인정되기 시작했다고 하였다.

⑤ 2문단에서 제2차 세계 대전이 끝난 후 '세계 인권 선언'을 선포하였다고 설명하고 있다.

2 세부 내용 파악하기   답 ④

2문단에서 '미국에서는 독립 선언문이 선포된 이후에도 흑인에 대한 차별이 지속되었다.'라고 했으므로, 독립 선언문 발표 후 모든 사람의 인권을 보장했다고 볼 수 없다.

---

3 세부 내용 추론하기   답 ⑤

국가 배상 청구권은 사회권이 아니라 권리가 침해당하였을 때 이에 대한 구제를 국가에 청구할 수 있는 권리인 청구권에 속한다.

오답 챙기기

① 3문단에서 우리 헌법에서는 평등권, 자유권, 참정권, 청구권, 사회권과 같은 기본권을 보장하고 있음을 확인할 수 있다.

② 4문단에서 평등권은 다른 기본권을 실현하기 위해 바탕이 되는 권리라는 것을 확인할 수 있다.

③ 4문단에서 국민은 국가 기관의 구성과 운영에 참여할 수 있는 권리인 참정권을 가지며 여기에 선거권이 포함된다는 것을 확인할 수 있다.

④ 4문단에서 자유권에 종교의 자유가 포함된다는 것을 확인할 수 있다.

4 사례에 적용하기   답 ⑤

기부의 권리는 기본권에 속한다. 그러나 헌법 재판소는 헌법에 제시된 기본권 제한 사유에 해당한다고 판단하였기 때문에 ㉮를 제한하는 것이 정당하다고 판결한 것이다. 즉 ㉮가 공정한 선거를 해칠 수 있고, 이는 공공복리의 침해로 이어진다고 본 것이다.

오답 챙기기

① 〈보기〉에서 국가 안전 보장, 질서 유지, 공공복리를 위해 기본권이 제한될 수 있음을 알 수 있고, 이에 따라 ㉮는 공직 선거법에 위배됨을 알 수 있다.

②, ③ ㉮를 보장하느냐 제한하느냐의 기준은 행위의 의도나 지속성과 관련이 없다. 〈보기〉에 제시된 기본권 제한 사유에 ㉮가 해당하는지 여부를 판단해야 하는 것이다.

④ ㉮는 선거에 미치는 영향을 고려하여 기본권을 제한하는 경우로, 기본권에 해당하지 않는 것이 아니다.

Step 3 교과 개념 톡 핵심 정리
· 본문 098쪽

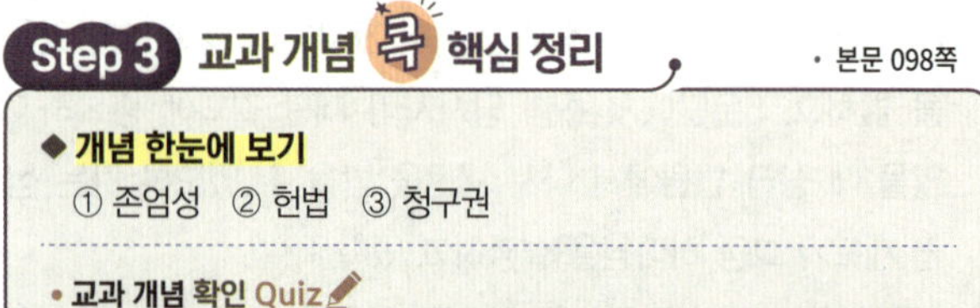

◆ **개념 한눈에 보기**
① 존엄성 ② 헌법 ③ 청구권

• **교과 개념 확인 Quiz**
❶ 인권 ❷ 기본권 ❸ × ❹ 평등권 ❺ ○ ❻ × ❼ ○
Tip ❸ 기본권을 실현하는 데 바탕이 되는 권리는 평등권이다.

2 »법
소중한 권리, 놓치지 않을 거예요!

| 구성 |

1 '인권 감수성'의 개념
다른 사람의 인권 을 존중하고 침해하지 않으려는 인식이나 태도

2+3 인권 침해 구제
• 인권 침해 구제 방법: 법원 에 소송 제기, 헌법 재판소 에 헌법 소원 제기, 국가 인권 위원회 에 진정 신청
• 국가 인권 위원회의 역할: 독립 기구로 인권 침해, 평등권 침해를 조사하고 구제함.

4 근로자의 권리인 노동 삼권
노동조합과 같은 단체를 만들 수 있는 단결권, 근로 조건을 협의할 수 있는 단체 교섭권, 파업과 같은 단체 행동을 할 수 있는 단체 행동권

| 주제 | 인권 침해 구제 방법과 근로자의 권리

Step 2 교과 개념 쏙 지문 독해 · 본문 100쪽

1 ⑤　　2 ④　　3 ⑤　　4 ⑤

1 핵심 내용 파악하기 답 ⑤

이 글은 인권 감수성의 개념과 인권 침해 구제 방법, 국가 인권 위원회의 역할, 근로자의 권리인 노동 삼권에 관한 내용을 설명하고 있다. 따라서 글의 전체 내용을 포괄하는 제목으로 '인권 침해 구제 방법과 근로자의 권리'가 가장 적절하다.

오답 챙기기

① 1, 3문단의 일부에 국한된 내용이므로 글 전체를 포괄하는 제목으로 적절하지 않다.
② 3문단에서 국가 인권 위원회의 역할을 설명하고 있으나, 한계에 대한 내용은 찾아볼 수 없다.
③ 1문단에 국한된 내용이므로 글 전체를 포괄하지 못한다.
④ 4문단에서 파업이 근로자의 권리임을 알 수 있으나, 파업의 구체적인 법적 절차에 대한 내용은 찾아볼 수 없다.

2 세부 내용 파악하기 답 ④

2문단에서 국가 인권 위원회에 진정을 신청하여 인권 침해에 대한 구제를 요청할 수 있음을 확인할 수 있다. 헌법 소원은 헌법 재판소에 제기할 수 있다.

오답 챙기기

① 1문단에서 '자신의 권리를 지키기 위해 노력할 뿐 아니라 주변에서 일어나는 인권 침해 문제에 관심을 가져야 한다'고 하였다.
② 3문단에서 국가 인권 위원회는 '인권 침해 행위와 평등권을 침해하는 차별 행위에 대해 조사하고 구제하는 일을 주로 한다'고 하였다.
③ 3문단에서 '우리 헌법에서는 근로자의 권리를 보장하기 위해 최저 임금, 근로 시간 등의 근로 조건을 법률로 정하도록 하고 있다'고 하였다.
⑤ 2문단에서 개인의 인권이 침해당했을 때에는 '법원에 소송을 제기할 수 있다고' 하였다.

3 세부 내용 추론하기 답 ⑤

3문단에 따르면 우리 헌법에서는 평등권을 보장하고 있으며, 이에 따라 성별, 종교, 장애, 나이, 사회적 신분, 출신 지역이나 국가, 용모 등의 이유로 특정한 사람을 우대하거나 부당하게 대해서는 안 된다는 것을 알 수 있다.

수능찍먹
4 사례에 적용하기 답 ⑤

(라)에서 갑이 노동조합을 통해 임금 인상을 요구한 것은 단체 행동권이 아니라 단체 교섭권에 해당한다. 단체 행동권은 단체 교섭권을 행사하였으나 협의가 되지 않았을 때 파업과 같은 단체 행동을 할 수 있는 권리이다.

오답 챙기기

① (가)의 〈청소년 알바 10계명〉은 청소년의 근로자로서의 권리를 보호하기 위한 내용을 담고 있다.
② 법원에 재판을 청구하는 것은 2문단에 제시된 인권 침해 구제 방법에 해당한다.
③ 국가 인권 위원회에 진정을 내는 것은 2문단에 제시된 인권 침해 구제 방법에 해당한다.
④ 단결권은 근로자들이 노동조합과 같은 단체를 만들 수 있는 권리이다.

Step 3 교과 개념 콕 핵심 정리 · 본문 102쪽

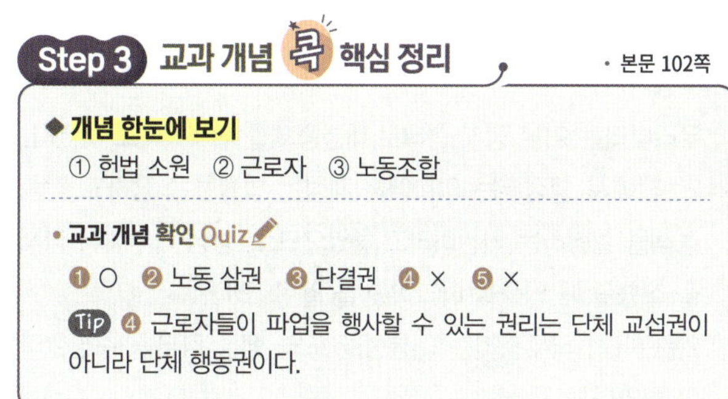

◆ 개념 한눈에 보기
① 헌법 소원　② 근로자　③ 노동조합

• 교과 개념 확인 Quiz
1 ○　**2** 노동 삼권　**3** 단결권　**4** ×　**5** ×
Tip **4** 근로자들이 파업을 행사할 수 있는 권리는 단체 교섭권이 아니라 단체 행동권이다.

1 》법
국민의 일꾼, 대통령과 행정부

| 구성 |

1 우리나라의 정부 형태인 대통령제
국민이 선출한 대통령이 행정부를 구성하는 정부 형태. 5년 단임제

2 우리나라 행정부의 구성
• 행정의 개념: 의회 가 만든 법률을 구체화하여 집행하는 국가 기관의 활동
• 행정부의 구성: 대통령 을 수반으로 국무총리, 국무 회의, 행정 각부, 감사원 등으로 구성

3 우리나라 행정부의 특징
• 대통령 직속 기관으로서의 감사원
• 의원 내각제 요소 일부 채택
  - 국무총리 가 있음.
  - 행정부의 법률안 제출권
  - 국회의원이 장관 겸직 가능

4 행정부 수반으로서 대통령의 역할
행정부의 지휘와 감독, 공무원 임명과 해임, 국무 회의의 의장, 법률안 거부권 행사, 대통령령 집행

5 국가 원수로서 대통령의 역할
외교 활동, 위기 상황의 긴급 명령이나 계엄 선포, 감사원장·대법원장·헌법재판소장 임명, 국민 투표 부의권

| 주제 | 우리나라의 대통령제 및 행정부의 역할과 특징

Step 2 교과 개념 지문 독해 · 본문 104쪽

| 1 ④ | 2 ③ | 3 ⑤ | 4 ② |

1 핵심 내용 파악하기 답 ④

3문단에서 우리나라 행정부는 의원 내각제의 요소도 일부 가지고 있다고 했는데, 그중 하나로 국회의원이 행정 각부의 장관을 겸직할 수 있다는 점을 들었다. 따라서 우리나라의 장관 중에는 국회의원이 있을 수 있다.

오답 챙기기

① 우리나라는 기본 정부 형태로 대통령제를 채택했다고 하였다.
② 2문단에서 행정부는 의회에서 제정한 법률을 집행하고 각종 정책을 실행하는 기관이라고 하였으므로, 행정 각부에서 정책을 실행할 때 법률을 따라야 함을 알 수 있다.
③ 2문단에서 국무총리는 대통령을 도와 행정 각부를 총괄한다고 하였다.

---

⑤ 3문단에서 우리나라 행정부가 가지고 있는 의원 내각제의 요소로 국무총리, 행정부의 법률안 제출권, 국회의원의 장관 겸직 세 가지를 제시하였다. 감찰 기능을 담당하는 감사원을 대통령 직속 기관으로 둔 것은 의원 내각제의 요소로 볼 수 없다.

2 세부 내용 파악하기 답 ③

2문단에서 행정 각부의 장관은 대통령이 임명한다고 하였는데, 4문단에서 행정부에 속한 공무원을 임명하는 것은 행정부 수반으로서의 대통령의 역할이라고 하였다. 그러나 5문단에서 대통령이 국회의 동의를 얻어 대법원장 등을 임명하는 것은 국가 원수로서의 역할이라고 하였다.

3 세부 내용 추론하기 답 ⑤

5문단에서 대통령은 헌법을 수호해야 하는 책임을 진다고 하였는데 이와 관련하여 구체적 내용은 제시하지 않았으므로 '대통령이 헌법을 위반하면 어떻게 될까?'라는 의문을 가질 수 있다.

오답 챙기기

①은 2문단에, ②는 5문단에, ③은 4문단에, ④는 1문단에 제시되어 있다.

4 사례에 적용하기 답 ②

3문단에서 행정 기관의 직무에 대한 감찰은 감사원이 한다고 하였다. 국가철도공단은 국토교통부 관할 아래 있는 공공 기관이므로 감사원의 감찰을 받을 수 있다.

오답 챙기기

① 국무 회의는 행정부의 최고 심의 기관으로 대통령, 국무총리, 국무 위원으로 구성된다. 지방 자치 단체장은 참석할 수 없다.
③ 2문단에 따르면 법률 제정은 의회에서 한다.
④ 〈보기〉의 문제 상황은 철로 파손이 아니라 국가철도공단의 감독 의무 소홀이다.
⑤ 긴급 명령은 국가가 위기 상황에 처했을 때 내리는 것이다.

Step 3 교과 개념 핵심 정리 · 본문 106쪽

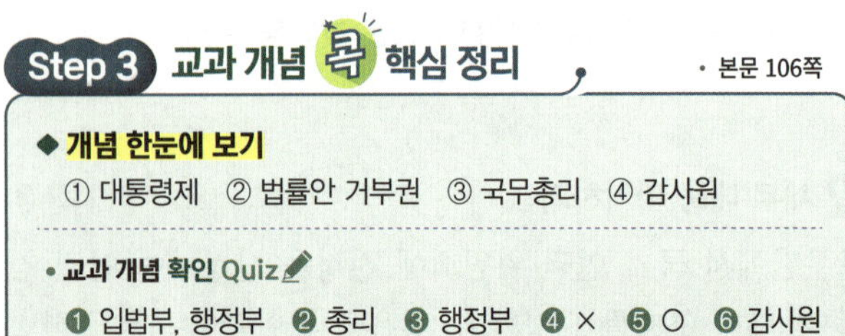

◆ **개념 한눈에 보기**
  ① 대통령제 ② 법률안 거부권 ③ 국무총리 ④ 감사원

• **교과 개념 확인 Quiz**
  ❶ 입법부, 행정부 ❷ 총리 ❸ 행정부 ❹ ✕ ❺ ○ ❻ 감사원

2 »법
국민의 대표, 국회

| 구성 |

1 직접 민주제와 대의 민주제
- 직접 민주제: 사회 구성원이 모두 모여 직접 국가의 주요 정책을 결정함.
- 대의 민주제: 국민이 선거 를 통해 선출한 대표들이 모여 의사 결정을 함.

2 국회의 구성과 기능
- 국회의 구성: 국민이 직접 선출한 지역 대표 와 정당 득표율에 비례하여 선출된 비례 대표 로 구성됨.
- 국회의 기능: 입법 기능, 재정에 관한 기능, 국정 견제 기능, 국가의 주요 공무원 임명 동의권과 탄핵 소추 의결권

3 국회의 조직
- 본회의 : 최종 결정이 이루어짐.
- 위원회: 본회의에 앞서 심사. 항상 활동하는 상임 위원회와 특별한 안건이 있을 때만 활동하는 특별 위원회

4 국회 의원 선거 의 중요성
국회 의원을 잘못 선출하면 공동체에 악영향을 미치게 됨.

| 주제 | 국회의 위상과 구성 및 기능

Step 2 교과 개념 쏙 지문 독해 · 본문 108쪽

| 1 ③ | 2 ② | 3 ⑤ | 4 ④ |

1 핵심 내용 파악하기 답 ③

4문단에서 유능한 국회 의원을 선출해야 한다고 했을 뿐, 그 요건을 밝히고 있지는 않다.

오답 챙기기

①, ⑤ 2문단에서 국회의 역할이 입법, 재정, 국정 견제, 주요 공무원 임명 동의, 탄핵 소추 의결 등이고, 국회가 지역 대표와 비례 대표로 구성됨을 알 수 있다.

② 1문단에서 직접 민주제는 국가의 규모가 커진 오늘날 시행하기 어렵다는 한계를 지니고 있음을 알 수 있다.

④ 3문단에서 효율적인 국회 운영을 위해 각 분야의 전문성을 갖춘 국회 의원들로 구성된 위원회를 두고 있음을 알 수 있다.

2 세부 내용 파악하기 답 ②

2문단에 따르면 국회는 '국가 예산을 심의'한다. 국가 예산을 집행하는 일은 행정부에서 한다.

오답 챙기기

① 3문단의 '국회의 여러 기능을 수행하기 위한 모든 결정은 최종적으로 본회의에서 이루어진다.'를 통해 확인할 수 있다.

③ 2문단에서 국회는 '행정부와 국가 기관들을 감시하고 비판하는 국정 견제 기능을 통해 국가 운영에 잘못된 점이 있으면 바로잡는 역할을 한다.'라고 설명하고 있다.

④ 3단원의 '본회의에 앞서 관련 법률안과 예산안 등을 심사하는 위원회는 상임 위원회와 특별 위원회로 구성된다.'를 통해 확인할 수 있다.

⑤ 2문단의 '국민을 대표하는 사람들로 이루어진 국가 기관이 바로 국회이다.', '국회에서는 법률을 제정하거나 개정하는 입법 활동을 한다.'를 통해 확인할 수 있다.

3 세부 내용 추론하기 답 ⑤

4문단의 '대표를 잘못 선출하면 대표에 의해 정책이 자의적으로 결정되어 공동체 전체에 악영향을 미칠 수 있다.'를 통해 대의 민주제에서 국민의 의사를 대신하는 대표를 선출하는 선거의 중요성을 알 수 있다.

수능찍먹 4 사례에 적용하기 답 ④

(가)와 (나) 모두 전체 구성원이 한곳에 모이기 어렵기 때문에 직접 민주제의 성격을 띤 투표로 의사 결정을 하는 것이다. 또한 구성원의 수가 많으면 오히려 전체 구성원이 직접 모여 의사 결정을 하기가 더 어렵다.

오답 챙기기

①, ② 국민 투표와 주민 소환제는 모든 구성원의 의사를 직접 묻는 방식이므로 직접 민주제의 성격을 지닌다고 볼 수 있다.

③ 주민 소환제는 국회가 국정 견제 기능을 하는 것과 같이 주민들이 시장을 비판하고 감시하는 기능을 할 수 있다.

⑤ 국가나 도시의 구성원이 모두 한곳에 모여 토의를 통해 의사 결정을 하는 것이 어렵기 때문에 투표의 방식을 선택한 것으로 볼 수 있다.

Step 3 교과 개념 톡 핵심 정리 · 본문 110쪽

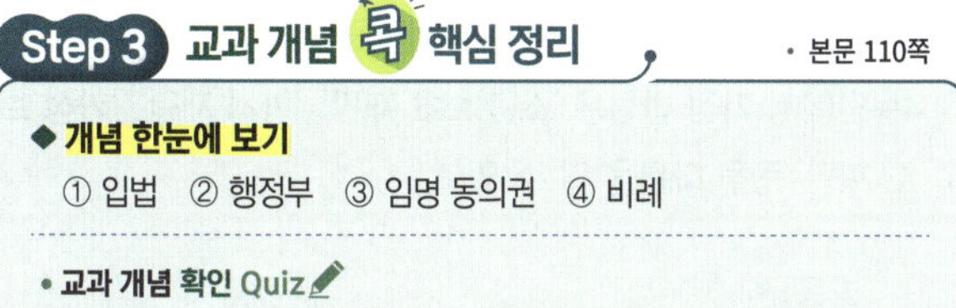

◆ **개념 한눈에 보기**
① 입법 ② 행정부 ③ 임명 동의권 ④ 비례

· **교과 개념 확인 Quiz**
❶ 대의 민주제 ❷ ○ ❸ 재정 ❹ ○ ❺ × ❻ 상임 위원회
Tip ❺ 분야별 전문성을 갖춘 일부 의원들로 구성된 것은 위원회이다.

|구성|

① 사법권의 개념과 기능
민사, 형사, 행정에 관한 재판권 → 국민의 자유와 권리 보장

②+③ 법원의 조직과 기능
- 지방 법원: 1심 법원. 민사·형사 재판, 화해 사건 등을 담당함.
- 고등 법원: 2심 법원으로 항소 사건을 판결함. 민사·형사 재판, 선거 소송 등을 담당함.
- 대법원: 3심 법원으로 상고 사건을 판결하며 사법부의 최고 기관임.

④ 특수 법원의 종류
- 특허 법원: 특허권과 상표권에 관한 사건을 담당함.
- 행정 법원: 국민이 국가 기관을 상대로 손해 배상을 요구하는 행정 재판을 담당함.
- 가정 법원: 가정에서 일어나는 사건을 담당함. 소년 보호 재판, 가사 재판, 가정 보호 재판 등

|주제| 법원의 주요 조직과 기능

Step 2 교과 개념 쏙 지문 독해 · 본문 112쪽

1 ② 　　2 ④ 　　3 ① 　　4 ④

1 핵심 내용 파악하기　답 ②

3문단에서 재심 제도가 있음을 알 수 있지만 그 구체적인 절차는 이 글에서 알 수 없다.

오답 챙기기

① 1문단에서 사법권이 '민사, 형사, 행정에 관한 재판권을 의미'함을 알 수 있다.

③ 2문단의 '지방 법원은 ~ 1심 재판을 주로 담당하는 법원이다.', '민사 재판이나 형사 재판뿐만 아니라 제소 전 화해도 맡는다.'를 통해 확인할 수 있다.

④ 1문단에서 사법권 독립은 '국민의 자유와 권리를 보장하기 위한 공정한 재판'을 위해 필요한 것임을 알 수 있다.

⑤ 4문단에서 가정 법원은 '소년 보호 재판', '가사 재판', '가정 보호 재판' 등을 다룸을 알 수 있다.

2 세부 내용 파악하기　답 ④

4문단에서 국가나 행정 기관을 상대로 손해 배상을 요구

하기 위한 재판은 행정 재판이며, 이는 행정 법원에서 담당함을 알 수 있다.

오답 챙기기

① 3문단에서 '고등 법원은 ~ 민사 재판이나 형사 재판 외에 선거 소송에 관련된 재판도 다룬다.'라고 설명하고 있다.

② 3문단에서 '판결 과정에서 대법관들의 의견이 다르면 대법원장이 재판장이 되고 나머지 대법관 중 3분의 2 이상이 참여한 합의체에서 판결을 한다.'라고 설명하고 있다.

③ 1문단에서 '원칙적으로 사법권은 법원의 권한'이라고 했는데, 법원에는 대법원 이외에도 지방 법원, 고등 법원, 특허 법원, 행정 법원, 가정 법원이 있다.

⑤ 4문단에서 소년 보호 재판은 '10세 이상 19세 미만의 어린이와 청소년이 저지른 사건'을 다룬다고 했다.

고난도

3 세부 내용 추론하기　답 ①

1문단에 따르면 사법권은 '국민의 자유와 권리를 보장'하는 중요한 기능을 하는데 최종 판결에 '중대한 흠이 있는 경우' 억울한 피해자가 생기고 국민의 권리를 침해하게 되므로, 이러한 일을 구제하고자 재심 제도를 두는 것으로 추론할 수 있다.

4 사례에 적용하기　답 ④

(가)는 민사 재판, (나)는 형사 재판에 해당하는 사건이므로 A, B, D 씨 모두 3심 제도에 따라 세 번까지 재판을 받을 수 있다.

오답 챙기기

① 민사 재판의 1심은 지방 법원에서 담당한다.

② B 씨가 법원에 화해를 신청하면 '제소 전 화해'를 통해 소송 제기 전에 분쟁을 해결하여 재판을 하지 않을 수도 있다.

③ 형사 재판의 2심은 고등 법원에서 담당한다.

⑤ (다)는 상표권으로 인한 분쟁이므로 특허 법원에서 다룬다.

Step 3 교과 개념 콕 핵심 정리 · 본문 114쪽

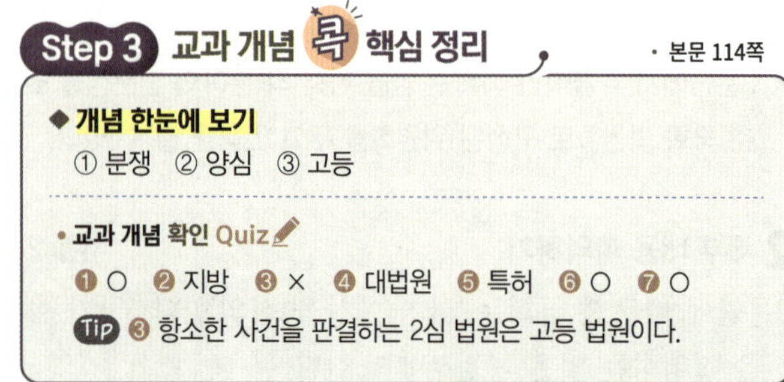

◆ **개념 한눈에 보기**
① 분쟁 　② 양심 　③ 고등

· **교과 개념 확인 Quiz**
① ○ 　**②** 지방 　**③** ✕ 　**④** 대법원 　**⑤** 특허 　**⑥** ○ 　**⑦** ○
Tip **③** 항소한 사건을 판결하는 2심 법원은 고등 법원이다.

2 »법
헌법의 수호자, 헌법 재판소

| 구성 |

1 헌법 재판소의 역할
입법 작용과 행정 작용이 헌법에 위배되지 않는지 판단 → 헌법 질서 수호, 국민의 기본권 보장

2 헌법 재판소의 구성
대통령, 국회, 대법원장이 임명, 선출, 지명한 9명의 재판관

3+4 헌법 재판소에서 수행하는 심판
• 위헌 법률 심판: 국회에서 제정한 법률의 위헌 여부 판단
• 헌법 소원 심판: 국민의 기본권을 침해하는 국가 행위의 위헌 여부 판단
• 탄핵 심판: 고위 공무원의 탄핵 여부 판단
• 정당 해산 심판: 정당의 목적이나 활동이 위헌일 때 그 정당의 해산 여부 판단
• 권한 쟁의 심판: 국가 기관 간, 국가 기관과 지방 자치 단체 간, 지방 자치 단체 간 권한 다툼 판단

| 주제 | 헌법 재판소의 위상과 역할

Step 2 교과 개념 쏙 지문 독해
· 본문 116쪽

| 1 ② | 2 ⑤ | 3 ⑤ | 4 ② |

1 핵심 내용 파악하기   답 ②

이 글에서 헌법 재판이 어떤 절차에 의해 이루어지는 확인할 수 없다.

오답 챙기기
① 1문단에서 헌법은 모든 법 위에 있는 최고법임을 알 수 있다.
③ 1문단에서 헌법 재판소는 헌법 재판을 통해 '헌법 질서를 수호하고 국민의 기본권을 보장'함을 알 수 있다.
④ 2문단에서 헌법 재판소의 재판관은 총 9명임을 알 수 있다.
⑤ 1문단의 '우리나라 헌법이 처음 만들어진 것은 1948년 7월 17일이다.'를 통해 확인할 수 있다.

2 세부 내용 파악하기   답 ⑤

3문단에서 고위 공무원의 탄핵 소추 의결은 국회에서 한다는 것을 확인할 수 있다.

오답 챙기기
① 3문단에서 헌법 소원은 국민이 직접 심판을 청구할 수 있음을 알 수 있다.
② 1문단에서 헌법 재판소는 헌법의 해석과 관련한 분쟁을 다루는 헌법 재판을 담당함을 알 수 있다.
③ 4문단에서 정당 해산 심판의 결과 해산 결정이 선고되면 그 정당은 해산된다고 하였다.
④ 3문단에서 위헌 법률 심판을 통해 헌법에 위반된다고 판단되는 법률은 그 효력을 잃게 됨을 알 수 있다.

고난도
3 세부 내용 추론하기   답 ⑤

권한 쟁의 심판은 국가 기관이나 지방 자치 단체와 관련하여 권한 다툼이 있을 때, 헌법 재판소가 권한의 주체와 범위를 밝히는 것이다. 이런 다툼을 방치하면 권한의 주체와 범위를 두고 각 기관이 서로 권한을 행사하려 하거나 행사하지 않으려 할 수 있기 때문에 기관의 일이 원활하게 이루어지지 않아 결과적으로 국가 기능이 마비될 것이라고 추론할 수 있다.

4 사례에 적용하기   답 ②

2문단에 따르면 위헌 법률, 헌법 소원, 탄핵, 정당 해산 심판은 재판관 6명 이상의 찬성이 있어야 인용된다.

오답 챙기기
① 3문단에 따르면 헌법 소원은 국민이 직접 청구할 수 있으므로 갑은 헌법 소원 심판을 직접 청구할 수 있다.
③ 3문단의 '헌법 소원 심판은 국민의 기본권이 국가 권력 등에 의해 침해될 경우, 그 침해 행위가 헌법을 위반하는지 여부를 판단하는 일이다.'를 통해 알 수 있다.
④, ⑤ 1문단에 따르면 입법 작용과 행정 작용이 헌법에서 정하고 있는 내용을 벗어나서는 안 된다. 따라서 헌법 재판소에서 인터넷 실명제를 위헌이라고 판결하면 이에 대한 법의 효력은 상실되고 정부도 이 제도를 시행할 수 없게 된다.

Step 3 교과 개념 톡 핵심 정리
· 본문 118쪽

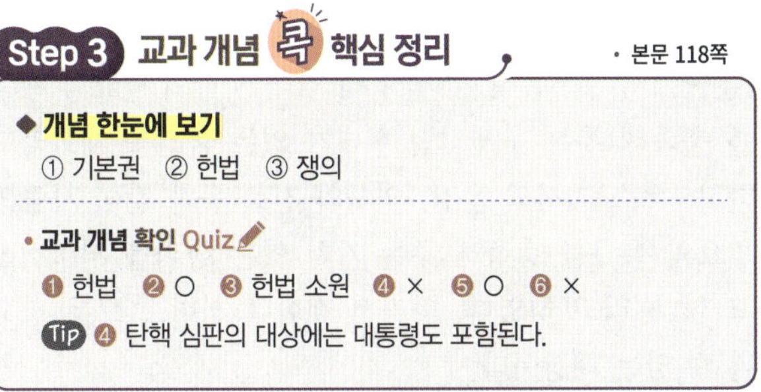

◆ **개념 한눈에 보기**
① 기본권 ② 헌법 ③ 쟁의

• **교과 개념 확인 Quiz**
❶ 헌법 ❷ ○ ❸ 헌법 소원 ❹ × ❺ ○ ❻ ×
Tip ❹ 탄핵 심판의 대상에는 대통령도 포함된다.

① 1문단에 따르면, 영화를 보거나 떡볶이를 사 먹는 것은 소비 행위로 경제생활에 해당한다.

② 1문단에서 '사람이 살아가는 과정을 경제생활의 연속이라고 할 때, 경제활동은 경제에 참여하는 어떤 주체의 개별적인 행동을 강조할 때 쓴다.'라고 하였다. 기업은 경제활동의 주체이고 '기업의 생산'은 주체의 개별적인 행동에 해당한다.

3 세부 내용 추론하기   답 ③

3문단에서 '기업은 일자리를 제공하므로 기업이 성장할수록 실업률이 낮아지게 되는데, 이는 가계의 소득에 영향을 준다.'라고 하였다. 따라서 기업이 성장하면 사회 전체의 실업률이 낮아지고 가계 소득이 증대됨을 알 수 있다.

오답 챙기기

① 기업(㉠)은 재화나 서비스를 생산하고 공급하여 이윤을 추구하고, 가계(㉡)는 재화와 서비스를 소비하는 주체라고 하였다.

② '기업(㉠)은 이윤을 추구하기 위해 서로 경쟁을 펼치게 되는데, 그 결과 더 뛰어난 품질의 상품을 더 낮은 가격으로 팔게된다. 이에 사람들은 더 좋은 재화나 서비스를 더 많이 소비할 수 있게 되어 삶의 수준이 높아지게 된다.'라고 하였다.

4 사례에 적용하기   답 ③

〈보기〉에서는 1990년대 말 우리나라 정부가 경제 위기를 극복하기 위해 정보 · 통신 분야에 집중적인 투자를 하여 이 분야의 산업이 성장했다고 하였다. 이는 경제활동의 주체로서 정부의 역할이 무엇인지를 보여 주는 사례로, 이때 정부의 역할은 4문단에 제시된 '기업이 새로운 산업에 뛰어드는 데 도움을 주기도 한다'에 해당한다.

오답 챙기기

⑤ 〈보기〉의 사례는 경제 위기를 극복하기 위해 정부가 새로운 산업 육성에 투자했다는 것이지, 정부가 사회에 필요한 재화와 서비스를 직접 생산했다는 것이 아니다.

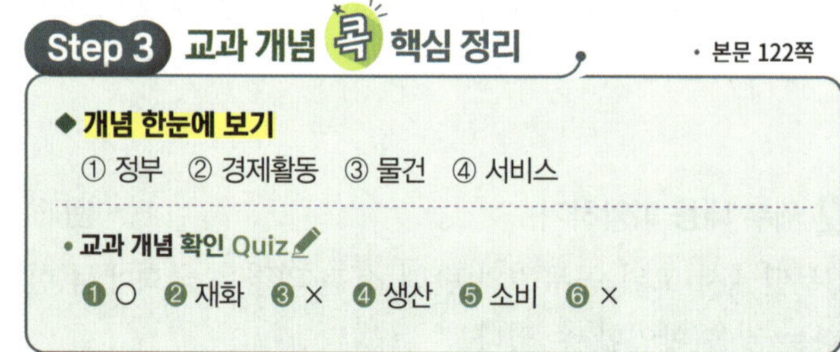

14일차

1 ≫경제
경제활동의 세 주체

| 구성 |

1 경제활동의 의미와 경제생활
- **경제활동**: 재화와 서비스를 생산, 분배, 소비하는 모든 활동
- 재화: 사람의 필요와 욕구를 충족해 주는 구체적인 형태가 있는 물건
- 서비스: 사람의 필요와 욕구를 충족해 주는 가치 있는 행위

2 경제 주체 ① 기업
- 재화 나 서비스 를 생산하고 공급하여 이윤을 추구하는 경제 주체
- 가계에 일자리 제공, 삶의 수준 향상

3 경제 주체 ② 가계
- 재화와 서비스를 소비하는 경제 주체
- 기업에 노동 , 토지, 자본 등의 생산 요소를 제공하고 임금 , 지대, 이자 등의 대가를 받음. 저축을 통해 경제 성장에 이바지

4 경제 주체 ③ 정부
- 개인이나 기업이 낸 세금 을 바탕으로 국방, 치안 유지, 도로 건설 등 사회에 필요한 재화와 서비스를 제공하는 경제 주체
- 기업의 부당한 행위로부터 가계 보호, 환경 문제 해결, 세금을 통한 소득 재분배, 기업의 경제활동 도움.
  → 경제활동의 세 주체는 서로 밀접한 관련을 맺음.

| 주제 | 경제활동의 의미와 참여 주체

Step 2   교과 개념   지문 독해   · 본문 120쪽

| 1 ④ | 2 ④ | 3 ③ | 4 ③ |

1 전개 방식 파악하기   답 ④

1문단에서 '경제활동'의 정의와 중심 화제인 '경제활동의 주체'를 제시한 다음, 2~4문단에서는 그 구성 요소인 '기업, 가계, 정부'에 대해 하나씩 상세하게 설명하고 있다.

2 세부 내용 파악하기   답 ④

1문단에서 '옷, 음식, 주택 등과 같이 사람의 필요와 욕구를 충족해 주는 구체적인 형태가 있는 물건을 재화라고 하고, 버스 기사의 운전, 의사의 진료 등과 같이 사람의 필요와 욕구를 충족해 주는 가치 있는 행위를 서비스라고 한다.'라고 하였다. 따라서 재화나 서비스 모두 사고 팔 수 있는 대상이다.

Step 3   교과 개념   핵심 정리   · 본문 122쪽

◆ **개념 한눈에 보기**
  ① 정부   ② 경제활동   ③ 물건   ④ 서비스

· **교과 개념 확인 Quiz**
  ❶ ○   ❷ 재화   ❸ ×   ❹ 생산   ❺ 소비   ❻ ×

2 모든 걸 다 가질 순 없어!

| 구성 |

1 경제활동
재화나 서비스를 [생산], [분배], [소비]하는 모든 활동

2+3 희소성의 문제
- [희소성]: 사람들의 욕구를 충족해 주는 자원이 부족한 상태
- 희소성의 [상대]성: 희소성은 사람들의 욕구와 상황에 따라 상대적으로 나타남.

4 기회비용과 합리적 선택
- [기회비용]: 하나를 선택함으로써 포기해야만 하는 여러 대안이 갖는 가치 중 가장 큰 것
- [합리적 선택]: 여러 대안 중에서 기회비용보다 편익이 더 큰 것을 선택하는 것

| 주제 | 희소성의 문제와 합리적 선택을 위한 기회비용

Step 2 교과 개념 📖 지문 독해 · 본문 124쪽

1 ③　　2 ①　　3 ②

1 핵심 내용 파악하기　　답 ③

4문단에서 희소성으로 인해 경제활동을 할 때에는 항상 선택의 문제에 직면하게 되고, 이 선택으로 인해 포기해야만 하는 가치 중 가장 큰 것을 의미하는 기회비용이 발생한다고 했다. 하지만 기회비용이 발생하지 않는 상황을 제시하고 있지는 않다.

오답 챙기기

① 1문단에서 경제활동에는 '생산, 분배, 소비'가 있다는 것을 알 수 있다.

② 3문단에서 '희소성은 사람들의 욕구와 상황에 따라 상대적으로 나타난다.'라고 하였다.

④ 4문단에서 '기회비용보다 편익이 더 큰 것을 선택했을 때 합리적 선택을 했다고 한다.'라고 하였다.

⑤ 4문단에서 '희소성으로 인해 우리는 경제활동을 할 때 항상 선택의 문제에 직면하게 된다.'라고 하였다.

[고난도]

2 세부 내용 추론하기　　답 ①

3문단에서 희소성은 사람들의 욕구와 상황에 따라 상대적으로 나타난다고 하였다. 따라서 물이나 공기가 자연

에 존재하는 것과는 관계없이 이에 대한 사람들의 욕구와 상황이 변화하면 희소성 역시 달라질 수 있음을 알 수 있다.

오답 챙기기

② 다이아몬드가 물보다 훨씬 비싼 것은 다이아몬드가 물보다 희소하기 때문이라고 했으므로 ○○○빵이 한정 판매로 인해 비싸게 거래되는 이유도 희소성과 관련이 있다고 볼 수 있다.

③ 재화나 서비스를 생산, 분배, 소비하는 활동이 경제활동이라고 하였으므로 미용실에서 머리카락을 다듬어 주는 것은 서비스를 만들어 내는 경제활동, 즉 생산 활동에 해당한다.

④ 선택으로 인해 포기해야만 하는 여러 대안이 갖는 가치 중 가장 큰 것을 기회비용, 선택을 함으로써 얻게 되는 이익이나 만족도를 편익이라 하였으므로, 만족감이 더 높은 햄버거가 아닌 피자를 선택한 경우 편익보다 기회비용이 큰 것이다.

⑤ 3문단으로 보아 희귀한 물건이라도 그 물건을 찾는 사람이 없다면 희소성이 있다고 볼 수 없으므로, 추운 극지방에서는 에어컨의 수가 적더라도 희소성이 있다고 보기 어렵다.

3 사례에 적용하기　　답 ②

(가)에서 로봇과 레고 중 영수의 선호도가 더 높은 것은 로봇이므로, 자동차를 선택했을 때의 기회비용은 자동차 값과 로봇이 주는 만족감이다.

오답 챙기기

① (가)에서 문수가 레고를 선택한 것에 대한 기회비용은 레고값과 로봇이 주는 만족감이다.

③ 문수와 영수의 선호도가 상대적으로 낮을 뿐, 자동차 역시 공짜로 얻을 수 있는 자유재가 아니라 돈을 주어야만 얻을 수 있는 경제재이다.

④ (나)에서 연주가 B 가게를 선택했을 때의 기회비용은 교통비가 아니라, A 가게에서 일하며 벌 수 있는 돈이다.

⑤ (나)에서 연주가 A 가게에서 일하면 교통비 3,000원을 뺀 57,000원을 벌지만, B 가게에서 일하면 58,000원을 벌게 되므로 A 가게에서 그대로 일하는 것은 합리적 선택이라고 볼 수 없다.

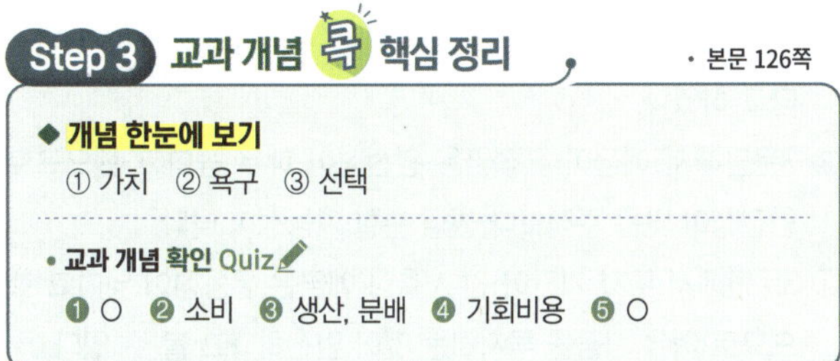

Step 3 교과 개념 📖 핵심 정리 · 본문 126쪽

◆ **개념 한눈에 보기**
　① 가치　② 욕구　③ 선택

· **교과 개념 확인 Quiz** ✏
　❶ ○　❷ 소비　❸ 생산, 분배　❹ 기회비용　❺ ○

| 구성 |

1 지속 가능한 소비 생활을 위한 자산 관리
생산 활동 기간과 소득의 양은 한정 적임.

2 + 3 자산 관리의 개념과 방법
- 자산 : 개인의 소유물 중 경제적 가치를 지닌 것(현금화할 수 있는 것)
- 자산 관리 : 소득과 소비, 자산 증가에 대해 계획을 세우고 실천하는 것
- 자산 관리 시 고려할 요소: 소득과 재산 상태, 미래의 지출 규모, 자산의 안전성, 수익성 , 유동성 등
- 합리적인 자산 관리: 자금을 다양한 자산에 적절히 분산 함.

4 신용의 개념과 신용 관리의 중요성
- 신용 : 미래의 어느 시점에 갚을 것을 약속하고 상품이나 돈을 얻을 수 있는 능력
- 신용 관리의 중요성: 신용이 좋으면 좀 더 유리한 위치에서 경제활동이 가능함.

| 주제 | 합리적인 자산 관리와 신용 관리의 중요성

Step 2 교과 개념 쏙 지문 독해 · 본문 128쪽

| 1 ④ | 2 ② | 3 ③ | 4 ⑤ |

1 핵심 내용 파악하기 답 ④

3문단에서 안전성은 높지만 수익성은 낮다는 예금과 적금의 공통점을 알 수 있지만, 차이점은 찾을 수 없다.

고난도

2 세부 내용 추론하기 답 ②

3문단에서 보험은 유동성이 낮음을 알 수 있으나, 이는 다른 금융 상품에 비해 상대적으로 지니는 성질이다. 2문단에서 보험도 자산의 한 종류이며 자산 관리의 대상이 됨을 알 수 있다.

오답 챙기기

① 4문단에서 신용이 불량한 사람은 금융 기관과 거래하기 어렵다고 하였다.
③ 3문단에서 예금이나 적금은 안전성이 매우 높다고 했으므로 안전성이 낮은 주식보다 원금 손실 가능성이 낮다.
④ 3문단에서 투자 기간이 긴 저축성 예금은 유동성이 낮다고 했으므로 여유 자금을 투자하는 것이 안전하다고 볼 수 있다.

⑤ 4문단에서 신용을 활용하면 현금 없이 편리하게 거래할 수 있지만, 충동 구매나 과소비를 할 우려가 있다고 했다.

3 관용 표현 이해하기 답 ③

'달걀을 한 바구니에 담지 마라.'는 달걀을 여러 바구니에 담으면 그중 한 바구니의 달걀은 깨져도 다른 바구니의 달걀은 안전하게 지킬 수 있다는 의미이다. 따라서 분산 투자를 강조하는 ㉠과 의미가 통한다.

오답 챙기기

① 아무리 작은 것이라도 모이고 모이면 나중에 큰 덩어리가 됨을 비유적으로 이르는 말이다.
② 한 가지 일을 하여 두 가지 이상의 이익을 보게 됨을 비유적으로 이르는 말이다.
④ 지나치게 욕심을 부리다가 이미 차지한 것까지 잃어버리게 됨을 비유적으로 이르는 말이다.
⑤ 사람의 욕심은 끝이 없음을 이르는 말이다.

4 사례에 적용하기 답 ⑤

학생인 자녀들을 둔 B 씨는 당장 자녀 교육에 드는 돈이 많을 때이므로 요구불 예금과 같이 현금화하기 쉬운 금융 상품이 필요할 수 있다. 따라서 유동성이 낮은 채권에 많이 투자하라는 조언은 적절하지 않다.

오답 챙기기

① 자금을 안정적으로 모으기 위해 안전성이 높은 적금을 선택하라는 조언은 적절하다.
② 3문단에서 자금을 다양한 자산에 적절하게 분산해야 한다고 했으므로 저금리가 계속된다면 소득의 일부를 수익성이 높은 주식에 투자하라는 조언을 할 수 있다.
③, ④ 노년기의 소득 감소와 분산 투자를 고려할 때, 안전성이 높은 적금의 비중을 높이라는 조언이나 건강을 위해 질병 관련 보험에 가입하라는 조언은 적절하다.

Step 3 교과 개념 쿡 핵심 정리 · 본문 130쪽

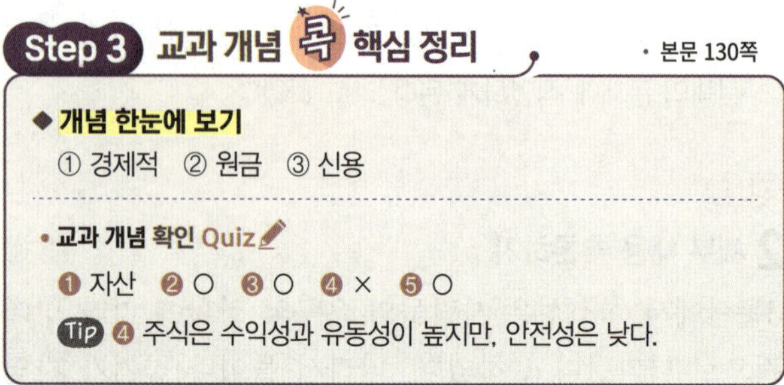

◆ **개념 한눈에 보기**
① 경제적 ② 원금 ③ 신용

- **교과 개념 확인 Quiz**
  ❶ 자산 ❷ ○ ❸ ○ ❹ × ❺ ○
  Tip ❹ 주식은 수익성과 유동성이 높지만, 안전성은 낮다.

2 »경제
기업의 존재감

| 구성 |

1+2+3 기업의 역할과 기능
- **생산** 활동을 담당하는 경제 주체인 기업: 생산물을 시장에 공급하고 이윤을 얻음.
- **생산 요소**의 수요자인 기업: 상품 생산에 필요한 요소(노동, 토지, 자본 등)를 구매하고 대가를 지불함.
- 국민 경제 발전에 기여하는 기업: 생산을 이끌어 나가면서 국민 **소득**을 증가시키고, **고용**을 창출함.

4 기업의 사회적 책임
기업이 소비자와 노동자, 지역 사회 등이 요구하는 사회적 의무를 충족하는 방향으로 활동해야 한다는 윤리적 책임 의식

| 주제 | 기업의 역할과 사회적 책임

Step 2 교과 개념 쏙 지문 독해 · 본문 132쪽

| 1 ④ | 2 ② | 3 ⑤ | 4 ⑤ |

1 전개 방식 파악하기 답 ④

이 글의 중심 화제는 '기업'으로, 이에 대해 질문을 던지는 방식은 활용하고 있지 않다.

오답 챙기기
① 4문단에서 '기업의 사회적 책임'의 의미를 설명하고 있다.
② 3문단에서 생산의 주체, 국민 소득 증가, 고용 창출 등 기업의 긍정적인 역할을 나열하고 있다.
③ 2문단에서 의류 회사 설립과 관련된 구체적 예를 들어 생산 요소의 수요자로서의 기업에 관한 독자의 이해를 돕고 있다.
⑤ 4문단에서 기업이 이윤 추구와 효율성만 중시한다면 무분별한 자원 개발과 환경 파괴, 노동 착취와 같은 문제가 발생할 수 있다는 부정적인 상황을 가정하고 있다.

2 세부 내용 파악하기 답 ②

2문단에서 생산 요소의 종류로 자본, 노동, 토지 등이 있다고 설명하고 있다.

고난도

3 세부 내용 추론하기 답 ⑤

1, 2문단에서 기업은 생산 활동을 담당하는 경제 주체이자 생산 요소의 수요자임을 알 수 있고, 가계는 기업에서

만든 생산물의 소비자이자, 기업에 생산 요소를 제공하는 주체임을 알 수 있다.

오답 챙기기
① 3문단에서 기업의 목적은 상품 판매를 통한 이윤 추구라고 하였다.
② 3문단에서 기업은 생산 활동 과정에서 사람들을 고용하여 일자리를 준다고 하였다.
③ 2문단에서 생산 요소는 주로 가계가 제공한다고 하였다.
④ 1문단에서 기업이 생산 활동을 통해 가계에 재화와 서비스를 제공함을, 3문단에서 기업이 가계에 소득을 제공함을 알 수 있다.

4 사례에 적용하기 답 ⑤

〈보기〉에 따르면 D 나라의 지역민들은 B 기업으로부터 기부받은 바나나 나무, 커피나무를 심고 이를 활용하여 소득을 5배 가까이 올리고 있지만, B 기업의 사회적 책임과 관련한 혜택을 받은 것일 뿐, 생산 요소인 토지를 제공하고 있는 것은 아니다.

오답 챙기기
① B 기업은 상품 판매 수익금의 일부로 가난한 아프리카 나라에 나무를 기부하고 있고 환경에 이로운 상품을 생산하고 있으므로, 환경과 복지에 기여하는 기업의 사회적 책임을 수행하고 있다고 볼 수 있다.
② 3문단에서 기업이 벌어들인 수입 중 일부는 세금으로 국가에 납부된다고 했으므로 B 기업 역시 A 나라에 세금을 낼 것이다.
③ B 기업이 생산하는 신발은 천연고무를 이용하여 인체에 해롭지 않고 환경에 이로운 질 좋은 상품이라 할 수 있다. 이러한 B 기업의 노력을 통해 소비자의 만족감이 늘어날 수 있다.
④ B 기업은 C 나라의 고무나무 농장에서 현지의 인부들이 노동하여 채취한 천연고무를 이용하고 있으므로 C 나라의 고무나무 농장은 B 기업이 만드는 상품에 생산 요소를 제공하고 있다고 볼 수 있다.

Step 3 교과 개념 쿡 핵심 정리 · 본문 134쪽

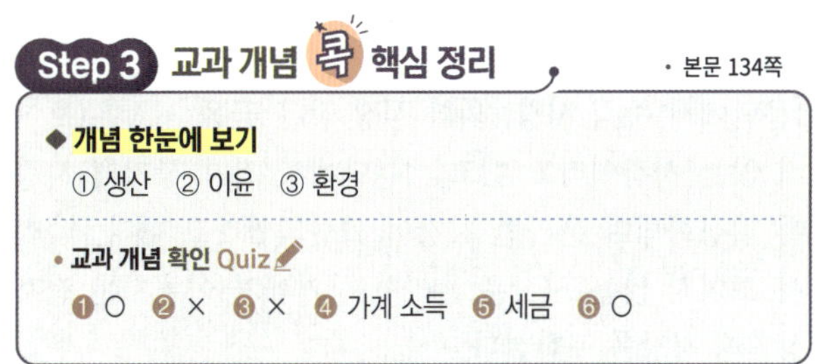

◆ **개념 한눈에 보기**
① 생산 ② 이윤 ③ 환경

· **교과 개념 확인 Quiz**
❶ ○ ❷ × ❸ × ❹ 가계 소득 ❺ 세금 ❻ ○

1 »경제
우리가 몰랐던 시장의 다양한 얼굴

| 구성 |

1 시장의 개념
상품을 사고자 하는 사람과 팔고자 하는 사람 사이에 거래가 이루어지는 곳

2 거래 상품에 따른 시장의 종류
• 생산물 시장: 재화나 서비스가 거래되는 시장
• 생산 요소 시장: 상품 생산에 필요한 노동, 자본, 토지 등의 생산 요소가 거래되는 시장

3 시장의 역할
분업과 전문화 촉진, 사회 전체 생산량 증가, 거래 상대를 찾는 시간과 비용 즉 거래비용을 줄임.

4 새로운 시장의 형성
과학 기술의 발전과 사회 변화에 따라 새로운 시장이 생기거나 활성화됨.

| 주제 | 시장의 개념, 종류, 역할

Step 2 교과 개념 쏙 지문 독해 · 본문 138쪽

1 ①   2 ③   3 ①   4 ④

1 세부 내용 파악하기 답 ①

1문단에서 시장의 개념을 설명하고 있으나, 시장의 변천사에 대해서는 제시하고 있지 않다.

오답 챙기기

② 3문단에서 시장의 역할과 필요성에 대해 제시하고 있다.

③ 2문단에서 시장이 여러 기준으로 구분되기 때문에 다양한 형태의 시장이 존재한다고 제시하고 있다.

④ 2문단에서 거래 대상이 생산물이냐 생산 요소냐에 따라 시장이 구분된다고 했다.

⑤ 2문단에서 생산 요소 시장에서 노동, 자본, 토지 등이 거래된다고 했다.

고난도

2 세부 내용 추론하기 답 ③

1문단에서 주식 시장, 외환 시장 같은 금융 시장은 보이지 않는 시장이라고 했고, 4문단에서 전자 상거래 시장이 일상화되며 온라인 시장이 확산되었다고 했다. 따라서 보이지 않는 시장은 온라인 상거래가 이뤄지는 전자 상거래 시장을 포함한다.

오답 챙기기

① 1문단에 따르면 보이는 시장과 보이지 않는 시장은 거래 대상이나 장소가 구체적으로 보이느냐에 따라 구분된다.

② 3문단에 따르면 시장이 생긴 뒤 사람들은 생활에 필요한 재화와 서비스를 스스로 만들기보다 특화와 사회적 분업을 이루게 되었다.

④ 2문단에 따르면 생산 요소 시장에서 가계는 기업에 노동력을, 생산물 시장에서 기업은 가계에 재화나 서비스를 제공한다.

3 사례에 적용하기 답 ①

2문단의 내용을 통해 토지 같은 생산 요소가 거래되는 부동산 시장은 생산 요소 시장임을 알 수 있다.

오답 챙기기

③ 학급에서 열리는 일일 장터 또한 상품을 팔려는 상인들과 사려는 소비자들이 거래하는 곳이므로 시장으로 볼 수 있다.

⑤ 게임 아이템 같은 가상 재화가 거래되는 시장은 이전에 없던 시장으로, 사회 변화에 따라 새롭게 형성된 시장으로 볼 수 있다.

수능찍먹

4 사례에 적용하기 답 ④

〈보기〉에서 구독 시장은 한번에 큰돈을 지불하는 부담을 줄이고 정기적으로 일정 금액을 내서 재화나 서비스를 제공받는 시장이라고 했다. 따라서 1인 가구가 증가하여 구독 경제가 활성화되면 소비자가 한번에 큰돈을 지출하는 일이 적어질 것이다.

오답 챙기기

①, ⑤ 4문단에서 과학 기술의 발전과 사회 변화에 따라 소비자의 수요에 부응하기 위해 새로운 시장이 형성된다고 하였으므로 〈보기〉의 구독 시장도 이에 따라 새롭게 등장한 시장이라고 볼 수 있다. 또한 디지털 기술이 발전하면서 개인의 수요에 맞는 서비스를 제공하는 구독 시장이 발전될 수 있다.

②, ③ 〈보기〉에서 구독 시장을 쓰는 사용자는 정기적으로 일정 금액을 내서 재화나 서비스를 제공받고, 기업은 정기적으로 재화나 서비스를 제공하며 일정 금액을 받아 정기적으로 수익을 올린다고 했다.

Step 3 교과 개념 콕 핵심 정리 · 본문 140쪽

◆ **개념 한눈에 보기**
① 보이는 시장   ② 생산 요소   ③ 서비스   ④ 거래 비용

• **교과 개념 확인 Quiz**
❶ 시장 ❷ ○ ❸ 생산물 ❹ × ❺ ○

16일차

2 ≫경제
보이지 않는 손의 정체는?

| 구성 |

❶ 수요 법칙과 공급 법칙
- **수요 법칙**: 상품의 가격이 상승하면 수요량이 감소하고, 가격이 하락하면 수요량이 증가하는 현상
- **공급 법칙**: 상품의 가격이 상승하면 공급량이 증가하고, 가격이 하락하면 공급량이 감소하는 현상

❷ 균형 가격(시장 가격)
시장에서 수요량과 공급량이 일치하여 상품의 가격이 더는 변하지 않는 균형 상태에 도달하게 될 때의 가격

❸+❹ 수요와 공급의 변동 요인
- **수요**의 변동 요인: 소득 및 기호 변화, 대체재 및 보완재의 가격 변동, 미래 예측, 소비자 수 변화 등
- **공급**의 변동 요인: 생산 요소의 가격 변동, 생산 기술의 발전, 미래 예측, 생산자 수 변화 등
- 수요·공급의 변동: 가격 이외의 여러 가지 요인으로 수요나 공급이 증가 또는 감소하는 것

| 주제 | 수요와 공급에 따른 시장 가격의 결정

Step 2 교과 개념  지문 독해 · 본문 142쪽

1 ④   2 ⑤   3 ②

---

1 핵심 내용 파악하기   ④

4문단에서 상품을 생산하는 기업의 수가 많아지면 공급도 증가한다고 하여 생산자 수의 변화가 공급에 미치는 영향을 설명하고 있지만, 상품을 생산하는 생산자 수가 변하는 이유는 제시하고 있지 않다.

오답 챙기기

① 2문단에서 과자 가격의 예를 통해 균형 가격은 수요량과 공급량이 일치하여 상품의 가격이 더는 변하지 않는 균형 상태에 도달할 때 결정된다고 설명하고 있다.

② 1문단에서 상품의 가격은 사람들이 그 상품을 얼마나 사고팔 것인가를 결정하는 데 중요한 역할을 한다고 설명하고 있다.

③ 4문단에서 공급을 변화시키는 요인에는 생산 요소의 가격 변동, 생산 기술의 발전, 미래에 대한 예측, 생산자 수의 변화 등이 있다고 설명하고 있다.

⑤ 1문단에서 상품의 가격이 오르면 수요량은 줄고 공급량은 늘어나는 반면, 상품의 가격이 내리면 수요량은 늘고 공급량은 줄어든다고 설명하고 있다. 즉 상품의 가격이 오를 때 공급자는 상품을 팔려고 할 것이고, 상품의 가격이 내릴 때 수요자는 상품을 사려고 할 것이다.

---

2 세부 내용 추론하기   ⑤

3문단에서 미래에 상품의 가격이 오를 것으로 예측되면 수요는 증가한다고 했고, 4문단에서 미래에 상품 가격 하락이 예측되면 가격 하락 전에 상품을 판매하기 위해 공급이 늘어난다고 했다.

오답 챙기기

③, ④ 3문단에서 대체 상품이나 보완 상품의 가격 변동도 수요 변화에 영향을 미치는 요인이라고 하였다. 콜라의 가격이 오르면 콜라에 대한 수요가 감소하고 콜라를 대신할 수 있는 대체 상품인 사이다의 수요가 증가한다고 볼 수 있다. 또한 피자의 가격이 내리면 피자에 대한 수요가 증가하므로 피자와 함께 먹는 보완 상품인 콜라의 수요도 증가한다고 볼 수 있다.

3 사례에 적용하기   ②

1문단에서 상품의 가격이 오르면 수요량이 줄고 공급량은 늘어나며, 반대로 가격이 내리면 수요량이 늘고 공급량은 줄어든다고 했으므로 ⓐ는 수요, ⓑ는 공급을 나타냄을 알 수 있다. 2문단에서 과자의 가격이 싼 경우 과자의 수요량은 공급량보다 많아 초과 수요가 발생하고, 이때 수요자들은 서로 과자를 사려고 경쟁하므로 그 결과 과자의 가격은 상승한다고 했다. 따라서 초콜릿 가격이 1,000원으로 쌀 때에는 초과 수요가 발생하여 가격이 올라갈 것이다.

오답 챙기기

③, ④, ⑤ 그래프에서 수요량과 공급량이 일치하는 초콜릿 시장의 균형 가격은 2,000원이고, 균형 거래량은 15만 개이다. 과자의 가격이 2,000원 미만인 경우, 초과 수요가 발생하고 이때 수요자들은 서로 과자를 사려고 경쟁하게 된다. 또한 과자의 가격이 2,000원 초과인 경우, 초과 공급이 발생하여 공급자들은 과자를 팔기 위해 경쟁하게 된다.

Step 3 교과 개념 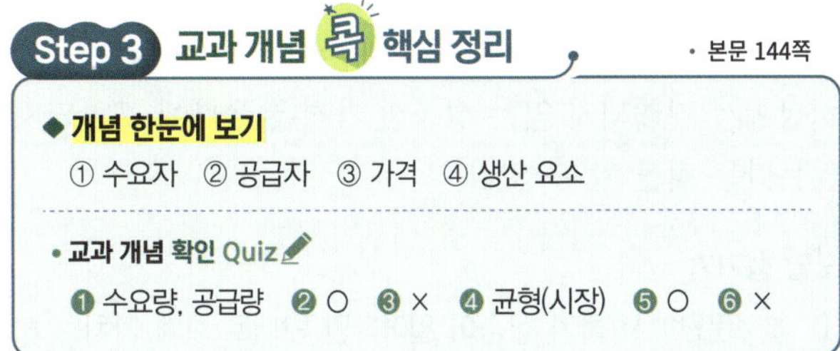 핵심 정리 · 본문 144쪽

◆ 개념 한눈에 보기
① 수요자 ② 공급자 ③ 가격 ④ 생산 요소

• 교과 개념 확인 Quiz
❶ 수요량, 공급량 ❷ ○ ❸ × ❹ 균형(시장) ❺ ○ ❻ ×

1 ≫ 경제
나라 살림, 잘 되고 있나요?

| 구성 |

2 국내 총생산과 실업
- 국내 총생산 : 한 국가 안에서 일정 기간 내에 새로이 생산된 최종 생산물을 시장 가격으로 계산하여 모두 합한 것
- 실업 : 일할 의사와 능력이 있음에도 일자리를 구하지 못하는 상태

1 국민 경제
국가 단위에서 경제 주체들의 경제활동을 보는 것

3 물가
시장에서 거래되는 개별 상품의 가격을 종합하여 평균적으로 나타낸 것

4+5 인플레이션
- 인플레이션 : 물가가 지속적으로 오르는 현상
- 인플레이션의 원인 : 총수요 상승, 생산 비용의 상승 등
- 인플레이션의 부정적 영향 : 화폐 가치 하락, 기업의 투자 활동 위축, 수출 감소, 수입 증가 등
- 물가 안정을 위한 각 경제 주체들의 노력이 필요함.

| 주제 | 국민 경제의 지표인 국내 총생산, 실업, 물가

Step 2 교과 개념 쏙 지문 독해 · 본문 146쪽

1 ②　　　2 ③　　　3 ④　　　4 ③

1 전개 방식 파악하기　　답 ②

1문단에서 국민 경제를 보여 주는 지표들로 국내 총생산, 실업 수준, 물가를 제시하고, 2문단에서 국내 총생산과 실업, 3~5문단에서 물가와 인플레이션에 대해 차례로 설명하고 있다.

2 세부 내용 파악하기　　답 ③

3문단에서 물가는 시장에서 거래되는 개별 상품의 가격을 종합하여 평균적으로 나타낸 것이라고 하였으므로, 시장에서 거래되지 않는 상품의 가격은 물가에 포함되지 않는다는 것을 알 수 있다.

오답 챙기기

①, ⑤ 4문단에서 물가 상승이 일어나면 반대로 화폐 가치는 하

락하며 일정한 금액으로 살 수 있는 재화나 서비스의 양이 줄어든다고 하였다.

④ 4문단에서 화폐 가치 하락, 기업의 투자 활동 위축, 무역 불균형 등 물가 상승의 부정적 결과를 알 수 있다.

3 세부 내용 추론하기　　답 ④

4문단에서 국내 물가가 상승하면 국내 상품의 가격이 비싸져 수출이 감소한다고 했으므로, 국내에서 의류를 만들어 외국에 수출하는 업체의 수출량은 감소할 것이다.

오답 챙기기

③ 인플레이션이 발생하면 토지, 건물 등을 보유한 사람은 유리해진다고 했는데, 토지나 건물 등은 일반적으로 부유한 사람들이 많이 소유하고 있으므로 빈부 격차가 심해질 것이다.

4 사례에 적용하기　　답 ③

4문단에서 생산 비용의 상승이 인플레이션의 원인 중 하나라고 했으므로, 〈보기〉는 국제 곡물 가격이 지속적으로 상승하여 인플레이션이 발생한 상황으로 볼 수 있다. 5문단에서 인플레이션이 일어나면 중앙은행은 이자율을 높여 저축을 유도한다고 했다.

오답 챙기기

① 4문단에서 물가가 상승하면 화폐 가치가 하락한다고 했다. 〈보기〉에서 예전에는 천만 원으로 100개 살 수 있었던 것을 지금은 70~80개만 살 수 있으므로 화폐 가치가 하락한 것이다.

② 음식 재료의 단위별 가격이 20~30% 이상 올랐으므로 갑은 음식의 가격을 올릴 수밖에 없다. 이처럼 식당 음식의 가격이 전체적으로 올라 물가는 더 상승하게 된다.

④ 5문단에서 인플레이션이 발생하면 기업은 생산비를 낮추어 물가 안정에 기여할 수 있다고 하였으므로 식당을 운영하는 갑 역시 인건비 등 생산 비용을 줄이기 위해 노력할 것이다.

⑤ 5문단에서 인플레이션이 일어나면 정부는 물가 안정을 위해 재정 지출을 줄이고, 세금을 많이 부과한다고 하였다.

Step 3 교과 개념 콕 핵심 정리 · 본문 148쪽

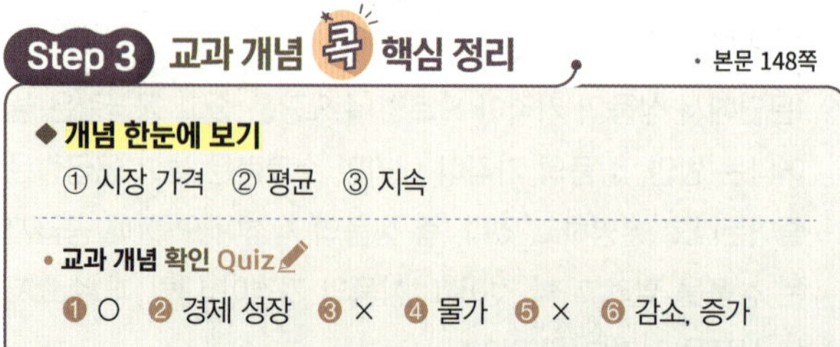

2 ≫경제
지구촌 시장에서 사고팔기

| 구성 |

1 + 2 국제 거래의 의미와 필요성
- **국제 거래**: 국가 간에 상품이나 생산 요소 등이 거래되는 것
- 국제 거래의 필요성: 나라마다 환경, 자원 등의 차이 → **비교 우위** 에 있는 상품을 특화해서 수출하고 경제적 이익을 얻음.

3 + 4 환율의 의미와 결정 원리
- 환율: 각 나라 사이의 **화폐** 교환 비율. 환율 상승 → 원화 가치 하락, 환율 하락 → 원화 가치 상승
- 환율 결정 원리: 외화의 수요와 공급에 따라 결정됨.
- 환율의 변동: 외화의 수요 증가 → 환율 **상승**, 외화의 공급 증가 → 환율 **하락**

5 환율 변동이 경제에 끼치는 영향
수출입, 국내 물가, 내국인의 해외여행 및 외국인의 국내 관광, 외채를 갚는 데에 영향을 미침.

| 주제 | 국제 거래의 필요성과 환율 결정 원리

Step 2 교과 개념 쏙 지문 독해 · 본문 150쪽

1 ⑤　　　2 ②　　　3 ④

1 세부 내용 추론하기　　　답 ⑤

3문단에서 '환율이 내렸다는 것은 원화 가치의 상승을 뜻한다.'라고 하였다. 원화 가치의 상승은 반대로 외화인 달러 가치의 하락을 의미한다고 볼 수 있다.

오답 챙기기

① 5문단에서 환율이 상승하면 외화로 표시되는 국내 상품의 가격은 상대적으로 싸지고, 외국 상품의 국내 가격은 상대적으로 비싸지게 된다고 했다. 따라서 환율의 변동에 따라 상품의 가격 역시 달라지게 된다는 것을 알 수 있다.

② 1문단에서 국가 간에 상품이나 생산 요소 등이 거래되는 것이 국제 거래이고, 오늘날에는 서비스 분야도 다양하게 거래되고 있다고 하였다. 공연은 서비스, 인력은 생산 요소에 해당하므로 모두 국제 거래의 대상이 된다.

③ 2문단에서 각 나라는 생산에 유리한 조건을 갖춘, 즉 다른 나라에 비해 비교 우위에 있는 품목은 특화하여 수출한다고 하였다.

④ 3문단에서 미국의 화폐 1달러를 사기 위해 1,000원이 필요하다면, 환율은 '1,000원/달러'로 표시한다고 했다. 따라서 1달러에 1,000원이었던 환율이 1,200원이 된 것은 환율이 상승한 것이다.

2 사례에 적용하기　　　답 ②

〈보기〉의 (가)는 수요 곡선이 오른쪽으로 이동했으므로 외화 수요가 증가한 것이고, (나)는 공급 곡선이 오른쪽으로 이동했으므로 외화 공급이 증가한 것이다. 4문단에서 해외여행이 늘어날 때 외화 수요가 증가한다고 했는데, 마찬가지로 해외로 어학연수를 가는 우리나라 학생의 수가 증가하면 외화 수요가 증가할 것이다.

오답 챙기기

①, ③ 우리 기업의 해외 투자 및 자국민의 해외여행 감소는 외화 수요가 감소하는 경우이다.

④, ⑤ 외국인의 국내 투자 및 우리나라의 수출 감소는 외화 공급이 감소하는 경우이다.

3 사례에 적용하기　　　답 ④

〈보기〉의 (가)는 외화 수요의 증가에 따라 외화의 가치가 높아져 환율이 상승한 것을 나타낸다. 그리고 (나)는 외화 공급의 증가에 따라 외화의 가치가 낮아져 환율이 하락한 것을 나타낸다. 환율이 하락하면 외국 상품의 국내 가격이 상대적으로 저렴해진다. 따라서 (나)의 상황에서는 수입 원자재의 가격이 내려갈 것이다.

오답 챙기기

①, ⑤ (가)의 외화 가치의 상승, 원화 가치의 하락은 외국인 관광객에게 유리한 조건이 되므로, 외국인 관광객이 증가하게 될 것이다. 이와 반대로 (나)의 상황에서는 내국인의 해외여행이 증가할 것이다.

② (가)의 상황에서는 원화의 가치가 떨어져 외채를 갚을 때 부담이 커진다고 볼 수 있다.

③ 5문단에 따르면 (나)와 같이 환율이 하락하는 상황에서 수출은 감소하고 수입은 증가한다.

Step 3 교과 개념 콕 핵심 정리 · 본문 152쪽

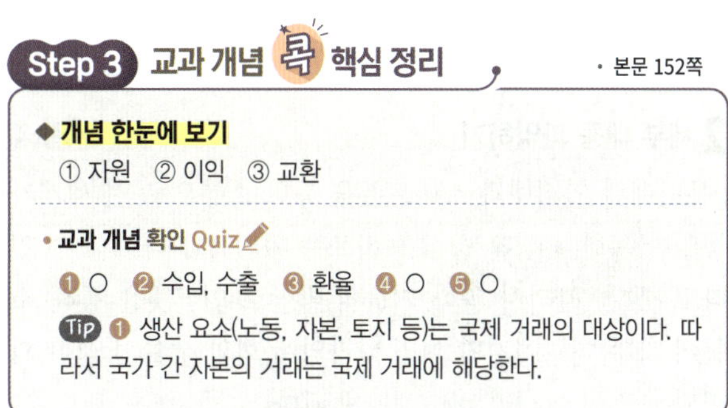

◆ **개념 한눈에 보기**
① 자원　② 이익　③ 교환

- **교과 개념 확인 Quiz**
❶ ○　❷ 수입, 수출　❸ 환율　❹ ○　❺ ○
Tip ❶ 생산 요소(노동, 자본, 토지 등)는 국제 거래의 대상이다. 따라서 국가 간 자본의 거래는 국제 거래에 해당한다.

1 ≫ 일반사회
사회 변동과 우리 생활의 변화

| 구성 |

1 사회 변동의 개념
한 사회의 생활 양식, 제도 등이 일정 규모 이상으로 변화하는 것

2 세계화와 획일화
- 세계화 : 전 세계가 하나의 공동체로 연결됨.
- 획일화 : 전 세계 사람이 동일한 문화나 생활 방식을 따르게 됨.

3 지식정보 · 서비스 사회로의 변화 양상과 문제점
- 양상: 정보를 쉽고 빠르게 접함, 쌍방향 의사소통으로 정보의 생산과 소비에 참여함.
- 문제점: 청소년들이 개인 정보 유출 등의 사이버 범죄를 경험함, 정보 격차 현상이 발생함.

4 다문화적 변화의 특징과 문제점
- 특징: 외국인 이주민이 늘어나 다양한 문화를 가진 사람들과 어울려 살아감.
- 문제점: 다른 문화에 대한 편견과 차별로 갈등이 발생함.

5 고령화와 저출산에 따른 인구 변화 문제와 갈등에 대한 우려
- 생산 가능 인구의 감소로 인한 사회적 부담 증가

| 주제 | 사회 변동의 유형과 양상 및 이로 인한 문제

Step 2   교과 개념  지문 독해   · 본문 154쪽

| 1 ⑤ | 2 ④ | 3 ① | 4 ④ |

1 전개 방식 파악하기　　　　답 ⑤

이 글에서는 사회 변동의 유형과 해당 사회 변동의 긍정적 영향, 부정적 영향을 각 문단에서 설명하고 있다.

2 세부 내용 파악하기　　　　답 ④

2문단에서 인터넷과 스마트폰을 통한 소통으로 전 세계가 동일한 문화나 생활 방식을 따르는 획일화가 나타날 수 있다고 했다. 따라서 과학 기술의 발달로 인터넷을 통해 소통이 자주 이루어지면 여러 나라의 문화와 생활 방식이 괴리되는 것이 아니라 비슷해지게 된다.

오답 챙기기

① 2문단에서 과학 기술의 발달로 등장한 인터넷이 세계화에 기여했다고 했다.

② 사이버 범죄는 지식정보 · 서비스 사회로의 변동에서 발생한 문제이며, 이는 청소년의 안전을 위협할 수 있다.

(고난도)

3 세부 내용 추론하기　　　　답 ①

2문단에서 사람들은 세계화를 통해 다양한 문화를 체험할 수 있게 되었다고 했고, 4문단에서 다문화적 변화로 다양한 나라의 문화를 체험할 기회가 많아졌다고 했다. 따라서 세계화 현상과 다문화적 변화는 다양한 문화를 접할 기회를 증가시켰다고 볼 수 있다.

오답 챙기기

② 3문단에서 지식정보 · 서비스 사회에서 사람들은 정보를 생산하고 소비하는 데 참여한다고 했다.

④ 5문단에 따르면 우리 사회는 저출산, 고령화로 생산 가능 인구가 줄어 노동력이 부족해지는 문제를 겪을 수 있는데, 외국인 이주 노동자가 늘어나면 이를 보완할 수 있을 것이다.

4 사례에 적용하기　　　　답 ④

〈보기〉에 제시된 노인들을 대상으로 한 디지털 기기 사용 교육은 지식정보 · 서비스 사회의 문제점을 해결하기 위한 노력을 보여 준다.

오답 챙기기

⑤ 3문단에서 지식정보 · 서비스 사회로의 변동은 쌍방향 의사소통을 통한 정보의 생산과 소비를 가능하게 하였고, 이는 유해 콘텐츠 범람과 사이버 범죄라는 문제를 가져왔다고 하였다. 따라서 스마트폰을 통한 쌍방향 의사소통은 개인 정보가 유출되기 쉬운 환경을 만들었을 것임을 알 수 있다.

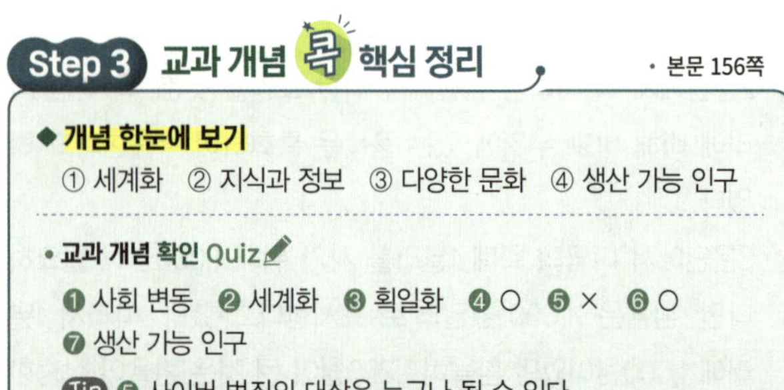

Step 3   교과 개념 핵심 정리   · 본문 156쪽

◆ **개념 한눈에 보기**
　① 세계화　② 지식과 정보　③ 다양한 문화　④ 생산 가능 인구

· **교과 개념 확인 Quiz**
❶ 사회 변동　❷ 세계화　❸ 획일화　❹ ○　❺ ×　❻ ○
❼ 생산 가능 인구
Tip ❺ 사이버 범죄의 대상은 누구나 될 수 있다.

---

2 ≫ 일반사회
우리 사회는 어떤 문제를 겪고 있을까요?

|구성|

1 사회 문제의 개념과 사례
발생 원인이 사회 에 있고, 사회 구성원 다수가 바람직하지 않다
고 여겨 개선해야 한다고 생각하는 문제

2+3+4 우리 사회의 주요 문제
• 인구 문제: 출산율 이 낮아지고 노인 의 비율이 증가하는 문제
• 사회 불평등 문제: 재산이나 권력 등이 사회 구성원들에게 공평
하게 분배되지 않아 나타나는 문제
• 노동 문제: 노동자의 권익이나 노동 환경 과 관련된 문제
• 기후 위기 문제: 지구 온난화 로 인한 기후 변화로 나타나는 문제
• 팬데믹 문제: 감염병 이 전 세계적으로 유행하면서 나타나는 문제

5 사회 문제의 해결 방안
국가나 국제 사회 차원의 대응 방안 마련, 시민들의 능동적인
사회 참여

|주제| 사회 문제의 종류와 그 양상 및 대응 방안

Step 2 교과 개념 지문 독해 · 본문 158쪽

1 ⑤　　2 ④　　3 ③　　4 ⑤

1 전개 방식 파악하기　　답 ⑤

이 글은 사회 문제의 종류와 양상, 그리고 그 해결 방안
을 설명하고 있을 뿐, 사회 문제에 대한 상반된 관점은
소개하고 있지 않다.

오답 챙기기

① 1문단에서 사회 문제의 의미를 밝히고 있다.
② 1문단에서 구체적인 예를 들어 사회 문제의 개념과 사회 문제
의 상대성에 대해 설명하고 있으며, 4문단에서 팬데믹 문제의
예로 코로나바이러스 감염병의 유행을 제시하고 있다.
③ 4문단에서 기후 위기 문제가 발생한 원인과 결과를 인과적으
로 밝히고 있다.
④ 2~4문단에서 사회 문제의 종류와 각각의 양상을 제시하고
있다.

2 세부 내용 파악하기　　답 ④

5문단에서 사회 문제를 해결하기 위해서는 국가나 국제 사
회 차원의 대응 방안을 마련하는 것이 중요하며, 시민들도
스스로 사회 문제에 관심을 가지고 변화가 필요한 부분을

찾아 나가야 한다고 하였다. 따라서 사회 문제를 해결하려
면 국가뿐 아니라 개인의 노력도 필요하다고 할 수 있다.

오답 챙기기

① 1문단에서 사회 문제는 어느 사회나 존재하지만 시간이나 장
소에 따라 다르게 나타나기도 한다고 하였다.
③ 5문단을 통해 국가 차원에서 대응할 수 있는 사회 문제도 있
음을 알 수 있다.
⑤ 3문단에서 인구 문제는 이전부터 지금까지 계속되어 온 사회
문제라고 하였고, 4문단에서 기후 위기 문제와 팬데믹 문제는
새롭게 등장한 사회 문제라고 하였다. 따라서 인구 문제가 가
장 나중에 나타났다고 볼 수 없다.

고난도

3 세부 내용 파악하기　　답 ③

저출산과 고령화 현상이 지속되면 사회 전반적으로 일을
할 수 있는 인구가 부족해지는 것이지, 일자리를 잃는 사
람이 많아지는 것은 아니다.

오답 챙기기

① 4문단에서 팬데믹이 발생하면 경제활동이 감소하여 경제 침
체가 발생할 수 있다고 하였다.
② 3문단에서 노동 문제는 사회 통합과 안정을 저해한다고 하였다.
④ 3문단에서 우리 사회는 소득, 주거, 문화, 교육, 의료 서비스
등 다양한 영역에서 사회 불평등 문제를 겪고 있다고 하였다.
⑤ 4문단에서 산업화 이후 온실가스의 배출량이 증가하면서 나
타난 지구 온난화의 영향으로 이상 기후 현상이 빈번하게 발
생하고 있다고 하였다.

4 사례에 적용하기　　답 ⑤

〈보기〉에서 갑국의 정책은 저출산이 지속되는 인구 문제
를, 을국의 정책은 주거 영역의 사회 불평등 문제를, 병
국의 정책은 기후 위기 문제를, 정국의 정책은 교육 영역
의 사회 불평등 문제를 해결하기 위한 것이다. 따라서 을
국과 정국의 정책은 모두 사회 불평등 문제를 해결하기
위한 것이라 할 수 있다.

Step 3 교과 개념 핵심 정리 · 본문 160쪽

◆ **개념 한눈에 보기**
① 인구　② 사회 불평등　③ 지구 온난화　④ 전염병

• **교과 개념 확인 Quiz**
❶ ×　❷ 저출산　❸ ○　❹ 노동　❺ ○　❻ 지구 온난화
Tip ❶ 사회 문제는 발생 원인이 사회에 있다.

1 » 지리
우리가 살아가는 곳을 설명하는 다양한 방법

| 구성 |

❶ 지리적 특성과 위치의 관계
위치를 통해 한 국가의 특성을 이해할 수 있음.

❷ 우리나라의 절대적 위치
`수리적` 위치상 북위 33~43°, 경도 124~132°에, `지리적` 위치상 유라시아 대륙의 동쪽에 위치함.

❸ 우리나라의 상대적 위치
• `지정학적` 위치: 유라시아 대륙과 태평양을 연결하는 요충지로서 강대국들의 이해관계에 영향을 받음.
• 지경학적 위치: 동아시아의 경제 중심지임.

❹ 우리나라의 영역과 행정 구역
• 우리나라의 영토: 한반도와 그 주변의 섬들
• `광역 행정 구역`: 국토를 효율적으로 관리하기 위해 구분한 지역의 범위로, 정치·경제·문화 면에서 중요한 역할을 함.

❺ 장소와 관련된 개념
• `장소감`: 장소에 대한 감정과 가치
• `장소애`: 장소감을 준 공간에 대한 애정과 소속감 등
• `장소성`: 장소가 지닌 고유한 특성

| 주제 | 우리나라의 위치, 영역, 행정 구역 및 장소

Step 2 교과 개념 쏙 지문 독해　　• 본문 162쪽

1 ③　　2 ④　　3 ⑤　　4 ④

1 핵심 내용 파악하기　　답 ③

4문단에서 행정 구역은 시대적 상황에 따라 신설되고 변경된다고 설명하고 있지만, 행정 구역의 변경 기준에 대해서는 설명하고 있지 않다.

오답 챙기기

① 2문단에서 우리나라의 기후를 확인할 수 있다.
② 4문단에서 우리나라의 영토 범위를 확인할 수 있다.
④ 3문단에서 우리나라의 지정학적 위치를 확인할 수 있다.
⑤ 5문단에서 장소성을 지니는 도시의 예를 확인할 수 있다.

2 세부 내용 파악하기　　답 ④

4문단을 통해 한 국가의 영역은 영토, 영해, 영공으로 이루어지며 영해는 영토 주변의 바다이므로 우리나라의 주변 바다는 우리나라의 영역에 포함된다는 것을 알 수 있다.

3 세부 내용 추론하기　　답 ⑤

㉠은 주변국과의 정치적 관계를, ㉡은 주변국과의 경제적 관계를 중심으로 파악되는 위치이므로 둘 다 주변국과의 관계 속에서 정해진다고 할 수 있다.

오답 챙기기

① ㉠은 상황에 따라 변하는 상대적 위치이다.
② ㉡은 상대적 위치이므로 고정된 위치를 가지고 있지 않다.
③ 3문단에서 지정학적 위치와 지경학적 위치는 상황에 따라 바뀔 수 있다고 했으므로, ㉠과 ㉡은 모두 시대에 따라 바뀔 수 있는 정치적, 경제적 상황에 영향을 받는다고 볼 수 있다.
④ 지정학적 위치는 국제 정세를 중심으로 파악할 수 있고, 지경학적 위치는 국제 경제를 중심으로 파악할 수 있으므로, ㉠과 달리 ㉡이 국제 정세를 중심으로 파악된다고 볼 수는 없다.

4 사례에 적용하기　　답 ④

장소감은 장소에 대해 개인적으로 느끼는 감정이나 가치이므로 개인마다 다를 수 있다. 따라서 한강 공원과 전주 한옥 마을은 모두 동일한 장소감을 가지게 하는 장소라고 볼 수 없다.

오답 챙기기

① 한강 공원에서 매일 산책을 한 A는 한강 공원에 좋아한다는 감정을 부여했으므로, 장소감을 가지고 있다.
③ 5문단에서 전주 한옥 마을은 전통적 장소성을 지닌다고 했으므로, 전주 한옥 마을은 한강 공원과 달리 전통적 장소성을 지닐 것이다.
⑤ 5문단에서 장소성은 다른 장소와 구별되는 특성이라고 했다. 따라서 다른 공원과 달리 세계불꽃축제가 유일하게 열리는 곳인 한강 공원은 다른 공원과는 구분되는 장소성을 가질 것이다.

Step 3 교과 개념 콕 핵심 정리　　• 본문 164쪽

◆ **개념 한눈에 보기**
① 수리적　② 경제　③ 영토　④ 광역

• **교과 개념 확인 Quiz**
❶ ○　❷ 지경학적 위치　❸ 광역 행정 구역　❹ ×　❺ 장소애
Tip ❹ 어떤 공간에 관한 특별한 감정과 가치를 장소감이라고 한다.

2 ≫지리
사계절이 뚜렷한 우리나라의 금수강산

| 구성 |

❶ 우리나라의 자연환경
우리나라의 자연환경은 우리나라 사람들의 생활 방식에 영향을 줌.

❷ 우리나라 산지의 특성
• 동고서저 의 지형을 형성함.
• 북동쪽에 높은 산지가 분포함.

❸ 우리나라 하천과 해안의 특성
• 하천: 동고서저의 지형적 특성으로 황해 나 남해 로 흐르는 큰 하천이 많음.
• 해안: 서·남해안은 해안선이 복잡하며 동해안은 해안선이 단조로움.

❹ 우리나라 기후의 특성
• 중위도에 위치해 냉·온대 기후가 나타남.
• 계절풍 의 영향을 받아 기온의 연교차와 강수량 의 차이가 큼.

❺ 우리나라의 기후 변화와 영향
최근 우리나라도 기후 변화 를 겪고 있으며 이에 대응하기 위해 다양한 대책을 마련하고 있음.

| 주제 | 우리나라 지형 및 기후의 특징과 기후 변화의 영향

Step 2 교과 개념 쏙 지문 독해 · 본문 166쪽

1 ③　　2 ④　　3 ④

1 핵심 내용 파악하기　답 ③

3문단에서 도시 발전에 영향을 끼친 지형적 특징은 하천임을 알 수 있다.

오답 챙기기

⑤ 4문단에서 우리나라의 대부분의 지역이 장마철과 한여름에 비가 집중된다고 했을 뿐, 여름과 겨울의 강수량 차이는 언급하지 않았다.

2 세부 내용 파악하기　답 ④

5문단에서 기후 변화 때문에 수온이 상승하여 난류성 어족이 증가한다고 했으므로, 한류성 어족이 증가한다는 내용은 적절하지 않다.

오답 챙기기

① 3문단에서 황해나 남해로 흐르는 하천은 동해로 흐르는 하천

에 비해 유로가 길고 경사가 완만하다고 했다.

② 2문단에서 동고서저의 지형은 동쪽과 서쪽의 융기량의 차이에 의해 형성되었다고 했다.

③ 2문단에서 높은 산지는 주로 북쪽과 동쪽에 있다고 했고, 동쪽이 해발 고도가 높은 동고서저의 지형이 나타난다고 했다. 따라서 북부 지역에서도 해발 고도가 높은 산들은 동고서저의 영향으로 주로 동쪽에 분포할 것이라고 볼 수 있다.

⑤ 4문단에서 우리나라는 유라시아 대륙의 동쪽에 위치하여 계절풍의 영향을 받으며, 여름에는 남동·남서 계절풍의 영향으로 대청마루를 설치하는 가옥 구조가, 겨울에는 북서 계절풍의 영향으로 남향집이나 온돌 같은 가옥 구조가 발달했다고 했다. 따라서 지리적 위치에 따라 달라진 기후 특성이 가옥 구조에 영향을 주었다고 볼 수 있다.

3 사례에 적용하기　답 ④

(라)는 동고서저 지형으로 인해 북동부에 산지가 많고, 겨울에 영동 지방에 눈이 많이 내려서 스키장을 만들기에 유리하기에 가능한 것이다. 4문단에서 강수량은 여름에 집중된다고 했으므로 겨울에 강수량이 집중되어서 스키장이 발달했다고 볼 수 없다.

오답 챙기기

① (가)의 대청마루는 뒷문을 통해 바람이 잘 통하도록 만든 구조인데, 이는 4문단에서 제시한 무덥고 습한 여름철 기후와 연관해서 통풍이 잘되도록 하기 위한 구조임을 짐작할 수 있다.

② (나)의 한옥의 온돌방은 4문단에서 제시한 차고 건조한 북서 계절풍 때문에 발달한 가옥으로 볼 수 있다.

③ (다)의 벼농사는 4문단에서 우리나라는 남서·남동 계절풍의 영향으로 강수량이 충분하여 벼농사가 발달했다는 내용과 연관된다.

⑤ (가)~(라)는 모두 기후적 특성이 주거, 식생활, 여가 등의 생활 방식에 영향을 끼친다는 것을 보여 준다고 할 수 있다.

Step 3 교과 개념 콕 핵심 정리 · 본문 168쪽

◆ **개념 한눈에 보기**
① 동고서저　② 도시　③ 냉·온대　④ 계절풍

• **교과 개념 확인 Quiz**
❶ 동고서저　❷ 연교차　❸ ×　❹ 벼농사　❺ ○
Tip ❸ 우리나라는 겨울에는 매우 차갑고 건조한 북서 계절풍이 불어온다.

1 » 지리
교통의 발달로 연결된 중부 지역

| 구성 |

1 중부 지역의 범위
수도권, 충청 지역, 강원 지역으로 구분됨.

2 수도권의 지형
• 태백산맥을 비롯한 산지, 한강과 금강 같은 큰 하천, 평야 발달
• 화산 지형, 카르스트 지형

3 수도권의 특징
• 서울을 중심으로 위성 도시와 주변 지역이 연결된 대도시권 형성
• 경기도, 인천에 신도시 조성, 서울의 산업이 경기도, 인천으로 분산

4 충청 지역의 특징
• 교통의 발달로 수도권 접근성이 높아짐.
• 지식 기반 제조업, 첨단 산업이 발달함.

5 강원 지역의 특징
• 광업이 발달한 곳이었으나 석탄 수요의 감소로 경기가 침체됨.
• 관광 산업의 특화에 주력함.

6 지역 균형 발전의 필요성
수도권과 비수도권 간의 지역 불균형을 해소하는 지역 균형 발전은 국가의 지속 가능한 발전을 위해 필요함.

| 주제 | 중부 지역의 지역적 특성

Step 2 교과 개념 지문 독해
· 본문 170쪽

| 1 ① | 2 ③ | 3 ⑤ | 4 ③ |

1 핵심 내용 파악하기
답 ①

이 글은 수도권의 공간 구조 및 인구와 산업의 변화를 설명하고 있을 뿐, 수도권의 주요 문화 공간은 설명하고 있지 않다.

오답 챙기기

②는 1문단에서, ③은 6문단에서, ④는 4문단에서, ⑤는 3문단에서 확인할 수 있다.

2 세부 내용 파악하기
답 ③

3문단에서 서울에 인구와 산업이 과밀화되면서 주택 부족, 땅값 상승, 환경 오염 등의 문제가 발생했다고 하였다.

고난도
3 세부 내용 추론하기
답 ⑤

5문단을 통해 석탄과 석회석 등의 지하자원을 바탕으로 하는 광업은 석탄 수요의 감소로 쇠퇴하는 산업임을 알 수 있다. 따라서 비수도권의 산업 구조를 광업 중심으로 개편하는 것은 ㉠을 위한 방안으로 적절하지 않다.

오답 챙기기

① 비수도권에서 문화·의료 등의 생활 환경이 악화되는 것이 지역 불균형의 원인이 되므로 ㉠을 위한 방안으로 적절하다.

②, ③ 청년층이 취업이나 교육을 위해 수도권으로 유출되는 것이 지역 불균형의 원인이 되므로 ㉠을 위한 방안으로 적절하다.

④ 저출산·고령화가 심화되는 것이 지역 불균형의 원인이 되므로 ㉠을 위한 방안으로 적절하다.

4 사례에 적용하기
답 ③

3문단에 따르면, 서울을 중심으로 위성 도시와 주변 지역이 연결된 대도시권이 형성되었다. 이를 통해 평택은 서울과 대도시권으로 연결되어 있다고 볼 수 있다. 그런데 3문단에 따르면, 지식 기반 산업의 중심지로 발전한 도시는 서울이다. 따라서 경기도 평택이 서울과 대도시권으로 연결되어 지식 기반 산업의 중심지가 되었다는 반응은 적절하지 않다.

오답 챙기기

① 3문단에서 신도시는 서울에 인구와 산업이 과밀화되면서 발생하는 문제를 해결하기 위해 조성된 곳이라고 하였다. 따라서 평촌 신도시는 서울의 인구 과밀화를 해결하기 위해 조성된 곳이라 할 수 있다.

② 3문단에서 서울의 산업이 경기도로 분산되면서 경기 지역의 도시에는 정보 통신 기기, 반도체 관련 제조업이 발달했다고 하였다. 따라서 반도체 제조 산업 단지가 있는 평택은 서울에 집중되어 있던 반도체 관련 제조업이 분산된 도시라 할 수 있다.

Step 3 교과 개념 핵심 정리
· 본문 172쪽

◆ **개념 한눈에 보기**
① 산지 ② 대도시권 ③ 수도권 ④ 광업

· **교과 개념 확인 Quiz**
❶ ○ ❷ 위성 도시 ❸ 과밀화 ❹ 신도시 ❺ × ❻ 관광 산업
Tip ❺ 자본과 고급 인력이 풍부한 지식 기반 산업의 중심지는 서울이다.

2 ≫지리
한반도의 양극단, 남부 지역과 북부 지역

| 구성 |

1 관광 명소가 많은 남부 지역
영남 지역과 호남 지역, 제주 지역으로 구분됨.

2 영호남 지역의 지리적 특징
• 호남: 평야와 갯벌이 발달함.
• 영남: 웅장한 산과 해수욕장이 많음.

3 영호남 지역의 산업 구조와 그 변화
• 1970년대: 중화학 공업이 집중적으로 발달함.
• 1980년대 이후: 첨단 산업, 친환경 산업, 융복합 산업 등으로 산업 구조가 변화함.

4 제주도의 특징
• 화산 활동으로 형성됨 섬임.
• 국제 자유 도시로 지정되고 제주특별자치도로 승격함.
• 이상 기후 현상이 나타나므로 지속 가능한 개발을 위한 노력이 필요함.

5 북부 지역의 특징
• 산지와 고원이 많고, 대륙성 기후로 인해 밭농사가 발달함.
• 풍부한 자원을 활용한 산업 구조에서 농림어업과 광공업 발달함.

| 주제 | 남부 지역과 북부 지역의 지역적 특성 및 산업

Step 2 교과 개념 지문 독해 · 본문 174쪽

1 ⑤   2 ②   3 ⑤   4 ④

1 핵심 내용 파악하기   답 ⑤

5문단에서 북부 지역에 농림어업이 발달했다고 설명하고 있지만, 북부 지역의 대표 도시와 농림어업의 발전 방안에 대한 내용을 제시하고 있지는 않다.

오답 챙기기

①은 2문단에서, ②는 3문단에서, ③은 3문단에서, ④는 4문단에서 확인할 수 있다.

2 세부 내용 파악하기   답 ②

4문단을 보면, 제주도는 제주특별자치도로 승격하면서 자치권이 확대되었다. 환경 문제와 자치권은 관련이 없다.

오답 챙기기

③ 5문단을 통해 북부 지역은 위도가 높고 대륙의 영향을 받아

기온의 연교차가 큰 대륙성 기후임을 알 수 있다.
④ 3문단을 통해 영호남 지역은 1980년대 이후 첨단 산업에 주력하고 있음을 알 수 있다.

고난도

3 세부 내용 추론하기   답 ⑤

2, 4문단을 통해 영남 지역, 호남 지역, 제주도 모두 관광 산업이 발달했음을 알 수 있다.

오답 챙기기

① 4문단을 통해 제주도는 고유한 가옥 구조가 발달했음을 알 수 있으므로, 남부 지역의 공통점이라 할 수 없다.
② 5문단을 통해 대륙성 기후는 북부 지역의 특징임을 알 수 있다.
④ 첨단 산업의 육성은 영호남 지역의 공통점이지만 제주도에는 해당하지 않는다.

수능찍먼

4 사례에 적용하기   답 ④

3문단에 따르면, 1980년대 이후 영호남 지역에서는 신흥 공업국의 영향과 산업의 고도화에 따라 1차 산업의 비율이 줄어들고 2, 3차 산업의 비율이 증가했으며, 이를 통해 친환경 산업으로의 전환을 시도하고 있다. 따라서 1차 산업과 친환경 산업을 연결 지어 이해하는 것은 적절하지 않다.

오답 챙기기

① 〈보기〉의 그래프를 통해 1990년대 초반에도 호남 지역은 영남 지역에 비해 1차 산업의 비중이 높았음을 알 수 있다.
② 3문단에서 시대의 변화에 따라 영호남 지역은 1차 산업의 비율이 줄어들고 2, 3차 산업의 비율이 증가했다고 하였는데, 〈보기〉의 그래프를 보면 후대로 갈수록 전국과 영호남 지역은 1차 산업의 비중이 감소하는 추세를 보이고 있다.
③ 영남 지역에서 2차 산업의 비중이 높은 것은 중화학 공업 육성 정책에 따라 중화학 공업이 집중적으로 발달했기 때문이다.
⑤ 3문단에서 산업 단지의 노후화, 중공업 종사자의 고령화에 따라 영호남 지역의 경쟁력이 약해지는 문제점이 나타나고 있다고 하였는데, 〈보기〉의 그래프를 보면 2020년 초반에 영호남 지역의 2차 산업 비중이 낮아지고 있다.

Step 3 교과 개념 핵심 정리 · 본문 176쪽

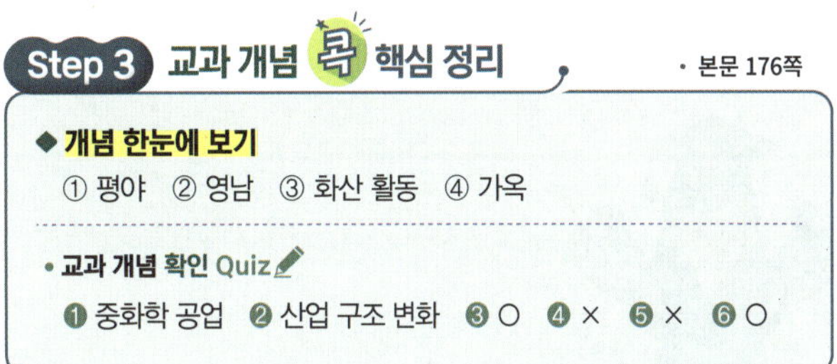

◆ **개념 한눈에 보기**
① 평야   ② 영남   ③ 화산 활동   ④ 가옥

• **교과 개념 확인 Quiz**
❶ 중화학 공업   ❷ 산업 구조 변화   ❸ ○   ❹ ×   ❺ ×   ❻ ○

MEMO

MEMO

메가스터디BOOKS

수능까지 이어지는 **독해의 기술**

독기

메가스터디BOOKS

내용 문의 02-6984-6897 | 구입 문의 02-6984-6868,9 | www.megastudybooks.com